Fiskaldisziplin in der Wirtschafts- und Währungsunion

Europäische Hochschulschriften

Publications Universitaires Européennes
European University Studies

Reihe V
Volks- und Betriebswirtschaft

Série V Series V
Sciences économiques, gestion d'entreprise
Economics and Management

Bd./Vol. 2365

PETER LANG
Frankfurt am Main · Berlin · Bern · New York · Paris · Wien

Wolfgang Föttinger

Fiskaldisziplin in der Wirtschafts- und Währungsunion

PETER LANG
Europäischer Verlag der Wissenschaften

Die Deutsche Bibliothek - CIP-Einheitsaufnahme

Föttinger, Wolfgang:

Fiskaldisziplin in der Wirtschafts- und Währungsunion / Wolfgang Föttinger. - Frankfurt am Main ; Berlin ; Bern ; New York ; Paris ; Wien : Lang, 1998
(Europäische Hochschulschriften : Reihe 5, Volks- und Betriebswirtschaft ; Bd. 2365)
Zugl.: Frankfurt (Main), Univ., Diss., 1998
ISBN 3-631-33532-6

D 30
ISSN 0531-7339
ISBN 3-631-33532-6

Vorwort

Die vorliegende Arbeit wurde im Wintersemester 1997/98 vom Fachbereich Wirtschaftswissenschaften der Johann Wolfgang Goethe-Universität in Frankfurt a. M. als Dissertation angenommen.

Dank sagen möchte ich meinem Doktorvater Herrn Prof. Dr. Paul Bernd Spahn sowie Herrn Prof. Dr. Bertram Schefold, der sich freundlicherweise bereit erklärte, das Zweitgutachten zu übernehmen. Beiden Hochschullehrern verdanke ich jene breite und fundierte Ausbildung - in wirtschaftstheoretischer wie in wirtschaftspolitischer Hinsicht - ohne die diese Arbeit nicht hätte geschrieben werden können.

Zu danken ist auch Herrn Diplom-Volkswirt Ulrich Winkler für wertvolle Diskussionen zur Neuen Politischen Ökonomie.

Frankfurt a. M. im Juli 1998 Wolfgang Föttinger

Inhalt

Abbildungsverzeichnis

Tabellenverzeichnis

„Zu den Sirenen wirst du zuerst gelangen, die all die
Menschen berückend bezaubern, wer irgend hinkommt zu ihnen;
Wer auch immer sich naht, unwissend, und hört der Sirenen
Singenden Laut, dem treten nicht Frau und unmündige Kinder,
Wenn er nach Hause kehrt, zur Seite und freuen sich seiner,
Sondern mit hellem Gesang bezaubern ihn die Sirenen,
Sitzend auf einer Wiese; ringsum ein Haufen von Knochen
Von vermodernden Männern, und um sie schrumpfen die Häute.
Du aber fahre vorbei und verklebe zuvor der Gefährten
Ohren mit süßem geknetetem Wachs, daß keiner der andern
Etwas höre; du selbst magst hören, wenn du es wünschest.
Aber sie sollen im schnellen Schiff mit Händen und Füßen
Aufrecht dich an den Mastschuh binden, mit Tauen umwunden,
Daß du mit Freude hörst den Sang der beiden Sirenen.
Wenn du nun flehst und befiehlst, die Gefährten möchten dich lösen,
Alsdann sollen sie dich mit noch mehr Banden umwinden."

Kirkes Warnung vor den Sirenen, aus dem zwölften Gesang der Odyssee.

1. Einleitung

Motivation und Fragestellung der vorliegenden Arbeit wurzeln in folgender Norm zur Fiskaldisziplin im Europäischen Unionsvertrag:

„Die Mitgliedstaaten vermeiden übermäßige öffentliche Defizite."[1]

Je nachdem, ob Subjekt, Prädikat oder Objekt dieses Satzes betont wird, ergibt sich eine andere Konnotation dieser fiskalischen Norm. Das Tätigkeitswort ist als Imperativ zu verstehen und gibt den Auftrag zur Vermeidung von Defiziten. Dahinter muß sich, so ist zu vermuten, ein Zustand unbefriedigender fiskalischer Disziplin verbergen, der einen politisch manifest gewordenen Handlungsbedarf konstituiert. Daran knüpfen sich eine Reihe von Fragen an: Wieso

1 Art. 104c Abs. 1 des Vertrages zur Gründung der Europäischen Gemeinschaft (EGV) in der Fassung des Vertrages über die Europäische Union vom 7.2.1992. Der Vertrag über die Europäische Union bildet mit einer Reihe von Protokollen und Erklärungen den als Maastricht-Vertrag bekanntgewordenen Komplex supranationaler Abkommen.

kommt es in modernen Demokratien wie den Mitgliedstaaten der Europäischen Union (EU) zu unerwünschten öffentlichen Defiziten und damit zu steigender Staatsverschuldung? Welche Institutionen (im weitesten Sinne) sind dafür verantwortlich und müßten einer Reform unterzogen werden, um das Ziel der „Vermeidung" zu erreichen? Konzentriert man sich auf das Objekt des „übermäßigen öffentlichen Defizits", so wird man mit dem Problem konfrontiert, was unter dem unbestimmten Rechtsbegriff „übermäßig" zu verstehen ist und wie generell eine Definition von Fiskaldisziplin aussehen kann. Das Subjekt des Satzes wirft schließlich die Frage auf, warum für die Mitgliedstaaten der EU Fiskaldisziplin eine Angelegenheit gemeinschaftlichen Interesses sein soll, das einer Koordinierung bedarf. In diesem Zusammenhang dürfte es von Interesse sein, die Erfahrungen bestehender, föderal verfaßter Staaten heranzuziehen. Für die so skizzierte, wirtschaftspolitische Fragestellung wird von verschiedenen Blickwinkeln her nach Antworten gesucht. Zuvor sind aber einige begriffliche Abgrenzungen und Positionsbestimmungen erforderlich.

Der Begriff der Fiskaldisziplin ist vor allem von dem Begriff der Fiskalkoordinierung abzugrenzen. Fiskaldisziplin im weiteren Sinne könnte als anreizkompatibler Mechanismus begriffen werden, der dafür sorgt, daß alle Budgetentscheidungen „rational", d.h. zielkonsistent im Hinblick auf die Maximierung einer durch demokratische Prozesse ermittelten gesellschaftlichen Wohlfahrtsfunktion getroffen werden. Fiskalkoordinierung im Sinne keynesianischer „fiscal policy" bezieht sich auf den Einsatz konjunkturpolitischer Instrumente zum Zwecke der makroökonomischen Stabilisierung und wäre so ein Teilaspekt fiskalischer Disziplin. Eine andere, engere Definition von Fiskaldisziplin, welche für diese Arbeit maßgeblich ist, hebt ab auf eine Politik der Begrenzung öffentlicher Ausgaben und Zuständigkeiten sowie der Sicherung ihrer ausreichenden Deckung in intertemporaler Perspektive.

Die weite Definition von Fiskaldisziplin verlangt zur Beurteilung der Finanzpolitik Wirkungsanalysen für sämtliche Ausgaben- und Einnahmenelemente öffentlicher Haushalte inklusive der Art der Finanzierung ihrer Salden. Bezüglich der staatlichen Kreditaufnahme bestehen theoretische Fundamente in Gestalt der – langfristig ausgerichteten –neoklassischen Theorie der Steuerglättung und des – kurzfristig orientierten – keynesianischen „deficit spending". Vertreter der mit den Namen Ricardo und Barro verbundenen Irrelevanzthese negieren differentielle Wirkungen der staatlichen Finanzierungsoptionen. Die enge Definition von Fiskaldisziplin, die beispielsweise zu einer Orientierung der Finanzpolitik an Makrogrößen wie dem Finanzierungsdefizit, den Gesamtausgaben oder dem Verhältnis von Schuldendienst zu Steuereinnahmen führen könnte, gibt in dieser Hinsicht keine Auskunft; so auch nicht darüber, wie die negativen Effekte auf das Wirtschaftswachstum durch das „crowding out" privater Investitionen gegen die Produktivitätseffekte aus der Verwendung der vom Staat aufgenommen Kreditmittel abzuwägen sind (Investitionen in Humankapital an Schulen und Universitäten, Bereitstellung wirtschaftsnaher Infrastruktur).

Die Legitimation dafür, die enge Definition von Fiskaldisziplin als Ausgangspunkt der Betrachtung zu wählen, muß nun nicht auf eine ideologische Verschiebung im „mainstream“ der Wirtschaftswissenschaften rekurrieren. Ein Blick in die nüchterne Welt der Statistik wird deutlich machen, unter welchen fundamentalen Restriktionen zukünftige Fiskalpolitik agieren muß. Für viele Gebietskörperschaften ist ein nicht mehr durch laufende Steuereinnahmen zu finanzierendes Niveau der Staatsausgaben erreicht, wobei die Sozialtransfers als quantitativ bedeutsamste Haushaltsposition als mögliche Determinanten dieser Situation im Mittelpunkt der Analyse stehen.

Einen weiteren Aspekt betont die Neue Politische Ökonomie, indem sie postuliert, daß über wirtschaftspolitische Fragen sinnvoll nicht gesprochen werden kann, solange die Annahme des wohlwollenden Diktators nicht aufgegeben wird. Prominent ist in diesem Bereich die Denkfigur des Staates als eines einnahmenmaximierenden Leviathans. Genau genommen handelt es sich hier um typische Principal-Agent Probleme, die sich im Prinzip nicht von denen anderer Organisationszusammenhänge unterscheiden. Aus diesem Grund ist der Bürger als Prinzipal gut beraten, den von ihm beauftragten Agenten in Legislative und Exekutive keine Generalvollmacht bei der Verfügungsgewalt über seine Ressourcen auszustellen. Die Idee eines von Fiskalillusion geblendeten Wählers und Steuerbürgers, der der Selbstsucht der Politiker und Bürokraten hilflos ausgeliefert ist, vernachlässigt allerdings die Nachfrageseite des „politischen Marktes“. Ein Phänomen, das den über demokratische Prozesse gesteuerten Allokationsverfahren, immanent ist, sind Verteilungskonflikte, in denen gesellschaftliche Mehrheiten ihre Interessen zu Lasten anderer Gruppen durchsetzen. Die schwächsten Gruppen, die am stärksten der Gefahr ausgesetzt sind, bei Entscheidungen über öffentliche Haushalte benachteiligt zu werden, sind dabei junge und noch nicht geborene Generationen.

Unter dieser Ägide mag es gerechtfertigt sein, die Fiktion eines „rationalen Budgets“ aufzugeben und in Rückgriff auf die Theorie des Zweitbesten die Forderung nach Fiskaldisziplin mit der Wiedererlangung fiskalischer Handlungsfähigkeit im Sinne einer dauerhaft gesicherten Bereitstellung von öffentlichen Ressourcen für budgetär wirksame politische Programme und Leistungsgesetze zu verbinden. Dazu soll ausdrücklich die Berücksichtigung eines intergenerationellen Gerechtigkeitsgedankens zählen.

Dem genannten Verständnis von Fiskaldisziplin entsprechend, zählt die umfassende materielle Koordinierung öffentlicher Haushalte nicht zum Untersuchungsgegenstand dieser Arbeit. In einem dezentralisierten System ist das jährliche Budget einer Gebietskörperschaft der Ausdruck staatlicher Souveränität. Ein supranationaler Eingriff in die Elemente oder die Verfahrensabläufe der Budgetgestaltung ist schon daher ausgeschlossen, weil er die Budgetautonomie und damit das Selbstbestimmungsrecht der föderalen Einheiten in Frage stellen würde. Das Subsidiaritätsprinzip des Maastricht-Vertrages unterstreicht diese Position.

Des weiteren wird internationale Koordinierung als Abstimmung budgetgebundener makroökonomischer Politikinstrumente mit dem Ziel der Beschäftigungsförderung nicht thematisiert. Aus keynesianischer Sicht eröffnet sich aber gerade im Rahmen einer Europäischen Union mit einheitlicher Währung das Potential für eine koordinierte Fiskalpolitik. Das Argument bezieht sich darauf, daß ein Wirtschaftsraum entsteht, dessen Handelsströme zum Rest der Welt im Verhältnis zum Sozialprodukt deutlich geringer sind als für die einzelnen Mitgliedstaaten der Union. So etabliere sich ein Gebilde, daß „die relevante Größe für relevante Multiplikatoren“ habe (Wolfson 1992, S. 366). Eine Ausgrenzung dieses Aspekts zwischenstaatlicher Koordinierung läßt sich für den Verfasser damit begründen, daß die budgetären Ressourcen für eine aktive Beschäftigungspolitik nicht vorhanden sind und daß beträchtliche Zweifel an der Wirksamkeit dieses Ansatzes angesichts der Dominanz struktureller Fragen bestehen.

Mangelnde Fiskaldisziplin wird also als der relevante Teilbereich der Budgetkoordinierung angesehen. Zum dem Interesse an gemeinschaftlicher Problemlösung in diesem Bereich kommen die Auswirkungen internationaler „spillovers“ übermäßiger nationaler Staatsverschuldung – z. B. über den Transmissionskanal des Zinssatzes auf weltweit integrierten Kapitalmärkten, denen in dieser Arbeit im Detail nachgegangen wird. In Bezug auf die europäische Integration hat der Verlust an fiskalischer Handlungsfähigkeit nationaler Regierungen insofern eine Bedeutung, als eine durch Ressourcenknappheit gekennzeichnete Haushaltspolitik supranationale Projekte gefährden kann und vorhandene zentrifugale Kräfte verstärkt. Als Beispiel sei die Kontroverse um eine für die politische Kohäsion in gewissem Umfang notwendige interregionale Solidarität genannt, die über die bestehenden Wirkungen der europäischen Strukturfonds hinausgehende interregionale Transfers nach sich zöge (Spahn/ Föttinger 1997a).

Die Koordinierung von Fiskaldisziplin im föderalen System der Europäischen Union steht im Mittelpunkt der Arbeit. Die strukturellen Merkmale der Europäische Union werden dabei als Arbeitshypothese so gesetzt, wie sie im Maastricht-Vertrag für die dritte Stufe der Wirtschafts- und Währungsunion angelegt sind. Fragen des Übergangs und der Konvergenzbedingungen, die in der Literatur ausgiebig behandelt werden, bleiben ausgeklammert. Die zu erwartende Größe des Teilnehmerkreis an der einheitlichen Währung Euro ist ebensowenig Gegenstand der Betrachtung wie Koordinierungsprobleme, die sich mit nicht partizipierenden Mitgliedstaaten ergeben. Nicht eingegangen wird auch auf Fragen der Finanzverfassung, insbesondere der Zuweisung von Steuerkompetenzen im föderalen Staat, sowie auf die zukünftige Rolle des EU-Haushalts.[2]

Der Plan der Arbeit ist nun wie folgt:

Zunächst wird im zweiten Kapitel eine empirische Annäherung an das Problem der Fiskaldisziplin im Sinne einer Sammlung „stilisierter Fakten“ vorgenommen. Eine Reihe von Industrieländern ist dadurch gekennzeichnet, daß keine ausreichenden Primärüberschüsse erzielt werden können, um das Ausmaß der Verschuldung des Staates zu kontrollieren. Im wesentlichen ist dafür nicht der Staat verantwortlich, der Konsum- und Investitionsausgaben tätigt, sondern der Staat, der Einkommen umverteilt.

Umfang und internationale Variation von Staatsquoten und Staatsverschuldung führen im dritten Kapitel zu den Analysemethoden der Neuen Politischen Ökonomie. Die unterschiedlichen Ausprägungen dieser Theorierichtung werden hinsichtlich ihrer Eignung für den Untersuchungsgegenstand gesichtet und diskutiert. Im Zentrum stehen dabei Modelle zur Reflektion intratemporaler und intertemporaler Verteilungskonflikte. Daneben wird die empirische politökonomische Forschung betrachtet.

Kritisch wird der Anspruch der für diesen Bereich vorliegenden Arbeiten unter die Lupe genommen, mittels ökonometrischer Methoden Hypothesen zur Erklärung von Staatsverschuldung, Haushaltsdefiziten und der Größe des öffentlichen Sektors testen zu können. Der Autor bietet anschließend eine eigene statistische Analyse im Sinne einer Gewinnung stilisierter Fakten über die Fiskaldisziplin der deutschen Bundesländer.

Die Tatsache, daß viele öffentliche Haushalte von strukturellen Finanzierungsproblemen betroffen sind, erklärt noch nicht, warum in föderal gestalteten Staaten oder Staatsverbänden die Bewältigung dieser Probleme eine wirtschaftspolitische Frage gemeinsamen Interesses darstellen sollte. Die Antithese zu einem Koordinierungsbedarf besteht in dem Vertrauen auf die disziplinierende, schuldenbegrenzende Wirkung der internationalen Kapitalmärkte, deren Erörterung im vierten Kapitel folgt. Untersucht wird, inwiefern Marktdisziplinierung ein vollständiges Substitut für Politikkoordinierung sein könnte. Insbesondere wird der Frage nachgegangen, ob die Norm des Maastricht-Vertrages zum gegenseitigen Haftungsausschluß glaubwürdig, d.h. dynamisch konsistent ist.

---

2 Siehe hierzu Spahn (1993a).

Das fünfte Kapitel liefert eine ausführliche Erörterung der Argumentationslinien für einen Koordinierungsbedarf. Nach einer Untersuchung der Wechselwirkungen zwischen monetärer und fiskalischer Disziplin wird auf die Modelle zur internationalen Politikkoordinierung aus dem Bereich der Wohlfahrtsökonomik eingegangen, die sich (mikroökonomisch fundiert und meist intertemporal angelegt) mit den Folgen strategischer Interaktionen zwischen nationalen Regierungen beschäftigen. Anschließend wird die Perspektive der Neuen Politischen Ökonomie eingenommen. Hier wird die Auffassung diskutiert, die den Wunsch nach Koordinierung als Strategie von Regierungen versteht, dem Druck der nationalen Interessengruppen zu entgehen.

Den möglichen Koordinierungskonzepten und ihrer Anwendung auf die Europäische Union ist der letzte Teil der Arbeit gewidmet. Angesichts der Komplexität der Aspekte von Koordinierung und der Heterogenität des Komplexes der Budgetinstitutionen wird auf den Versuch einer umfassenden Theoriebildung verzichtet. Statt dessen wird im sechsten Kapitel eine Taxonomie vorgestellt, die einen Rahmen dafür bietet, den wichtigsten Teilproblemen der Koordinierung nachzugehen: ihre Objekte (Defizitbegriff, Rechnungslegungskonzept, Elemente des Budgetprozesses); ihre Träger (Zuordnung der Kompetenzen) und ihre Verfahren und Instrumente.

Im siebten Kapitel wird geschildert, welche Elemente der Koordinierung von Fiskaldisziplin sich in den Fiskalverfassungen bestehender Föderationen (Bundesrepublik Deutschland, Australien, USA) identifizieren lassen. Es folgt die ausführliche Analyse der entsprechenden Normen des Maastricht-Vertrages und des diese präzisierenden und erweiternden „Stabilitätspakts". In der Literatur angeregte Reformkonzepte werden vorgestellt und hinsichtlich ihrer Eignung für das zugrundeliegende Koordinierungsproblem geprüft.

Das abschließende achte Kapitel unternimmt einen Ausblick auf die EU als Problemlösungsgemeinschaft. Auf den Ergebnissen der Arbeit fußend, stellt der Verfasser institutionelle Innovationen zur Diskussion, die das koordinierte Vorgehen zum Erreichen bzw. Sichern fiskalischer Disziplin in der Europäischen Union unterstützen sollen.

2. Stilisierte Fakten zur Entwicklung von Staatsausgaben und Staatsverschuldung

Die exakte Definition mangelnder Fiskaldisziplin und ihr Nachweis für einzelne Gebietskörperschaften sind keine Erkenntnisziele der vorliegenden Arbeit. Als „Beweisanzeichen“ können aber ausgewählte, stilisierte Fakten zur Entwicklung der Staatsausgaben und der Staatsverschuldung dienen. In diesem Kapitel wird – nach einigen grundsätzlichen Bemerkungen zur Verwendung von Staatsquoten als stilisierte Fakten im ersten Abschnitt – das Wachstum der relativen Größe des öffentlichen Sektors in ausgewählten Ländern betrachtet. Dabei zeigen sich deutliche Hinweise dafür, daß die in der öffentlichen Diskussion oft als bedenklich hoch angesehene Staatsquote im wesentlichen den Umverteilungsstaat und nicht den Staat als Produzent von öffentlichen Dienstleistungen betrifft. Der dritte Abschnitt ist dem Zusammenhang zwischen defizitären Staatshaushalten und der Dynamik der Staatsverschuldung gewidmet. Anhand einfacher Arithmetik wird demonstriert, welche Bedingungen für eine Stabilisierung bzw. Rückführung der Schuldenquoten erfüllt sein müssen.

2.1. Vorbemerkung zu Staatsquoten und stilisierten Fakten

Als Indikatoren für die Größe des öffentlichen Sektors und für die Höhe der Staatsverschuldung werden meist Relationen gebildet, wobei im Nenner in der Regel Sozialproduktgrößen stehen. Dies erleichtert die internationale Vergleichbarkeit und erfordert nicht unbedingt die Inflationsbereinigung absoluter Werte. Auch für die praktizierte Finanzpolitik besitzen sie eine wichtige Indikator- und Zwischenzielfunktion, wie z. B. aus den jährlichen Finanzberichten des deutschen Bundesfinanzministers ersichtlich ist. Allerdings liegt in dieser Wahl eine gewisse Willkür. So kann eine konstante Staatsquote – ungeachtet der Ausgabenstruktur – einhergehen mit einer konstanten, einer höheren oder einer niedrigeren Ausbringung öffentlicher Güter und Dienstleistungen. Für eine Beschreibung des Standes und der Entwicklung der Größe des öffentlichen Sektors können sozialproduktsbezogene relative Werte nur erste Annäherungen darstellen. Zudem ist zu beachten, daß eine konstante Staatsquote in einer wachsenden Wirtschaft auch einen absolut wachsenden Staatssektor impliziert. Beispielsweise kann die fiskalpolitische Norm einer Stabilisierung der Staatsquote keine intuitive Plausibilität beanspruchen, denn es müßte begründet werden, warum sich der öffentliche Sektor mit der gleichen Rate wie die gesamte Volkswirtschaft entwickeln sollte. Nach Buiter (1985, S. 54) existiert kein ökonomisches Modell, welches das Defizit des öffentlichen Sektors, sei es um Inflation und konjunkturelle Einflüsse bereinigt oder nicht, den Anteil des Defizits am BIP und dessen Veränderung oder ähnliche Indikatoren als Meßgröße für die Effekte fiskalischer Maßnahmen legitimieren könnte. Für die Entwicklung einer aussagefähigen Meßgröße verlangt er neben einem wohlformulierten ökonomischen Modell (ebd. S. 60)

„..a full specification of the benchmark and the alternative policies. [..] A full specification of how information about the changes in fiscal and financial policy actions or rules is disseminated to and processed by the private sector."

Nach dieser Auffassung wären also die Ermittlung und Diskussion statistischer Daten bedeutungslos, solange die genannten Anforderungen nicht erfüllt sind. Eine solche Auffassung ist wohl unrealistisch, ja naiv, da nicht einmal zu erwarten ist, daß Einigung über die Art des ökonomischen Modells erzielt werden kann.[1] Ähnlich wie in der Konjunkturtheorie muß der Theoriebildung eine gewisse Anschauung des Erkenntnisobjekts vorausgehen. Die Gewinnung sogenannter „stilisierter Fakten", also die von einem theoretischen Vorverständnis geleitete Aufbereitung empirischer Fakten, scheint damit gerechtfertigt, um Hilfestellung für die eigentliche theoretische Analyse zu erhalten.

2.2. Das Größenwachstum des öffentlichen Sektors

Prinzipiell ist, abhängig von der Entwicklung der Staatseinnahmen, jede Kombination wachsender, stagnierender oder sinkender Staatsausgaben mit wachsender, stagnierender oder sinkender Staatsschuld denkbar. Im allgemeinen werden aber wachsender Staatssektor und wachsende Staatsverschuldung als parallele Phänomene angesehen, was eine zumindest partielle Finanzierung des staatlichen Wachstums durch Kreditaufnahme impliziert. Abbildung 1 zeigt, wie sich zwischen 1961 und 1995 die Staatsquote, d.h. das Verhältnis aus den Gesamtausgaben des öffentlichen Sektors – Gebietskörperschaften und Sozialversicherungen zusammengenommen – und dem Bruttoinlandsprodukt (BIP), in sieben europäischen Ländern und in den USA entwickelte. Daneben sind die Relationen des Staatskonsums zum BIP abgetragen. Bei einer genaueren Betrachtung einzelner Länder lassen sich Gemeinsamkeiten aber auch auffallend unterschiedliche Entwicklungen erkennen. Für die USA mit kleineren Schwankungen und für Großbritannien mit etwas größeren Schwankungen blieb das

1 Aus Daten der volkswirtschaftlichen Gesamtrechnung und der öffentlichen Finanzwirtschaft zunächst relativ einfache Indikatoren zu konstruieren, scheint auch deshalb legitim, um im Bereich der Forschung eine erste Verständigung über die Problembeschreibung zu erzielen und um im Bereich der Politik eine Manipulierung und Instrumentalisierung sehr anspruchsvoller Konzepte zu vermeiden, die für die an der Erstellung nicht unmittelbar Beteiligten nicht sofort nachvollziehbar sind.

Abbildung 1: Relative Größe des öffentlichen Sektors - Entwicklung in ausgewählten Ländern

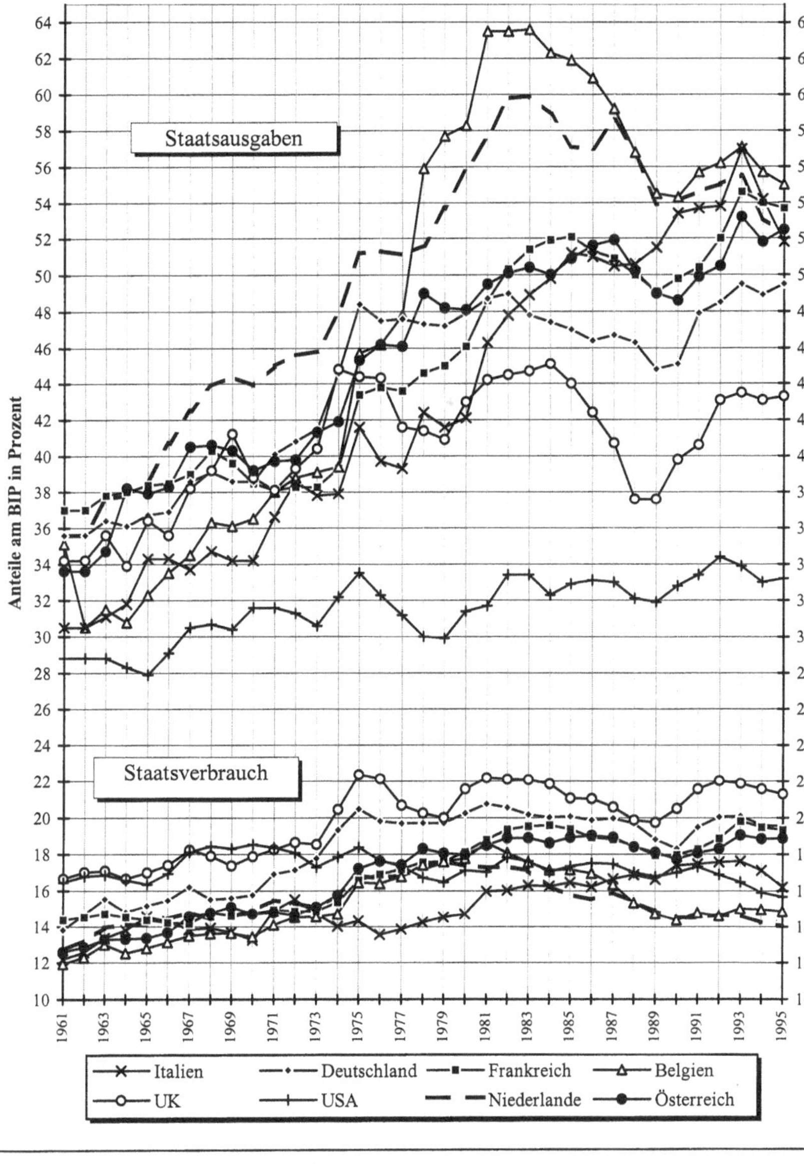

Wachstum der Staatsquote deutlich unter dem der anderen Länder. Auffallend ist, daß in allen betrachteten Ländern das Wachstum des Anteils der Ausgaben für Staatskonsum am Sozialprodukt merklich geringer ausfiel als der Anstieg der Staatsausgaben insgesamt.[2]

Die sich im Zeitverlauf weitende Differenz zwischen Staatsausgaben und Staatsverbrauch muß ihre Erklärung in der Entwicklung der weiteren Komponenten der Staatsausgaben, also der staatlichen Transfers, der Bruttoinvestitionen des Staates oder in den Zinsausgaben auf die Staatsschuld haben. Die drükkende Belastung der öffentlichen Haushalte durch den Schuldendienst ist ein relativ junges Phänomen. Im Jahre 1980 betrugen die Nettozinszahlungen des öffentlichen Sektors im (ungewichteten) Durchschnitt von 20 OECD–Ländern knapp 1,6 Prozent des BIP; im Jahre 1995 hatte sich dieser Wert auf über 4,2 Prozent des BIP erhöht. Die Investitionsausgaben sind in den meisten Ländern seit langem tendenziell rückläufig. Tatsächlich ist zum ganz überwiegenden Teil das überproportionale Wachstum der Transferausgaben für die hohen Staatsausgabenquoten verantwortlich. Abbildung 2 zeigt für eine Reihe von OECD-Staaten den markanten Anstieg der Transferzahlungen im Verlauf von 25 Jahren.[3]

Einschränkend muß betont werden, daß aus der statistischen Betrachtung von Ausgaben des Staatsverbrauchs und von Ausgaben für Transferzahlungen noch kein exakter Größenvergleich zwischen „Service State“ und „Welfare State“ (Musgrave 1996) abgeleitet werden kann. Verantwortlich dafür ist die komplexe Durchdringung von Allokations- und Verteilungsaufgaben. Die Bereitstellung öffentlicher Dienstleistungen erfolgt oft mit einem ineffizient hohen Personalaufwand, insbesondere dann, wenn Arbeitskräfte im Staatsdienst beschäftigt sind, was aus produktionstechnischer Sicht nur für den Kernbereich wichtiger hoheitlicher Funktionen wie Polizei und Justiz plausibel ist. Die Ausgaben für den Staatsverbrauch enthalten ein bedeutendes Element der Umverteilung.

---

2 Ein wachsender Anteil des Staatskonsums war in den 70er Jahren zum Teil Bestandteil der offiziell verkündeten Wirtschaftspolitik. Im „Dritten Programm für die mittelfristige Wirtschaftspolitik (1971–1975)“ der EG hieß es:
„Im Hinblick auf die Wirtschafts– und Währungsunion werden die allgemeinen Ziele der gesellschaftlichen Entwicklung [..] nach und nach zu Zielen der Gemeinschaftspolitik werden. Aber schon heute ist es wichtig, folgende allgemeine Ziele festzulegen, die in allen Mitgliedsländern als vorrangig empfunden werden: – eine vermehrte Bereitstellung öffentlicher Leistungen, insbesondere im Erziehungswesen, Gesundheitswesen und Wohnungsbau, um eine ausgewogene Entwicklung und gerechte Verteilung der Güter und Dienstleistungen sicherzustellen...].“ Amtsblatt der Europäischen Gemeinschaften Nr. L 49 vom 1.3.1971, RZ 11.

3 Quelle: Handelsblatt Nr. 243 vom 15./16.12.1995, S. 8. Der Daten gehen zurück auf eine Studie von Alberto Alesina und Roberto Perotti.

Abbildung 2: Staatliche Transferzahlungen 1965 und 1990

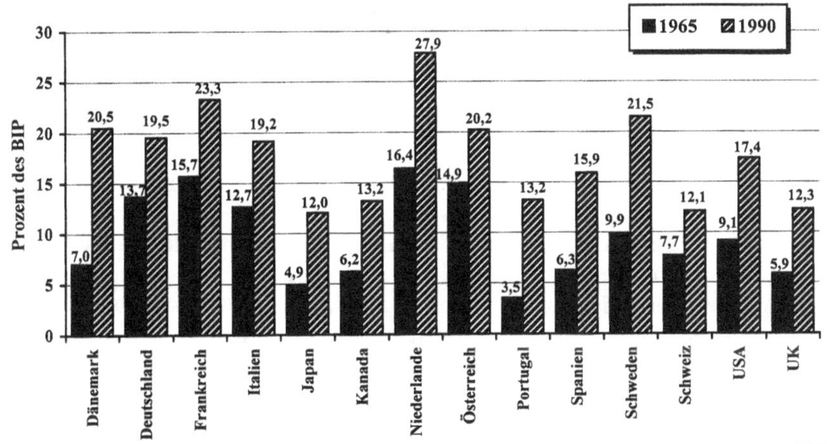

Eine weitere Einschränkung bei der Interpretation statistischer Kennziffern besteht darin, daß Relationen aus nominalen Staatsausgaben und nominalem Sozialprodukt bei der Analyse sehr langer Zeiträume die Entwicklung der Größe des öffentlichen Sektors in Relation zur Gesamtökonomie nur unzureichend darstellen können. In einer Betrachtung von 13 entwickelten Staaten für den Zeitraum 1950 bis 1977 berechnete Beck (1979) eine durchschnittliche Einkommenselastizität (hier verstanden als Verhältnis des prozentualen Anstiegs der Staatsausgaben und des prozentualen Wachstums des BIP) für *reale* gesamte Ausgaben des öffentlichen Sektors von 1,8. Disaggregiert ergab sich aber eine überproportionale Entwicklung der Transferausgaben (Elastizität von 2,9) und eine unterproportionale Zunahme des Staatskonsums (Elastizität von 0,87). Auch Lybeck (1988, S. 32) kommt in einer späteren Arbeit zu dem Schluß:

> „*Correcting for relative prices, the share of government has stayed approximately constant in most countries, measured in real terms [..]. Transfer growth, however, has brought total expenditures and taxes to larger and larger shares of the economy, whether measured in constant or current prices.*"

In der Tat ergäben sich für den in Abbildung 1 betrachteten Zeitraum weniger stark steigende bzw. sogar sinkende Staatskonsumquoten, wenn diese aus deflationierten Werten gebildet würden.[4] Ursache dafür ist, daß der Preisindex für den Staatskonsum im allgemeinen stärker steigt als der Deflator für die Gesamtwirtschaft. Ein niedrigeres Produktivitätswachstum im öffentlichen Sektor als in der Privatwirtschaft (Baumol 1967) und die Verwendung weniger kapitalintensiver Technologien begründen Erklärungsansätze, warum der relative Preis der vom Staat produzierten Güter und Dienstleistungen im Zeitverlauf steigt. Andererseits werden die von den entsprechenden Organisationen der Statistik bereitgestellten Deflatoren nur aus der Entwicklung der Faktorkosten, d.h. der Entlohnung der im öffentlichen Dienst Beschäftigten und der von privaten Firmen gekauften Vorleistungsgüter, gebildet. Änderungen in der Produktivität der eingesetzten Faktoren können also gar nicht berücksichtigt werden. Damit würden deflationierte Reihen den realen Staatsverbrauch tendenziell unterschätzen. Man sollte diesen Effekt aber auch nicht überbewerten. Aufgrund der arbeitsintensiven Produktionsweise im öffentlichen Sektor (man denke nur an den Bildungsbereich) bei annähernd paralleler Lohnentwicklung zur Privatwirtschaft ist davon auszugehen, daß der Staatsverbrauch in laufenden Preisen die reale Produktion des öffentlichen Sektors zu hoch ausweist.

Etwas genauer betrachtet sei nun noch die Entwicklung und die Struktur der Ausgaben des öffentlichen Sektors in der Bundesrepublik Deutschland, die in Tabelle 1 für den Zeitraum 1960 bis 1989 wiedergegeben sind.[5] Die Staatsausgabenquote wuchs zwischen 1960 und 1980 um über 16 Prozentpunkte des BIP, was einer Steigerung gegenüber dem Ausgangsniveau von fast 50 Prozent entspricht. In den 80er Jahren kam es zu einem leichten Rückgang der Staatsquote. Deutlich wird, daß der Anstieg der hier unter dem Begriff „Soziale Ausgaben" zusammengefaßten Positionen – Transferausgaben der Gebietskörperschaften plus Gesamtausgaben der Sozialversicherungen – hauptverantwortlich für die Ausdehnung des öffentlichen Sektors in der BR Deutschland war.[6]

Die in der Tabelle wiedergegebene Entwicklung der in realer Kaufkraft ausgedrückten Bruttolöhne der Industriearbeiter könnte ein Indikator dafür sein, daß

---

4 In Gemmell (1993a, S. 7) findet sich ein entsprechender Vergleich für Großbritannien. Gemessen in laufenden Preisen stieg die Staatsverbrauchsquote im Zeitraum 1950 bis 1990 von 16,5% auf rund 20%. Gemessen in Preisen von 1985 sank diese Quote jedoch von 25,7% auf rund 19%.

5 Die Zeit nach der Wiedervereinigung wurde wegen der mangelnden Vergleichbarkeit der Daten ausgespart. In der Folge der Wiedervereinigung stieg die Staatsquote auf rund 50% des BIP. Werte für Gesamtdeutschland sind schwer mit Werten für die „alte" Bundesrepublik zu vergleichen. Berücksichtigt man, daß in der ehemaligen DDR der Staatsanteil annähernd 100% betrug, dann ist die Staatsquote für das Gebiet der alten Bundesländer seit der Wiedervereinigung sogar zurückgegangen.

6 Angemerkt sei noch, daß bei der Verwendung deflationierter Größen die Staatsverbrauchsquote für die BR Deutschland zwischen 1960 und 1989 annähernd konstant bleibt.

Tabelle 1: Ausgabenstruktur der des öffentlichen Sektors in Deutschland
(Anteile am Bruttoinlandsprodukt in Prozent)

	1960	1970	1980	1989
Ausgaben insgesamt	*32,9*	*39,1*	*49,0*	*45,8*
Staatsverbrauch	*13,4*	*15,8*	*20,2*	*18,9*
davon Gebietskörperschaften	*10,5*	*11,8*	*14,0*	*12,7*
davon Sozialversicherungen	*2,9*	*4,0*	*6,2*	*6,2*
Bruttoinvestitionen Gebietskörperschaften	*3,1*	*4,6*	*3,6*	*2,3*
Zinsen auf die öffentliche Schuld	*0,7*	*1,0*	*1,9*	*2,7*
„Soziale Ausgaben“1)	*18,6*	*21,7*	*29,5*	*28,1*
(davon reine Transferausgaben)	*(15,6)*	*(17,7)*	*(23,2)*	*(21,9)*
Index der Bruttolöhne der Industriearbeiter in realer Kaufkraft (1985=100)	*42,8*	*75,1*	*99,6*	*112,1*

Quelle: Statistisches Bundesamt, Volkswirtschaftliche Gesamtrechnungen, eigene Berechnungen.
1) „Soziale Ausgaben“: Transferausgaben der Gebietskörperschaften plus Gesamtausgaben der Sozialversicherungen (saldiert um Transfers zwischen Gebietskörperschaften und Sozialversicherungen).

die Ausweitung der Sozial– und Transfersysteme in einem Widerspruch steht zu einem Bedarf für derartige Einrichtungen. Eine beinahe Verdreifachung der Arbeiterlöhne innerhalb von drei Jahrzehnten gibt – trotz gestiegener Steuer- und Abgabenbelastung – einen Hinweis auf eine deutliche Wohlstandserhöhung bei breiten Bevölkerungsschichten. (Gesetzliche) Sozialversicherungen wurden vor allem zur Absicherung von Einkommensrisiken gegründet, zu Zeiten, als die geringen Verdienste der Masse der Arbeitnehmer gerade ausreichten, den bescheidenen Lebensunterhalt der Familie zu sichern, nicht aber, um Vorsorge für Notsituationen zu treffen. Zunehmender Wohlstand bedeutet aber, daß die Absicherung von Lebensrisiken durch den Staat der sozialphilosophischen Variante des Subsidiaritätsprinzips mehr und mehr zuwiderläuft.

2.3. Die Dynamik der Staatsverschuldung

Die Mitgliedstaaten der OECD haben fast alle in den 90er Jahren historische Höchststände bei der (nicht kriegsbedingten) öffentlichen Verschuldung in Relation zum Bruttoinlandsprodukt erreicht. Abhängig vom Erfolg der vielerorts laufenden bzw. geplanten Konsolidierungsprogramme sind auch für die Zukunft neue Schuldenrekorde möglich. Gleichzeitig hat sich das Wachstum der Staatsausgabenquoten in den vergangenen eineinhalb Jahrzehnten im Vergleich zu den 60er und 70er Jahren stark abgeschwächt. Länder mit sehr hohen Staatsquoten wie die Niederlande und Belgien reduzierten die Ausgabenquoten sogar deutlich, ohne damit jedoch den Anstieg der Verschuldung zu verhindern. Für viele Länder hat in den 80er Jahren eine „Abkoppelung" des Wachstums von Staatsausgabenquoten und Staatsschuldquoten stattgefunden. Während in früheren Zeiten die steigenden Ausgaben für Fiskal- und Sozialpolitik, die nicht von einer entsprechenden Ausdehnung der Steuereinnahmen begleitet wurden, die Verschuldung in die Höhe trieben, machen heute die hohen Zinslasten der Verschuldung bereits die Stabilisierung der Ausgaben zu einem finanzpolitisch schwierigen Unterfangen. Da die Zinszahlungen einen immer größeren Teil der Steuereinnahmen beanspruchen und die Senkung der übrigen Ausgaben auf politische Widerstände stößt, entsteht oft ein *Circulus vitiosus*, in dem die Verschuldung von den darauf zu entrichtenden, zum Teil durch Nettokreditaufnahme zu erbringenden Zinsen weiter genährt wird. Die Entwicklung der Schuldenquoten, der Finanzierungsdefizite und der Primärdefizite, also der um die Zinsausgaben bereinigten Defizite, in zwölf ausgewählten Ländern zeigt dies deutlich (siehe die Abbildungen in Anhang 1).

Eine wichtige Frage ist, wie weit das Niveau der öffentlichen Verschuldung ansteigen kann. Ausgangspunkt für die häufig gebrauchten Varianten einer Bedingung der „Tragfähigkeit" der Staatsverschuldung ist die intertemporale Budgetbeschränkung des Staates. Danach muß der Gegenwartswert aller zukünftigen Einnahmen den Gegenwartswert der zukünftigen Ausgaben um so viel übersteigen, daß aus den Überschüssen die Verschuldung gedeckt werden kann. In dieser allgemeinen Formulierung ist diese Beschränkung aber nur von geringer Relevanz für tatsächliche Probleme und Bewertungen der Fiskaldisziplin. Sie bezieht sich auf einen unendlich langen Zeitraum und gewährt damit einen sehr großen Spielraum, wann die nötigen Primärüberschüsse erwirtschaftet werden. Die aktuelle absolute und relative Höhe der Verschuldung ist dabei von eher geringer Bedeutung. Außerdem ist die völlige Rückzahlung der Schuld für die heute lebenden Agenten kein wichtiges Kriterium. Wie im 2. Abschnitt des 4. Kapitels gezeigt wird, ist die intertemporale Budgetbeschränkung des Staates nicht mit derjenigen eines privaten Haushalts vergleichbar. Die Aufstellung einer solchen Budgetbeschränkung ist auch aus folgendem Grund schwierig: Werden Salden aus zukünftigen Einnahmen und Ausgaben als Änderungen des Nettovermögens des Staates betrachtet, dann müßten der Bruttostaatsschuld sowohl alle tatsächlichen Vermögenswerte, also Grundbesitz, Unternehmensbeteiligungen usw., als auch alle potentiellen Vermögenswerte gegenübergestellt werden. Zu den potentiellen Vermögenswerten zählt für den Staat die Möglichkeit, sich durch Zwangsmaßnahmen große Teile der Vermögen der Privaten anzueignen. Dann ist aber nur die Verschuldung gegenüber dem Ausland für die Tragbarkeitsbedingung relevant. Nur für sehr arme Länder ist es vorstellbar, daß die Ressourcen im Hoheitsbereich der Regierung so wertlos sind, daß sie nicht ausreichen, um die angesammelten Verbindlichkeiten gegenüber dem Rest der Welt zu decken. Folgt man dieser Logik, ist die Aussage plausibel – auch ohne einen quantitativen Beleg dafür zu liefern –, daß für die Länder der EU selbst die historischen Rekordstände der Staatsverschuldung nicht „untragbar" im Sinne einer intertemporalen Budgetbeschränkung sind.

Präzisere Aussagen über eine realisierbare Entwicklung der Verschuldung lassen sich treffen, wenn die Fiktion konstanter Steuer- und Ausgabenquoten eingeführt wird. Das Wachstum, oder allgemeiner die Änderung des Schuldenstandes in Relation zum Sozialprodukt wird bestimmt von der Wachstumsrate der Ökonomie, dem Zinssatz, mit dem die bestehende Schuld verzinst wird, sowie der Größe des Primärsaldos, d.h. der Differenz zwischen Einnahmen und Ausgaben ohne Schuldendienst. Da im Normalfall weder die Wachstumsrate der Volkswirtschaft noch der Zinssatz unter der direkten Kontrolle der Regierung stehen, ist das Primärdefizit bzw. ein Primärüberschuß der wichtigste Indikator und die wichtigste Instrumentvariable für die fiskalische Disziplin. Im folgenden werden die Zusammenhänge zwischen den genannten Größen anhand einfacher Arithmetik verdeutlicht.

Gegeben seien B_t als Bruttoschuldenstand zu Beginn der Periode t bzw. zum Ende der Periode $t–1$, Y_t als nominales Bruttoinlandsprodukt (BIP), D_t als Budgetdefizit der Periode t, X_t als Primärdefizit (d.h. ohne Ausgaben für den Schuldendienst), $g_t = g$ als konstante Wachstumsrate des BIP sowie $i_t = i$ als durchschnittlicher, auf B_t in t zu zahlender Zinssatz. Die Quotienten von B_t, D_t und X_t zum BIP werden mit den Kleinbuchstaben b_t, d_t und x_t bezeichnet. Die entstandene Schuld wird nicht zurückgezahlt, sondern periodisch revolviert.

1. Fall: d_t = const.

Bleibt das Budgetdefizit im Verhältnis zum BIP über die Zeit konstant, dann konvergiert die Schuldenquote b_t *ceteris paribus* gegen einen endlichen Wert. Zur Ableitung dieser Aussage gehen wir von der folgenden Identität aus (neuer Schuldenstand ist gleich Budgetdefizit plus altem Schuldenstand):

(2-1) $B_t = D_t + B_{t-1}$.

Daraus folgt für den Anteil des Schuldenstandes am BIP:

(2-2) $b_t = d_t + B_{t-1}/Y_t$

Da $Y_t = Y_{t-1}(1 + g)$ und d_t = const., folgt:

(2-3) $b_t = d + \frac{b_{t-1}}{1+g}$.

Nach Grenzübergang ($t \rightarrow \infty$) ergibt sich bei positiven Wachstumsraten des nominalen BIP der Konvergenzwert für den relativen Schuldenstand:

(2-4) $b_\infty = d\,(1+g)/g, \quad g > 0.$

Wenn sich die nominale Wachstumsrate g aus realer Wachstumsrate g^r und der Inflationsrate π nach der Beziehung $(1 + g) = (1 + \pi)(1 + g^r)$ zusammensetzt, läßt sich dieser Zusammenhang auch folgendermaßen darstellen:

(2-5) $b_\infty = d\frac{(1+g^r)(1+\pi)}{(1+g^r)(1+\pi)-1}, \qquad \pi + g > -\pi g.$

Je höher das Defizit relativ zum BIP und je niedriger die reale Wachstumsrate des BIP sowie die Preissteigerungsrate, desto höher wird der Konvergenzwert des relativen Schuldenstandes sein ($\partial b_\infty / \partial \pi < 0$; $\partial b_\infty / \partial g^r < 0$). Dies gilt unabhängig vom Zinsniveau und vom anfänglichen Schuldenstand b_0. Offensichtlich sind nur bestimmte Werte von d und g (bzw. g^r und π) miteinander kompatibel. Bezogen auf die fiskalischen Kriterien des Maastricht–Vertrages bedeutet dies, daß ein nominales Wachstum von 5,26% erforderlich ist, damit eine totale Defizitquote von 3% eine Schuldenquote von 60% stabilisiert.

Scheinbar ist damit das Problem einer „Schuldenexplosion“ im Sinne einer stetig wachsenden Schuldenquote nicht gegeben, wenn die Defizitquote stabil bleibt. Es ist aber fraglich, ob es möglich ist, permanent steigende Primärüberschußquoten zu erwirtschaften, wenn im Zuge steigender Schuldenquoten die Zinsbelastungsquote wächst. Die Bedeutung der Zinsbelastung relativ zum BIP wächst proportional mit dem Schuldenstand und dem durchschnittlichen nominalen Zinssatz, der auf die Schuld zu zahlen ist. Da die Höhe und Struktur des Budgets ein bestimmtes Kräftegleichgewicht der Interessengruppen einer Gesellschaft widerspiegelt, sind im Regelfall Ausgabenkürzungen und/ oder Steuererhöhungen Grenzen gesetzt. Realistischer ist es daher anzunehmen, daß eine Regierung eher in der Lage sein wird, das Primärdefizit bzw. den Primärüberschuß des Budgets zu steuern. Im folgenden zweiten Fall wird daher ein Primärdefizit ($X_t > 0$) bzw. Primärüberschuß ($X_t < 0$), das konstant im Verhältnis zum BIP bleibt, unterstellt.

2. Fall: x_t = const.

Die Identitätsgleichung für den Schuldenstand sieht nun wie folgt aus:

(2-6) $B_t = X_t + (1 + i)B_{t-1}$.

Division durch das BIP ergibt

(2-7) $b_t = x_t + (1 + i)B_{t-1} / Y_t$

und wegen $Y_t = Y_{t-1}(1 + g)$ und $x_t = x$ =const. folgt

(2-8) $b_t = x + [(1 + i)/(1 + g)]b_{t-1}$.

Es läßt sich b_t durch sukzessives Einsetzen aus der Schuldenquote der Anfangsperiode gewinnen:

(2-9) $b_t = b_0\varphi^t + x[1 + \varphi + \varphi^2 + ... + \varphi^{n-1}]$ mit $\varphi = (1 + i)/(1 + g)$, bzw.
(2-10) $b_t = b_0\varphi^t + x[(\varphi^t - 1)/(\varphi - 1)]$,

da der zweite Summand auf der rechten Seite von Gleichung (2-9) eine geometrische Reihe darstellt. Es kommt zu einer Konvergenz von b_t gegen

(2-11) $b_\infty = x\,(1 + g)/(g - i)$,

wenn $\varphi < 1$ bzw. $i < g$, d.h. wenn die Wachstumsrate des BIP über dem Zinssatz liegt. Hier sind sogenannte „Ponzi–Spiele" möglich, d.h. alte Schulden können immer vollständig mit neuen Krediten bedient werden, ohne daß es zu einem grenzenlosen Wachstum der Schuldenquote kommt.[7] Diese paradiesisch anmutende Situation kann in einer oder in beiden von zwei Ursachen begründet sein.

Die erste Ursache ist der Fall einer Überakkumulation der Ökonomie. Vereinfacht ausgedrückt verfügt eine Ökonomie über „zu viel" Kapital, wenn in einer Periode der Beitrag des nationalen Kapitalstocks zur gesamtwirtschaftlichen Ausbringung geringer ist als der Aufwand für Neu– und Ersatzinvestitionen.[8] Ausgedrückt in Begriffen der volkswirtschaftlichen Gesamtrechnung ist dann der Wert der Bruttoinvestitionen größer als das Bruttoeinkommen aus Kapital. Wenn das Sozialprodukt und die Nettoinvestitionen mit der konstanten Rate g wachsen, δ die Abschreibungsrate darstellt und K den Kapitalstock, so sind die Bruttoinvestitionen $(g + \delta)K$. Das Bruttoeinkommen aus Kapital ergibt sich aus K und der Bruttoertragsrate R. Die Ökonomie hat zuviel Kapital, wenn $(g + \delta)K > RK$, also wenn $(g + \delta) > R$. Bei Abwesenheit von Unsicherheit entspricht der Zinssatz i der Nettoertragsrate aus Kapital: $i = R - \delta$, also $g > i$. In dieser Situation könnte durch eine dauerhafte Reduzierung der Investitionen gegenwärtiger wie zukünftiger Konsum erhöht werden.

7 Hier geht es um rationale „Ponzi–Spiele", d.h. ohne Täuschung und Betrug, wie vom Namensgeber dieses Begriffs, Charles Ponzi, betrieben. Vgl. O'Connell/ Zeldes (1992).

8 Vgl. für eine strenge theoretische Darstellung Burmeister (1980, S. 65–74).

Das Phänomen der Überakkumulation von Kapital und die Untersuchung konsum(in)effizienter Pfade sind theoretisch interessant, empirisch konnte für bekannte Industrieländer aber kein Fall nachgewiesen werden, in dem das Bruttoeinkommen aus Kapital geringer gewesen wäre als die Bruttoinvestitionen (Abel 1992, S. 12).

Größere Bedeutung hat die zweite Ursache, die in der Besteuerung der Besitzer staatlicher Wertpapiere durch nicht antizipierte Inflation begründet ist. Buiter (1985, S. 18) zeigt für Großbritannien, daß *„.. the total change in the UK debt–output ratio between 1948 and 1984 of –1,94 can be almost exactly accounted for by the effect of inflation on the real value of the outstanding nominal government debt."*

In Großbritannien (und auch in den USA) wurde der zur Kriegsfinanzierung angehäufte Schuldenberg im wesentlichen durch die schleichende „Enteignung" derjenigen abgetragen, die – auch in patriotischer Einstellung – langlaufende, niedrig verzinsliche Anleihen kauften, die im Zuge der Nachkriegsinflation den Großteil ihres realen Wertes verloren. Aufgrund der historischen Erfahrungen hat die Möglichkeit der Schuldenfinanzierung über nicht antizipierte Inflation aber an Bedeutung verloren. Der Verlust langfristiger Finanzierung erschwert das Schuldenmanagement. In Italien lag das Minimum der durchschnittlichen Restlaufzeit im Jahr 1982 bei 11 Monaten. Zugleich waren (und sind) die Realzinsen höher als in vergleichbaren Ländern.

Kommt es nun im umgekehrten Fall ($i > g$) zu einer Explosion der Schuldenquote b_t? Die Antwort lautet ja für jedes Primär*defizit*. Liegt aber ein Primär*überschuß* vor ($x < 0$), dann wachsen die beiden Summanden auf der rechten Seite von Gleichung (2-10) ohne Grenzen, aber mit unterschiedlichen Vorzeichen. Die Effekte heben sich genau dann auf, d.h. die Schuldenquote wird stabilisiert, wenn gilt[9]

$$(2\text{-}12)\quad x^* = -b_0\frac{(i-g)}{(1+g)} = -b_0\left[\frac{(1+i^r)(1+\pi^e)}{(1+g^r)(1+\pi)} - 1\right].$$

Ein Primärüberschuß, der dem Betrag nach kleiner ist als x^*, führt zu explodierenden Schuldenquoten, ein Primärüberschuß, der dem Betrag nach größer ist als x^*, führt zu einem sukzessiven Rückgang der Schuldenquote und letztlich zu

---

9 Man bildet aus (2-10) $\lim_{t\to\infty} b_t = \lim_{t\to\infty}\left\{b_t\varphi^t + x[(\varphi^t - 1)/(\varphi - 1)]\right\} =$

$-x/(\varphi-1) + \lim_{t\to\infty}\left\{(b_0\varphi^t(\varphi-1) + x(\varphi^t - 1))/(\varphi-1)\right\}$. Der $\lim_{t\to\infty} b_t$ existiert, wenn

$(b_0\varphi^t(\varphi-1) + x(\varphi^t-1)) = 0$, d.h. $x = x^* = -b_0[(\varphi-1)] = -b_0[(i-g)/(1+g)]$.

einem vollständigen Abbau der Verschuldung und zum Aufbau einer unendlich großen Nettovermögensposition.

Aus der Gleichung für den kritischen Wert x^* folgen zwei interessante Erkenntnisse. Je länger mit der Stabilisierung gewartet wird, desto höher das erforderliche Primärdefizit und damit die politischen Widerstände aufgrund von Ausgabenkürzungen und/oder Steuererhöhungen. Die Aufnahme einer Schuldenstandsquote in den Art. 104c EGV, die in der Literatur oft als ökonomisch sinnlos bezeichnet wurde (z.B. Hasse 1995), erscheint in diesem Kontext durchaus sinnvoll. Außerdem gilt, daß je größer die Differenz zwischen realem Zinssatz und realer Wachstumsrate des BIP ist, desto höher ist der erforderliche Primärüberschuß. Die makroökonomischen Rahmenbedingungen sind demnach entscheidend für eine Konsolidierung der Staatsfinanzen. Ausgabendisziplin einerseits und wachstumsfördernde Strukturreformen zur Verbesserung der Angebotsbedingungen andererseits verstärken sich positiv.

Steigt *ceteris paribus* der nominale Zinssatz, so sinkt der kritische Wert für den Primärüberschuß x^*, d.h. mit einem gleichbleibenden Primärüberschuß wäre eine niedrigere Schuldenquote kompatibel. Die Größe des Effektes hängt davon ab, wie schnell Änderungen des Zinsniveaus am Kapitalmarkt auf die durchschnittlichen Finanzierungskosten der Revolvierung der Staatsschuld durchschlagen. Die Struktur der Restlaufzeiten der im Umlauf befindlichen staatlichen Wertpapiere und die Steilheit der Renditestrukturkurve sind dafür die relevanten Faktoren. Vor diesem Hintergrund sind jüngste Bestrebungen der Bundesregierung verständlich, neue kurzfristige Schuldeninstrumente – gegen den Widerstand der Bundesbank – zu etablieren, um vom aktuell sehr niedrigen Zinsniveau insbesondere am kurzen Ende zu profitieren. Allerdings handelt es um ein Spiel mit dem Feuer. Ein größerer Anteil kurzfristig fälliger Verbindlichkeiten erhöht das finanzielle Risiko bei steigenden Zinsen.

Eine weitere Frage läßt sich beantworten: Wie lange würde es bei Primärüberschüssen, die eine Reduzierung der Schuldenquote erlauben, dauern, bis ein bestimmter Wert b erreicht ist? Dazu wird Gleichung (2-10) nach t aufgelöst:

(2-13) $t = \ln [(x + b(\varphi - 1))/(x + b_0(\varphi - 1))] / \ln(\varphi)$, mit $x<x^*$, $b<b_0$.

Nun ließe sich ausrechnen, wieviel Jahre die EU–Länder bräuchten, die 60%–Schuldenquote des Maastricht–Vertrages zu erreichen, vorausgesetzt, Wachstum, Zinsen und Primärüberschuß änderten sich nich. Tabelle 2 zeigt für die vier am höchsten verschuldeten EU–Länder das Ergebnis eines solchen Gedankenexperiments. Man sieht, daß Belgien trotz des höchsten Primärüberschusses die größten Probleme bei der Rückführung bzw. Eindämmung der Staatsverschuldung hat. Hohe Zinsbelastungen mit hohen Realzinssätzen stehen einem relativ geringen realen Wirtschaftswachstum gegenüber.

Aufschlußreich ist der Vergleich der fiskalischen Performance, d.h. der Entwicklung charakteristischer Werte der öffentlichen Haushalte, dreier hochverschuldeter Länder der EU - Irland, Belgien und Italien (siehe Anhang 1). Wohl einmalig ist der erreichte Konsolidierungserfolg in Irland: Hier gelang es, so hohe Primärüberschüsse zu erzielen, daß von 1987 bis 1997 die Schuldenquote von 116% auf knapp über 80% gesenkt werden konnte. Im gleichen Zeitraum verringerte sich die Staatsausgabenquote um rund zehn Prozentpunkte des BIP. Dagegen konnte Belgien, das Ende der 70er Jahre einen ähnlichen Schuldenstand wie Irland aufwies, trotz eines Rückgangs der um Zinszahlungen bereinigten Staatsausgabenquote in vergleichbarem Umfang im Zeitraum von 1980 bis heute einen beständigen absoluten und relativen Anstieg der Verschuldung nicht verhindern. In Italien wurden erst 1992 Primärüberschüsse erzielt, die aber bislang nicht einmal dazu ausreichten, das Anwachsen der Schuldenquote dauerhaft zum Stillstand zu bringen. Die über Jahrzehnte hinweg akkumulierten Defizite haben einen Schuldenberg aufgetürmt, dessen Zinslast eine fiskalische Konsolidierung auf mittlere Frist unwahrscheinlich macht. In Italien ist die fiskalische „Disziplinlosigkeit“ auf unzureichende laufende Einnahmen zurückzuführen; insgesamt ist der öffentliche Sektor in Italien nicht größer als in Deutschland, die Schuldenlast relativ zum BIP ist aber doppelt so groß.

Tabelle 2: Hypothetische Dauer bis zum Erreichen der „Maastricht–Grenze“für den öffentlichen Schuldenstand

	Wachstum BIP in %	Zins1)	Inflation2)	Primärüberschuß3)	Schuldenstand4)	Jahre bis 60%–Wert
Belgien	*1,9*	*6,8*	*1,7*	*4,5*	*127,7*	***51***
Griechenland	*2,0*	*11,5*	*9,3*	*3,8*	*111,8*	***14***
Italien	*3,0*	*9,3*	*5,0*	*2,9*	*107,5*	***24***
Irland	*10,3*	*4,7*	*0,5*	*1,7*	*84,6*	***5***

Quelle: OECD Economic Outlook und eigene Berechnungen.

1) Durchschnittlicher Zinssatz auf die Staatsschuld, berechnet als Quotient aus Zinszahlungen und Schuldenstand.

2) BIP–Deflator.

3) Überschuß der Einnahmen über die Ausgaben (ohne Zinszahlungen) des öffentlichen Sektors in v.H. des BIP.

4) Für Belgien und Italien Nettoschuldenstand, für Griechenland und Irland ist nur der Bruttoschuldenstand erhältlich..

3. Ursachen mangelnder Fiskaldisziplin aus der Sicht der Neuen Politischen Ökonomie

Es dürfte nicht schwerfallen, die Arbeitshypothese anzunehmen, daß für die im vorigen Kapitel beschriebenen Entwicklungen der Staatsausgaben und der Staatsverschuldung in nahezu allen Industrieländern keine systematischen ökonomischen Faktoren identifizierbar sind, die dafür maßgeblich verantwortlich gemacht werden könnten. Allgemein ist unumstritten, daß politisch-institutionelle Faktoren hinzu zu nehmen sind, wenn eine Erklärung für die fortdauernde Neuverschuldung gefunden werden soll (von Weizsäcker 1992, S. 57). Thema dieses Kapitels ist deshalb, wie mit den Methoden der Neuen Politischen Ökonomie analytische Einsichten darüber gewonnen werden können, wie Entscheidungsprozesse in demokratischen Gesellschaften zu den auf mangelnde Fiskaldisziplin hindeutenden, stilisierten Fakten führen. Angesichts der großen Bedeutung, die den Transferausgaben und ihrer Dynamik bei der Bestimmung öffentlicher Ausgaben zukommt, wird ein Schwerpunkt auf solche Arbeiten gelegt, die Verteilungskonflikte innerhalb der Gesellschaft modellieren.

Der erste Abschnitt behandelt Abgrenzungsfragen des Begriffs der Neuen Politischen Ökonomie. Im zweiten Abschnitt wird die Literatur gesichtet, die sich mit dem Wachstum der Staatsausgaben und der relativen Größe des öffentlichen Sektors beschäftigt. Die Theorien zur Analyse von Staatsverschuldung sind Gegenstand des dritten Abschnitts. Insbesondere einige jüngere Arbeiten, die nicht auf die Annahme der Fiskalillusion im Sinne einer verzerrten Wahrnehmung von Staatsschulden zurückgreifen, werden vorgestellt und diskutiert. Ein eigener, vierter Abschnitt ist den Beiträgen von J. M. Buchanan, einem Pionier politökonomischer Forschung, gewidmet, die über den engen Horizont formalisierter Theoriebildung hinausgreifen. Im fünften Abschnitt wird ein Blick auf empirische Analysen politischer und institutioneller Determinanten der Staatsverschuldung geworfen. Betont kritisch wird mit der ökonometrisch orientierten Literatur in diesem Bereich umgegangen. Anschließend werden stilisierte Fakten für die Analyse der fiskalischen Disziplin deutscher Bundesländerregierungen gesammelt. Sie sind als erster Vorstoß auf dieses von der Forschung noch vernachlässigte Gebiet zu verstehen. Ein sechster und letzter Abschnitt versucht, einige ordnende Gedanken zu dem reichen Material zu formulieren, das von der Neuen Politischen Ökonomie für den Gegenstand „übermäßiger" öffentlicher Budgets und Kreditaufnahmen angeboten wird.

3.1. Neue Politische Ökonomie als Methode: Zur Genesis des Begriffs

In dem bekannten Lehrbuch von Bernholz/ Breyer (1994, S. 1-3) wird die „Ökonomische Theorie der Politik“ bzw. die „Ökonomische Theorie der Demokratie“ in zwei Varianten getrennt. Die normative Variante, auch „Social Choice“ oder „Collective Choice“ genannt, beschäftige sich mit Aggregationsverfahren individueller Präferenzen zu sozialen Präferenzen, worunter auch die Analyse von Abstimmungsverfahren falle. Die positive Variante, auch mit „Public Choice“ bzw. mit „Neuer Politischer Ökonomie“ bezeichnet, analysiere unter der Annahme eigennutzmaximierender Politiker und Wähler, warum diese oder jene wirtschaftspolitische Maßnahme ergriffen werden.

In einem schon etwas älteren, aber nach wie vor wichtigen Übersichtsaufsatz von Mueller (1976) wird Public Choice als Überbegriff gewählt. Im Gegensatz zu Bernholz/ Breyer werden unter der positiven Theorie des Public Choice die Ursachen für die Notwendigkeit kollektiver Entscheidungen und die Analyse der Eigenschaften von demokratischen Wahlverfahren zusammengefaßt. Zu den normativen Theorien des Public Choice gehören für Mueller Themen des „Constitutional Choice“ und der sozialen Wohlfahrtsfunktionen. In einem anderen Übersichtsaufsatz unterscheidet Inman (1987) im Bereich der Neuen Politischen Ökonomie fünf Zweige des Schrifttums, die sich auf die eine oder andere Weise mit der Rolle und den Möglichkeiten des Staates bei der Ressourcenallokation beschäftigen: die Theorie des Marktversagens, die Theorie des freiwilligen Tauschs von Wicksell und Lindahl, die Literatur des „Democratic Social Choice“ von Condorcet bis Arrow, die Literatur des Public Choice von Buchanan, Downs, Niskanen usw. sowie die quantitative Politische Ökonomie.

Es ist also angezeigt, angesichts der Vielfalt seines Gebrauchs und seiner Definitionen auf den Begriff der (Neuen) Politischen Ökonomie näher einzugehen.[1] Im 18. und 19. Jahrhundert ist der von klassischen und neoklassischen Autoren verwendete Begriff Politische Ökonomie als Synonym für Volkswirtschaftslehre bzw. Nationalökonomie insgesamt zu verstehen. Dementsprechend sind unter so bezeichneten Werken sowohl rein wirtschaftstheoretische als auch ausschließlich wirtschaftspolitische Abhandlungen sowie beliebige Mischformen von beidem zu finden. Exemplarisch deutlich wird die Bedeutungsgleichheit an den Hauptwerken der drei „Väter“ der Neoklassik, der „Theory of Political Economy“ von Jevons (1871), den „Grundsätzen der Volkswirtschaftslehre“ von Karl Menger (1871) und den „Eléments d'Economie Politique Pure“ von Léon Walras (1874).

---

1 Verzichtet wird aber auf eine Diskussion der Abgrenzung von positiver und normativer Theorie, da dies den Rahmen der Arbeit sprengen würde.

Die Herausbildung einer eigenständigen ökonomischen Disziplin an den Universitäten führte im angelsächsischen Sprachraum auch zu einer Namenschöpfung, eben den „economics". Hier ist besonders Alfred Marshall zu erwähnen, der sowohl ein Lehrbuch gleichen Namens veröffentlichte, als auch zum ersten Mal die Einrichtung eines eigenständigen wirtschaftswissenschaftlichen Studienganges erreichte. Vielleicht zur Identitätsstiftung der neuen Profession grenzte sich Marshall (1920, S. 36).gegen die Politische Ökonomie ab.[2] Möglicherweise trug auch der Wunsch, sich von Ökonomen sozialistischer und marxistischer Prägung zu unterscheiden, dazu bei, daß sich der Begriff „economics" schnell einbürgerte.[3]

Unzweifelhaft kam es um die Mitte dieses Jahrhunderts zu einer Wiederaufnahme des Gedankenguts der Politischen Ökonomie. Nicht zuletzt ist die Renaissance politökonomischer Fragestellungen seit dem Zweiten Weltkrieg Reflex des in fast allen Industrieländern zu beobachtenden absoluten und relativen Wachstums des öffentlichen Sektors, das den Staat zu der größten und wichtigsten Institution bei der Allokation gesellschaftlicher Ressourcen machte.[4]

Was sind Erklärungsgegenstand und Methode der Neuen Politischen Ökonomie? In erster Linie steht sie im Gegensatz zum klassischen Demokratiemodell und seiner utilitaristischen Gemeinwohlvorstellung. Schon Schumpeter (1950, S. 399) protestierte gegen die Vorstellung, es gebe im Zusammenhang mit der Demokratie kein Problem mehr, abgesehen von der Frage ihrer Errichtung.[5] Er schlägt eine Definition von Demokratie vor, die sie als diejenige Ordnung von Institutionen zur Erreichung politischer Entscheidungen begreift, bei der die

---

2 *„But though thus largely directed by practical needs, economics avoids as far as possible the discussion of those exigencies of party organization, and those diplomacies of home and foreign politics of which the statesman is bound to take account in deciding what measures that he can propose will bring him nearest to the end that he desires to secure for his country. It aims indeed at helping him to determine not only what that end should be, but also what are the best methods of a broad policy devoted to that end. But it shuns many political issues, which the practical man cannot ignore: and it is therefore a science, pure and applied, rather than a science and an art. And it is better described by the broad term 'Economics' than by the narrower term 'Political Economy'."*

3 In marxistischer Diktion ist alle nichtmarxistische Wirtschaftswissenschaft „bürgerliche politische Ökonomie."

4 Die grundlegenden Konzepte der ökonomischen Demokratietheorie können hier aus Platzgründen nicht dargestellt werden; dazu sei auf die entsprechende Literatur verwiesen. Vgl. u.a. Herder-Dorneich (1957), Downs (1957), Frey (1978), Mueller (1989).

5 Bereits Wicksell (1896) analysierte illusionslos das Verhalten der Akteure unter demokratischen Institutionen und die damit verbundenen, sich zu seiner Zeit erst am Horizont abzeichnenden Folgen. Viele Erkenntnisse der Neue Politischen Ökonomie vorwegnehmend wurde sein Werk erst durch James Buchanan einem breiteren Fachpublikum wieder bekannt gemacht.

Entscheidungsbefugnis von einzelnen durch einen Konkurrenzkampf - gesehen in Analogie zur privatwirtschaftlichen Konkurrenz - um die Stimmen des Volkes erlangt wird (ebd. S. 428). Demokratie entspricht also ganz und gar nicht dem Wortsinne einer Herrschaft des Volkes. Auch der - notwendige - Typus des Berufspolitikers, der Einsatz von profanen Reklametechniken als elementare Mittel der politischen Agitation, der Zusammenschluß von Politikern zu Parteien genannten Zweckbündnissen wurde bereits von Schumpeter skizziert. Für ihn ist die genannte Definition von Demokratie als Methode politischer Entscheidungsfindung der geeignete Referenzpunkt, auch wenn einzelne Politiker idealistisch handeln und sich für die Verwirklichung des Gemeinwohls einsetzen. Ähnlich würden die meisten Ökonomen nicht auf das Postulat der Gewinnmaximierung als Ausgangspunkt für die Analyse des Wirtschaftslebens verzichten, auch wenn im Verhalten mancher Unternehmer noch andere Motive wie soziales Gewissen oder Pflicht zum Dienst am Kunden eine Rolle spielen.

Aus diesem Verständnis heraus wird dann ersichtlich, daß sich die Neue Politische Ökonomie eher durch die Erklärungsmethode als durch den Erklärungsgegenstand definiert. Letzteren, die Analyse des öffentlichen Sektors, hat sie mit der Politikwissenschaft gemeinsam.[6] Dagegen ist die Erklärungsmethode originär ökonomisch. Nun läßt sich darüber streiten, was mit der „ökonomischen Methode" gemeint ist. Als kleinster gemeinsamer Nenner sind die Annahmen des methodologischen Individualismus und des rational handelnden, egoistischen *homo economicus* weithin anerkannt. Manche Autoren gehen noch weiter und zählen den gesamten Kanon der Annahmen der neoklassischen Entscheidungslogik auf (Nutzenmaximierung, konvexe Präferenzordnungen, Gossensche Gesetze). Dies ist nicht unbedingt zwingend - man denke daran, daß Nutzensatisfizierung, lexikographische Präferenzordnungen und endogene Präferenzen beobachtbar sind. Die Anwendung der neoklassischen Entscheidungslogik auf den öffentlichen Sektor ist dann naheliegend, wenn diese auch für den privaten Sektor gelten soll. Eine fundamentale Asymmetrie zwischen dem Verhalten in der privat(ökonomischen) Sphäre und der öffentlichen Sphäre dürfte nur schwer zu begründen sein..

Der Begriff einer „Neuen" Politischen Ökonomie, der synonym zu „Public Choice" zu verstehen ist, ist insofern irreführend als er keine fundamental neuen Fragestellungen beinhaltet. Das Problem, ob und in welchen Bereichen freie Märkte oder staatliches Handeln geeignete Institutionen zur Allokation der Ressourcen einer Gesellschaft sind, war auch Gegenstand der „alten" Politischen Ökonomie. Als fast schon klassisches Beispiel sei die ökonomische und politische Auseinandersetzung um die protektionistischen Korngesetze in England in

---

6 So auch die Ansicht von Politikwissenschaftlern. Vgl. Lane (1995, S. 205).

der ersten Hälfte des 19. Jahrhunderts genannt, an der zahlreiche bekannte Ökonomen wie David Ricardo teilnahmen. Andererseits ist es sinnvoll durch diese Begriffswahl zu dokumentieren, daß eine Rückbesinnung auf politische Fragen mit einer genuin ökonomischen Methode stattfindet, die sich in einem Umfeld vollständig ausgebildeter demokratischer Institutionen vollzieht, wobei dem öffentlichen Sektor insgesamt eine zuvor nicht zu erahnende Rolle zugewachsen ist.

Es stellt sich noch die Frage der Abgrenzung zu anderen Teildisziplinen der Wirtschaftswissenschaft. Die Berührungspunkte und Überschneidungen zur Finanzwissenschaft sind naturgemäß zahlreich, wobei unter Finanzwissenschaftlern umstritten ist, ob nicht die Neue Politische Ökonomie Ausgangspunkt der Forschung sein sollte.[7] In der Abgrenzung von Neuer Politischer Ökonomie und Wirtschaftspolitik ist die Unterscheidung von Inman (1987) hilfreich, die sich einer sprachlichen Differenzierung bedient, die leider nur im Englischen deutlich wird: Staatliches Handeln vollzieht sich innerhalb einer Struktur, deren wichtigste Elemente die Präferenzen und Ausstattungen der beteiligten Akteure, die Technologien bei der Produktion öffentlich bereitgestellter Güter sowie die Regeln für staatliche Entscheidungen (inklusive der Regeln zur Änderung der Regeln) sind. Unter der Annahme fest vorgegebener Präferenzen und Ausstattungen bezeichnet es Inman (1987, S. 739) als Aufgabe des „*policy* economist/ analyst", die Menge möglicher Politikergebnisse bei gegebenen Entscheidungsregeln zu beschreiben. Dagegen untersucht der „*political* economist/ analyst" die Wirkungen bestehender und hypothetischer Entscheidungsregeln bei gegebener Produktionstechnologie.

3.2. Theorien des Wachstums und der Höhe der Staatsausgaben

3.2.1. Zur Klassifizierung und Auswahl der relevanten Literatur

Es gibt eine Reihe von Möglichkeiten, Theorien des Niveaus und des Wachstums der Staatsausgaben zu klassifizieren. Oft wird eine Trennung zwischen Theorien vorgenommen, die entweder der politischen Angebotsseite oder der politischen Nachfrageseite zuzurechnen sind.[8] Nachfrageseitige Theorien gehen davon aus, daß sich der öffentliche Sektor so entwickelt, wie es von den Bürgern letztlich gewünscht wird. Die angebotsseitigen Theorien suchen die Ursache für das staatliche Wachstum in den Regierungsinstitutionen bzw. in den

7 Siehe hierzu die Auseinandersetzung zwischen Richter/ Wiegard (1993, 1994) und Blankart (1994) in der *Zeitschrift für Wirtschafts- und Sozialwissenschaften* über die „Neue Finanzwissenschaft".

8 Vgl. z. B. Lane/ Ersson (1990, S. 340f).

technologischen Spezifika bei der Produktion öffentlich bereitgestellter Güter. Dieser Versuch einer Marktanalogie hat aber mehrere Nachteile. Bestimmte Phänomene wie das Budgetdefizit oder Arbeitslosigkeit können sowohl der Nachfrage- als auch der Angebotsseite zugeordnet werden. Institutionen des politischen Systems sind nicht immer als Eigenschaften eines „Anbieters" zu interpretieren sondern stellen vielmehr Makler-Institutionen dar, über die Verhandlungen zwischen Individuen bzw. Interessengruppen innerhalb der Gesellschaft um die Verwendung von Ressourcen ablaufen.

Frey (1988) hingegen unterscheidet einen „institutionellen" Ansatz von einem „nicht–institutionellen" Ländervergleich. Nach dem nicht-institutionellen Ansatz sind Unterschiede in der Expansionsgeschwindigkeit des Sektors Staat zwischen vergleichbaren Ländern (entwickelte kapitalistische Demokratien) in unterschiedlichen Koeffizienten der gleichen Menge von Einflußfaktoren zu suchen. Im Gegensatz dazu wird im institutionellen Ansatz bestritten, daß verallgemeinernde Aussagen ohne eine sorgfältige Berücksichtigung institutioneller Details (z.B. das Verhältnis von Legislative und Exekutive) getroffen werden können.

Weiter besteht die Möglichkeit, sogenannte strukturelle Theorien von politökonomischen Theorien abzugrenzen. Die strukturellen Theorien, die im nächsten Abschnitt kurz behandelt werden, untersuchen oft sehr langfristige Entwicklungen. Sie sind eher induktiv ausgerichtet und versuchen, aus der beobachteten Parallelität einzelner ökonomischer, politischer oder sozialer Größen Ursache-Wirkungsmuster zu begründen. Politökonomische Theorien sind im allgemeinen der strengen deduktiven Analyse verschrieben und meist statisch angelegt. Da in ihnen der „Datenkranz" institutioneller und technologischer Faktoren konstant gehalten wird, können sie einen strukturellen Wandel nicht erfassen. Darin unterscheiden sie sich von den strukturellen Theorien, bei denen Veränderungen in den Randbedingungen Auslöser von „säkularen Trends" darstellen.

Ein grundsätzlicher Mangel, gerade auch bezüglich der prognostischen Qualität, mancher Staatsausgabentheorien liegt darin, daß sie den Trend eines wachsenden öffentlichen Sektors erklären wollen, aber nicht sagen, zu welchem Endzustand die unterstellten Prozesse konvergieren. Aus naheliegenden Gründen kann der öffentliche Sektor relativ zur Gesamtwirtschaft nicht beliebig groß werden. Schon bei noch unter einem Wert von 1 liegenden, aber sehr hohen Staatsquoten kann eine Ökonomie weder als marktwirtschaftliches noch als gemischtwirtschaftliches System betrachtet werden, was ein völlig neues Erklärungsmodell erforderte. Wachstumsprozesse verlaufen in der Regel in Form annähernd logistischer Kurven, d.h. von einem Ausgangsniveau startend kommt es zunächst zu steigenden, ab dem Wendepunkt wieder zu fallenden Wachstumsraten und zu einer asymptotischen Annäherung an ein Endniveau.[9] Die Integration von Rückkoppelungsmechanismen, die von den Wirkungen zu den Ursachen führen, ist jedoch schwierig. Die Rückkoppelung könnte beispielsweise über die Endogenität von Präferenzmustern erfolgen - aufgrund der Wahrnehmung einer hohen Steuerlast verändert sich die generelle Einstellung zum Staat und damit die an der Wahlurne offenbarte demokratische Nachfrage.

Theorieansätze, die einen Erklärungsbeitrag zum *Wachstum* des öffentlichen Sektors leisten wollen, aber einen statischen Charakter aufweisen, können sich tatsächlich nur auf die *Größe* des öffentlichen Sektors zu einem Zeitpunkt beziehen – so die in diesem Kapitel vorgestellten Modelle zur ökonomischen Theorie der Bürokratie und der Theorie der Interessengruppen. Das ist nicht unbedingt ein Nachteil: Wie im letzten Kapitel zu sehen war, ist in den entwikkelten Industrieländern im allgemeinen das (relative) Wachstum der Staatsausgaben zu einem Stillstand gekommen, während die Verschuldung des Staates wegen permanenter Deckungslücken im öffentlichen Budget weiter zunimmt. Mit Hilfe komparativ-statischer Analyse können u. U. bestimmende Faktoren „großer" Budgets isoliert werden, die dann mögliche Ansatzpunkte für Politiken der Verkleinerung der Budgets und anschließend vielleicht der Verminderung der Staatsschuld bieten.

3.2.2. Strukturelle Theorien

Zu den bereits erwähnten strukturellen Theorien des Niveaus und des Wachstums der Staatsausgaben gehören Adolf Wagners „Gesetz der wachsenden Ausdehnung der öffentlichen und speziell der Staatstätigkeit" sowie der „displacement effect" von Peacock/ Wiseman (1961).[10] Zwischen nominalem und realen Wachstum des Staatssektors differenziert Baumol (1967): Niedrigeres Produktivitätswachstum im öffentlichen als im privaten Sektor bei gleichzeitiger paralleler Lohnentwicklung führt auch bei identischen realen Wachstumsraten zu einem größeren Anteil des öffentlichen Sektors am Sozialprodukt. Internationale Einflüsse werden bei Cameron (1978) berücksichtigt: Je mehr eine Ökonomie am internationalen Güteraustausch teilhat, je „offener" sie ist, desto stärkere makroökonomischen Fluktuationen weise sie auf, was eine ver-

---

9 Die Frage nach der Konvergenz zu einem neuen Gleichgewicht ist gleichbedeutend mit einer Stabilitätseigenschaft. Es ist gerade der Vorteil demokratischer Systeme gegenüber totalitären Systemen, über die Artikulation und Manifestierung öffentlicher Meinung Veränderungen zuzulassen, die langfristig stabilisierend wirken.

10 Die „Ausgabengesetze" von Popitz sowie von Brecht betreffen die Ausgabenrelationen innerhalb des öffentlichen Sektors.

mehrte staatliche Aktivität zur Stabilisierung notwendig mache.[11] Die Imitationseffekte eines Landes mit starken wohlfahrtsstaatlichen Elementen auf benachbarte Länder nennt Tarschys (1975). Ebenfalls den Strukturtheorien zuzurechnen sind Ansätze, die zwar Eigenschaften des politischen Entscheidungsprozesses aufgreifen, aber ohne mikroökonomische Fundierung bleiben.[12]

Die Gültigkeit des Wagnerschen Gesetzes wird in der Literatur oft als selbstverständlich betrachtet.[13] Nun kommt es aber darauf an, was man unter diesem „Gesetz" versteht. Lybeck (1988, S. 30-31) nennt zwei von mehreren möglichen Interpretationen des Wagnerschen Gesetzes.[14] Die erste Version stellt auf die veränderten Aufgaben des öffentlichen Sektors durch den Strukturwandel im Zuge der Entwicklung zu einer Industriegesellschaft ab (z.B. Ausbildung, Altersvorsorge, Gesundheitswesen). Die zweite Version begründet die wachsende Bedeutung des öffentlichen Sektors in der Ökonomie mit einer hohen, d. h. über dem Wert von 1 liegenden Einkommenselastizität der Nachfrage für Güter, die öffentlich bereitgestellt werden - ohne dafür aber eine zwingende mikroökonomische Erklärung zu liefern. Die erste Version ist für die jüngere Vergangenheit der meisten Industrieländer sicher von eher geringer Bedeutung. Bei der zweiten Version ergeben sich bei empirischen Arbeiten je nach den untersuchten Ländern und den Beobachtungszeiträumen keine einheitlichen Werte für geschätzte Einkommenselastizitäten.[15]

Die Nachteile struktureller Theorien liegen darin, daß sie für manche Länder und bestimmte Perioden plausibel erscheinen, für andere wiederum nicht. Die in manchen Arbeiten vorgenommene „Verallgemeinerung" mit Hilfe von Korrelationen oder Regressionsrechnungen ist oft zweifelhaft - über längere Zeiträume steigen die Staatsquoten, und jede Variable, die im gleichen Zeitraum einen

---

11 Eine weitere Kausalkette von Cameron (1978, S. 1257) ist noch abenteuerlicher: Eine international ausgerichtete Ökonomie führe - wegen der Konkurrenz im Exportsektor - zu einem hohen Grad industrieller Konzentration. Dies begünstige die Bildung umfassender und mächtiger Gewerkschaften, was wiederum linke Regierungen mit umfangreichen Umverteilungsprogrammen an die Macht bringe.

12 Zu nennen wären die Hypothesen, daß der Einfluß der politischen Linken zu größeren Budgets und zu einer Verdrängung des Marktmechanismus führe, daß der Einfluß der politischen Rechten einen negativen Einfluß auf die Größe der öffentlichen Haushalte habe und daß kollektivistische Ideologien die Expansion des öffentlichen Sektors förderten (Wilensky 1975).

13 So bei Andel (1992, S. 187): „*Empirisch wird das Wagnersche Gesetz sehr eindrucksvoll bestätigt.*"

14 Siehe Gemmell (1993b, S. 114) für eine Übersicht.

15 Kirchgässner/ Pommerehne (1988, S. 344) sehen durch ihre Schätzungen von Nachfragegleichungen für den Zeitraum 1961-84 das Wagnersche Gesetz für die Schweiz bestätigt, nicht aber für Deutschland.

Aufwärtstrend aufweist, bringt dann scheinbar signifikante Ergebnisse. Dabei ist nicht entscheidend, daß jeweils nur einzelne oder wenige aus einer großen Menge potentieller Einflußfaktoren herausgezogen werden. Vielmehr ist zu kritisieren, wenn das Sammeln stilisierter Fakten als fundierte theoretische Analyse ausgeben wird.

3.2.3. Der Medianwähler-Ansatz

Der Medianwähler-Ansatz geht von der Fiktion aus, daß alle politischen Entscheidungen in direkter Abstimmung mit einfacher Mehrheit getroffen werden. Unter einer Reihe von Annahmen[16] existiert ein eindeutiges Wahlgleichgewicht: Es wird diejenige Alternative gewählt, die das Optimum für den Medianwähler darstellt. Trotz der vollständigen Abstraktion von den Institutionen parlamentarischer Demokratien und der Restriktivität der Annahmen, ist der Medianwähler-Ansatz in der politökonomischen Forschung häufig zur Anwendung gekommen.

Meltzer/ Richard (1981, 1983) haben mit dem Medianwähler-Ansatz die Rolle der Transferausgaben beim Wachstum des Staatssektors untersucht. In ihrem Modell übt der Staat nur die Funktion der Umverteilung von Einkommen aus.[17] Gleich hohe Transfers pro Kopf werden durch eine proportionale Einkommensteuer finanziert. Die primäre Einkommensverteilung der Gesellschaft ist ungleich, weil sich das individuelle Einkommen aus der gewählten Arbeitszeit und einem zufälligen, persönlichen „Faktor der Leistungsfähigkeit" ergibt. Aus der

---

16 Es wird nur über eine Angelegenheit abgestimmt; die zur Abstimmung stehenden Alternativen lassen sich in einem eindimensionalen Kontinuum ordnen; die Präferenzen jedes Wählers über der Alternativenmenge sind eingipflig und streng konvex (keine Indifferenz zwischen Alternativen); eine Wahlenthaltung wird ebensowenig geübt wie strategisches Wahlverhalten; die Wählerzahl ist ungerade.

17 Die Befürchtung, daß die vielen Armen gegen die wenigen Reichen auf legalem Wege revoltieren könnten, war oft ein Argument gegen die Einführung demokratischer Institutionen. Für Wicksell (1896, S. 123) war die „unaufhörliche Verschiebung des Schwerpunktes des politischen Machtbesitzes nach unten hin" nicht zu verhindern. Sein Vorschlag einer konstitutionellen Reform mit der Einführung der Einstimmigkeitsregel in Steuerfragen wollte er gerade damit begründen:
„*Wenn einmal die unteren Klassen definitiv in Besitz der gesetzgebenden und steuerbewilligenden Gewalt gelangt sind, wird allerdings die Gefahr vorliegen, dass sie eben so wenig uneigennützig verfahren werden, wie die Klassen, welche bisher die Macht in den Händen hatten, dass sie die Hauptmasse der Steuern den besitzenden Klassen auflegen und dabei vielleicht in der Bewilligung der Ausgaben [..] so sorglos und verschwenderisch verfahren, dass das bewegliche Kapital des Landes bald nutzlos vergeudet und damit die Hebel des Fortschritts zerbrochen sein werden.*" (ebd. S. 122).

Menge der möglichen Kombinationen von Transfer und Steuersatz, die zu einem ausgeglichenen Budget führen, wählt der Medianwähler diejenige aus, die seinen Nutzen maximiert. Es läßt sich zeigen, daß der Medianwähler für um so höhere Transfers und Steuersätze optiert, je weiter sein Einkommen vom mittleren Einkommen entfernt ist. Das Ausmaß der Umverteilung findet seine Grenze, wenn die negativen Anreizeffekte der Besteuerung das Volkseinkommen und damit die potentielle Umverteilungsmasse reduzieren. Durch die Erweiterung des aktiven Wahlrechts auf Gruppen, deren Einkommen bzw. deren Leistungsfähigkeit unterdurchschnittlich sind, „wandert" die Position des Medianwählers weg vom Durchschnittseinkommen. Ein größerer Umverteilungsstaat ist bei Meltzer und Richard die Folge. Eine Verstärkung der Ungleichheit in der primären Einkommensverteilung hätte den gleichen Effekt wie eine Ausdehnung des Wahlrechts.

Ganz anders argumentiert Peltzman (1980). Er glaubt, als Folge besserer Bildungschancen eine Verminderung der primären Einkommensdifferenzen beobachten zu können. In seinem Modell einer repräsentativen Demokratie bemühen sich Politiker um die Stimmen der Wähler, indem sie bestimmten Gruppen Umverteilungsmaßnahmen zu ihren Gunsten versprechen. Je ausgeglichener die Einkommensverteilung, desto höher müssen die versprochenen Umverteilungsprogramme sein, um Wähler anzuziehen.

Hier könnte eine Brücke zu Theorien geschlagen werden, die versuchen, den Anreizmechanismus des „sozialen Status" in die Analyse ökonomischer Prozesse zu integrieren. Ausgangspunkt wäre dabei die „Theory of Moral Sentiments" von Adam Smith, in der er eine Wachstumstheorie entwickelt, die das Streben der Individuen, ihren Reichtum zur Schau zu stellen, als Triebfeder der Akkumulation begründet. Corneo/ Jeanne (1995) haben ein Modell endogenen Wachstums vorgestellt, in dem das Bestreben des Individuums nach sozialem Status sich darin ausdrückt, daß seine relative Vermögensposition Argument der Nutzenfunktion ist. Die private Akkumulation von Kapital wird so angeregt, obwohl im Gleichgewicht niemand reicher werden kann als der andere. Es wäre zu untersuchen, ob sich über den umverteilenden Wohlfahrtsstaat ähnliche Nutzeninterdependenzen (die Eigenschaft des Neides ist hier zu nennen) bemerkbar machen, dergestalt daß der Kampf um „fiskalische Privilegien" eine wesentliche Ursache für den enormen Umfang der Transferprogramme in allen westlichen Demokratien ist. Die Anspruchsberechtigung für staatliche Leistungen wird in einer großen Zahl von Fällen nicht durch existentielle Not bzw. nicht durch existentielle Risiken, die von eigener Vorsorge nicht bewältigt werden könnten, legitimiert. Der durch demokratische Willensbildungsprozesse übermittelte Wunsch nach scheinbar kostenlosen staatlichen Leistungen führt für die breite Masse der Wähler und Steuerzahler im Endeffekt zu keinen nennenswerten Vorteilen. Die negativen Anreizeffekte hoher Abgabenbelastungen stehen jedoch im deutlichen Gegensatz zu den Wachstumseffekten des Smithschen Akkumulationsmotivs.

Der Medianwähler-Ansatz ist auch geeignet, den Effekt einer bestimmten demographischen Struktur der Wahlbevölkerung abzubilden. Wird von intergenerationellen Altruismusmotiven aufgrund familiärer Bande abgesehen, dann dürfte mit zunehmendem Alter eine Präferenz für die Schuldenfinanzierung von Staatsausgaben vorhanden sein. Je höher das Alter, desto geringer sind die potentiellen Steuerzahlungen, die in der restlichen Lebenszeit abgefordert werden, um die Schulden zu bedienen, mit denen Güter und Leistungen finanziert werden, deren Nutzen schon heute anfällt. Ein junger Steuerzahler mag ebenfalls damit rechnen, während seiner Lebenszeit die Belastung aus der Bedienung der Staatsschuld durch ständig neue Kreditaufnahme auf die nach ihm kommenden Generationen abzuwälzen. Bekanntlich führt das zu explodierenden Schuldenquoten (in Relation zum Bruttosozialprodukt)[18] und damit zu einer wachsenden Wahrscheinlichkeit eines Ausfalls des staatlichen Schuldners. Wann genau der Zeitpunkt erreicht ist, an dem sich alte Schulden nicht mehr mit neuen Schulden begleichen lassen, ist nur schwer zu bestimmen. Allerdings nimmt die Wahrscheinlichkeit, daß dieser Punkt während des eigenen Lebens erreicht wird, mit steigendem Alter ab.

Ähnliches gilt für eine rein umlagenfinanzierte Rentenversicherung. Die Transfers für die Rentner werden von den Beitragszahlungen der Arbeitnehmer aufgebracht. Diese erwarten zwar den Fortbestand des Umlagesystems im Sinne eines „Generationenvertrages". Die Beiträge stellen dann eine Form - erzwungener - Ersparnis dar. Die Rendite dieser Ersparnis ist aber unsicher. Diese Unsicherheit wird verstärkt, bzw. die Erwartung einer niedrigen oder gar negativen Rendite wächst, wenn eine demographische Struktur existiert, die für die nächsten Jahrzehnte ein stetig abnehmendes Verhältnis von Beitragszahlern und Rentenempfängern determiniert (ohne die Möglichkeit kompensierender Immigration zu berücksichtigen). Die folgenden Generationen müssen den „Generationenvertrag" zwar nicht gänzlich in Frage stellen. Sie werden aber unter Umständen nicht bereit sein, mit immer höheren Beitragssätzen eine konstante Rentenformel für immer mehr Rentner zu finanzieren. Also wird ein jüngerer Wähler eher für ein niedrigeres Niveau von Renten- und Beitragszahlungen stimmen als ältere Wähler.

Geht man nun davon aus, daß sich Alterskohorten durch „typische" Vertreter darstellen lassen und daß die intertemporale Finanzierungsstruktur der Staatsausgaben einziges Abstimmungsthema ist, so wäre der Medianwähler dann im

18 Das gilt für den realistischen Fall, daß der Zinssatz höher als die Wachstumsrate des Sozialprodukts ist.

Median der Lebensalterverteilung der wahlberechtigten Bevölkerung zu finden, das Medianalter wäre ausschlaggebend im politischen Entscheidungsprozeß (Rizzo 1990, S. 57). Die Forderung der jüngeren Wähler und vor allem die Berücksichtigung der Interessen derjenigen, die noch nicht wählen dürfen, müßte sein, das Medianalter der Wahlberechtigten zu senken. Dies könnte mittels einer oberen Altersgrenze für das aktive wie das passive Wahlrecht geschehen.

3.2.4. Die Monopolmacht der Bürokratie

Die von Niskanen (1971) begründete ökonomische Theorie der Bürokratie beansprucht, eine Theorie eines wachsenden Budgets und damit eines wachsenden öffentlichen Sektors zu liefern. Da staatliches Ausgabenwachstum zumeist eng mit Finanzierungsdefiziten korreliert ist, liegt es nahe, Modelle aus diesem Bereich der Neuen Politischen Ökonomie auch dann zu berücksichtigen, wenn politökonomische Erklärungen für Staatsschulden gefragt sind. So ist die ökonomische Theorie der Bürokratie anzutreffen, wenn z.B. Fragen der fiskalpolitischen Koordination in der EU, die im wesentlichen Koordination der fiskalischen Disziplin ist und sein wird, diskutiert werden (Fabeck 1995, S. 133).

Dem in der politologischen und soziologischen Literatur lange vorherrschenden Bürokratiemodell von Max Weber (Bürokratie als rationale Form der Organisation und reinste Form legaler Herrschaft) wurde aus individuell-rationaler Perspektive schon früh eine Gegenposition gegenübergestellt. Sie postulierte für Mitglieder bürokratischer Organisationen die gleiche, primär an Eigennutzmaximierung ausgerichtete Verhaltensannahme wie für alle anderen Wirtschaftssubjekte und kritisierte das Idealbild des selbstlosen Staatsdieners (von Mises 1944).

Allerdings fehlte es bis in die frühen 70er Jahre an einer expliziten Modellierung des Angebots auf dem Politikmarkt, während die Nachfrageseite in der marktlichen Theorie der Politik mit dem Medianwähler-Theorem schon seit Downs (1957) beschrieben war. Das prominenteste und am häufigsten zitierte Bürokratiemodell auf der Basis einer Marktmodellierung mit Anbietern und Nachfragern ist dasjenige von Niskanen (1968, 1971, 1973).[19]

In seinem Modell agieren lediglich zwei Akteure: Die Bürokraten, besser die Bürokratie oder „der Bürokrat“ als Leiter einer Behörde oder eines Ministeriums, bieten ein „Paket“ von (öffentlichen) Gütern zu einem Gesamtpreis an, der dem Umfang des Gesamtbudgets entspricht. Nachfrager ist die Regierung bzw.

---

19 Wichtige Beiträge in diesem Zusammenhang stammen auch von Tullock (1965) und Downs (1965, 1967).

das Parlament (im weiteren als „der Politiker“ bezeichnet), die - auf welchem Wege auch immer - gemäß der ihr/ihm bekannten Wählerpräferenzen agieren. Es liegt ein bilaterales Monopol vor, bei dem bekanntlich ein eindeutiges Marktergebnis von den Hypothesen über die Verhandlungsmacht der beteiligten Parteien abhängt. Niskanen nimmt nun an, daß der Politiker auf die Produktion des Bürokraten angewiesen ist und dessen Budgetvorschlag akzeptieren muß, da ihm eine Kontrolle des Vorschlags wegen seiner Unkenntnis der Produktionstechnologie nicht möglich ist. Der Anbieter ist in diesem Fall also Optionsfixierer (Frisch 1965, S. 22). Das Ziel des Bürokraten besteht in der Maximierung des Budgets, da mit einem wachsenden Budget auch die Zahl der untergebenen Mitarbeiter, Prestige, Macht und Einkommen ansteigen. Der Bürokratie dehnt die Produktion so weit aus, bis für den Politiker sämtliche Renten (das fiskalische Residuum) verschwunden sind.

Kritisiert wurde, daß bei diesem maximalen, aber technisch effizienten Budget für den Bürokraten nichts verbleibt, um Wünsche wie höheres Gehalt, luxuriöse Ausstattung des Arbeitsplatzes, Sicherheit etc. zu finanzieren. Entsprechend wurde die Nutzenfunktion des Bürokraten um die Dimension des Wunsches nach Bequemlichkeit („leisure“) erweitert.[20] Es besteht für ihn nun ein trade-off zwischen Budgetausweitung und Bequemlichkeit, d.h. niedriger Produktivität. Das Budget wird auf Grundlage einer Pseudo-Kostenfunktion präsentiert, die für eine gegebene Produktion höhere als die tatsächlich notwendigen Faktoreinsätze beinhaltet. Während es bei Niskanen nur zu Tauschineffizienz kommt, tritt nun noch die Produktionsineffizienz hinzu.[21]

Die obere Graphik in Abbildung 3 auf S. 47 zeigt die konkave Kurve *TC* der tatsächlichen minimalen Kosten der Produktion des Güterbündels x.[22] Die konvexe Kurve *TB* gibt für den Politiker den in Geldeinheiten ausgedrückten Nutzen aus der Bereitstellung von x wieder. Die positive Differenz der beiden Kurven stellt den „fiskalischen Surplus“ dar und ist als Kurve *FS* in der unteren Graphik von Abbildung 3 abgetragen. Im ursprünglichen Niskanen-Modell kennt der budgetmaximierende Bürokrat die Kurve *TB* und diktiert dem Politiker in einer „alles oder nichts“-Entscheidung den ihm gemäßen Punkt auf *TB*, d.h. ein Budget, daß die Produktion von x_1 impliziert. Unter vollkommener Konkurrenz dagegen würde x_0 produziert und gleichzeitig der fiskalische Surplus maximiert.

20 Vgl. Migue/ Belanger (1974). Für eine Modellierung, die nur die Maximierung von „leisure“ berücksichtigt, siehe Wyckoff (1990).

21 Zur Unterscheidung führte Leibenstein (1966) den Begriff der X-Ineffizienz ein.

22 Die graphische Darstellung folgt Kraan (1996, S. 84).

Erweitern wir jetzt um das Element des „leisure"-suchenden Bürokraten, der eine manipulierte Kostensituation vorspielt. Gleichzeitig soll der Politiker nun eine Auswahlmöglichkeit über alternative Budgetvorschläge besitzen. Der Bürokrat bestimmt mittels seines Systems von Indifferenzkurven den für ihn nutzenmaximalen Punkt auf *TB* bzw. *FS* mit dem Output x_2. Er präsentiert die „scheinbare" Kostenfunktion *SC*, die unterhalb des Berührpunktes mit der Kurve *TB* eine kleinere Steigung und für Punkte darüber eine größere Steigung als *TB* aufweist. Wird der Politiker mit *SC* konfrontiert, so wird er die vom Bürokraten gewünschte Produktion x_2 wählen. Der Wert von *FS* beim Output x_2 $[SC(x_2)-TC(x_2)]$ ist der fiskalische Surplus, den sich der Bürokrat bei der (technisch) ineffizienten Produktion vollständig aneignet.

Die extreme Informationsasymmetrie zwischen Bürokrat und Politiker kann abgemildert werden, indem unvollständige Information des Bürokraten über die Nutzenfunktion des Politikers unterstellt wird (Kraan 1996, S. 74). Gelingt es dem Politiker, seinen Nutzen aus der Bereitstellung des Bündels öffentlicher Güter niedriger darzustellen als er in Wirklichkeit ist, kann er eine für ihn etwas „günstigere" Position erreichen. In der Abbildung ist dies durch die gestrichelten Kurven *TB** bzw. *FS** dargestellt. Es wird eine Einigung über den Output x_3 erzielt, der näher an x_0, der für den Politiker optimalen Produktion, liegt. Der Politiker erreicht nun auch einen fiskalischen Surplus, und zwar in Höhe von $SC^*(x_3)-TC(x_3)$.

Ursache der Ineffizienzen im Marktergebnis ist im Bürokratiemodell die angenomme Informationsasymmetrie zwischen Anbieter und Nachfrager. Sie hält in dieser extremen Form einer empirischen Überprüfung nicht stand. Vielmehr kann eine Regierung in der Regel „ihre" Bürokratie in wesentlichen Teilen kontrollieren. Niskanen (1971) selbst hat in Teil VI seines Buches Mechanismen beschrieben, welche die ungleiche Machtbalance zumindest teilweise aufheben; die wichtigsten dabei sind der Wettbewerb zwischen einzelnen „Büros" und kompatible Anreizstrukturen (bezüglich Entlohnung und Karrierefortschritt) für die Bürokraten. Spezielle Revisionsinstitutionen (Rechnungshöfe) haben die Funktion, zu prüfen, ob Aufgaben mit geringerem Personal- oder Sachaufwand oder auf andere Weise wirksamer erfüllt werden können. Gerade in Zeiten fiskalischer Knappheit werden Reformanstrengungen stärker[23], die sogar in schrumpfenden Budgets resultieren können und gleichzeitig für engagierte Beamte neue Karrierechancen bieten können.[24]

---

23 Vgl. z. B. Steger (1994).

24 Breton/ Wintrobe (1975, S. 205) berichten von James Schlesinger, damals Verteidigungsminister der USA, dieser habe seine politische Reputation als CIA-Chef erworben, wobei er die Personalstärke dieser Behörde deutlich reduziert hätte.

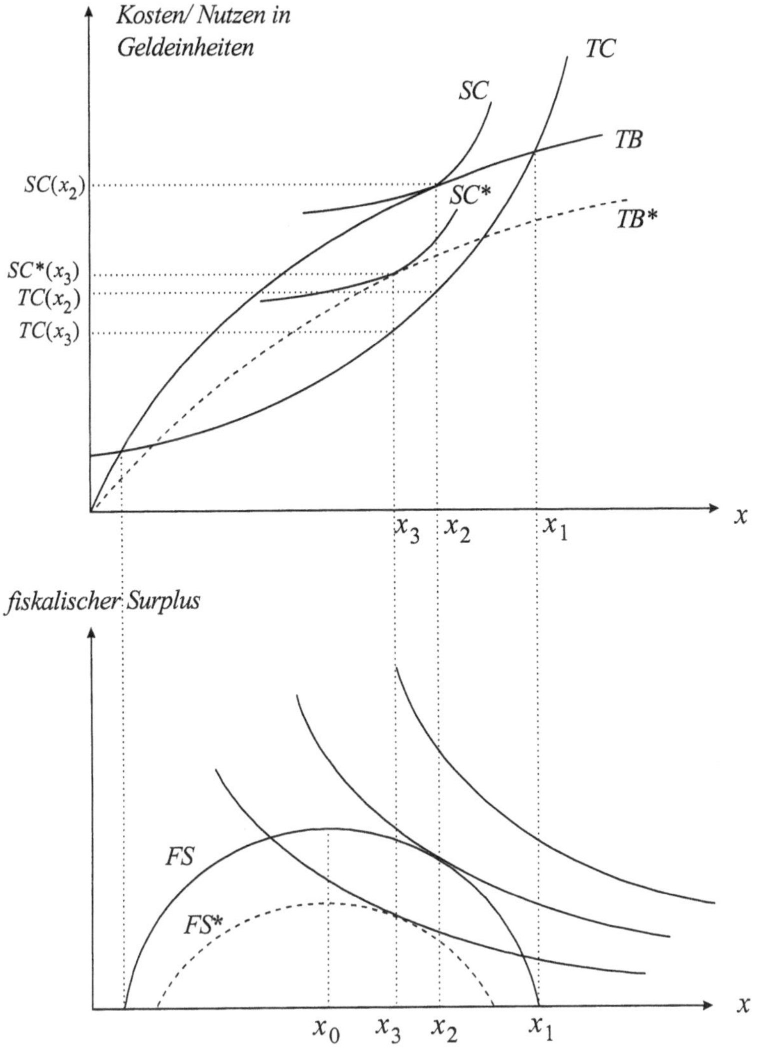

Abbildung 3: Bürokratiemodell mit dominantem Bürokraten
bei vollständiger und unvollständiger Information

Für Peacock (1979), der wie Niskanen auf eigene Erfahrungen in bürokratischen Organisationen verweisen kann,[25] ist die Verhaltensannahme eines budgetmaximierenden Bürokraten zumindest für höchste Beamte im britischen Staatsdienst unzutreffend. Die Karrierechance eines solchen Beamten sei eng verbunden mit der ehrlichen Zuarbeit, die er für seinen Minister leiste. Die Maximierung des Budgets sei weder eine notwendige noch eine hinreichende Bedingung zur Erreichung von Zielen wie Ansehen, Macht, Einkommen, insbesondere nicht bei prestigeträchtigen Positionen im Finanzministerium. Beamte auf den Ebenen darunter sind nur mit der Ausführung des Budgets bzw. mit der darin formulierten Politik, nicht aber mit dessen Formulierung befaßt.

Am stärksten wirken die Einwände gegen das Niskanen-Modell wegen seines statischen und partialanalytischen Charakters. Da das Modell statisch ist, kann es höchstens erklären, daß das Budget höher ist als vom Medianwähler erwünscht. Das Wachstum des Budgets kann nur mit Annahmen *ad-hoc* eingefügt werden. Geht man von einer mit wachsendem Einkommen sich nach außen verschiebenden Nutzenfunktion für öffentliche Güter aus, verschiebt sich auch der oben abgeleitete Gleichgewichtspunkt nach außen. Dann wird aber eine Theorie über die Einkommenselastizität der Nachfrage für öffentliche Güter benötigt, z.B. das Wagnersche Gesetz. Damit würde das Modellergebnis rein nachfragedeterminiert sein, und der Ansatz hätte keinen eigenständigen Erklärungsbeitrag für einen wachsenden öffentlichen Sektor.

In dynamischer Sicht ist die Marktanalogie mit ihrer Partialbetrachtung deshalb problematisch, weil die Logik der Argumentation von Niskanen dazu führen muß, daß die Interdependenz von Angebot und Nachfrage im Lauf der Zeit beständig zunimmt. Wenn sich wirklich die „Bürokratie“ - im Verhältnis zur Gesamtökonomie - stetig ausdehnt, dann wird sich auch der Anteil der Bürger, die sowohl Anbieter (beim Staat Beschäftigte) als auch Nachfrager (Wähler) sind, stetig erhöhen.

Ein kurzer Blick in die Statistik bestätigt die Relevanz dieses Einwands: In Deutschland (West) wuchs der Anteil der im öffentlichen Sektor Beschäftigten an der Gesamtzahl der inländischen Erwerbstätigen von 11,0% im Jahre 1960 auf 19,3% im Jahre 1991.[26] Der politische Einfluß dieser Gruppe dürfte jedoch noch höher sein, als die Zahl der Beschäftigten suggeriert. Empirische Studien zeigen für die USA, daß ihre Wahlbeteiligung von derjenigen der Restbevölke-

25 Niskanen war im Verteidigungsministerium der USA und im Budgetbüro des amerikanischen Präsidenten tätig, Peacock war zeitweise Chefberater im britischen Handels- und Industrieministerium.

26 Quelle: Statistisches Bundesamt (1992, Tabelle 6.4); Angaben für BR Deutschland bzw. alte Bundesländer.

rung signifikant nach oben abweicht.[27] In den Parlamenten ist die Berufsgruppe der Beamten und Angestellten des öffentlichen Dienstes deutlich überrepräsentiert, im Deutschen Bundestag mit einem Anteil, der ungefähr doppelt so hoch ist wie ihr Anteil an den Erwerbstätigen insgesamt.[28]

Auf eine völlig außerhalb der Bürokratietheorie liegende Erklärung für einen wachsenden öffentlichen Verwaltungsapparat im Sinne einer Zunahme der im Staatssektor Beschäftigten weist die folgende Beobachtung hin. Die oft beklagte technische Ineffizienz des öffentlichen Sektors kann auch damit zusammenhängen, daß die Beschäftigung von Personen im öffentlichen Dienst eine Art versteckter Sozialtranfers darstellt (Becker 1983, S. 387). Dies wäre konsistent mit den stilisierten Fakten der Bedeutung der Transferausgaben insgesamt.

Abschließend sei noch bemerkt, daß Niskanens Theorie durch eine Art Selbstimmunisierung empirisch nicht falsifiziert werden kann. Um testbare Hypothesen aufstellen zu können, müßten Daten über Grenzkosten und Grenznutzen einer Änderung des Umfangs des Budgets bekannt sein (und wären damit öffentlich zugänglich). Auch wenn dadurch prinzipiell eine Falsifizierbarkeit nicht auszuschließen ist, stünde dies doch im Widerspruch zu der Annahme der Informationsmacht der Bürokraten gegenüber den Politikern, auf der die Optionsfixiererhypothese gründet. Somit dürfte die Theorie de facto nicht testbar sein, ihre Gültigkeit wird dann schlicht angenommen (Lewin 1991, S. 95).

Zusammenfassend kann das folgende, schon ein Jahrzehnt alte Urteil von Meyer/ Stevenson/ Webster (1985, S. 51) über die ökonomische Theorie der Bürokratie wiederholt werden:

---

27 Vgl. Bush/ Denzau (1977). Ein Index π der Wählermacht der Bürokraten läßt sich wie folgt aufstellen: Seien *Vb* und *Vnb* die prozentualen Wahlbeteiligungen der Bürokraten bzw. Nichtbürokraten (und ihrer Familien) und sei *g* der Anteil der Bürokraten an der Gesamtbeschäftigung, dann gilt $\pi = \left[1 + (V_{nb} / V_b)(1/g - 1)\right]^{-1}$.

28 Im XII. Deutschen Bundestag machten die im Öffentlichen Dienst Beschäftigten (Beamte, Angestellte, Richter und Pfarrer) 37,3 % aller Abgeordneten aus; vgl. Müller, Emil Peter (1991, S. 22). Es ist davon auszugehen, daß dieser Wert sich bis heute nicht wesentlich geändert hat bzw. eher noch gestiegen ist.
Pommerehne/ Frey (1978) behaupten, mit einem Sample von 62 Schweizer Städten zeigen zu können, daß sich ein Einfluß der Bürokraten als Wähler bei öffentlichen Ausgabenentscheidungen nicht nachweisen lasse. Dagegen sei der monopolistische Einfluß der Bürokratie auf öffentliche Ausgaben spürbar. Ihre Ergebnisse sind aber aufgrund methodischer Schwächen problematisch: *Ad hoc* wird die Wahlbeteiligung der im Staatsdienst Beschäftigten einheitlich auf 80% festgesetzt; eine direkte Maßgröße für den monopolistischen Einfluß der Bürokratie wird nicht geliefert.

„No model of bureaucratic growth has been proffered. At best, economic models explain why bureaus may be somewhat larger than counterpart firms, but even these models have been the subject of dispute."

Die von Niskanen begründete marktliche Monopoltheorie der Bürokratie ist aufgrund ihrer theoretischen Schwächen und ihrer kontrafaktischen Annahmen wenig geeignet, eine Erklärungsbeitrag zu existierenden politökonomischen Fragestellungen zu leisten. Die jüngere Bürokratietheorie versucht deshalb Erkenntnisse aus der modernen Theorie der Firma auf die Analyse staatlicher Bürokratien und ihrer Relationen zu Politikern und Wählern zu übertragen.[29] Die Anreizprobleme, die sich in Principal-Agent-Beziehungen in staatlichen Bürokratien ergeben[30], unterscheiden sich nicht prinzipiell von denen in privatwirtschaftlichen Unternehmen und werden mit dem gleichen Instrumentarium theoretisch analysiert.[31] Effizienzprobleme, die auf der Mikroebene untersucht werden, lassen aber noch keinen Schluß auf Makrogrößen wie exzessives Gesamtausgabenverhalten oder Staatsverschuldung zu; derartige Problembereiche werden in dieser Literatur denn auch nicht thematisiert.

Die beiden Ansätze zur Beschreibung von Allokationsentscheidungen in öffentlichen wie in privaten Bürokratien - bilaterales Monopol versus Principal-Agent-Modell - unterscheiden sich vor allem dadurch, daß im ersten Fall die „Bürokraten" völlig unabhängig entscheiden können, während sie bei letzterem in eine Hierarchie eingebunden sind und die Direktiven der Politiker (des Prinzipals) befolgen müssen. Im bilateralen Monopol können die Politiker ihre Interessen gegenüber der Bürokratie nur strategisch durchsetzen; in einer Beziehung zwischen Prinzipal und Agenten vermögen sie es hierarchisch und strategisch, freilich mit unterschiedlichen Transaktionskosten. In Deutschland, wie auch in den meisten anderen europäischen Demokratien, dominiert die Ministerialbürokratie, d.h. ein Minister steht gleichzeitig einer Verwaltung vor und ist Mitglied des Kabinetts, das unter Vorsitz des Kanzlers/ Premierminister und/ oder des Finanzministers über den Budgetentwurf berät, der in der Regel von der Parlamentsmehrheit angenommen wird. Bereits die institutionellen Voraussetzungen für das Modell des bilateralen Modells fehlen.[32]

---

29 Vgl. Rowley/ Elgin (1988).

30 Der Politiker bzw. der durch ihn repräsentierte Wähler wird vom Nachfrager zum Prinzipal, und der Bürokrat wird vom Anbieter zum Agenten.

31 Vgl. Tirole (1994) sowie Laffont/ Tirole (1993).

32 Etwas anders ist die Situation in der US-amerikanischen Präsidialdemokratie. Dort wird über die Teile des Bundeshaushalts letztlich in (Unter)Ausschüssen des Kongresses entschieden, wobei der Budgetentwurf des Präsidenten relativ wenig präjudiziert. Die Verhandlungen mit Leitern einzelner Bundesbehörden sind vielleicht für die Anwendung des Niskanen-Modells geeignet.

Pointiert formuliert könnte man sagen, daß im wesentlichen nicht die Bürokratie die Ursache für das Staatsausgabenwachstum ist, sie vielmehr im Zuge der Erweiterung staatlicher Aufgabenbereiche zahlreiche Möglichkeiten zur Expansion und zur Erlangung von Privilegien genutzt hat. Dazu zählen die Anpassung der Gehälter an die Lohnentwicklung im privaten Sektor ohne eine entsprechende Steigerung der Arbeitsproduktivität oder gesonderte finanzielle Leistungen für Belastungen, die Beamte früherer Tage als selbstverständlich hinnehmen mußten (z.B. Versetzung an einen anderen Dienstort). In Zeiten hohen Steuerwiderstandes und einer angestrebten Begrenzung bzw. Rückführung der Budgetdefizite werden diese Spielräume aber enger, und die Bürokratie sieht sich starkem Reform- und Legitimationsdruck ausgesetzt. Dabei ist es allerdings unbestreitbar, daß die staatliche Bürokratie aus den oben genannten Gründen bei der Verteidigung von Pfründen und Privilegien über eine weitaus bessere Ausgangsposition verfügt als manch andere Interessengruppe.

Für den Untersuchungsgegenstand lassen sich die Bürokraten als Gruppe der im Staatssektor Beschäftigten als eine von vielen gesellschaftlichen Interessengruppen betrachten, die über spezifisches Macht- und Drohpotential zur Durchsetzung ihrer Ziele verfügen (Keller 1991). Dadurch ist eine Integration in die Theorie der Interessengruppen möglich, die im folgenden an einem exemplarischen Modell vorgestellt und diskutiert wird.

3.2.5. Der Einfluß von Interessengruppen

Das Thema der Interessengruppen ist so alt wie aktuell. Es finden sich einerseits Schlagworte wie das der „Unregierbarkeit“ oder vom „Parlament als Wurmfortsatz mächtiger Interessen“.[33] Andererseits wird das Wirken der Interessenverbände auch als positives Zeichen einer pluralistischen Demokratie gewürdigt, da sich ohne sie der Wille der Bürger im politischen Prozeß nur sehr unzulänglich äußern könne.[34]

Seit den 60er Jahren existiert eine reichhaltige politökonomische Literatur zu diesem Thema. Mit am meisten bekannt ist die in viele Sprachen übersetzte „Theorie des kollektiven Handelns“ von Olson (1971). Olson wendet sich strikt gegen die Auffassung, in einer parlamentarischen Demokratie würden sich die zahlreichen politischen Interessengruppen und Verbände, die entweder direkte staatliche Transfers oder aber Regulierungen und Marktbeschränkungen zu ihren Gunsten durchsetzen wollen, in Konkurrenz zueinander - durch Macht und

---

33 Vgl. Rudder/ Sahner (1988, S. 7).

34 Vgl. für Großbritannien Cole (1917) und für die USA Commons (1950).

Gegenmacht- in ihrer gesamtwirtschaftlich effizienzmindernden Wirksamkeit gegenseitig aufheben. Insbesondere zwei Ursachen lassen sich dafür ausmachen, daß sich nur bestimmte, eher kleine Gruppen formieren, deren „Gegenseiten“ jedoch oft nicht. Zum einen ist das Verhältnis aus Aufwand und Ertrag für ein Individuum, das einer großen Gruppe von Individuen mit gleichgerichteten Interessen angehört, bescheiden. Zum anderen wird ein rationales Individuum bei einem Gut, welches für die betroffene Gruppe den Charakter eines öffentlichen Gutes hat (Nichtrivalität im Konsum), stets die Position des Trittbrettfahrers einnehmen.

Große Gruppen lassen sich meist nur dann zur Verfolgung gemeinsamer Ziele organisieren, wenn gleichzeitig für alle Mitglieder der entsprechenden Gruppe Güter bereitgestellt werden, die eine Ausschließbarkeit, z.B. über einen Mitgliedsbeitrag, gewährleisten - bekanntes Beispiel ist die Autofahrer-Lobby ADAC, der seinen Mitgliedern Pannenhilfe und andere Serviceleistungen bietet. In Analogie zu Gütermärkten kann von hohen Markteintrittsbarrieren gesprochen werden, die zu einer oligopolistischen „Lobby-Markt“-Struktur führen. Das Äquivalent zu Preisabsprachen ist der Stimmentausch („logrolling“).[35]

Die Asymmetrie in der politischen Wirksamkeit verschieden großer Gruppen, z.B. von Konsumenten und Produzenten ist eine alte Erkenntnis.[36] Ganz besondere Aufmerksamkeit fand und findet der ökonomische Einfluß von Interessengruppen in der Politischen Ökonomie des Protektionismus.[37] Ein damit in teilweise engem Zusammenhang stehender Anwendungsbereich liegt in der politökonomischen Agrarökonomik.

Hier wird exemplarisch das Modell von Coughlin/ Mueller/ Murrell (1990) bzw. Mueller/ Murell (1986) vorgestellt. Dort gibt es zwei Gruppen von Agenten: Zum einen die Wähler(haushalte), die sich in N verschiedene, sich nicht überlappende Interessengruppen der Größe n_i, $i \in \{1..N\}$, aufteilen lassen, wobei sich jeder Wähler genau einer Gruppe zuordnen läßt. Auf der anderen Seite

---

35 Die gesamtwirtschaftlich ineffiziente Verwendung knapper Ressourcen zur Erreichung solcher Vorteile durch Verteilungskoalitionen wird in der Theorie des „Rent-Seeking“ genauer analysiert.

36 „*The intensity of the work of any individual is not proportionate to the benefits which that work may bring him nor the harm which it may enable him to avoid. If a certain measure A is the cause of the loss of one franc to each of a thousand persons, and of a thousand franc gain to one individual, the latter will expend a great deal of energy, whereas the former will resist weakly; and it is likely that, in the end, the person who is attempting to secure the thousand francs via A will be successful.*“ Pareto (1927, S. 379).

37 Vgl. für Modelle zur endogenen Bestimmung von Zöllen z. B. Magee/ Brock/ Young (1989). „Versteckte“ Formen des Protektionismus werden u.a. diskutiert in Bhagwati (1990).

gibt es zwei Parteien, die um die Gunst der Wähler konkurrieren – es wird Stimmenmaximierung angenommen. Zu einem Zeitpunkt stellt jeweils die eine Partei die Regierung, während die andere Partei die Opposition bildet.

Das gemeinsame Interesse der Mitglieder einer Gruppe drückt sich in identischen Nutzenfunktionen U_i, $i \in \{1..N\}$, aus. Dabei sind sowohl die von den Parteien für die Zeit nach der nächsten Wahl versprochenen Regierungsprogramme als auch deren aktuelle und vergangene Leistungen Argumente der U_i. Eine Interessengruppe muß aber keine homogene Ansammlung identischer Individuen sein, vielmehr hat jeder Wähler eine erwartete „ideologische Verzerrung" b_{ij} für ($b_{ij} > 0$) oder gegen ($b_{ij} < 0$) die im Amt befindliche Regierung. Ursache für die Verzerrung können persönliche Eigenschaften der Kandidaten, familiär tradiertes Wahlverhalten u.ä. sein. Für die Parteien ist es nicht möglich, genaue Informationen über die b_{ij} zu erhalten. Sie werden als Zufallsvariablen betrachtet, die eine Gleichverteilung auf dem Intervall $[l_i, r_i]$ haben. Damit ist die Breite des Intervalls a_i, $a_i = 1/(l_i - r_i)$, ein Maß für die politische Heterogenität jeder Gruppe i, und damit für die Parteien ein Indikator dafür, ob mit einer bestimmten Politikmaßnahme die gesamten Wählerstimmen einer Interessengruppe gewonnen werden könnten.

Auf der Nachfrageseite treffen die Wähler ihre Entscheidung für die Partei, deren (verbindliches) Wahlprogramm ihrer Meinung nach für sie ein höheres Nutzenniveau verspricht. Für die Wahrscheinlichkeit P^r, daß ein Wähler für die Regierung stimmt, gilt

$$(3\text{-}1) \qquad P^r_{ij}(z_r; z_o) = \begin{cases} 1 \textit{ für } U_i(z_o) - U_i(z_r) < b_{ij} \\ 0 \textit{ für } U_i(z_o) - U_i(z_r) \geq b_{ij} \end{cases}$$

Dabei stehen z^r bzw. z^o für die Politikvektoren der gegenwärtigen Regierung bzw. der gegenwärtigen Opposition. Entspricht die Nutzendifferenz der Parteiprogramme genau dem Ideologieparameter b_{ij}, wird Wahlenthaltung geübt. Die Wahrscheinlichkeit der Politikanbieter, den „Zuschlag" einer gesellschaftlichen Gruppe zu erhalten, ist eine stetige Funktion, die kontinuierlich steigt mit der Nähe der Wahlplattform zu den Wünschen eines repräsentativen Mitglieds der betreffenden Gruppe. Es läßt sich zeigen, daß sich ein Marktgleichgewicht im 2-Parteien-Wettbewerb genau dann einstellt, wenn ein Strategienpaar (z^{r*}, z^{o*}) folgende Nutzensummen maximiert:

$$(3\text{-}2) \qquad \sum_{i=1}^{N} n_i \cdot a_i \cdot U_i(z^r) \text{ bezüglich } Z^r \quad \text{sowie} \quad \sum_{i=1}^{N} n_i \cdot a_i \cdot U_i(z^o) \text{ bezüglich } Z^o.$$

Somit verhält sich jede Partei, als ob sie eine gewichtete Summe der Nutzen aller Wählerbürger maximieren würde. Die Ähnlichkeit mit einer utilitaristischen Wohlfahrtsfunktion ist offensichtlich. Es darf allerdings nicht vergessen werden, daß die spezifischen Nutzengewichte a_i die Stärke einer Interessengruppe widerspiegeln, sich - durchaus zum Nachteil anderer Gruppen - durch entsprechende Lobbytätigkeit den Parteien als homogene Käuferschaft auf dem Politikmarkt zu präsentieren.[38] Der Unterschied zu Theorien mit einem wohlwollenden Diktator liegt darin, daß dieser nicht exogen gesetzt wird, sondern sich durch die Anbieterkonkurrenz auf dem Politikmarkt quasi endogen etablieren kann. Eine Endogenisierung der a_i wäre eine notwendige und vielversprechende Erweiterung. Ansatzpunkte wären beispielsweise die Zahlung von Parteispenden oder die Drohpotentiale, über die Gruppen verfügen. So könnten die Beschäftigten im Öffentlichen Dienst mit Arbeitsniederlegungen die Versorgung mit öffentlichen Dienstleistungen lahmlegen, in der Absicht, den entstehenden Unwillen der Bevölkerung auf die Regierung zu lenken.

Im Rahmen komparativ-statischer Analyse lassen sich die Effekte einer verstärkten Macht von bestehenden Interessengruppen oder der Formierung von solchen Gruppen auf die tatsächliche Politik der gewählten Regierung analysieren. Im einfachsten Fall existieren in der Ökonomie ein privates Gut X und ein reines öffentliches Gut G, das vollständig über Steuern finanziert wird. Die Nutzenfunktionen U_i seien in X und G streng additiv-separabel; alle privaten Einkommen seien gegeben. Dann, so zeigen Coughlin/ Mueller/ Murrell, ist das Vorzeichen der Veränderung des Staatsanteils nicht eindeutig. Da ein reines öffentliches Gut angeboten wird, kann sich der Einfluß einer Lobby nur in niedrigeren Steuersätzen bemerkbar machen. Eine Gruppe, die in der Ausgangsposition relativ schwach organisiert ist und deshalb einen vergleichsweise hohen Finanzierungsanteil für das öffentliche Gut tragen muß, wird eine verbesserte Interessenvertretung zu einer Artikulation einer geringeren Nachfrage nach G nutzen, wenn der sich dann ergebende Steuerpreis von G noch zu hoch erscheint. Dagegen wird ein Verband, der schon einen großen Einfluß auf die politische Willensbildung hatte, eine nochmals verstärkte Position zu einer er-

38 Wären alle Interessengruppen gleich einflußreich, ausgedrückt in identischen Werten der Parameter a_i, und könnten beide Parteien aus der gleichen Strategiemenge wählen, dann würden die Parteien die gleiche utilitaristische Nutzenfunktion maximieren und die gleiche Politik verfolgen. Offensichtlich ist die Annahme stimmenmaximierender Parteien verantwortlich für dieses Ergebnis. Realistischer wäre aber, in Demokratien mit einfacher Mehrheitswahlregel stimmensatisfizierende Parteien zu postulieren. Empirische Studien aus der Politikwissenschaft zeigen, daß Stimmenmaximierung eine kontrafaktische Annahme für Demokratien mit Mehrparteiensystemen darstellt. Vgl. z.B. Lane/ Ersson (1994, S. 112).

höhten Nachfrage nach *G* nutzen (d.h. der Staatsanteil steigt), weil der zu zahlende Steuerpreis pro Einheit von *G* weiter sinkt.

Ein unzweideutiges Ergebnis erhält man, wenn man diese simple Modellversion um „teilöffentliche" Güter *Q* erweitert, d.h. Güter, welche zwar von allen Bürgern finanziert werden, aber nur von jeweils einer Gruppe konsumiert werden können und für die Mitglieder der Gruppe nichtrivalisierend im Konsum sind. Beispielsweise wäre Einkommensumverteilung über ein Transferprogramm, das Geldleistungen an die Erfüllung bestimmter Kriterien bindet, ein solches Gut. Wenn die Variation sämtlicher Steuersätze in der Strategiemenge der Parteien enthalten ist, läßt sich überhaupt keine Aussage über die Entwicklung der Staatsausgaben treffen, denn die Bereitstellung teilöffentlicher Güter *Q* ist bezüglich der Maximierung von Wählerstimmen der Verminderung von Steuersätzen für die Mitglieder der betreffenden Gruppe äquivalent. Häufig läßt sich aber das Steuersystem, das ja in der Regel auf individuelle Charakteristika wie Einkommen oder Vermögen abstellt und nicht auf die Zugehörigkeit zu einer Interessengruppe, nicht mit der gleichen Flexibilität ändern wie das System der Ausgaben. Unter der Annahme fixer Steuersätze, muß es dann zu einer Erhöhung des Staatsanteils kommen, wenn von *Q* profitierende Gruppen ihren Lobbyeinfluß intensivieren. Auf den ersten Blick erstaunlich ist die Ausdehnung des Staatssektors im Interesse aller Wähler! Ein Steigen von *Q* bedeutet für alle, die nicht an *Q* partizipieren, eine Erhöhung des Steuerpreises des reinen öffentlichen Gutes *G*, da ja *Q* zu fixen Teilen von allen Wählern finanziert wird. Sind *X* und *G* normale Güter, so wird der durch die Mitfinanzierung von *Q* verursachte Einkommensverlust zu einer gewünschten Reduktion des Konsums sowohl von *X* als auch von *G* führen. Damit wird die Ausweitung von *Q* nicht durch eine genau gleich große Verminderung von *G* kompensiert, der Nettoeffekt ist vielmehr positiv.

In einem vergleichbaren Ansatz berücksichtigen van Velthoven/ van Winden (1990) in einer „Interessenfunktion", die Zielfunktion der Regierung ist, vier gesellschaftliche Gruppen: Arbeiter im öffentlichen Sektor, Arbeiter im privaten Sektor, Kapitalbesitzer und von Transferleistungen „Abhängige". Auch hier wird der politische Einfluß der Interessengruppen durch entsprechende Koeffizienten in der Zielfunktion berücksichtigt, mit dem Ziel, den Zusammenhang zwischen Staatsverschuldung und Interessengruppen explizit zu untersuchen. Öffentliche Defizite finden aber nur dadurch einen „Platz" im Modell, daß unvollkommene Kapitalmärkte angenommen werden. Die Existenz staatlicher Schuldtitel erlaubt es dann in jedem Fall, ein gewünschtes Konsumprofil über den Lebenszyklus zu realisieren. Daß es zu nicht ausgeglichenen Budgets kommt, hat zur Voraussetzung, daß die gesellschaftlichen Gruppen unterschiedliche Zeitpräferenzen besitzen. Dies dürfte insbesondere dann gelten, wenn die Gruppen differierende Altersstrukturen aufweisen[39]. Der bekannte Anstieg der Zahl der Rentner, deren Einkommen im wesentlichen aus Transfers umlagefinanzierter Rentenversicherungen besteht, könnte die politisch wirksame Präferenz für staatliche Budgetentscheidungen, die gegenwärtigen Konsum zu Lasten späteren Konsums ermöglichen, zum Ausdruck bringen. Der Einfluß dieser Gruppe ist stark und nimmt an Bedeutung zu, obwohl eine organisierte Interessenvertretung in Deutschland bislang keine besondere Rolle spielt. In Erweiterung des Gedankenganges könnte man auch zukünftige Generationen als Interessengruppen definieren. Ihr Einfluß kann sich nur indirekt über die altruistischen Motive der lebenden Generation bemerkbar machen, woraus sich eine starke Legitimation für konstitutionelle Beschränkungen von Budgetentscheidungen ableiten läßt.[40]

3.3. Politökonomische Theorien der Staatsverschuldung

3.3.1. Zusammenhang zwischen Staatsausgaben und Staatsverschuldung

Wie kann in statische, atemporale Modelle der Höhe der Staatsausgaben ein *per definitionem* intertemporales Phänomen wie die Finanzierung der Staatsausgaben über Verschuldung integriert werden? Eine parallele Entwicklung von Haushaltsdefiziten und Haushaltsvolumen läßt sich in der Demokratie auf zwei Arten begründen. Entweder es existiert auf Seiten der Wähler und Steuerzahler eine systematische Verzerrung in der Wahrnehmung öffentlicher Budgets, die zu einer Unterschätzung der Kosten der Kreditfinanzierung gegenüber den Kosten der Steuerfinanzierung führt, so daß die Ricardo-Barro-Äquivalenz nicht

39 Sehr konstruiert wirkt der Versuch von van Velthoven/ van Winden (1990, S. 142f.), unterschiedliche Zeitpräferenzmuster für die Gruppen der Arbeiter und Kapitalisten zu begründen. Unhaltbar ist ferner die Argumentation, nach welcher der zu beobachtende Anstieg der Staatsverschuldung kompatibel sei mit der abnehmenden relativen Anzahl der Selbständigen im Vergleich zur Zahl der abhängig Beschäftigten. Dieses numerische Verhältnisse sei eine gute Annäherung für den relativen politischen Einfluß der Gruppen. Da die Bezieher von Kapitaleinkommen (die nicht identisch mit den Selbständigen sind!) eine niedrigere Gegenwartspräferenz als Bezieher von Arbeitseinkommen hätten, müßte eine Tendenz zu höheren Defiziten bestehen.

40 Empirisch ist der Nachweis für auf den ersten Blick plausible Hypothesen – z. B. müßte *ceteris paribus* mit zunehmendem Alter und abnehmender Restlebensarbeitszeit der Widerstand gegen lohnsteuerfinanzierte Erweiterungen von Redistributionsmaßnahmen sinken – nicht immer leicht zu führen. Nach Schultze (1992, S. 30) zeigte eine Umfrage in den USA im Jahre 1989, daß die Zustimmung zu Transferprogrammen vom Alter der Befragten unabhängig war. Offensichtlich spielen überindividuelle Wertvorstellungen eine nicht zu unterschätzende Rolle.

gilt. Oder die Finanzierungslasten werden bewußt in die Zukunft verschoben, in der Hoffnung, Steuern zur Bedienung der Staatsschuld vermeiden zu können. Der erste Punkt spricht eine Variante des Phänomens der Fiskalillusion an, der zweite Punkt betrifft die Existenz von Altruismus zwischen den Generationen.

Die verschiedensten Spielarten von Fiskalillusion – mit teilweise ganz unterschiedlichen Konsequenzen – sind denkbar. Die institutionelle Ausgestaltung des Steuersystems kann die Beurteilung der Steuerlast beeinflussen, wenn direkte Steuern fühlbarer sind als indirekte Steuern. Andererseits kann der Steuersatz einer indirekten Steuer auch überschätzt werden.[41] Der Steuerpreis öffentlicher Leistungen wird unterschätzt und die Nachfrage nach diesen Leistungen wird ausgedehnt, wenn die Kosten der Kreditfinanzierung nicht berücksichtigt werden. Dagegen kommt es tendenziell zu einem „kleineren" Budget, wenn der Nutzen öffentlicher Dienstleistungen vom Wähler nicht vollständig erkannt wird. Eine ausführliche Übersicht von Oates (1988) kommt zu dem Ergebnis, daß der empirische Status von Fiskalillusion(en) ungeklärt ist.[42] Die These der Fiskalillusion ist vor allem deshalb in Frage gestellt worden, weil verzerrte Wahrnehmungen dauerhaft sein müßten, um einen signifikanten Einfluß auf steigende Staatsverschuldung zu haben. Die Abwesenheit von Lerneffekten ist nicht plausibel.

Die Annahme einer dominanten Schuldenillusion – die Kosten staatlicher Schuldaufnahme werden gegenüber den Belastungen aus anderen Finanzierungsarten systematisch unterschätzt – ist theoretisch unbefriedigend. Die Ablehnung dieser Annahme bedeutet andererseits nicht, daß alle Wähler und Politiker zu jedem Zeitpunkt vollständig und korrekt über den Zustand der Staatsfinanzen informiert sind.[43] Die Ablehnung der Annahme bedeutet des weiteren nicht, daß im politischen Prozeß die fehlerhafte Wahrnehmung von Finanzierungskosten - unbeabsichtigt oder gezielt von politischen „Unternehmern" gesteuert - nie die Einführung von Ausgabenprogrammen gefördert hat bzw. fördern wird. Entscheidend ist, daß es nicht plausibel ist zu postulieren, daß in einer pluralistischen Demokratie mit unabhängigen Massenmedien und freier wissenschaftlicher Forschung die große Mehrzahl der Bürger systematisch, dauerhaft und in großem Ausmaß über die tatsächliche Situation in den öffentli-

---

41 Man denke an die Mineralölsteuer, die von der größten Automobillobby Deutschlands in den Mittelpunkt ihrer Agitation gestellt wird.

42 Eine institutionenökonomische Behandlung des Themas bieten Engelhardt/ Hegmann/ Panther (1994).

43 Eine spontane Straßenumfrage würde wahrscheinlich ergeben, daß viele Befragte nicht einmal zu sagen wüßten, wie hoch die derzeitige Kapitalmarktverschuldung des Bundes ist und wieviel Stellen die Zahl aufweist, die diese Verschuldung darstellt.

chen Haushalten getäuscht werden könnte. Dies würde ein totalitäres Staatssystem erfordern.

Wählerseitige Informationsdefizite können auch als Folge „rationaler Ignoranz" begriffen werden. Da Informationssuche und Informationsverarbeitung Ressourcen verbrauchen, mag es für den Wähler eine optimale Entscheidung sein, nicht die ihm prinzipiell offenstehenden Möglichkeiten zu nutzen. Die gerade genannten Institutionen tragen aber zu einer Verringerung dieser Kosten bei, und da Eintritt auf dem politischen Markt erwiesenermaßen möglich ist, ist zu erwarten, daß die Bereitstellung von Information ein Instrument im Konkurrenzkampf der Parteien darstellt.

Erst innerhalb des letzten Jahrzehnts sind eine Reihe von Arbeiten erschienen, die sich der politökonomischen Begründung von Staatsverschuldung unter der Annahme rationaler Agenten ohne verzerrende Wahrnehmung der staatlichen Aktivität widmen.[44] Im Zentrum dieser Ansätze, die in den Abschnitten 3.3.3. und 3.3.4. ausführlich behandelt werden, stehen Verteilungskonflikte.

Geht man von einem Planungszeitraum der Individuen aus, der mit dem eigenen Tod endet, stellt sich unmittelbar die Frage, wieso es dem Staat überhaupt gelingen kann, Schuldverschreibungen zu verkaufen. Denn wenn sich heute ungeborene Generationen nicht dagegen wehren können, daß die heutige Generation ihnen Schulden aufbürdet, was kann nachkommende Generationen dazu zwingen, diese Schulden auch zu bedienen? Die Verknüpfung solcher intra- und intergenerationeller Verteilungskonflikte ist Thema von Abschnitt 3.3.5.

Zu Beginn wird auf die Theorien politischer Konjunkturzyklen eingegangen. Sie sind zwar nicht unmittelbar auf das Erklärungsziel Staatsverschuldung hin angelegt, aber insofern von Bedeutung, als sie zu den ältesten und bekanntesten Feldern der Neuen Politischen Ökonomie gehören.

3.3.2. Politische Konjunkturzyklen

Der Begriff des „Zyklus" steht einer Wachstumstendenz, wie wir sie in den stilisierten Fakten für Staatsausgaben und Staatsverschuldung konstatierten, zunächst einmal entgegen. Gleichwohl ist bereits ein Fall von fiskalischer Disziplinlosigkeit gegeben, wenn Regierungen nur zum Zwecke des Machterhalts manipulierend in die Ökonomie eingreifen, z.B. durch temporäre Haushaltsdefizite, die unter Umständen mit Wohlfahrtsverlusten verbunden sind. Allen An-

---

44 Siehe zur Neuen Politische Ökonomie der Staatsverschuldung die Übersichtsaufsätze von Velthoven/ Verbon/ van Winden (1993) und Alesina/ Perotti (1995a).

sätzen politischer Konjunkturzyklen liegt die Überzeugung zugrunde, daß die individuelle ökonomische Situation oder die Wahrnehmung der Gesamtwirtschaftslage das Wahlverhalten der Bürger wesentlich beeinflußt und daß Politiker und Regierungen versuchen, die Wirtschaftspolitik so einzusetzen, daß die ökonomische Situation insgesamt (bzw. die spezifischer Wählergruppen) zum Zeitpunkt vor den Wahlen eine siegsichernde Mehrheit garantiert.

Vorläufer dieser Theorien sind zu sehen bei Akerman (1947) und aus einer marxistischer Perspektive bei Kalecki (1943)[45]. Für Akerman stand im Vordergrund, wie die Politik durch ökonomische Bedingungen beeinflußt wird. Kalecki betonte ein „Eigeninteresse der herrschenden Klasse“, das diese dazu veranlasse, „politische Konjunkturzyklen“ (der Begriff wird bei ihm das erste Mal benutzt) auszulösen: In der Depression sehe sich die Regierung aufgrund des Drucks der „Massen“ dazu genötigt, kreditfinanzierte Investitionen zur Bekämpfung der Arbeitslosigkeit durchzuführen. In der Hochkonjunktur bei annähernder Vollbeschäftigung fürchteten die wirtschaftlich Mächtigen, die „Kapitalisten“, um den disziplinierenden Einfluß drohender Arbeitslosigkeit auf die Bereitschaft der Arbeiter, niedrige Löhne und schlechte Arbeitsbedingungen zu akzeptieren, und übten ihren politischen Einfluß zur Dämpfung der Konjunktur aus, selbst wenn sie damit ihre Gewinne schmälerten.

Erst nach Jahrzehnten fanden diese Arbeiten stärkere Beachtung, als Interdependenzen zwischen der politischen und der ökonomischen Sphäre in den Blickpunkt gerieten. Der verstärkte Eingriff des Staates in die Wirtschaft zu einer keynesianisch ausgebildeten Globalsteuerung in den 60er Jahren führte in der politökonomischen Forschung zum Versuch einer Endogenisierung von Regierungsverhalten in makroökonomischen Modellen.[46] Nachgegangen werden sollte den Fragen, ob Regierungen tatsächlich die ihnen von der Theorie zugeschriebenen Ziele verfolgen, ob sie die zur Erreichung bestimmter wirtschaftspolitischer Ziele notwendigen Maßnahmen überhaupt ergreifen wollen und ob sie die hierzu notwendige Politik politisch durchsetzen können. Die Idee, daß die Wirtschaftspolitik des Staates selbst wesentlich zur Erzeugung zyklischer Schwankungen beiträgt anstatt die gewünschten Stabilisierung der Ökonomie vorzunehmen, nahm deutliche Formen an.

Mit dem Begriff der Theorie politischer Konjunkturzyklen sind vor allem die Arbeiten von Nordhaus (1975), MacRae (1977) und Tufte (1978) verknüpft. In dieser Theorie gibt es zwei Kernelemente: Erstens muß eine kurzfristige, negativ geneigte Phillipskurve existieren. Zweitens muß die Regierung über das Instrumentarium verfügen, die Ökonomie zum Zeitpunkt der Wahl ohne Verzöge-

---

45 Vgl. zu einer Zusammenfassung und Erweiterung der Theorie Kaleckis Feiwel (1974).
46 Vgl. Gärtner (1994, S. 85).

rungen durch Erkennungs-, Entscheidungs-, Durchführungs- und Wirkungslags auf den Punkt der Phillipskurve zu zwingen, der die Zahl der für sie abgegebenen Wählerstimmen maximiert. Lassen sich die Präferenzen der Wahlbevölkerung durch ein System konkaver Indifferenzkurven bezüglich Arbeitslosenquote und Inflationsrate abbilden, dann ist dieser Punkt dort erreicht, wo die niedrigstmögliche Indifferenzkurve, also diejenige, die einen höchstmöglichen Stimmenanteil repräsentiert, noch berührt wird. Ist die Wahl aufgrund des künstlich erzeugten Booms[47] gewonnen, steigt die Inflationsrate, da die Wirtschaftssubjekte ihre Erwartungen revidieren. Die kurzfristige Phillipskurve verschiebt sich entlang der vertikalen langfristigen Phillipskurve nach oben. Da eine Arbeitslosigkeit unterhalb der natürlichen Rate nur mit einer akzelerierenden Inflation erreicht werden kann, die von den Wählern mit Stimmenverlust bestraft würde, muß die Regierung zu Beginn der Legislaturperiode restriktive wirtschaftspolitische Maßnahmen treffen, um die Inflationserwartungen zu senken. Die kontraktiven Eingriffe sind mit höherer Arbeitslosigkeit verbunden. Gegen Ende der Legislaturperiode wird wieder mit der expansiven Wirtschaftspolitik begonnen; Zyklen von Inflationsrate und Arbeitslosenquote entstehen, die synchron zur Wahlperiode laufen. Während die tatsächliche Arbeitslosenrate nur um die Rate der natürlichen Arbeitslosigkeit oszillieren kann, entstehen aus der politischen Manipulation der Ökonomie, insbesondere durch die Inflationsbekämpfung, vermeidbare soziale Kosten.

Der Theorie politischer Konjunkturzyklen verwandt ist die Parteiendifferenzhypothese („partisan theory"), für die Hibbs (1977, 1979) den Grundstein legte.[48] Danach gibt es für politische Parteien außer dem reinen Motiv der Machterhaltung eine ideologische Komponente in ihren Zielfunktionen. Besteht das Parteienspektrum nur aus zwei Parteien, einer „Linkspartei" und einer „Rechtspartei", dann werden diese unterschiedliche Punkte auf der kurzfristigen Phillipskurve präferieren: Während die Linkspartei zugunsten niedrigerer Arbeitslosigkeit eine höhere Inflationsrate in Kauf nimmt, genießt für die Rechtspartei Preisniveaustabilität Vorrang vor künstlicher Beschäftigungssteigerung.

Modelle politischer Konjunkturzyklen treffen keine direkten Aussagen über das tatsächliche Budgetverhalten der Regierung. Es ist naheliegend, daß z. B. die Erhöhung der Zahl der Beschäftigten vor der Wahl mit Haushaltsdefiziten finanziert wird. Auf der anderen Seite würde durch eine Überraschungsinflation die reale Belastung durch die Kreditaufnahme zumindest teilweise verschwinden. Unklar ist, wie der Saldo für den Staatshaushalt aus dem expansiven Teil

---

47 Zum theoretischen Hintergrund siehe Felderer/ Homburg (1987, S. 266-268).

48 Ein Ansatz, der die Kompatibilität der beiden Grundrichtungen betont und sie im Modell zusammenführt, ist von Frey/ Schneider (1978a,b/ 1979) entwickelt worden. Siehe Velthoven (1988) für eine Diskussion des Ansatzes von Frey/ Schneider.

und dem kontraktiven Teil des Zyklus ausfällt und welcher langfristige Verschuldungspfad sich daraus ergibt. Ein „ratchet-Effekt" bei den Staatsausgaben, und damit u.U. auch bei den Defiziten, ist möglich, wenn die expansive Politik dauerhafte, einklagbare Ansprüche gegen den Staat (öffentliche Angestellte, Sozialprogramme) geschaffen hat.

Die Theorie politisch erzeugter Konjunkturzyklen wurde auf theoretischer wie auf empirischer Ebene massiv angegriffen, was zu einem Nachlassen des Interesses an diesem Ansatz in der zweiten Hälfte der 70er Jahre führte.[49] Kritisiert wurde unter anderem die äußerst unrealistische Voraussetzung, daß die Regierung das „wahre" Modell der Ökonomie kennt und über die Möglichkeiten einer exakten Steuerung ökonomischer Prozesse verfügt.[50] Problematisch ist auch die Annahme adaptiver Erwartungen auf Seiten der Wähler. Dadurch kommt es im Nordhaus-Modell zu systematischen Erwartungsfehlern bezüglich der Inflationsrate. Bei rationalen Erwartungen entspricht die erwartete der tatsächlichen Inflationsrate, und es besteht für die Regierung kein Anreiz, Konjunkturschwankungen herbeizuführen.[51]

Erst seit den späten 80er Jahren kommt es zu einer Wiederbelebung des Interesses an politischen Konjunkturzyklen in zwei Richtungen. Eine davon besteht in der Weiterentwicklung zur Theorie rationaler politischer Budgetzyklen auf Grundlage der Annahme rationalen Erwartungen und unter Einsatz spieltheoretischer Konzepte.[52] Ein politischer Budgetzyklus entsteht beispielsweise bei Rogoff (1990) als Folge temporärer Informationsasymmetrien über die „Kompetenz" der Regierung (des Amtsinhabers). Kompetenz ist die Fähigkeit, je nach Zielfunktion die Arbeitslosenrate und die Inflationsrate niedrig und das Wachstum (und die Beschäftigung) hoch zu halten. Eine fiskalische Expansion vor der Wahl dient als „Signaling" der Kompetenz, die dem Wähler nicht be-

---

49 Vgl. Alesina/ Sachs (1988, S. 65), und die dort ausführlich angegebene Literatur.

50 Die Lucas-Kritik wird völlig ignoriert.

51 Die Möglichkeit zur Erzeugung von politischen Konjunkturzyklen ist in föderalen Systemen stark eingeschränkt, wenn alle Ebenen über einen beträchtlichen Teil der Staatsausgaben bestimmen können. Damit die gewünschten Effekte eintreten, müßten die politischen Entscheidungsgremien auf allen föderalen Ebenen von der gleichen Partei dominiert werden bzw. sich zu einer fiskalpolitischen Einigung zusammenfinden. Unterscheiden sich die zentrale und die regionalen Regierungen hinsichtlich ihrer parteipolitischen Zusammensetzung, dann läge es eher in der politökonomische Logik, daß versucht wird, durch kontraktive Ausgabenpolitik die potentiellen Stimmengewinne „Gegenseite" durch eine fiskalische Expansion zu verhindern. Ist wie in Deutschland die Opposition der Regierung der zentralen Ebene über eine Ländervertretung an Budgetentscheidungen beteiligt, wird die Nutzung der Fiskalpolitik zum Machterhalt nochmals schwieriger.

52 Zu den wichtigsten Arbeiten zählen Cukierman/ Meltzer (1986), Rogoff/ Sibert (1988), Rogoff (1990).

kannt ist. In die Zielfunktion des Amtsinhabers gehen sowohl die Zielfunktion des repräsentativen Wählers (soziale Wohlfahrt) als auch Vorteile ein, die mit dem Amt verbunden sind (Renten). Er konkurriert gegen irgendeinen anderen Agenten der Ökonomie. Die Kompetenz jedes Agenten wird durch einen stochastischen Prozeß jede Periode neu bestimmt. Vor einer Wahl beobachten Wähler Steuern und Konsumausgaben des Staates, die der Amtsinhaber bestimmt, und können daraus Rückschlüsse auf dessen Kompetenz ziehen – ein Vorteil, den der Herausforderer nicht hat. Die tatsächliche Kompetenz und die staatlichen Investitionen werden erst mit einperiodiger Verzögerung wahrgenommen. Könnten die Wähler seine Kompetenz direkt beobachten, würde der Amtsinhaber die Wohlfahrt des repräsentativen Agenten maximieren. Nur weil er sich nicht rein egoistisch verhält, kann es überhaupt zu einem „Signaling" kommen: Der Amtsinhaber mit hoher Kompetenz wird vor der Wahl Konsumausgaben und Transfers relativ stark ausdehnen. Das hat zwar reduzierte Investitionsausgaben und damit Effizienz- und Produktivitätsverluste zur Folge. Wird er aber gewählt, dann wird die soziale Wohlfahrt höher sein als beim „inkompetenten" Gegner, anders ausgedrückt, die Grenzkosten einer Reduktion von Investitionen sind niedriger. Die entstehenden Zyklen sind unregelmäßiger und von kürzerer Periodizität als im Nordhaus-Modell.[53] Da die Wähler rational sind und die Anreizfunktion der Politiker kennen, sind die Möglichkeiten für opportunistisches Verhalten eingeschränkt. Die wohlfahrtsökonomische Implikation ist, daß die Zyklen nicht negativ, d.h. als wohlfahrtsmindernd, betrachtet werden dürfen. Sie sind vielmehr ein sozial effizienter Mechanismus, Informationen über die Kompetenz der Regierung zu verbreiten.[54]

Der zweite Strang von neueren Arbeiten zu politischen Konjunkturzyklen konzentriert sich auf die empirische Identifikation von Korrelationen in den Zeitreihen makroökonomischer und politischer Variablen, insbesondere von Wahlterminen.[55] Naturgemäß tritt die stringente theoretische Ableitung der getesteten Hypothesen dabei in den Hintergrund. Zyklische Schwankungen von Arbeitslosigkeit und Inflation lassen sich mit Bestimmtheit nicht identifizieren. Entsprechende positive Interpretationen sind oft fragwürdig, andere wesentliche

53 Vgl. Alesina/ Cohen/ Roubini (1993, S. 6).

54 Man beachte die Analogien zur Theorie realer Konjunkturzyklen, bei der Schwankungen der ökonomischen Aktivität als rationale Antworten auf Technologieschocks begriffen werden, und die wirtschaftspolitische Stabilisierungsbemühungen als effizienzmindernd ablehnt.

55 Fragwürdige Arbeiten wie von Shughart/ Tollison (1985), die den Test auf einen Zusammenhang zwischen Größen zur Beschreibung volkswirtschaftlicher Aktivität und der Zahl der vom US-Kongreß beschlossenen Gesetze im Zeitraum von 1789 (!) bis 1980 unter dem Etikett „politischer Konjunkturzyklus" präsentieren, dürfen sicher nicht als symptomatisch betrachtet werden.

Faktoren, die diese Variablen beeinflussen, werden nicht ausreichend gewürdigt.[56]

Eine ganz lose Verbindung zur Theorie politischer Konjunkturzyklen haben solche pragmatischen Studien, die von der Annahme ausgehen, daß Regierungen nur versuchen, vor Wahlen ein für sie günstiges ökonomisches Umfeld zu schaffen, um ihre Wiederwahlwahrscheinlichkeit zu erhöhen. Es findet eine Verlagerung von makroökonomischen Variablen zu wirtschaftspolitischen Instrumenten statt. Die Frage ist dann, ob bei Steuern, den Staatsausgaben insgesamt oder einzelnen Komponenten davon sowie dem Haushaltssaldo Variationsmuster erkennbar sind, die auf Wahlzyklen zurückgeführt werden können.

Bei diesen Arbeiten sind keine über Zeit- und Ländergrenzen einheitlichen Ergebnisse festzustellen. Baber/ Sen (1986) betrachten das Verhalten von Regierungen der Bundesstaaten in den USA. Sie ermitteln einen Zusammenhang zwischen den Zeitpunkten der Gouverneurswahlen und der Finanzierung von Staatsausgaben über Kreditaufnahme. Laney/ Willett (1983) glauben feststellen zu können, daß Änderungen des konjunkturbereinigten Haushaltsdefizit zwischen 1960 und 1976 in den USA zum Teil mit den Terminen von Präsidentschaftswahlen erklärbar sind. Wagschal (1996, S. 105) testet den Zusammenhang zwischen Wahljahren und Veränderungen der jährlichen Haushaltsdefizite. Für die Periode von 1960 bis 1992 läßt sich bei einem Sample von 21 westlichen Industrieländern kein statistischer Zusammenhang feststellen, sei es mit einer einfachen Korrelationsanalyse, sei es mit Regressionsrechnungen. Vermutlich ist oft eine detailliertere Betrachtung öffentlicher Haushalte aufschlußreicher. So kommt Lessmann (1987, S. 159-161) für die Bundesrepublik Deutschland zu dem Ergebnis, daß eine Synchronisierung von öffentlichen Gesamtausgaben (im Bundeshaushalt) und Wahlterminen nicht nachzuweisen ist; hingegen sind bei den Sozialausgaben höhere Zuwachsraten vor Wahlen zu beobachten.

Zwangsläufig drängt sich die Frage auf, ob damit die Theorie politischer Konjunkturzyklen nicht zu einer „banalen Theorie der Wahlgeschenke“ degeneriert – um einen Schmölders zugeschriebenen Ausdruck zu gebrauchen. Diese negative Einschätzung ist zutreffend, wenn suggeriert wird, mit Hilfe der Statistik

---

56 Die Beobachtung von Belke (1996, S. 323), daß in den USA während der letzen 30 Jahre die relativen Maxima der Arbeitslosenrate in Zeiten republikanischer Präsidentschaft fallen, kann wohl kaum als Indiz für die Gültigkeit der „Partisan theory“ gewertet werden, wenn man bedenkt, daß diese Ereignisse mit den Auswirkungen der beiden Ölpreisschocks zusammenfallen. Auch die positive Einschätzung der empirischen Bestätigung der Theorie der politischen Konjunkturzyklen bei Bernholz/ Breyer (1994, S. 227) ist nicht nachvollziehbar.

könne eine auf schwachen Füßen stehende Theorie bestätigt werden. Positiv gewendet läßt sich damit aber Material zur Weiterentwicklung theoretischer Forschung gewinnen, wie es auch Davidson/ Fratianni/ von Hagen (1990, S. 56) bestätigen: „*Given our nonstructural approach, these results should be regarded as stylized facts only, having no bearing on the existence of a stable Phillips curve*".

3.3.3. Die Theorie strategischer Verschuldung

Bei Alesina/ Tabellini (1990) wird Staatsverschuldung von der regierenden Partei als strategisches Instrument benutzt, um den Handlungsspielraum für den Nachfolger in der Regierung aus der konkurrierenden Partei zu verkleinern, um ihn „vor vollendete Tatsachen zu stellen". Je wahrscheinlicher die Abwahl der Regierungspartei, und je größer die Polarisierung zwischen der amtierenden und der Oppositionspartei ist, desto höher wird die Staatsverschuldung sein, die eine Regierung ihrem Nachfolger hinterläßt.[57]

Im Modell handeln alle Akteure rational; es gibt keine Fiskalillusion. Die Konsumenten (zugleich Wähler, Konsumenten und Arbeiter), sind mit je einer Einheit Zeit pro Periode ausgestattet, die zwischen Arbeit und Freizeit aufgeteilt wird. Es existieren ein privates Gut c und zwei öffentliche Güter, g und f, die alle nicht lagerbar sind. Das Optimierungskalkül der Individuen, die alle in Periode Null geboren werden, lautet:

$$\text{(3-3) Max} \quad w^i = E_0\left\{\sum_{t=0}^{T} \delta^t \left[u(c_t) + v(x_t) + \alpha^i h(g_t) + (1-\alpha^i) h(f_t)\right]\right\}$$

mit δ = Diskontierungsfaktor, $0<\delta<1$; c = privater Konsum x = Freizeit;
g, f = zwei öffentliche Güter in pro Kopf-Einheiten; E_0 = Erwartungswertoperator;

57 Verwandt ist die Arbeit von Persson/ Svensson (1994). Hier kommt es zu einer unplausiblen „Symmetrie": Während eine „konservative" Regierung bei drohender Ablösung eine Staatsverschuldung erzeugt, verhält sich eine „linke" Regierung in der gleichen Situation invers, d.h. sie erzeugt nicht mehr, sondern weniger Staatsverschuldung, um ihrem konservativen Nachfolger zu schaden. Alesina/Tabellini (1990), die die Auswirkung der gesellschaftlichen Polarisierung auf die Zusammensetzung der Staatsausgaben und nicht wie Persson/ Svensson (1994) auf deren Niveau untersuchen, gelangen hingegen zu dem intuitiv zugänglicheren Ergebnis, daß die Größe des erzeugten Defizits für beide Parteien in gleichem Maße von ihrer Polarisierung abhängt. Das heißt, je größer die politischen Meinungsverschiedenheiten, desto größer die Staatsverschuldung, die eine Regierung im Falle hoher Abwahlwahrscheinlichkeit generiert, gleichgültig welche Partei an der Regierung ist.

Die Individuen unterscheiden sich lediglich in ihrer Präferenz bezüglich der öffentlichen Güter, ausgedrückt im Parameter α. Da die Nutzenfunktionen separierbar sind und die erhobene proportionale Einkommensteuer für alle Konsumenten gleich ist, sind die privaten Entscheidungen bezüglich Konsum und Freizeit im Optimum identisch. Auf der Politikebene existieren zwei in sich homogene Parteien. Ihre Zielfunktionen unterscheiden sich, da sie unterschiedlichen Ideologien anhängen, bzw. unterschiedlichen Interessengruppen verpflichtet sind. Die Akteure verfügen über vollkommene Information, lediglich der Ausgang der am Anfang jeder Periode abgehaltenen Wahlen ist nur mit einer Wahrscheinlichkeit P bekannt. Es ist jeweils eine Partei an der Regierung und die andere in der Opposition; eine Kooperation in irgendeiner Form findet nicht statt. Markteintrittsbarrieren verhindern das Auftreten weiterer Parteien. Staatsverschuldung durch Verkauf von festverzinslichen Papieren mit einperiodiger Laufzeit an die Konsumenten ist möglich, sie muß aber spätestens am Ende des betrachteten Zeithorizonts getilgt sein.

Vereinfachend wird zunächst angenommen, daß sich die Bevölkerung in zwei Gruppen aufspaltet. Die erste Interessengruppe ($\alpha^1 = 1$) wünscht allein die Produktion des Gutes g und die zweite Interessengruppe ($\alpha^2 = 0$) ausschließlich die des Gutes f. Die Parteien sind reine Repräsentanten der Interessengruppen. Die Vertreterin der ersten Gruppe wird mit D bezeichnet und die der zweiten Gruppe mit R. Die Zielfunktion für Partei D, die als Regierungspartei nur Gut g produziert, ist:[58]

(3-4) $\quad \text{Max}_{g_t}. \qquad W^D = E_0\left\{\sum_{t=0}^{T}\delta^t\left[u(c_t)+v(x_t)+h(g_t)\right]\right\}$

Als Lösung des statischen Optimierungsproblems für die Regierungspartei in Periode t[59] erhalten Alesina/ Tabellini (1990) die optimale Wahl von Steuern und Staatsausgaben bei gegebenen Werten der Neuverschuldung. Damit können die Optimalwerte in Periode t für c_t, x_t, g_t und f_t als Funktionen der Verschuldung am Beginn (b_t) und am Ende (b_{t+1}) der Periode formuliert werden:

$c^*(b_t, b_{t+1}), x^*(b_t, b_{t+1}), g^*(b_t, b_{t+1}) \equiv f^*(b_t, b_{t+1}).$

Dann lassen sich die indirekten Nutzenfunktionen der Parteien in Periode t in Abhängigkeit von b_t und b_{t+1} schreiben:

(3-4) $\quad R^N(b_t, b_{t+1}) \quad = u(c^*(b_t, b_{t+1})) + v(x^*(b_t, b_{t+1})), \qquad \partial R^N/\partial b_t > 0$

58 Die Nutzenfunktion für die Partei R als Repräsentantin der Interessengruppe j enthält einfach $h(f_t)$ anstelle von $h(g_t)$.

59 Da die Nutzenfunktionen zeitlich separierbar sind, ist eine Trennung des intertemporalen und des intratemporalen Optimierungsproblems möglich.

(3-5) $R^e(b_t, b_{t+1}) \quad = R^N(b_t, b_{t+1}) + h(g^*(b_t, b_{t+1})), \qquad \partial R^e/\partial b_t < 0$, mit

R^N = Nutzenfunktion der Oppositionspartei (symmetrisch für beide Parteien)[60]
R^e = Nutzenfunktion der Regierungspartei (symmetrisch für beide Parteien).

Die indirekte Nutzenfunktion der Oppositionspartei R^N enthält lediglich die Größen, die die Interessengruppe, welche von ihr repräsentiert wird, aus ihrem durch die Höhe der Staatsverschuldung implizit bestimmten Konsum und Freizeit erhält. Die Nutzenfunktion der Regierungspartei R^e enthält R^N, aber darüber hinaus auch den aus der Produktion des Gutes g entspringenden Nutzen, da sie ihre Interessengruppe mit diesem öffentlichen Gut versorgt. Die Oppositionspartei dagegen repräsentiert die Interessengruppe, deren Präferenz bei dem Gut f liegt, so daß für die Opposition kein Nutzen aus der Produktion des öffentlichen Gutes g entspringt.

Integriert man die Wiederwahlwahrscheinlichkeit P der amtierenden Regierung in Periode t in die Nutzenkalküle der Parteien, so läßt sich die Staatsverschuldung, über die die Regierungspartei beschließt, durch die Lösung des folgenden Maximierungsproblems ermitteln (hier nur für den Fall von zwei Perioden und b_0=0):

(3-6) $\underset{b1}{Max}\ V(0) = R^e(0,b_1) + \delta\left[PR^e(b_1,0) + (1-P)R^N(b_1,0)\right].$

Als Bedingung 1. Ordnung für das Maximierungsproblem ergibt sich:

(3-7) $R_2^e(0,b_1) = -\delta\left[PR_1^e(b_1,0) + (1-P)R_1^N(b_1,0)\right] = -\delta\left[Ph_g g^*(b_1,0) + R_1^N(b_1,0)\right]$[61]

Die linke Seite von Gleichung (3-7) gibt den Grenznutzen in Periode Null für die amtierende Regierung an, Staatsverschuldung zu hinterlassen. Dieser muß im Optimum gleich sein den diskontierten Grenzkosten, die durch b_1 „morgen" entstehen. Der rechte Ausdruck in Gleichung (3-7) zeigt, daß die Grenzkosten, die bei einer Verschuldung aus dem Rückgang des Staatskonsums entstehen $\left\{-\delta Ph_g g^*(b_1,0)\right\}$ mit steigender Wiederwahlwahrscheinlichkeit P anwachsen.

Je kleiner P, desto weniger wird von der Regierung internalisiert, daß mehr öffentliche Güter heute weniger öffentliche Güter morgen bedeutet. Es läßt sich leicht zeigen, daß die Staatsverschuldung b_t, die in Periode Null generiert wird,

60 Bei gegebener Staatsschuld am Ende der Periode, bedeutet eine höhere Anfangsschuld höhere Steuersätze und verminderten Staatskonsum. Da das private Nettoeinkommen steigt – Steuereinnahmen zur Rückzahlung der Staatsschuld fließen den Haushalten wieder zu –, erhöhen sich sowohl Freizeitkonsum als auch privater Güterkonsum.

61 Die Indizes 1 bzw. 2 zeigen an, daß es sich um die ersten partiellen Ableitungen nach dem ersten bzw. zweiten Argument der Funktion handelt. Die Darstellung ist für D als Regierungspartei, die Argumentation für Partei R ist symmetrisch.

eine streng monoton fallende Funktion der Wiederwahlwahrscheinlichkeit *P* ist.[62]

> „*In more colourful terms, by leaving debt to the future, today's government can force its successor to 'pay the bills' and spend less on the public good that is worth nothing to today's government.*" Alesina/ Tabellini (1990, S. 409)

Was ändert sich, wenn man das vorliegende Modell auf den Fall ausdehnt, in dem beide Parteien beide öffentliche Güter herstellen wollen ($0<\alpha<1$)? Je größer α in Gleichung (1) wird, desto stärker präferiert Partei *D* das Gut *g* und desto geringer ist der Anteil des Gutes *f* am Nutzen der Regierungspartei. Diese wird die Folgen ihres Handelns um so stärker berücksichtigen, je näher α dem Wert $\alpha=½$ rückt, denn eine höhere Verschuldung würde eine Verringerung der in der nächsten Periode angebotenen Mengen sowohl von *g* als auch von *f* bedeuten. Im Punkt $\alpha=½$, d.h. bei nicht vorhandener Polarisierung, gäbe es keinen Unterschied zum Kalkül der Oppositionspartei. Die Staatsverschuldung wäre von der Wahrscheinlichkeit der Wiederwahl unabhängig.

Als Ergebnis des Modells von Alesina/ Tabellini (1990) läßt sich festhalten: In der beschriebenen Ökonomie gibt es eine um so größere Verzerrung zugunsten von Staatsverschuldung, je höher der Grad der Polarisierung zwischen den Parteien (gemessen am Parameter α), je geringer die Wiederwahlwahrscheinlichkeit für die amtierende Regierung ist und je größer der Anteil der nicht beeinflußbaren Staatsausgaben ist. Möglich wird ein solches strategisches Verhalten bei ihnen allein dadurch, daß steuerliche Verzerrungen intertemporal verschoben werden können.[63]

Alesina/ Tabellini (1990) bilden den demokratischen Entscheidungsprozeß auf eine rudimentäre Weise ab, die zu Inkonsistenzen im Modell führt. Entweder alle Wähler lassen sich wie genannt in zwei Gruppen aufteilen. Dann wird sich je nach deren Größe der Medianwähler in einer der beiden Gruppen befinden, und die beiden Parteien können sich als Stimmenmaximierer programmatisch annähern, oder bei fester Ideologie gewinnt die Partei, welche die größere Wählergruppe vertritt. Damit es überhaupt zu einer Abwahl der Regierung kommen kann, muß eine Gruppe von Wechselwählern existieren, deren Präferenzen für die Struktur der Staatsausgaben nicht für alle Zeiten festliegen. Falls

62 Im Falle der völlig sicheren Wiederwahl ($P=1$) wird von der Regierung $b_1=0$ gewählt.

63 Alesina/ Tabellini (1990, S. 407) müssen annehmen, daß das Arbeitsangebot eine steigende Funktion der Entlohnung ist, hier der Opportunitätskosten der Freizeit. Wäre das Arbeitsangebot völlig unelastisch, würde es auch nicht vom Steuersatz auf Lohneinkommen beeinflußt. Dann gälte die Ricardo-Barro-Äquivalenz, d.h. die Irrelevanz der Finanzierungsstruktur der Staatsausgaben. Unabhängig von der Wiederwahlwahrscheinlichkeit könnte die Staatsschuld jede Höhe annehmen.

die Wechselwähler die amtierende Regierung abwählen und sich mit der Politik der gegenwärtigen Opposition identifizieren, werden sie auch die Politik der strategischen Verschuldung in ihr Parteiendifferential aufnehmen. Für eine Regierungspartei, die sich mit einer gewissen Wahrscheinlichkeit auf den Oppositionsbänken wiederfinden wird, gibt es einen Anreiz zu Verantwortlichkeit und Verläßlichkeit, da sie dort nur mit Worten, aber nicht durch Taten wirken kann. Einen entsprechenden Zeithorizont vorausgesetzt, müssen bei der Politik strategischer Staatsverschuldung die negativen Folgen für zukünftige Regierungschancen einkalkuliert werden. Die Wiederwahlwahrscheinlichkeit ist realistisch betrachtet eine endogene Größe. Wenn sie durch eine verantwortliche, zukunftsorientierte Politik gesteigert werden kann, dann mindert das den Nutzen strategischer Verschuldung erheblich. Der Zusammenhang zwischen gesellschaftlicher Polarisierung und der Höhe der Staatsverschuldung wird wesentlich komplexer.

Im Modell von Alesina/ Tabellini ist die Abwahlwahrscheinlichkeit exogen. Woher kennt die Regierung ihre Chance auf eine erneute Amtszeit so genau? Meinungsumfragen vor Wahlen und theoretische Vorhersagen sind mit einer nicht unerheblichen Ungewißheit behaftet.[64] Während sich die Regierung der Wiederwahlprognose nicht sicher sein kann, selbst wenn sie recht gute Ergebnisse vorhergesagt bekommt, kann sie natürlich umgekehrt auch auf ihre Abwahl nicht blind vertrauen.

Es ist ein oft zu beobachtendes Phänomen demokratischer Gesellschaften, daß einmal getroffene Entscheidungen nur schwer rückgängig gemacht werden können, insbesondere dann, wenn Transfers auf gesetzlichen Ansprüchen gründen. Die Frage ist jedoch, ob diese Entscheidungen für die Zeit nach der eigenen Abwahl strategisch geplant wurden. Daß der politische Gegner, so er wieder an die Macht gelangt, vor vollendete Tatsachen gestellt ist, ist sicher ein beabsichtigter Nebeneffekt. Der Haupteffekt besteht aber in der Umsetzung des eigenen Programms und der Befriedigung der eigenen Wähler, um so die Siegchancen bei der nächsten Wahl zu wahren. Oft geschieht dies jedoch nicht über die Anhäufung von Staatsschulden oder sonstige Budgetvorgaben. In Großbritannien wurden unter den Regierungen von M. Thatcher der Arbeitsmarkt radikal dereguliert und die Produzentenmacht der Interessengruppe Ge-

64 So zeigen Budge/ Farlie (1988) bei einer internationalen Untersuchung von 10 verschiedenen Wahlen, daß die Abweichungen theoretischer Wahlvorhersagen vom tatsächlichen Wahlausgang zwischen 0,1 und 11,3 Prozent reichten, und Craig (1989) kommt bei der Prüfung britischer Wahlumfrageergebnisse von 1945 bis 1987 von sechs verschiedenen Instituten zu dem Schluß, daß die durchschnittliche Abweichung der Vorhersagen 3,2 Prozent betrug, mit einer maximalen Abweichung von 11,9 Prozent.

werkschaften zerschlagen. Diese bedeutende gesellschaftspolitische Transformation ist wahrscheinlich mittelfristig unumkehrbar, war aber nie direkt budgetwirksam. Die prinzipiell zu erwartenden ideologischen Spuren, die sich im Staatshaushalt niederschlugen, waren weitaus bescheidener. Die realen Sozialausgaben z. B. für den nationalen Gesundheitsdienst stiegen sogar an, wenn auch mit einer niedrigeren Wachstumsrate als bei früheren Regierungen (Cutler/ Waine 1994, S. 25).

In kritischer Würdigung läßt die intellektuell reizvolle Theorie der strategischen Verschuldung einiges an Plausibilität vermissen. Sie bietet sich deshalb eher weniger für die weitere Analyse nach den politökonomischen Gründen für den beobachteten Mangel an Fiskaldisziplin in fast allen westlichen Demokratien an. Die erörterten Zusammenhänge weisen aber daraufhin, daß Reformmaßnahmen zur (Wieder)Herstellung von Fiskaldisziplin durch eine geeignete institutionelle Verankerung möglichst so gestaltet werden sollten, daß eine spätere Revision nur unter hohen Kosten durchführbar ist.

3.3.4. Intragenerationeller Verteilungskampf

Das Modell des letzten Abschnitts beschäftigte sich mit dem Einfluß der Polarisierung zwischen zwei in der Regierungsverantwortung alternierenden Parteien auf die Entstehung von Staatsverschuldung. Wenn man nun davon ausgeht, daß die Parteien Interessengruppen in der Bevölkerung repräsentieren, dann ist es konsequent, die Polarisierung in der Wählerschaft selbst in den Blick zu nehmen. Sowohl Tabellini/ Alesina (1990) als auch Alesina/ Drazen (1991) formulieren den Verschuldungsprozeß als Phänomen der direkten Interaktion der Bevölkerungsgruppen, wobei sich die Staatsverschuldung invers zur Homogenität der Gesellschaft verhält.

Tabellini/ Alesina (1990) entwerfen ein zweiperiodiges Modell, in dem der Medianwähler heute über die Struktur der Staatsausgaben und deren Finanzierung entscheiden muß. Da er nicht weiß, wer der Medianwähler morgen sein wird, wägt er den Nutzen einer kreditfinanzierten Ausweitung des Staatskonsums ab gegen die Kosten, die morgen aus der Reduzierung des fiskalischen Handlungsspielraumes entstehen; der Kredit muß aus Steuermitteln zurückgezahlt werden. Je kleiner die Wahrscheinlichkeit ist, daß er morgen noch Medianwähler sein wird, und je weiter die Präferenz des zukünftigen Medianwählers über die Zusammensetzung des Budgets von seiner Präferenz entfernt sein wird, desto geringer sind für ihn die Kosten der Verschuldung und um so mehr Staatsausgaben wird der heutige Medianwähler über Kreditaufnahme finanzieren.

Eine positive Korrelation von Verschuldung und „Polarisierung" der Gesellschaft wird wie folgt erreicht: Um „Polarisierung" oder „Homogenität" der gesellschaftlichen Präferenzen definieren zu können, werden die Staatsausgaben auf zwei öffentliche Güter beschränkt. Das Verhältnis der Aufteilung des Budgets zwischen den beiden Gütern ist dann nur noch eine einzige Variable, für die eine stetige Häufigkeitsverteilung über alle Wähler angenommen wird. Starke Polarisierung bedeutet nun, daß die Verteilungsfunktion im Bereich um den Medianwähler eine relativ geringe Dichte aufweist. Eine Verschiebung der Verteilungsfunktion (z.B. durch die Wanderung einer Anzahl von Wählern von einer Seite des politischen Spektrums auf die andere Seite) führt zu einer relativ deutlichen Verschiebung des Medianwählers und damit zu einem relativ hohen Budgetdefizit.[65]

Problematisch bei Tabellini/ Alesina (1990) ist, daß sie zur Generierung von Unsicherheit über den zukünftigen Medianwähler auf die exogene Veränderung der Wählerschaft, bspw. durch rechtliche (Ausweitung des aktiven Wahlrechts) oder geographische (Änderung der Landesgrenzen) Faktoren angewiesen sind. In der Regel sind quantitativ bedeutende Veränderungen der Wählerbasis einmalige Ereignisse. Als Beispiele seien die deutsche Wiedervereinigung genannt, die Aufteilung der ehemaligen Tschechoslowakei in zwei Teilstaaten sowie die Erweiterung der Europäischen Union. In Antizipation solcher Ereignisse und in Abschätzung der eigenen Machtposition unter veränderten Mehrheitsverhältnissen können einzelne Interessengruppen durchaus veranlaßt sein, sich letztmalig Vorteile zu sichern, ohne die damit verbundenen zukünftigen Kosten voll zu internalisieren. Durch ihre Einmaligkeit eignen sie sich aber nicht, zur Erklärung einer dauerhaften Defizitfinanzierung des Staatshaushalts. Die Definition der „Polarisierung" erscheint willkürlich und bedürfte einer theoretischen Idee, wie sich die Änderung der Wählerschaft auf die Präferenzverteilung der Gesellschaft auswirkt.

Im Modell von Alesina/ Drazen (1991) dagegen trägt der Verteilungskampf zwischen verschiedenen sozialen Gruppen über die Verzögerung einer Konsolidierungspolitik zur Entstehung von Staatsverschuldung bei. Das Budgetdefizit wird um so größer, je stärker die „Polarisierung" innerhalb der Bevölkerung ist. Je höher die absehbaren Kosten des Wartens sind, desto schneller kommt es zu einer Einigung.

Die gesamte Gesellschaft wird durch zwei heterogene, sich rational verhaltende Interessengruppen abgebildet, die sich jeweils unterschiedlichen Belastungen

---

65 Man vergleiche diesbezüglich eine symmetrische, eingiplige und steile Verteilung mit einer zweigipfligen Verteilung, bei der der Median im „Tal" zwischen den beiden „Gipfeln" liegt.

vor und nach einer Konsolidierung der Staatsfinanzen, die das Niveau der Staatsverschuldung stabilisiert, gegenübersehen. Die Regierung spielt eine untergeordnete Rolle, da sie nur die Anweisungen der Interessengruppen ausführt, so daß eine Konsolidierung sofort zustande kommt, nachdem sich die beiden Spieler geeinigt haben. Es existiert kein institutioneller Zwang zur Einigung.

Das Modell geht von einer Situation aus, in der die Regierung, gezwungen durch einen exogenen Schock, von einen bestimmten Zeitpunkt bis zum Zeitpunkt der Konsolidierung einen Teil ihrer laufenden Ausgaben durch Staatsverschuldung und den Rest über Steuereinnahmen finanzieren muß. Vor dem exogenen Schock war das Budget ausgeglichen. Die Folge ist ein exponentielles Wachstum von Staatsschulden und Steuern. Eine Konsolidierung ist definiert als eine Steuererhöhung, die ausreicht, ein weiteres Anwachsen der Staatsverschuldung zu verhindern. Alesina/ Drazen nehmen an, daß die Art der Steuererhebung vor der Konsolidierung Kosten verursacht, während nach der Konsolidierung eine Steuer zur Verfügung steht, die diese „Verzerrung" nicht aufweist. Worin die Ineffizienzen bei der Steuererhebung bestehen sollen, bleibt unklar.

Eine Einigung über eine Konsolidierung kommt einer Einigung darüber gleich, wie das zur Stabilisierung der Staatsschuld erforderliche Steueraufkommen auf die Interessengruppen verteilt wird. Der „Verlierer" muß einen Anteil α (α>1/2) der Steuerlast tragen, der „Gewinner" nur den kleineren Teil (1-α). Dabei ist α selbst nicht Verhandlungsgegenstand, sondern eine exogene Größe, die die Polarisierung in der Bevölkerung widerspiegeln soll. Der Nutzenverlust $K_i = \theta_i \tau_t$ der Interessengruppe i, den die Verzerrung der Finanzierung des Staatsbudgets vor der Konsolidierung erzeugt, sei eine lineare Funktion des Steuerniveaus. Der Parameter θ_i ist nur der Gruppe i bekannt, während die andere Gruppe lediglich die Verteilung dieses Parameters kennt.

Alesina und Drazen zeigen die Existenz eines Nash-Gleichgewichts, in dem es für eine der beiden Interessengruppen rational ist zu kapitulieren, d.h. das Spiel zu beenden, und die Bürde α des Verlierers zu tragen. Obwohl die kapitulierende Gruppe den größeren Teil der Last (α>1/2) der Konsolidierung trägt, stimmt sie zu, um die Kosten einer weiteren Verzögerung der Konsolidierung zu vermeiden. Das Gleichgewicht ist der Endpunkt eines dynamischen Anpassungsprozesses, in dessen Verlauf die beiden Spieler immer mehr über die Nutzenverlustfunktion der Gegenseite lernen. Zur Kapitulation einer der beiden Interessengruppen kommt es schließlich, wenn klar ist, wessen Kosten höher sind. Dies ist genau der Punkt, in dem sich Nutzen und Kosten weiteren Wartens für den Verlierer ausgleichen. Herrscht keine Ungewißheit über die Kosten des anderen Spielers, wird der Spieler mit dem größeren θ sofort kapitulieren. Die Kosten des Wartens sind abhängig vom Parameter θ. Je größer die Last ist, die ein Spieler vor der Konsolidierung zu tragen hat, desto schneller wird es zu einer

Einigung kommen. Der Nutzen des Wartens ist um so höher, je größer α ist, da im Falle des Gewinnens der Anteil ($1-\alpha$) der Steuerlast um so kleiner ausfällt. Eine höhere Polarisierung in der Bevölkerung führt zu einer längeren Spieldauer und damit zu einem höheren Anstieg der Staatsverschuldung. Dagegen würde die Konsolidierung im Falle von $\alpha=1/2$ (keine Polarisierung in der Gesellschaft) sofort erfolgen.[66]

Es scheint, als ob die im Modell gegebene Notwendigkeit der Zustimmung aller Gruppen der Praxis der Mehrheitsdemokratie widerspricht. Nun sind bei bedeutsamen Entscheidungen, z.B. Verfassungsänderungen, häufig Quoren vorgeschrieben, die deutlich über der einfachen Mehrheit der Abstimmungsberechtigten liegen. Ein Beschluß kann dann nicht ohne die Zustimmung der wichtigsten Interessengruppen erfolgen. Es gibt Fälle, in denen die politische Macht vertikal oder horizontal verstreut ist, so daß es zu keiner klaren Machtverteilung zwischen den politischen Blöcken kommt: In den USA wurde die Konstellation eines republikanischen Präsidenten und eines demokratisch dominierten Kongresses in den 80er Jahren durch die umgekehrte Konstellation in den 90er Jahren abgelöst; in Frankreich tritt wiederholt der Zustand der „cohabitation" ein, d.h. der Präsident entstammt nicht dem politischen Lager, das die Nationalversammlung beherrscht; in Deutschland wird der Bundesrat meist von der Partei dominiert, die im Bundestag die Opposition stellt, so daß in allen wichtigen Fragen nahezu einstimmige Beschlüsse zustande kommen müssen.

Es ist vorstellbar, daß diese Phänomene des „divided government" von den Wählern gezielt herbeigeführt werden, um sich mit der Vetomacht einzelner Interessengruppen den *status quo* zu sichern. Ein solches Verhalten ist für risikoaverse Agenten mit einer hohen Gegenwartspräferenz rational, da strukturelle Reformen in der Regel kurzfristig nicht ohne Verteilungseffekte durchführbar sind, über die wiederum keine genaue Kenntnis herrscht. Zu einem Umschlag hin zu einer breiten Zustimmung für eine Reformpolitik kommt es erst dann, wenn die Kosten der Beibehaltung des *status quo* hinreichend groß und spürbar sind. Das bedeutet auch, daß Institutionen, die das durchschnittliche θ senken, zu einer Konsolidierung einer verschuldeten Ökonomie beitragen. Solche Institutionen würden die Transparenz der Budgets und der Budgetprozesse erhöhen und die langfristigen Folgen disziplinloser Finanzpolitik deutlich machen.

Abschließend sei noch darauf hingewiesen, daß es auch bei einfachen Mehrheitsentscheidungen, die Verteilungseffekte beinhalten, als Folge des Phäno-

66 Alesina und Drazen diskutieren eine Reihe von historischen Beispielen aus Frankreich, Deutschland und England der 20er und 30er Jahre. Lang andauernde Verteilungskonflikte wegen der Bewältigung der Schulden aus dem Ersten Weltkrieg hätten zu teilweise schwerwiegenden ökonomischen Folgen geführt.

mens zyklischer Majoritäten zu einer für alle Seiten schädlichen politischen Blockade kommen kann (Holler 1979, S. 61-62). Wenn die Wahlentscheidung ausschließlich anhand der erwarteten Veränderung der persönlichen Vermögensposition erfolgt, werden nur jene für die Regierung stimmen, welche sich von dem eingebrachten Konsolidierungsprogramm Vorteile versprechen. Will die Regierung die Wahl gewinnen, so muß sie zumindest die kleinstmögliche Mehrheit der Wähler, also 50% plus eine Stimme, gegenüber dem Rest der Wähler begünstigen. Dieses Programm kann von der Opposition sofort geschlagen werden, indem diese mit einem alternativen Programm verspricht, nun die bisher Benachteiligten zu begünstigen, und zusätzlich 2 Wählern aus der Menge der zuvor Begünstigten noch höhere Vorteile als unter dem Regierungsvorschlag verschafft. Dieser Prozeß kann im Prinzip endlos fortgeführt werden, so daß es bei jeder Wahl zu einem Regierungswechsel käme. Jeder Vorschlag kann sofort von einem anderen geschlagen werden. Es ergibt sich ein Zustand politischer Instabilität, in dem die Form der von der Mehrheit gewünschten Einkommensverteilung unbestimmt ist (Knappe 1980, S. 63). Die Partei, die zuerst die programmatische Initiative ergreift, wird davor zurückschrecken, darin ein Thema einzuschließen, in dem es zu zyklischen Mehrheiten kommen kann, da die andere Partei das Programm lediglich kopieren müßte, bis auf diesen einzelnen Punkt, in dem sie die andere Partei schlägt. Falls keine Partei als erste ein Thema ansprechen wird, das zu zyklischen Mehrheiten führt, wird unter Umständen Verteilungsfragen ganz ausgewichen. In der demokratischen Praxis führen allerdings die Existenz weiterer, kleinerer Parteien, die sich den großen Parteien als Koalitionspartner anbieten, sowie der mehrjährige Abstand zwischen Wahlen zu einer Entschärfung des Problems zyklischer Mehrheiten.

3.3.5. Verteilungskampf zwischen den Generationen

Wie wir im nächsten Kapitel bei der Diskussion undurchsetzbarer Forderungen sehen werden, ist ein öffentlicher Schuldner im Falle einer Auslandsschuld in einer relativ „komfortablen" Situation, was die Bedienung und Rückzahlung der aufgenommenen Kredite betrifft. Nur der Reputationsverlust, der zu einer Verweigerung zukünftiger Kredite führt, wirkt als Anreiz, die eingegangenen Verpflichtungen zu erfüllen.

Anders gelagert ist die Situation hingegen bei einer inländischen Schuld, d.h. einer Schuld, die direkt oder indirekt über Finanzintermediäre von den Bürgern des Schuldnerstaates gehalten wird. Hier gilt das Prinzip „*we owe it to ourselves*". Der einfachen Formulierung des Keynesianismus der 50er Jahre fehlte sowohl die mikroökonomische Fundierung als auch die Berücksichtigung der politischen Willensbildung in demokratischen Systemen. Diese Willensbildung über die Aufnahme von Staatsschulden und die Frage einer steuerlichen Finanzierung ihrer Rückzahlung wird im einfachen basisdemokratischen Modell vom Medianwähler entschieden, falls die makelnde Rolle parlamentarischer Institutionen außer Acht gelassen wird. Das Kalkül des Medianwählers berücksichtigt, inwiefern die zu treffende Mehrheitsentscheidung seine Konsummöglichkeiten berührt. Dabei spielt es eine Rolle, ob die aufzunehmenden Schulden für Ausgaben verwandt werden, die ihm einen Nutzen stiften, und ob zu zahlende Steuern Schulden bedienen, die in der Vergangenheit verausgabt wurden, u. U. sogar vor seiner Lebenszeit.

Die individuelle Entscheidung wird nicht zuletzt vom Alter bestimmt. Ein intergenerationeller Konflikt zwischen „Jungen“ und „Alten“ ist damit wahrscheinlich. Im Extremfall könnte sich eine jetzt lebende Mehrheitsgeneration der Rückzahlung von Schulden, die frühere Generationen eingingen, vollständig verweigern. In Antizipation dieser Möglichkeit wäre es dann aber unmöglich, staatliche Schuldtitel am Markt zu plazieren. Wenn wir die plausible Annahme akzeptieren, daß bindende Verpflichtungen für eine Rückzahlung langlaufender Staatsschulden nicht existieren – die gleiche Mehrheitsgeneration, welche die Rückzahlung der Schulden verweigert, müßte ja über den Einsatz von Zwangsmitteln zu ihrer Garantie entscheiden[67] –, dann ist die theoretisch interessante Frage bei einer inländischen Schuld, warum sie überhaupt existiert. Wie ist das populäre Argument einer „Belastung zukünftiger Generationen“ zu beurteilen, welches so häufig von den Gegner übermäßiger Verschuldung gebraucht wird, wenn sich diese zukünftigen Generationen der Annahme des Schuldnerstatus entziehen können?

Tabellini (1994) hat zu dieser Frage ein Modell vorgestellt, das die Verknüpfungen von intergenerationellen mit den intragenerationellen Verteilungskonflikten zeigt, die zu einer Rückzahlung der Staatsschulden führen können.[68] Der Grundgedanke besteht darin, daß eine bestehende Schuld dann bedient wird, falls eine ausreichend große Koalition aus „alten“ Wählern (Eltern), die im Besitz der Schuldtitel sind, und den „jungen“ Wählern (Kindern), die aus den reicheren Familien stammen und die die aus der impliziten Besteuerung von Schuldpapieren bei einer Nichtrückzahlung resultierende Umverteilung innerhalb ihrer Generation fürchten, zustande kommt.

---

67 Man muß nicht gleich an eine abrupte Einstellung der Zins- und Tilgungszahlungen denken. Die schleichende Entwertung nichtindexierter Wertpapiere durch Inflation wurde schon des öfteren benutzt, um sich „ererbter“ Verpflichtungen zu entledigen.

68 Sehr ausführlich behandeln Cukierman/ Meltzer (1989) die intergenerationellen Effekte der Staatsverschuldung in einer Ökonomie mit überlappenden Generationen und unter Berücksichtigung von Produktion. Allerdings sind dort Schuldenverpflichtungen bindend, und die Verweigerung der Rückzahlung ist keine Option. Vgl. hierzu auch Drazen (1978).

Das Modell umfaßt zwei Perioden. In der ersten Periode leben nur die „Eltern", in der zweiten Periode zusätzlich ihre Nachkommen, die „Kinder". Die Nutzenfunktionen, die für alle Mitglieder einer Generation identisch sind, haben ein altruistisches Element, d.h. Eltern ziehen Nutzen aus Erbschaften an ihre Kinder und diese ziehen Nutzen aus Geschenken an ihre Eltern.[69] In der ersten Periode erhalten die Eltern gleiche staatliche Transfers, die über die Ausgabe von festverzinslichen Wertpapieren anleihefinanziert werden. Diese sind gleichzeitig die einzig mögliche Form der Ersparnisbildung zwischen den Perioden[70]. Die Eltern verfügen zu Beginn der ersten Periode über unterschiedlich hohe Vermögen; die Information darüber ist privat. In der zweiten Periode erhalten Eltern und Kinder innerhalb einer Generation identische Anfangsausstattungen. Die verzinsten Anleihen werden zurückgezahlt mit Kopfsteuern, die von der Kindergeneration aufgebracht werden müssen.

Über die Höhe der Transferleistungen in der ersten Periode und über die Höhe der Rückzahlung in der zweiten Periode, ausgedrückt als Steuersatz auf die Anleihen, wird durch demokratischen Mehrheitsbeschluß entschieden. Das Kalkül der Wähler in der zweiten Periode ist wie folgt: Für Angehörige der Elterngeneration besteht der Grenznutzen einer höheren Rückzahlungsquote aus dem Nutzenzuwachs aufgrund des eigenen höheren Vermögens und der Nutzenminderung aus der höheren Steuerbelastung ihrer Kinder. Der Gesamteffekt ist um so eher positiv, je höher das Anfangsvermögen ist. Analoges gilt für Angehörige der Kindergeneration. Je höher das relative Vermögen der jeweiligen Eltern ist, desto eher wird eine bestimmte Rückzahlungsquote noch mit einem positiven Grenznutzen verbunden sein. Alle Wähler können nach ihrer Präferenz bezüglich der Rückzahlungsquote geordnet werden, und der Medianwähler kann identifiziert werden. (Weiter läßt sich eine Funktion aufstellen, die den Zusammenhang zwischen der Entscheidung des Medianwählers und der Höhe der Staatsschuld wiedergibt).

Tabellini (1994) zeigt nun, daß eine Menge politischer Gleichgewichte existiert, die in Abhängigkeit von den gewählten Parametern und Funktionen konvex und

---

69 Die Nutzenfunktionen lauten für die Eltern

$W = U(c) + d + \delta V(x),\ 1 > \delta > 0;$ und für die Kinder

$J = \gamma d + V(x),\ 1 > \gamma > 0.$

$U(\cdot)$ und $V(\cdot)$ sind zweifach stetig differenzierbare, konkave Funktionen; c bzw. d sind der Elternkonsum in der ersten bzw. zweiten Periode; x ist der Konsum der Kinder in der zweiten Periode; vereinfachend wurde hier die Wachstumsrate der Bevölkerung auf Null gesetzt. Unter Berücksichtigung der Budgetbeschränkungen läßt sich leicht zeigen, daß bei Abwesenheit staatlicher Eingriffe sowohl Eltern auch als Kinder sich negative Transfers zukommen lassen möchten. Es besteht also ein intergenerationeller Verteilungskonflikt.

70 Eine negative Ersparnisbildung wird ausgeschlossen.

nicht leer sein kann. Außerhalb des Gleichgewichts ist Staatsverschuldung nicht möglich, weil es sich hier um Kombinationen von Schuldenhöhe und Rückzahlungsquote handelt, für die der Kapitalmarkt der ersten Periode nicht geräumt würde.[71] In der ersten Periode wird das maximale Transfervolumen gewählt, das noch in der Gleichgewichtsmenge liegt.

Die Elterngeneration hat den Vorteil eines „first mover". Staatsschulden schafft Fakten, die auch ohne rechtliche Garantien zu ihrer Rückzahlung führen können. Alle Angehörigen der Kindergeneration würden gegen jede Verschuldung stimmen, hätten sie ein „pränatales Wahlrecht". Sie müssen die Ausgangsposition der zweiten Periode akzeptieren. Eine verweigerte Bedienung der Schuld bedeutet eine Umverteilung zuungunsten „reicher" Familien (mit überdurchschnittlichem Vermögen aus Staatspapieren). In solchen Familien besteht unter Umständen eine gemeinsame Opposition gegen die Umverteilung, wenn dort für die Kinder der marginale Nutzenverlust aus der hohen Vermögenseinbuße der Eltern größer ist als der Nutzengewinn bei einer Vermeidung der eigenen Steuerzahlung. Ist dieser Effekt bei einer genügenden Zahl von Kindern vorhanden und ausreichend groß, kann es über die Entscheidung des Medianwählers zu einer (teilweisen) Rückzahlung kommen.

Die Effekte von Parameteränderungen sehen wie folgt aus: Ein höheres Einkommen der Kinder verstärkt die relative Wirkung des altruistischen Motivs der Kinder und vermindert dieselbe bei den Eltern. Also erweitert sich der Spielraum für intergenerationelle Umverteilung. Ein niedrigeres Bevölkerungswachstum verstärkt das Gewicht der Eltern in der Wählerschaft. Andererseits muß die Bürde der Rückzahlung unter weniger Kindern aufgeteilt werden, was die Bereitschaft zur Übernahme dieser Bürde schmälert. Die Richtung des Nettoeffektes bleibt ohne Spezifikation der Nutzenfunktionen und der anfänglichen Vermögensverteilung ungewiß.

Die Vermögensverteilung hat zwei gegenläufige Effekte auf die Koalition, die eine Rückzahlung unterstützt: Je stärker sich die Schuldpapiere in den Händen weniger konzentrieren, desto geringer ist die Anzahl der Eltern, die von einer Nichtrückzahlung betroffen wären. Andererseits wird bei einer weiten Streuung der Titel und einer relativ gleichmäßigen Vermögensverteilung die Gruppe der Kinder, die für eine Rückzahlung votieren, kleiner.

> *„In the limit, if every parent has the same wealth, then debt repudiation is equivalent to a lump-sum tax on the parents. In this case, no kid would favor repaying the debt and the viable set would also be empty. Hence, too much inequality and too little inequality both limit the politically viable intergenerational redistribution."* Tabellini (1994, S. 281)

---

71 Die angebotenen Staatspapiere werden zu keinem positiven Preis nachgefragt.

Einschränkend muß deutlich gemacht werden, daß die Modellergebnisse maßgeblich abhängig sind von der Annahme einer schwachen Form von wechselseitigem Altruismus zwischen Eltern und Kindern. Schwindet die familiäre Bindung, so verkleinert sich die Menge politischer Gleichgewichte, die zu einer Rückzahlung der Staatsschuld führen. Fehlt dieser Altruismus ganz, dann ist beim Fehlen wirklich bindender Verträge keine Staatsverschuldung möglich.[72] Die demographische Entwicklung in vielen westlichen Ländern mit einer rückläufigen Geburtenrate und vielen kinderlosen Paaren schwächt die Verbundenheit zwischen den Generationen. Ob das zu Lasten der Jüngeren geht, ist nicht unmittelbar deutlich zu erkennen. Einerseits nimmt die relative Bedeutung der Elterngeneration (die nicht nur aus Eltern besteht!) zu, andererseits steigt die individuelle Steuerbelastung der Kinder und verstärkt den Wunsch nach einer Nichtrückzahlung der Staatsschuld. Wenn Bevölkerungsrückgang durch Zuwanderungen (gezielt) ausgeglichen wird stellt sich des weiteren die Frage, ob die Neubürger bei einer längerfristigen Zuerkennung der demokratischen Mitwirkungsrechte auch darauf verpflichtet werden können, in bestehende Generationenverträge einzutreten.

Es gibt aber einen Mechanismus – er ist im Modell von Tabellini nicht enthalten –, der auch bei sehr schwachem Altruismus zu einer Sicherung der Schuldenrückzahlung beitragen kann. Wenn die Elterngeneration durch geeignete Investitionen, z. B. in das öffentliche Bildungswesen und in die öffentliche Infrastruktur, die Produktionsmöglichkeiten der Kindergeneration verbessert, dann führt, wie bereits erwähnt, das höhere durchschnittliche Einkommen der Kinder zum Wunsch aller Wähler nach einer höheren Rückzahlungsquote. Die sogenannte „goldene Regel", nach der Kreditfinanzierung nur für Investitionsausgaben zulässig ist, bekommt dadurch eine ganz neue Interpretation: Sie dokumentiert das ureigene Interesse der jetzt lebenden Generation, durch die Schaffung entsprechender Anreize die Einhaltung von Generationenverträgen zu sichern. Konrad (1995) untersucht die Auswirkungen von interregionaler Mobilität auf die Bereitstellung typischer öffentlicher Investitionen. Die Elterngeneration diskriminiert hier in ihren Investitionsentscheidungen zu Lasten von Investitionen in das Humankapital ihrer Kinder, da diese ja bei einer Wanderungsbewegung mitgenommen würden und dann nichts zur Stärkung der steu-

72 Die Wirkungen einer Änderung der Parameter, welche den Grad der altruistischen Bindung indizieren, δ und γ, werden von Tabellini (1994) nicht untersucht. Auf den ersten Blick scheint der Effekt nicht eindeutig: In einer Abbildung, welche die Menge möglicher politischer Gleichgewichte graphisch darstellt, verschieben sich beide Kurven nach unten, wenn der Grad der altruistischen Bindung vermindert wird. Durch Einsetzen beispielhafter Werte für die Parameter in das im Anhang gegebene Rechenexempel (ebd., S. 283-285) läßt sich aber zeigen, daß die konvexe Menge der Gleichgewichtspunkte schrumpft und gegen die leere Menge konvergiert.

erlichen Bemessungsgrundlage beitrügen.[73] In Infrastruktur würde eher „zuviel" investiert, falls es darüber zu einem interregionalen Standortwettbewerb mit dem Zweck einer Attrahierung ausländischer Produktionsfaktoren käme.

Ein potentiell bedeutender Effekt der Wirtschafts- und Währungsunion liegt in der zunehmenden Mobilität, die trotz noch bestehender sprachlicher und kultureller Barrieren zu erwarten ist. Die Einführung einer Unionsbürgerschaft, die wechselseitige Anerkennung von Bildungsabschlüssen und die leichtere Transferierbarkeit von Vermögen tragen dazu bei. Einer Besteuerung zur Begleichung von Verbindlichkeiten aus der Vergangenheit würden sich im Modellzusammenhang vor allem junge, gutverdienende Bürger ohne reiche Eltern durch Auswanderung entziehen. Es läßt sich eine Verbindung zu Tiebouts „Abstimmung mit den Füßen" ziehen. So beschneidet eine föderalistische Struktur tendenziell die Möglichkeit zur intergenerationellen Umverteilung

Das Modell zeigt, daß intergenerationelle Umverteilung möglich ist, jedoch nicht schrankenlos. Interessant wäre eine entsprechende Untersuchung umlagefinanzierter Sozialversicherungen. Die Koalitionsbildung sähe hier sicher anders aus. Eine Erweiterung des zweiperiodigen Horizonts könnte dazu führen, daß die Umverteilung *ad infinitum* von Generation zu Generation weitergegeben wird. Allerdings ist es denkbar, daß es in einer Periode zu einer nicht antizipierten Neubewertung der Verschuldungskette kommt, u.U. ausgelöst durch einen exogen Schock der Ökonomie. Dann wird eine Revision der impliziten intergenerationellen Verträge nötig.

Eine Schlußfolgerung läßt sich bei aller Abstraktion der Modellanalyse ziehen. Um optimale Entscheidungen hinsichtlich intergenerationeller Fragen treffen zu können, muß für den Wählerbürger, unabhängig vom Grad seiner altruistischen Motivation, die dafür notwendige Transparenz in den öffentlichen Haushalten gewährleistet sein. Das verweist auf die Forderung nach geeigneten Budget- und Defizitkonzepten, die intergenerationelle Verteilungseffekte sichtbar machen.

---

73 Konrad (1995) setzt den Steuersatz, der auf das Einkommen der Kindergeneration erhoben wird, exogen. Der politische Entscheidungsprozeß wird nicht modelliert.

3.4. Das Verhältnis von Staat und Bürger bei J. M. Buchanan

Innerhalb der Neuen Politischen Ökonomie nimmt die insbesondere mit den Namen von Buchanan und Tullock verbundene „Virginia School"[74] einen besonderen Platz ein. Jede Analyse der Politik auf der Grundlage des *homo oeconomicus* wird wahrscheinlich zu pessimistischen Prognosen über die „Spielergebnisse" demokratischer Prozesse zwischen egoistischen Wählern, Politikern und Bürokraten führen. Bei Buchanan und anderen Vertretern der „Virginia School" ist aber darüber hinaus eine eigene Ideologie oder Weltanschauung zu finden, die ein „viel zu hohes" Niveau von Staatsausgaben, Steuern, Budgetdefiziten usw. bereits als gegeben betrachtet. Detaillierte Begründungen behaupteter Effizienz- und Wohlfahrtseffekte sowie die genaue Untersuchung einzelner Institutionen und Prozesse treten in ihrer Bedeutung zurück gegenüber einer normativen Analyse, die auf der Grundlage eines strengen Individualismus fragt, wie ein Staat als Plattform kollektiven Handelns gestaltet werden sollte, um die unerwünschten und schädlichen Folgen heutiger öffentlicher Entscheidungsfindung zukünftig zu vermeiden.[75]

In diesem Abschnitt werden zwei Ansätze der „Virgina School" behandelt, welche die vertikale Interaktion zwischen Regierung und Wähler zum Gegenstand haben und die für die Frage nach den Ursachen von Staatsausgaben- und Staatsverschuldungswachstum von Interesse sind. Im Ergebnis kommen beide Denkfiguren zu dem gleichen Resultat: Nur durch explizite Regeln auf der Ebene der Verfassung können wirksame Schranken geschaffen werden, um den Bürger vor fiskalischer Ausbeutung zu schützen. Im ersten Fall erfolgt die Argumentation über das Modell des allmächtigen Leviathan-Staates, und im zweiten Fall führt die Erosion internalisierter und allgemein akzeptierter Normen der fiskalischen Disziplin, ausgelöst durch die keynesianische Häresie einer gezielten Stabilisierung der Ökonomie, zu einem Zustand, der nur noch durch explizite Normen geheilt werden kann.

3.4.1. Der Staat als Leviathan

Der Leviathan, jenes Ungeheuer der orientalischen Mythologie, wird von Buchanan als Denkfigur benutzt, um in zugespitzter Form das tatsächliche Verhältnis der Steuerbürger zu ihrer Regierung zu analysieren. Die Kritik am Leviathan-Staat gründet sich in der Pervertierung der Schutzidee, die im Staats-

74 Zum Begriff der „Virginia School", der zuerst von Mancur Olson gebraucht worden sein soll, siehe Mueller (1985).

75 Vgl. z. B. Buchanan/ Tullock (1962) und für die Sicht der „Virginia School" als expliziter normativer Theorie Lane (1995, S. 203-215).

vertrag von Hobbes aufscheint. Um der anarchischen und (lebens)bedrohlichen Gewalt des Urzustandes zu entfliehen, übereignen sich die Menschen mit all ihren Rechten, auch mit dem Lebensrecht, dem Souverän. Als Konsequenz ergab sich die absolute Unfreiheit des Absolutismus. Liberale Denker der Gegenwart ziehen die Analogie, daß sich auch in modernen Demokratien Unfreiheit und Allmachtsanspruch des Staates fortsetzten. Ein gesteigertes Schutzbedürfnis gegenüber allen Wechselfällen des Lebens, sei es im privaten Bereich, sei es in der Unternehmung, führe zum Sozialstaat und zum Subventionsstaat, der zu seiner Finanzierung Abgaben in historisch unerreichter Höhe von „seinen" Bürgern abfordere.[76]

Brennan/ Buchanan (1977, 1980) fragen nach dem für heutige westliche Demokratien angemessenen Modell postkonstitutioneller Budgetentscheidungen. Kriterium für die Auswahl des Modells ist dabei, ob es Informationen liefern kann für die Wahl fiskalischer Instrumente in der konstitutionellen Phase. Das Modell der parlamentarischen Mehrheitsdemokratie sei angesichts der erreichten Größe des öffentlichen Sektors, und angesichts einer Bürokratie, die weit mehr Macht besitze als ihr von der Legislative übertragen wurde, ungeeignet, ja naiv. Ein sinnvoller Ausgangspunkt sei aber das Modell des budgetmaximierenden bzw. einnahmenmaximierenden Leviathan-Staates. Dieses Modell kennt keinerlei Eingriffs- und Kontrollmöglichkeiten der Bürger, wenn der Handlungsrahmen für die Politiker und Bürokraten durch die Verfassung einmal abgesteckt ist. Es wird folgerichtig für eine absolute Regelbindung der Budgetpolitik plädiert, da für diskretionäre Entscheidungen ein radikaler Pessimismus hinsichtlich des Ausgeliefertseins an den Staatsapparat gilt. Nur wenn entsprechende Regeln in der Verfassung verankert sind, kann der Leviathan gezähmt werden.[77]

Eine Gegenposition zum Leviathan-Modell findet sich z. B. bei Musgrave (1981). Er weist auf die beträchtlichen Schwierigkeiten konstitutioneller Budgetbeschränkungen hin, die gleichzeitig drei Bedingungen erfüllen müssen: Sie müssen hinreichend flexibel sein, um auf unvorhergesehene Situationen reagieren zu können. Sie müssen ferner so gestaltet sein, daß Vermeidungs- bzw. Umgehungstechniken nicht eingesetzt werden können (Beispiele sind Budgetausgliederungen und der Ersatz von öffentlichen Leistungen durch Regulierun-

76 Vgl. Barbier (1996).

77 Es bleibt allerdings zu fragen, ob der abrupte Übergang von der Allmacht des Leviathans für diskretionäre Entscheidungen zur Ohnmacht des Leviathans in Bezug auf Verfassungsnormen den Realitätsgehalt hat, den Brennan/ Buchanan für ihre Argumentation reklamieren. Zumindest eine Institution, z. B. ein Verfassungsgerichtshof, muß dem Leviathan ebenbürtig sein.

gen). Zudem müssen sie so klar und präzise formuliert sein, daß sie juristischer Interpretation und Entscheidung zugänglich sind (Musgrave 1986, S. 225).

Eine auch aus dem *homo lupus* (im Gegensatz zum *homo oeconomicus*) abgeleitete aber noch extremere Form der Sicht auf den Staat lieferte der deutsche Ökonom Franz Oppenheimer, von dem die Formulierung stammt, das „unentfaltete" politische Mittel sei der Raub, das „entfaltete" der Staat. In seiner Staatstheorie vertrat er die Auffassung, beim Staat handele es sich um eine von *„einer erobernden Menschengruppe einer unterworfenen Menschengruppe gewaltsam aufgezwungene Rechtseinrichtung, mit dem Inhalt, die Unterworfenen zugunsten der Sieger derart zu besteuern, daß die Bedürfnisse der Herrenklasse mit möglichst geringem Aufwande ihrer eigenen Arbeit möglichst vollkommen befriedigt werden"*.[78] Buchanan kommt in seinen Schriften der Radikalität einer Oppenheimerschen Staatstheorie sehr nahe, auch wenn ihm diese wohl nicht bekannt ist. Die Vehemenz, mit der Buchanan die vorgebliche asymmetrische Machtverteilung zwischen Leviathan-Staat und Steuerbürger anprangert, zeigt sich oft auch in pointierten bis polemischen Formulierungen.[79]:

Interessant ist im Zusammenhang der demokratiepessimistischen politökonomischen Theorien auch der italienische Ökonom Puviani.[80] Er stellte sich zwei einfache Fragen: 1. Wenn ein rationaler Diktator oder eine herrschende Gruppe die steuerzahlenden Bürger auf größtmögliche Weise ausbeuten wollte, welches fiskalische System würde daraus resultieren? 2. Inwieweit entsprechen moderne fiskalische Systeme diesem Modell? Er analysiert sehr genau alle möglichen Formen von Fiskalillusion, die der Staat zur Ressourcenbeschaffung ausnutzen kann. Auch soziale Spannungen oder Konflikte zwischen Gruppen der Gesellschaft können instrumentalisiert werden, um höhere Steuern zu erzielen, z.B. indem den Reichen Angst vor dem Aufstand der Armen gemacht wird oder indem Lasten einer unbeliebten Minderheit der Bevölkerung aufgebürdet werden.

Die Hypothese vom unersättlichen Leviathan müßte sich empirisch durch eine Untersuchung des Zusammenhangs zwischen demokratischen und autoritären Systemen und deren Mischformen einerseits und der Staatsverschuldung andererseits zeigen lassen. Wie Balkan/ Greene (1990) schildern, läßt sich dafür aber kein überzeugender empirischer Beleg finden.

---

78 Oppenheimer (1910, S. 38), zitiert nach Kurz (1996, S. 72).

79 *„Even if she is motivated primarily by relative poverty, the call girl who sells services to one among many potential rich clients retains more freedom than the ordinary citizen who faces the monopoly bureaucrat."* Buchanan (1977, S. 82).

80 Das wichtigste Werk von Puviani ist seine „Teoria della illusione finanziaria", die 1903 in Palermo erschien. Buchanan gebührt das Verdienst der Wiederentdeckung dieses italienischen Finanzwissenschaftlers, vgl. Buchanan (1960).

3.4.2. Fiskalische Disziplin(losigkeit) als Produkt kultureller Evolution

Buchanan (1985) argumentiert – auf Hayek (1979) zurückgreifend –, daß das Entstehen einer „moralischen Ordnung" darauf zurückzuführen ist, daß allgemein akzeptierte Verhaltensregeln auch gegenüber Personen außerhalb der eigenen Familie bzw. der Gruppe, der man sich zugehörig fühlt, akzeptiert werden. Nur so konnten sich moderne Nationalstaaten herausbilden, nur so konnten hochgradige Formen der Arbeitsteilung und die Koordinierungsmöglichkeiten moderner Märkte erreicht werden. Ein Beispiel für die Übertragung von Normen einer Gruppe (die „moral community") auf eine moralische Ordnung war für Buchanan die für die Gesamtgesellschaft und damit auch für den Staat verbindliche Implementierung finanzieller Disziplin. Die evolutionäre Dynamik und Durchsetzung dieser Norm liegt darin begründet, daß nur Familien, die finanzielle Disziplin einhielten, überleben und prosperieren sowie Kapital bilden konnten.

Als Exempel für das Entstehen einer moralischen Ordnung im Sinne einer kulturellen Evolution dient die „viktorianische Moral" des 19. Jahrhunderts, die das vorsichtige Wirtschaften mit dem Kapital einer Familie auf den Umgang mit volkswirtschaftlichem Kapital durch die Regierenden übertrug (Staatsschulden sind für Buchanan gleichbedeutend mit der teilweisen Vernichtung des volkswirtschaftlichen Kapitalstocks). Für Buchanan (1985, S. 1) läßt sich nun zeigen,

> *„ that the explosive increase in debt or deficit financing of public consumption outlays can be explained, at least in part, by an erosion of previously-existing moral constraints."*

Ausgelöst wurde der moralische Verfall für Buchanan/ Wagner (1977) durch die sogenannte „Keynesianische Revolution":[81] In der Folge der 1936 erschienenen „General Theory" wiesen mehr und mehr Ökonomen dem Staat die Rolle des Stabilisators und Aktivierers der Wirtschaft zu. Während die „klassische" Sichtweise von einer sich selbst stabilisierenden Ökonomie mit zumindest mittel- bis langfristig geräumten Arbeits- und Gütermärkten ausging, änderte sich nun die Beurteilung der Staatsverschuldung. Ein Ausgleich des Budgets sollte höchstens noch über einen ganzen Konjunkturzyklus hinweg gesichert werden. Nachdem die keynesianischen Ökonomen den „classroom" für sich erobert hatten, rannten sie bei den Politikern offene Türen ein. Die Gefahr des Mißbrauchs ihrer Politikempfehlungen wurde von Keynes und seinen Schülern

---

81 Vgl. auch Buchanan (1958), Buchanan/ Wagner (1967), Buchanan/ Wagner/ Burton (1978), Buchanan (1987). Rowley (1987, S. 120-122), ebenfalls ein Vertreter der „Virginia School", geht sogar soweit, eine Verbindung zwischen Keynes privatem Lebenswandel, der gesellschaftlichen Konventionen nicht entsprach (Bisexualität), und seinem angeblichen Angriff auf die „viktorianische Moral" fiskalischer Disziplin herzustellen.

nicht gesehen. Man gab sich der aus heutiger Sicht naiven Überzeugung hin, daß Ökonomen eine rationale Steuerung der Wirtschaft durchführen könnten, und daß sie dabei von den Politikern jede notwendige Unterstützung erhalten würden. Der Expansionsdruck der Bürokratie, der Nachfragesog der Interessengruppen bezüglich quasiprivater Güter und die Rolle der auf Wiederwahl bedachten Abgeordneten wurden völlig unterschätzt.[82]

Aus Sicht des Teils der Neuen Politische Ökonomie, der mit der Annahme von Fiskalillusion arbeitet, sind die Vorteile eines ausgeglichenen Budgets nicht direkt zu erfahren, die Nachteile dagegen schon. Ein Budgetüberschuß, der in Boom-Zeiten abgeschöpft wird, um das in der Rezession aufgebaute Defizit zu kompensieren, erzeugt eine (relative) Verminderung des direkt erfahrbaren Konsums an öffentlichen Gütern. Die Vorteile eines Überschusses (reduzierte Inflation, größerer Handlungsspielräume in den Budgets zukünftiger Jahre, effizientere Allokation durch vermindertes Crowding-out) sind weniger spürbar. Schuldenfinanzierung senkt also die wahrgenommenen Preise öffentlich bereitgestellter Güter und führt damit zu einer erhöhten Nachfrage der Bürger und Steuerzahler für diese Güter, einem Wunsch nach umfangreicheren Budgets. Gewählte Politiker nehmen das wahr und übersetzten die Präferenzen der Wähler in Haushaltsentscheidungen. Selbst wenn der Wähler die Problematik der Staatsverschuldung in der Gänze sähe, wäre es für ihn nicht rational, seine Ansprüche an den Staat herunterzuschrauben. Sein Verzicht würde in der Masse aller Wähler ohne Wirkung bleiben. Jeder Wähler hofft, als „free rider", möglichst wenig zur Finanzierung von möglichst viel von ihm nutzbaren öffentlichen Leistungen beizutragen und richtet sein Wahlverhalten danach aus. Im Aggregat funktioniert dies selbstverständlich nicht.

Anreize zur Staatsverschuldung waren zwar nicht neu, wurden aber durch das klassische Prinzip „gebändigt". Die „Keynesianische Revolution" löste diese Fesseln nicht nur bei den Politikern auf, sie half auch mit, diese Restriktion auf der Seite der Wähler zu entfernen. In der Demokratie ist die politische Nachfrage letztlich Grundlage der Entstehung von Staatsverschuldung. Die Politiker haben sich die Wähler gleichsam zur Akzeptanz von interventionistischer Fiskalpolitik und damit auch zur Staatsverschuldung „erzogen".

Die eben skizzierte Argumentation läßt sich auf vielfältige Weise kritisieren. Umstritten ist bekanntlich die These der Fiskalillusion. Als weiterer Kritikpunkt ist die Vernachlässigung der Unterscheidung zwischen verschiedenen sozialen Gruppen über eine implizit unterstellte Homogenitätsannahme für die Wähler-

---

82 *"Keynesian economics has turned the politicians loose; it has destroyed the effective constraint on politicians' ordinary appetites to spend and spend without the apparent necessity to tax."* Buchanan/ Wagner/ Burton (1978, S. 27).

schaft wie für die Politiker zu nennen. An dieser Stelle wird gezeigt, daß die empirische Überprüfung der Thesen von Buchanan/ Wagner für die USA, auf die sie ihre Aussagen beziehen, keine Evidenz für ihre anti-keynesianischen Attacken liefert:

Es läßt sich weder für die Zeit direkt nach Erscheinen von Keynes´ „General Theory" noch für die 60er Jahre ein Strukturbruch in der Entwicklung der Staatsverschuldung in den USA nachweisen, der im Sinne einer „Keynesianischen Revolution" interpretiert werden könnte. Betrachten wir uns die Entwicklung von Ausgaben, Einnahmen und Verschuldung der US-Bundesregierung von 1940 bis heute (Abbildung 4). Der im II. Weltkrieg erreichte Schuldenstand (im Maximum 113,8 % des BIP) ging bis 1974 sukzessive auf 24,5 % des BIP zurück und lag damit deutlich unter Vorkriegsniveau (44,8 % des BIP). Ermöglicht wurde dies vor allem durch ein starkes Wirtschaftswachstum. Bis Mitte der 70er Jahre folgten auf Defizitperioden immer wieder Jahre mit annähernd ausgeglichenen Haushalten. Das Niveau der Staatsausgaben lag aber 1974 mit 19,2 % des BIP deutlich über Vorkriegsniveau (1940: 9,9 %). Das aktuelle Schuldenproblem der USA ist eindeutig ein Produkt der Fiskalpolitik in den 80er Jahren unter republikanischen, eher anti-keynesianisch eingestellten Präsidenten. Statt nach der Rezession zu Beginn der 80er Jahre (2. Ölpreisschock) mit Hilfe des wieder einsetzenden Wirtschaftswachstums die Budgetdefizite zurückzuführen, öffnete sich die Schere zwischen Ausgaben und Einnahmen weiter.[83] Als Resultat stieg die Staatsverschuldung auf den Nachkriegsrekord von 51,9 % des BIP. Erst die demokratische Präsidentschaft Clintons erreichte eine kräftige Reduzierung der Haushaltsdefizite und eine Stabilisierung des Schuldenstandes mit leichter Tendenz nach unten. Ein permanenter „deficit bias" kann für die USA nicht nachgewiesen werden. Veränderungen der Haushaltsdefizite sind überwiegend konjunkturell und nicht strukturell zu erklären (Deutsches Institut für Wirtschaftsforschung 1996, S 8), auch wenn in einzelnen Jahren, wie von 1982 bis 1986, Fehlbeträge entstanden sind, die nicht konjunkturell zu begründen sind.

83 Das maximale Defizit relativ zum BIP wurde 1983 verzeichnet, mit einem Ausgabenanteil von 24,4 % und einem Einnahmenanteil von 18,1 % des BIP. Einnahmenminderungen durch Reagans Programm der Steuersenkungen standen höhere Verteidigungsausgaben gegenüber, die wegen der demokratischen Mehrheiten im Kongreß nicht durch Kürzungen im Sozialbereich kompensiert werden konnten.

Abbildung 4: Verschuldung der USA 1940 - 1996

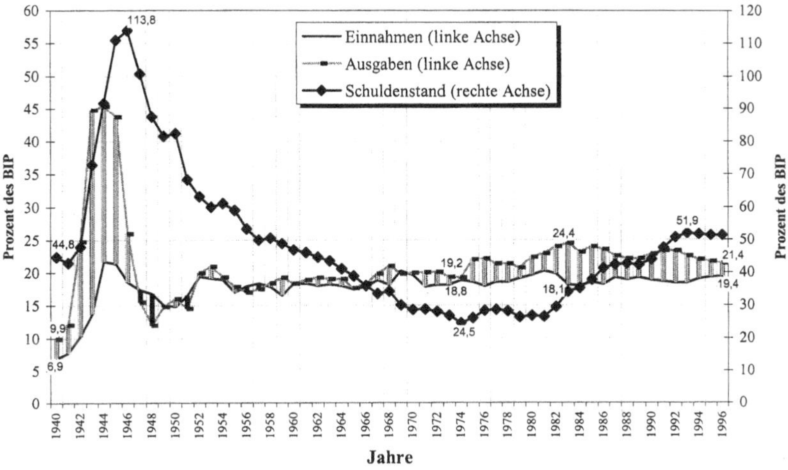

Quelle: Eigene Darstellung, Daten aus Office of Management and Budget (1996). Jahre sind Fiskaljahre: Bis 1976 beginnt das Fiskaljahr am 1. Juli des vorherigen Kalenderjahres; ab 1976 am 1. Oktober des vorherigen Kalenderjahres.

Tullock (1987) untersucht die Korrelation zwischen Staatsverschuldung und Arbeitslosigkeit im Vergleich von drei „breakpoints", zu denen die keynesianische Wirtschaftspolitik möglicherweise hätte eingeführt werden können, nämlich 1937 (ein Jahr nach der Veröffentlichung der „General Theory"), 1947 (der „Full Employment Act" trat in den USA in Kraft) und 1960 (das Jahr der Wahl von Präsident Kennedy, der als „keynesianisch" eingestellt galt). Tullock kommt zu dem Ergebnis, daß die Phase vor 1937 eher „keynesianischer" war als die nachfolgende, und daß die Phase nach 1960 zwar eine höhere Korrelation aufweist als die vorhergehende, aber nicht in signifikanter Höhe.[84]

84 Vgl. Weiher (1992, S. 178).

Für die Bundespolitik der USA ist der Nachweis einer strengen „viktorianischen Moral“ des Budgetausgleichs vor 1936 nur mit Einschränkungen möglich. Tatsächlich kam es auf Bundesebene vor dem Zweiten Weltkrieg in der Regel nur zu Kriegszeiten und rezessionsbedingt zu Haushaltsdefiziten. Nach dem amerikanischen Bürgerkrieg konnte zwischen 1871 und 1891 durch Haushaltsüberschüsse die Staatsschuld von 39% auf 8% des Sozialprodukts zurückgeführt werden (Brown 1990, S. 235). Diese Tatsache läßt sich aber nun nicht allein mit einer disziplinierten Haushaltspolitik, die aufeinander abgestimmte Einnahmen- und Ausgabenentscheidungen trifft, erklären. Auf der Seite der Einnahmen des Bundes standen Zolleinnahmen als Folge des äußerst populären Protektionismus an erster Stelle.[85] Starkes Wirtschaftswachstum durch die industrielle und geographische Expansion in den USA im letzten Drittel des vorigen Jahrhunderts füllten eher unintendiert die Staatskasse. Auf der Ausgabenseite waren die Aufgaben des Bundes durch die Verfassung noch sehr eingeschränkt und sind mit heute überhaupt nicht vergleichbar. Infrastruktur- und Entwicklungsprojekte wurden hauptsächlich von Bundesstaaten und Kommunen durchgeführt. Die Existenz häufiger Budgetüberschüsse half mit bei der wachsenden Aktivität der Bundesregierung und der Regierungsbürokratie.[86] Die durch Zölle geschützten Industrien und deren Beschäftigte hatten daran verständlicherweise großes Interesse.[87] Wenn auch eine negative Einstellung gegenüber einer hohen Staatsverschuldung in Politik und Öffentlichkeit dominierte, so gab es doch Ausnahmen. Man vergleiche das folgende Zitat von Präsident Lincoln (1864, Annual Message to Congress) mit entsprechenden Äußerungen keynesianischer Ökonomen:[88]

---

85 Zwischen 1870 und 1900 erbrachten Zölle im Durchschnitt über die Hälfte der Einnahmen des Bundes, vgl. Stabile/ Cantor (1991, S. 60). Die Grundlage für eine Einkommensteuer wurde erst 1913 mit dem 16. Verfassungszusatz geschaffen.

86 In einer Kapitalwertbetrachtung verschwinden die Überschüsse. Zwischen 1866 und 1923 verteilte die Bundesregierung in großem Umfang Land an Einzelpersonen, Eisenbahngesellschaften und Staatsregierungen zu künstlich niedrigen Preisen, meistens sogar umsonst. Hätte man diesen Abbau des Kapitalstocks zu Marktpreisen bewertet und bei den Zahlungsüberschüssen in Abzug gebracht, würde man in der Zeit nach dem Bürgerkrieg ausgeglichene bzw. defizitäre Budgets erhalten haben; vgl. Anderson (1987, S. 18-19).

87 „*The Republicans were obsessed with protecting the tariff wall, and the best way to justify the tariff, they reasoned, was to spend the government's accumulated surplus revenues.*“ Savage (1988, S. 136). Im Jahre 1835 „entledigte“ man sich der Überschüsse durch Zuweisungen an die Bundesstaaten, um dem Zwang zur Senkung der Zollsätze zu entgehen, vgl. Brown (1990, S. 232).

88 „*A public debt [..] has none of the essential earmarks of private debt. The public debt is an instrument of public policy. It is a means to control the national income and, in conjunction with the tax structure, to regulate the distribution of income.*“, Hansen (1941, S. 185).

„The great advantage of citizens being creditors as well as debtors, with relation to the public debt, is obvious. Men can readily perceive that they cannot be much oppressed by a debt which they owe to themselves."

In den Bundesstaaten und Städten der USA kam es bereits zu Zeiten „viktorianischer Moral" zu Schuldenkrisen, welche die Festschreibung expliziter Budgetnormen nach sich zogen. Im 19. Jahrhundert verschuldeten sich die Bundesstaaten auch in Friedenszeiten teilweise erheblich, und die Schulden wurden nicht immer bedient. Vor allem wegen dieser negativen Erfahrungen gibt es in fast allen Bundesstaaten konstitutionelle Regeln, die eine Begrenzung der Verschuldung oder ausgeglichene Haushalte verlangen (siehe Abschnitt 7.1.). Lange vor Keynes wurden explizite Beschränkungen eingeführt, da die immanenten moralischen Hemmnisse auf Seiten der Politiker nicht ausreichten.

Daß Regierende zu früheren Zeiten wie fürsorgliche Familienväter gehandelt hätten,[89] daß nach der Sprengung der Ketten viktorianischer Moral durch Keynes aber wieder das Paradigma des auf seine räuberische Natur zurückfallenden, rein egoistisch handelnden Politikers gelte, wirkt bei näherer Betrachtung nicht überzeugend. Die von Buchanan und Mitgliedern der „Virginia School" vorgelegten Belege, die ja nur für die USA gelten sollen, erweisen sich hinsichtlich ihrer Interpretationsmöglichkeiten zumindest als ambivalent. Der „Keynesianismus" kann für Höhe und Verlauf der Staatsverschuldung in den USA nicht in erster Linie verantwortlich gemacht werden, und seit Beginn der 80er Jahre steht keynesianische Wirtschaftspolitik generell nicht mehr in hohem Ansehen.[90]

Die Theorie einer kulturellen Evolution fiskalpolitischer Normen ist dennoch ein vielversprechendes und ambitioniertes Projekt, das großer, vor allem interdisziplinärer Forschungsanstrengungen bedürfte. Man muß Buchanan dabei zustimmen, daß *"..ideas have consequences [..] and consequences generate*

---

89 Adam Smith muß als Beleg für diese Auffassung dienen: *"What is prudence in the conduct of every private family can scarce be folly in that of a great kingdom."*, hier zitiert nach Buchanan/ Wagner (1977, S. 3). Andererseits beklagt Smith das tatsächliche Ausmaß der Staatsverschuldung: *„Überall in Europa haben die Schulden enorm zugenommen, die heute in allen großen Staaten als drückend empfunden und auf die Dauer vermutlich zum Ruin führen werden."* Smith (1789, S. 786). Er beobachtete auch, daß die Schuldenakkumulation aus der im Vergleich zur Steuerfinanzierung weniger fühlbaren Belastung der Bürger herrührt (Pichler 1990, S. 283).

90 Vgl. Shaw (1994, S. 75). Möglicherweise hat die Verbreitung anderer ökonomischen Ideen aus dem Bereich angebotsorientierter Wirtschaftspolitik neues Mißbrauchspotential für Politiker hinsichtlich einer Haushaltspolitik mit mangelnder Fiskaldisziplin geschaffen. So ist es vorstellbar, daß z.B. das Konzept der „Laffer-Curve", als theoretische Legitimation für politisch opportune Steuersenkungen, die *de facto* stark schuldensteigernd wirkten, benutzt wurde.

ideas" (Buchanan 1993, S. 67). Ökonomische Ideen können die Werthaltungen der Akteure verändern und letztlich Einfluß auf die Staatsverschuldung haben. Eine zu Buchanan konträre These ist die Behauptung, daß in den USA auch heute noch ein breiter gesellschaftlicher Konsens hinsichtlich einer disziplinierten, restriktiven Haushaltspolitik besteht, der dazu führt, daß trotz vergleichbarer politökonomischer Anreize wie in europäischen Ländern die öffentliche Verschuldung im internationalen Maßstab nicht besonders hoch ist.[91]

3.5. Statistisch-ökonometrische Analysen politischer und institutioneller Determinanten der Fiskaldisziplin

Neben den theoretischen Arbeiten der Neuen Politischen Ökonomie zur Staatsverschuldung und zur Expansion des öffentlichen Sektors hat sich ein empirischer Zweig der Forschung etabliert. Besonderes Augenmerk wird dort der Beobachtung gewidmet, daß einerseits in den meisten demokratischen Industrienationen seit dem II. Weltkrieg ein deutlicher Anstieg der Staatsquoten und Schuldenquoten stattgefunden hat, in einer Querschnittsbetrachtung andererseits deutliche internationale Unterschiede zu Tage treten. Es ist naheliegend, den Einfluß institutioneller Differenzen zu überprüfen. Solche Differenzen betreffen das Wahlrecht (Verhältnis- oder Mehrheitswahlrecht), das Verhältnis von Exekutive und Legislative (Präsidialdemokratie oder Parlamentsdemokratie), das Parteienspektrum und die Rolle von großen Volksparteien bzw. extremistischen Parteien, die Art der Regierungsbildung und die Häufigkeit der Regierungswechsel etc.

Die empirische Analyse, insbesondere wenn sie sich ökonometrischer Methoden bedient, steht hier vor weit größeren Schwierigkeiten als die traditionelle empirische Wirtschaftswissenschaft. Einerseits ist die Prüfung modellgestützter Hypothesen schwierig, weil institutionelle Details nicht Bestandteil der Theoriewelten sind.[92] Andererseits fällt die Umsetzung institutioneller Merkmale in vergleichbare quantifizierbare Größen schwer und ist meist arbiträr. Dem Leser mag die nun folgende Würdigung einerseits recht ausführlich, andererseits zu kritisch erscheinen. Man beachte aber, daß bereits die Aufmerksamkeit, welche diese Arbeiten finden, eine genaue Prüfung rechtfertigt. Gravierende Mängel könnten generell die Anwendung der ökonomischen Methode auf politische Entscheidungsprozesse diskreditieren.

---

91 Galbraith (1958, S. 261) behauptet für die USA einen aus Tradition und Manipulation gespeisten „bias“ gegen öffentliche und für private Produktion.

92 Für die USA und ihr politisches System gilt diese Aussage nur mit Einschränkungen.

Anschließend stellt der Verfasser eine eigene Studie vor, welche die fiskalische Disziplin der Regierungen deutscher Bundesländer untersucht. Obwohl sie wegen ihrer einheitlichen institutionellen Charakteristika besonders dafür geeignet wären, sind sie bis heute als politökonomisches Untersuchungsobjekt vernachlässigt worden. Es werden einige Hypothesen aufgestellt, die wegen ihres *ad hoc*-Charakters nur der Gewinnung stilisierter Fakten dienen können. Entsprechend wird bei der Analyse eine Beschränkung auf rein statistische Werte vorgenommen und auf ökonometrische Methoden verzichtet.

3.5.1. Ökonometrische Studien zur Fiskaldisziplin

Grilli/ Masciandaro/ Tabellini (1991) testen für 18 Länder der OECD und den Zeitraum 1950 bis 1989 den Zusammenhang zwischen Staatsverschuldung und politischen Faktoren. Als theoretischen Ausgangspunkt ihrer empirischen Analyse geben sie erstens die Theorie strategischer Verschuldung an, welche die Bedeutung „politischer Instabilität betonen würde, und zweitens Arbeiten über „schwache Regierungen“, die den Zusammenhang zwischen gesellschaftlicher Polarisierung und inkonsistenten, verzögerten Budgetentscheidungen herstellten. „Politische Instabilität“ wird operationalisiert durch die Häufigkeit, mit der im Untersuchungszeitraum „bedeutende“ Regierungswechsel auftraten, d.h. solche Regierungswechsel, die mit einem Machtverlust der bislang dominierenden Partei oder dem dominierenden politischen Lager einhergehen. Meßgrößen „schwacher Regierungen“ sind ein Index, der die Unterstützung für eine Regierung im Parlament wiedergeben soll (Alleinregierung, Koalitionsregierung oder Minderheitsregierung), sowie die durchschnittliche Zahl von Jahren zwischen zwei Regierungswechseln. Die Regression dieser Indizes auf die Veränderung der Nettoschulden der untersuchten Länder in Relation zum Bruttosozialprodukt weist nur unbefriedigende statistische Testwerte auf, die in starkem Kontrast zur positiven Interpretation der Autoren stehen. Zudem mindern Fehler bei der Konstruktion der Indizes die Aussagekraft ihrer Ergebnisse.[93]

93 Schlicht falsch ist es, für die BR Deutschland im Zeitraum 1950-1989 insgesamt 20 Regierungswechsel und eine durchschnittliche Lebensdauer der Bundesregierungen von zwei Jahren zu konstatieren. Unklar ist warum für Frankreich in der Dekade 1960-69 drei „significant government changes“ stattgefunden haben sollen. Bis zum Frühjahr 1969 hatte Präsident de Gaulle eine dauerhaft starke Machtposition.
Für die endogene Variable wird die Nettoschuldenstandstatistik der OECD benutzt, die die Werte für den Gesamtstaat („general government“) ausweist. Als erklärende Variable werden aber Politikindikatoren für die Zentralregierung („central government“) gebraucht. Das allein führt zu völlig unbrauchbaren Schätzergebnissen.

Roubini/ Sachs (1989a) schätzen die Änderungsraten des Verhältnisses von öffentlichen Schulden zum BIP für die OECD-Ländergesamtheit zwischen 1960 und 1986. Sämtliche verwandten Politikvariablen können dabei das Bestimmtheitsmaß, das mit rein ökonomischen Erklärenden (Arbeitslosenquote usw.) den Wert 0,67 erreicht, um maximal 1% erhöhen. Das ist ein Wert, der angesichts der Datenlage zu vernachlässigen ist. Ähnliches gilt für Edin/ Ohlsson (1991), die den Ansatz von Roubini/ Sachs geringfügig modifizieren und mit dem gleichen Sample schätzen: Sämtliche politökonomischen Variablen liefern keinen zusätzlichen Erklärungsbeitrag, wenn man das korrigierte Bestimmtheitsmaß als Indikator nimmt.

Roubini/ Sachs (1989b) schätzen in einer anderen Studie den Einfluß der Regierungsform auf die jährliche prozentuale Veränderung des Verhältnisses Verschuldung zu Sozialprodukt für 13 OECD-Länder und den Zeitraum von 1972 bis 1985. Der Index (mit dem Wert '0' für mit absoluter Mehrheit regierende Parteien, den Werten '1' und '2' für Koalitionsregierungen und dem Wert '3' für Minderheitsregierungen) ist signifikant und hat das erwartete positive Vorzeichen. Jedoch ist das Bestimmtheitsmaß der Regression nur bescheiden (0,64) und dürfte, obwohl nicht explizit angegeben, auch hier wieder im wesentlichen von den übrigen Regressoren erbracht werden.

De Haan/ Zellhorst (1993) schätzen den gleichen Ansatz wie Roubini/ Sachs für die BR Deutschland (Bund) für den Zeitraum von 1955 bis 1988. Hier ist keine der Variablen, welche die Zusammensetzungen der die Bundesregierungen tragenden Koalitionen darstellen sollen, signifikant. Eine Dummy-Variable mit dem Wert '1' für die Jahre, die zwei Jahre vor einer Bundestagswahl liegen, ist schwach signifikant. Dies als Evidenz für politische Konjunkturzyklen zu präsentieren ist gewagt. Warum Wähler, die in der Theorie der politischen Konjunkturzyklen ja als recht vergeßlich angenommen werden, sich zum Zeitpunkt einer Wahl ausgerechnet an zwei Jahre zurückliegende Wohltaten der Regierung dankbar erinnern sollten, ist mehr als fraglich. Abgesehen davon sind die statistischen Testwerte (ein Wert der t-Teststatistik von 1,9 bei 27 Freiheitsgraden, eine Verbesserung des korrigierten Bestimmtheitsmaßes um einen Prozentpunkt)[94] so bescheiden, daß kein Indiz für die Gültigkeit einer politökono-

94 Ein typischer Fall von „datamining“: Es wurden drei Dummy-Variablen ausprobiert, die vollständig unkorreliert sind. Je größer die Menge der zur Auswahl stehenden Regressoren, desto größer die Wahrscheinlichkeit bei gegebenem Signifikanzniveau, daß ein Regressor aus purem Zufall einen signifikanten t-Wert erreicht (vgl. Charemza/Deadman 1992, S. 20-25). Das „wahre“ Signifikanzniveau kann mit der Daumenregel von Lovell (1981) abgeschätzt werden. Sei a das nominale Signifikanzniveau, dann ist das wahre Signifikanzniveau a^*, wenn k Regressoren aus c „Kandidaten“ ausgewählt werden:

mischen Theorie gefunden werden kann. De Haan/ Sturm (1994)[95] testen einen ähnlichen Ansatz für Länder der EU und den Zeitraum 1981 bis 1989. Wiederum können künstlich konstruierte politisch-institutionelle Variable das von den ökonomischen Größen (reales Wachstum, Arbeitslosenrate, Zinssatz als Proxi für die Kosten des Schuldendienstes) erreichte Bestimmtheitsmaß von 0,52 auf maximal 0,55 erhöhen.

Etwas ausführlicher sei nun noch auf ein besonders markantes Beispiel für fehlgeleitete empirische politökonomische Forschung eingegangen. Auch wenn es sich nicht um das Gebiet der Staatsverschuldung und des Staatsausgabenwachstums handelt, ist ein Zusammenhang mit dem Problemkreis Fiskaldisziplin gegeben. Vaubel (1996) will in einer ökonometrischen Analyse die beobachtbare Tendenz zur politischen Zentralisierung in föderal verfaßten Staatswesen einerseits als auch die Unterschiede im Grad der Zentralisierung zwischen den Staaten andererseits mit dem Instrument der Neuen Politischen Ökonomie erklären.

Der Grad der politischen Zentralisierung wird von ihm operationalisiert mit dem Verhältnis der Ausgaben der Zentralregierung, inklusive der Sozialversicherungen und der Zuweisungen an nachgeordnete Körperschaften, an den gesamten öffentlichen Ausgaben. Die Wahl der endogenen Variablen ist bereits problematisch.[96] Sie wird für rund fünfzig Staaten (Industrie- und Entwicklungsländer, föderale und zentralistische verfaßte Staaten) und den Durchschnitt der Jahre 1989-1990 berechnet. Zunächst werden Regressionen mit den erklärenden Variablen Einkommen pro Kopf, Fläche und Bevölkerungszahl (mit Werten aus dem Jahr 1976!) berechnet. Da keine Hypothesen geschätzt wurden, die aus einem theoretischen Modell abgeleitet sind, müssen die sich ergebenden Vorzeichen der Koeffizienten *ad hoc* interpretiert werden.

$a^* = 1-(1-a)^{c/k}$. Im vorliegenden Fall (1 aus 3) erhöht sich eine Irrtumswahrscheinlichkeit von 10% auf ca. 27%.

95 Vgl. auch De Haan/Sterks/Kam (1992, S. 43).

96 Bei den Zuweisungen an Teilstaaten, Bundesländer, Regionen, Kantone, Kommunen etc. kann es sich um ungebundene Transfers handeln oder um Zahlungen, welche diese Körperschaften für die Erfüllung von Aufgaben im Auftrag der Zentralregierung erhalten. Die Größenverhältnisse der öffentlichen Haushalte können nur einen oberflächlichen Eindruck von „Zentralisierung“ liefern, einem multidimensionalen Begriff, der sich auch mit einem Katalog der Verteilung der Befugnisse im Gesamtstaat hinsichtlich Gesetzgebung, Steuereinnahmen, Ausgaben, Verwaltung etc. nur unvollständig erfassen läßt. Die Sozialversicherungen werden üblicherweise gesondert neben den Gebietskörperschaften betrachtet. Ihre Zuordnung zu einer Staatsebene ist schwierig. Beispielsweise ist die gesetzliche Krankenversicherung in Deutschland dezentral organisiert.

Die negative Korrelation zwischen Volkseinkommen pro Kopf und Zentralisierung ist nach Vaubel (1996, S. 6) damit zu erklären, daß das Einkommenswachstum die lokalen Präferenzen stärke und eine bessere Bildung den politischen Widerstand gegen Zentralisierung fördere. Abgesehen von der Fragwürdigkeit der Interpretation läßt sich diese Schlußfolgerung aus der Statistik gar nicht ziehen. In Beziehung gesetzt werden, beispielsweise, Einkommensniveau und Grad der Zentralisierung in Deutschland zu Einkommensniveau und Grad der Zentralisierung in der Mongolei. Damit lassen sich aber keinerlei Erkenntnisse gewinnen über die Tendenz zu mehr oder weniger staatlicher Zentralisierung bei steigendem Einkommen der Bevölkerung in Deutschland, der Mongolei oder irgendeinem anderen Land. Das wäre nur mit Zeitreihenuntersuchungen möglich.[97]

Anschließend erweitert Vaubel die Schätzungen um verschiedene „konstitutionelle Variablen". Hier glaubt der Autor mit den Charakteristika der nationalen Verfassungsgerichte den Schlüssel für die behauptete Tendenz zur Zentralisierung gefunden zu haben. Dazu dient einerseits ein selbstkonstruierter, eindimensionaler Index, der messen soll, in welchem Ausmaß die Zentralregierung bzw. die Teilstaaten die Verfassungsrichter ernennen können und welche Unabhängigkeit die Verfassungsrichter besitzen, und andererseits das Alter der Verfassungsgerichte.[98] Um die ermittelte negative Korrelation mit dem Ausgabenanteil der Zentralregierung zu begründen, behauptet Vaubel (1996, S. 14),

> *„..centralization raises the power and the prestige of the constitutional judges. Moreover, there is a process of self-selection because centralists are most likely to be attracted to union courts."*

Allen Ernstes wird unterstellt, die unterschiedlichsten Staaten, von Argentinien bis Simbabwe, würden in gleicher Weise mit dem zunehmenden Alter ihres Verfassungsgerichts im gleichen Ausmaß den Teil der Staatsausgaben, der auf die zentrale Ebene entfällt, erhöhen. Die Bedeutung der Vielgestaltigkeit der Verfassungen, Rechtsordnungen, historischen Wurzeln und politischen Traditionen etc. der Nationen in dem untersuchten Länder-Sample wird somit vollständig ignoriert.

---

97 Siehe hierzu auch die Kritik von Bird (1971) an Querschnittsanalysen zur Überprüfung des Wagnerschen Gesetzes: Entsprechende Tests seien vollständig irrelevant, da das Wagnersche Gesetz in keiner seiner verschiedenen Formulierungen behaupte, daß Land *A* eine höhere Staatsausgabenquote als Land *B* haben müsse, nur weil zu einem bestimmten Zeitpunkt das Einkommen pro Kopf in Land *A* höher ist als in Land *B*.

98 Das Alter des Verfassungsgericht geht transformiert in die Schätzgleichung ein, und zwar als fünfte Wurzel der Inversen dieses Alters! Begründet wird das damit, so würde der *„best fit"* produziert.

Traditionelle ökonometrische Methoden[99] können dazu dienen, Theorien auf ihre Falsifikation im Sinne Poppers zu überprüfen. Dazu muß das Modell der Theorie in ein schätzbares statistisches Modell übertragen werden. Da bei der Operationalisierung ein erheblicher Spielraum besteht, kommt der korrekten Spezifikation des Modells und den stochastischen Eigenschaften der verwendeten Daten besondere Bedeutung zu.

Hat die geschätzte Gleichung die ökonomischen *a priori*-Restriktionen bezüglich der Vorzeichen der Koeffizienten und die statistischen Tests bestanden, kann die überprüfte Theorie als vorläufig nicht widerlegt gelten. Methodisch unzulässig ist es dagegen, eine Vielzahl von Regressoren „durchzuprobieren" und dann für signifikante Koeffizienten ex post eine Rationalisierung zu suchen. Das oben bereits angesprochene „datamining", also das Rechnen einer Vielzahl von Regressionen, um dann diejenigen mit den besten „Test"-Werten zu veröffentlichen, ist zwar durch die Fortschritte im Bereich der Datenverarbeitung zu geringen Kosten durchführbar, aus methodischer Sicht aber äußerst problematisch, vor allem weil ursprünglich als Tests vorgesehene Prüfgrößen als Designkriterien verwendet werden.[100]

Die von Vaubel (1996) veröffentlichten Ergebnisse zur politökonomischen Analyse politischer Zentralisierung sind wissenschaftlich wertlos. Die aus den Schätzungen gewonnen Ergebnisse entbehren nicht nur einer intuitiven Plausibilität. Sie wurden, was hier nur angedeutet werden konnte, unter Mißachtung der Grundregeln ökonometrischer Methodologie gewonnen und sind nicht theoretisch fundiert.

Ein bislang in der politökonomischen Forschung nicht ausreichend gewürdigtes Dilemma wird deutlich: Die politischen und institutionellen Determinanten der Wirtschaftspolitik sind ein wesentlich weniger erforschtes Gebiet als die Ökonomie *strictu sensu* (Obstfeld 1991). Besondere Vorsicht ist deshalb bei der Anwendung von „harter", d.h. streng formalisierter Theorie und von ökonometrischen Verfahren angebracht, weil dabei oft wichtige Faktoren vernachlässigt werden, die sich z.B. beim Studium historischer Fakten erschließen würden. Da der einzelne Forscher damit überfordert ist, wäre gerade hier interdisziplinäres Arbeiten ein Gebot der wissenschaftlichen Vernunft. Zumindest sollte man der

99 Anders verhält es sich mit der puren Zeitreihenanalyse. Diese untersucht in univariaten oder multivariaten Modellen den datengenerierenden Prozeß. Sie ist zunächst akausal und wird vornehmlich bei der Prognose ökonomischer Größen eingesetzt.

100 Vgl. Stahlhacke/ Herbert (1995, S. 20). Es ist geradezu absurd, Regressionen bezüglich ihres Bestimmtheitsmaßes bis auf die dritte Stelle hinter dem Komma zu vergleichen, wenn diese auf der Basis höchst zweifelhaften Datenmaterials durchgeführt wurden.

Popularisierung angeblich empirisch fundierter Thesen, die dann der Politikberatung angedient werden, entgegen wirken.[101]

3.5.2. Stilisierte Fakten zur Fiskaldisziplin deutscher Länderregierungen

Empirische politökonomische Studien sind meist kombinierte Längsschnitt-Querschnittanalysen. Oft liegt ein Ländersample zugrunde, das in sich sehr heterogen ist. Unter dem Begriff „westliche Demokratien" verbergen sich höchst differenzierte politische, soziale und juristische Systeme. Parteiprogramme, Wahlrecht, relative Stellung von Exekutive und Judikative, Budgetprozesse etc. sind manchmal nur schwer vergleichbar und in ihrer Wirkung auf die Entwicklung von Staatshaushalten äußerst komplex.

Um länderspezifische Sondereinflüsse in Regressionsrechnungen „abzufangen", können sogenannte Dummy-Variable eingesetzt werden. Diese haben jedoch keinerlei Erklärungsgehalt. Entfällt auf sie ein bedeutender Anteil der von der Regression erklärten Varianz, ist die Signifikanz politökonomischer Variable ein sehr schwaches Indiz für den Erklärungsgehalt der getesteten Theorie. Vergleichsweise homogene Gruppen stellen dagegen die Gliedstaaten etablierter föderaler Systeme dar. Während die Bundesstaaten der USA und auch Kanadas[102] für eine Vielzahl unterschiedlichster Fragestellungen Untersuchungsobjekte waren, sind die deutschen Bundesländer bislang fast überhaupt nicht von der empirischen politökonomischen Forschung beachtet worden.

Die deutschen Bundesländer sind aufgrund ihrer vergleichsweise homogenen Struktur besser als andere Ländergruppen für eine Überprüfung von Hypothesen geeignet, die aus politökonomischen Theorien abgeleitet wurden. Rechtssystem und parlamentarisches System sind gleich.[103] Durch das Haushaltsgrundsätzegesetz, dessen Legitimation sich aus Art. 109 Abs. 3 Grundgesetz ergibt, ist der Budgetprozeß in der Bundesrepublik Deutschland auf der Ebene des Bundes und der Länder harmonisiert. Die Einnahmen der Bundesländer werden durch die drei Stufen des Finanzausgleichs im weiteren Sinne stark nivelliert, wenn man sie in Einnahmen pro Kopf der Bevölkerung mißt. Sonderbelastungen einzelner Länder, wie die Kosten der Zentralisierung bei den Stadtstaaten, werden in den Verteilungsschlüsseln des Finanzausgleichs berücksichtigt. Zu-

101 Vgl. auch die kritische Haltung von Malinvaud (1991, S. 376).

102 Blais/ Nadeau (1992) untersuchen für zehn kanadische Provinzen und den Zeitraum 1951-1984 die Existenz von Budgetzyklen und glauben einen wenn auch kleinen Effekt von Wahljahren auf Budgetvolumen und Budgetdefizit festgestellt zu haben.

103 Geringfügige Unterschiede bestehen. So beträgt in einigen wenigen Bundesländern die Legislaturperiode fünf Jahre gegenüber den sonst üblichen vier Jahren.

sätzliche Transfers des Bundes, z.B. im Rahmen der Gemeinschaftsausgaben, mindern strukturelle Belastungen deutlich. Weitere Belastungsreduktionen ergeben sich durch die interregionalen Umverteilungseffekte der Sozialversicherungen.

Da *de facto* kaum Restriktionen bei der Kreditaufnahme bestehen, bleiben auf der Ausgabenseite genug Handlungsspielräume für die Länderregierungen, um programmatische Akzente zu setzen oder um ihre jeweilige Klientel zu bedienen, also die Dinge zu tun, die ihnen die ökonomische Theorie der Demokratie unterstellt. Überproportionale Ausgabensteigerungen lassen sich nicht über zusätzliche laufende Steuereinnahmen finanzieren, da Bemessungsgrundlagen und Tarife bundeseinheitlich geregelt sind. Ausgabenverhalten und Schuldenentwicklung müssen also im Bereich der deutschen Bundesländer hoch korreliert sein.

Im folgenden wird untersucht, ob sich aus dem Datenmaterial über Länderhaushalte, über Wahltermine und Regierungszusammensetzungen in der Bundesrepublik der letzten drei Jahrzehnte Hinweise im Sinne stilisierter Fakten zur Beantwortung dreier Fragen ergeben.[104]

1) Läßt sich in Wahljahren eine Tendenz zu höheren Haushaltsdefiziten feststellen, d.h. versucht die amtierende Regierung, durch höhere Ausgaben Wähler zu gewinnen bzw. zu halten?

2) Unterscheiden sich die Verschuldungsneigungen von Länderregierungen hinsichtlich der Parteienzusammensetzung der Regierung? Kann man linken (in Deutschland SPD-geführten) Regierungen, denen aufgrund der Zusammensetzung ihrer Wählerschaft ein stärkerer Hang zu Transferausgaben nachgesagt wird, eine „laxere" fiskalische Disziplin nachweisen als „rechten" (in Deutschland CDU-geführten) Regierungen?

3) Kann für Koalitionsregierungen eine schwächere fiskalische Disziplin gezeigt werden, weil der gegenüber Alleinregierungen höhere Konsensbedarf mit einer stärken Überwälzung der finanziellen Lasten in die Zukunft verbunden ist?

Bewußt wird eine rein statische Auswertung von Kennziffern vorgenommen. Auch wenn so keine Hypothesen getestet werden können, werden doch die oben beschrieben Probleme mit ökonometrischen Verfahren vermieden. Insbesondere betrifft dies einen Fehler, der bei den genannten Studien immer wieder gemacht

---

104 Betrachtet werden die Länder der alten Bundesrepublik ohne Berlin, dessen Sonderstatus sich auch in der Finanzierung des Landeshaushalts mit bedeutenden Transfers des Bundes niederschlug.

wird. Politökonomische Variable werden meist als Index konstruiert der je nach Merkmalsausprägung verschiedene diskrete Werte annimmt. Die Zuweisung dieser Werte ist ziemlich arbiträr und hat bestenfalls ordinalen Charakter. Als Konsequenz dürften, und darin liegt der angesprochene Fehler, die in einer Regression geschätzten Koeffizienten nicht quantitativ sondern nur qualitativ interpretiert werden, d.h. es kann nur eine Aussage über das Vorzeichen der Wirkung auf die endogene Variable, nicht aber über deren absolute Größe gemacht werden. Ein weiterer Nachteil dieser ökonometrischen Arbeiten liegt in der Annahme eines im Zeitablauf unveränderten Erklärungsmodells. Strukturkonstanz ist aber meist eine kontrafaktische Annahme.

Zuerst wird die Frage nach Verschuldungszyklen untersucht. Dazu wird geprüft, ob in Wahljahren eine expansive fiskalische Aktivität, die zu einer überproportionalen Beanspruchung des Finanzierungsinstruments Verschuldung führen müßte, beobachtet werden kann. Als Meßgrößen für eine Zunahme der Verschuldung werden benutzt:

- der Finanzierungssaldo, ausgedrückt als Prozentsatz der bereinigten Gesamtausgaben und als Prozentsatz der bereinigten Gesamteinnahmen;
- das Primärdefizit, ausgedrückt als Prozentsatz der bereinigten Gesamtausgaben und als Prozentsatz der bereinigten Gesamteinnahmen;
- die Veränderung des Schuldenstandes pro Einwohner und im Verhältnis zum Bruttoinlandsprodukt,.

Eine fiskalische Expansion im Wahljahr bzw. im Vorwahljahr wird dann als gegeben angesehen, wenn gegenüber der Vorperiode eine Zunahme dieser Größen zu beobachten ist. Für sämtliche Größen wird nur die Abweichung vom Durchschnitt aller Bundesländer betrachtet, um Steigerungen der Verschuldung, die aus symmetrischen konjunkturellen Schocks herrühren, auszuschalten.

Die nachstehende Tabelle 3 zeigt die ermittelten Werte, die angeben, in welchem Prozentsatz aller Wahljahre eine fiskalische Expansion nach obiger Definition stattfand. Obwohl sich die Werte je nach Maßgröße der Verschuldungsentwicklung mehr oder weniger unterscheiden, ist in keinem Fall eine deutliche Abweichung vom 50%-Wert festzustellen, der sich im langjährigen Mittel bei totaler Abwesenheit einer Korrelation von Wahlterminen und öffentlichen Haushalten einstellen würde. Ein Wert von 60% besagt ja, daß in sechs von zehn Wahljahren die Erhöhung der Verschuldung überproportional verlief, in vier von zehn Wahljahren aber unterproportional.

Tabelle 3: Test auf Verschuldungszyklen für Bundesländer 1960 - 1994[1])

Indikator	Fiskalische Expansion im Wahljahr? Anteil positiver Fälle in %	Fiskalische Expansion im Vorwahljahr? Anteil positiver Fälle in %
Verschuldung pro Einwohner	*51,9*	*51,3*
Verschuldung / BIP	*46,9*	*42,5*
Defizit/ Einnahmen	*62,7*	*50,8*
Defizit/Ausgaben	*58,2*	*50,2*
Primärdefizit / Einnahmen	*60,7*	*54,7*
Primärdefizit / Ausgaben	*58,9*	*56,6*

1) Je nach Verfügbarkeit der Daten schwankt der Untersuchungszeitraum für die einzelnen Indikatoren. Der Mindeststützzeitraum beträgt 25 Jahre.

Diese erste statistische Auswertung des Ausgaben- bzw. Verschuldungsverhaltens bundesdeutscher Länderregierungen liefert also keine überzeugenden Indizien für wahltaktische Budgetzyklen. Zum Vergleich: Alesina (1989) überprüft, ebenfalls rein statistisch und nicht ökonometrisch, für 12 OECD-Länder den Zusammenhang zwischen Wahljahren und fiskalischer Disziplin. In 64% aller Fälle stellt er die unterstellte Zunahme des Defizits im Wahljahr fest. Eine darauf folgende Abnahme des Haushaltsdefizits im Jahr nach der Wahl trat in 50% der untersuchten Fälle auf.

Zur Überprüfung der zweiten Frage wird ein Indikator „fiskalischer Performance" wie folgt konstruiert: Für jedes Jahr wird eine Rangliste (von 1 bis 10) bezüglich des Haushaltsdefizits in Relation zu den Gesamtausgaben erstellt (von dem Wert ′1′ für das Bundesland mit dem geringsten (relativen) Defizit bzw. dem höchsten Überschuß bis zum Wert ′10′ für das Bundesland mit dem höchsten Defizit bzw. dem geringsten Überschuß). Die Rangziffern für die jeweils betrachtete Ländergruppe (CDU-Regierungen, Koalitionsregierungen usw.) werden addiert. Dieser tatsächliche Wert wird nun mit einem hypothetischen Wert verglichen, der sich ergeben hätte, wenn diese Ländergruppe die „bestmöglichen" Rangziffern erhalten hätte, und das Ergebnis auf dem Intervall [-1,1] normiert. Ein Wert von ′1′ bedeutet eine im Ländervergleich nicht mehr zu verbessernde Haushaltsdisziplin; ein Wert von ′0′ zeigt eine völlig durchschnittliche Haushaltspolitik an, und ein Wert von ′-1′ impliziert eine im Kreis der deutschen Bundesländer nicht mehr zu unterbietende Disziplinlosigkeit in Bezug auf die Finanzierung des Landeshaushalts.

Die in der nachstehenden Tabelle 4 abgedruckten Disziplin-Indikatoren drücken die durchschnittliche fiskalische Performance für den gesamten Untersuchungszeitraum aus. Man sieht, daß CDU-geführte Regierungen, sei es mit absoluter Mehrheit regierend, sei es in Koalition mit der FDP, eine etwas über dem Durchschnitt liegende Haushaltsdisziplin vorweisen können (0,23), während SPD-geführte Regierungen (alleine regierend oder in Koalition mit FDP und/oder Grünen) etwas unter dem Durchschnitt liegen (-0,26). Aufschlußreich sind nun die Werte für Alleinregierungen. Dort wo die CDU alleine die Regierung stellt, wird die fiskalische Disziplin deutlich besser (0,42). Bundesländer, die alleine von der SPD regiert werden, weisen für die entsprechenden Jahre eine klar unterdurchschnittliche fiskalische Disziplin auf (-0,51).[105]

Diese Werte deuten auf eine im Parteienspektrum von links nach rechts abnehmende Neigung hin, Staatsausgaben über Kredite zu finanzieren. Unklar bleibt zunächst, wie sich die „mittlere Position" der FDP, die sich aus den Indikatorwerten für SPD und FDP schließen läßt, erklärt werden könnte. Da die FDP stets nur Koalitionspartner sein kann, läßt sich ihre Präferenz für Fiskaldisziplin nicht direkt beobachten. Es wäre denkbar, daß in dieser Partei Wünsche nach Bedienung eigener Wählerklientel mit einer gewissen Präferenz für eine solide Haushaltsfinanzierung zusammentreffen (Hintergrund: hohe Staatsverschuldung gefährdet die Stabilität der Währung und hat negative Wirkungen auf die Kapitalmärkte, belastet also vor allem Vermögensbesitzer).

Die dritte der oben gestellten Fragen kann aus der Tabelle eindeutig mit „nein" beantwortet werden. Die Hypothese, daß koalitionsinterne Budgetkonflikte in ein gegenseitiges Zugestehen von Ausgabenforderungen münden, wird nicht bestätigt. Koalitionsregierungen unterscheiden sich hinsichtlich ihrer fiskalischen Disziplin praktisch nicht von Alleinregierungen (Indikatorwerte von 0,04 bzw. -0,04).

Weitere stilisierte Fakten könnten mit Indikatoren, wie dem Bestand bzw. der Zahl der Neueinstellungen öffentlichen Personals gewonnen werden. Mit den Ergebnissen sind noch keine theoretischen Aussagen verbunden, und sie geben keine Auskunft über die Bedeutung des ermittelten Parteieneffekts in absoluten Werten. Sie geben aber Hinweise auf die Richtung zukünftiger politökonomischer Forschung.

---

105 In den neuen Bundesländern scheint sich eine ähnliche Tendenz abzuzeichnen. Ende 1995 lag die Verschuldung pro Kopf der Bevölkerung im SPD-geführten Bundesland Brandenburg doppelt so hoch wie im CDU-regierten Sachsen. Alle neuen Bundesländer „starteten" 1990 ohne jede Verschuldung. Vgl. Bundesministerium der Finanzen (1996, S. 141).

Tabelle 4: Fiskalische Performance deutscher Bundesländer 1966 - 1994

	Jahre	Disziplin-Indikator[1)]
CDU[4)] - geführte Regierungen[3)]	*139*	*0,23*
SPD - geführte Regierungen[3)]	*138*	*-0,26*
CDU[2)] - Alleinregierungen[3)]	*96*	*0,42*
SPD - Alleinregierungen[4)]	*82*	*-0,51*
Koalitionsregierungen insgesamt	*178*	*0,04*
Alleinregierungen[4)] insgesamt	*112*	*-0,04*

1) Maximale fiskalische Disziplin bei '+1'; minimale fiskalische Disziplin bei '−1'.
2) In Bayern CSU.
3) "Große" Koalitionen nicht berücksichtigt.
4) Als Alleinregierung wird auch ein Kabinett betrachtet, in dem trotz absoluter Sitzmehrheit der Regierungspartei Minister anderer Parteien vertreten sind.

3.6. Zusammenfassung und Bewertung

Finanzpolitische Entwicklungen sind Resultate äußerst komplexer Interaktionen zwischen Agenten, die Mitglieder von Exekutive, Legislative, Judikative und/oder Wahlbürger, Steuerzahler, Unternehmer etc. sein können. Die kritische Literaturschau der Neuen Politischen Ökonomie in diesem Kapitel hat ein sehr heterogenes Spektrum von Einflußfaktoren für mangelnde Fiskaldisziplin ergeben. Es mag hilfreich sein, eine Würdigung der Ergebnisse anhand und innerhalb der Begriffe „Interessen", „Institutionen" und „Ideologien" vorzunehmen.[106]

Der Begriff der Interessen zielt auf den *homo oeconomicus* ab, den Kern der auf die politische Sphäre übertragenen wirtschaftswissenschaftlichen Methode. Soziale Interaktionen auch außerhalb des Tauschs auf Güter- und Faktormärkten lassen sich mit diesem Konstrukt analysieren. Gleichgerichtete individuelle Interessen schließen sich im politischen Prozeß der Demokratie entlang identischer Merkmale wie Alter, Beruf, Vermögen zu – oft überlappenden – Interessengruppen zusammen, die als Verbände, Parteien, Gewerkschaften usw. auftreten.

Als Institution gilt nach Richter (1994) „..ein auf ein bestimmtes Zielbündel abgestelltes System von Normen einschließlich deren Garantieinstrumente, mit

106 In freier Anlehnung an Bhagwati (1990).

dem Zweck, das individuelle Verhalten in eine bestimmte Richtung zu steuern." Institutionen definieren den „politischen Markt" und strukturieren die Auseinandersetzungen der Interessengruppen in der Demokratie. Sie definieren, welche Güter wie gehandelt werden können, d.h. über welche Themen und unter welchen Regeln Abstimmungen stattfinden. Sie bestimmen auch, ob es Marktzugangsbeschränkungen gibt (in den Ausprägungen des aktiven und passiven Wahlrechts sowie des Parteienrechts).

Ideologien, die man auch als „informelle Institutionen" oder Metapräferenzen bezeichnen könnte, beschreiben jene Wert- und Zielvorstellungen, über die für einen überwiegenden Teil der Bevölkerung eine spontane Konformität hergestellt werden kann. Für den Bereich Public Choice ist es vor allem Buchanan ist es zu verdanken, auf die Verankerung individueller Präferenzen in historischen, kulturellen, religiösen Kontexten hingewiesen zu haben. Ohne Ideologien könnten formelle Institutionen zu vertretbaren Transaktionskosten meist gar nicht funktionieren; die Androhung von Strafen allein kann das regelgetreue Verhalten des Großteils der Bevölkerung nicht erklären. Für den Untersuchungsgegenstand ist zu beobachten, daß das Wahlverhalten nicht ausschließlich von eigenen materiellen Vorteilen bestimmt wird. Nach den Studien von Franz (1985, S. 479) für Deutschland und von Kinder/ Kiewiet (1979, 1981) für die USA läßt sich oft eine „Wahrnehmungsspaltung" zwischen persönlichen und medienvermittelten Krisenerfahrungen feststellen, und Blinder/ Holtz-Eakin (1984) zeigen, daß bei Meinungsumfragen zu wirtschaftspolitischen Fragen individuelle soziale Merkmale nur eine geringe Rolle spielen. Die in der demokratischen Staatsform angelegten Potentiale der Umverteilung von („reichen") Minderheiten zu („armen") Mehrheiten werden nicht voll ausgeschöpft. Dabei gibt es signifikante nationale Unterschiede: In den USA, deren Einkommensverteilung verhältnismäßig ungleich ist, hat es nie eine starke sozialistische Bewegung gegeben. Hochschild (1979) zeigt, daß es dort in den ärmeren Bevölkerungskreisen keine Mehrheiten mit dem Wunsch nach drastischer Umverteilung gibt, ja daß in der Mittelklasse das Bewußtsein über ungleiche Verteilung und der Wunsch nach partieller Korrektur sogar stärker ausgeprägt ist.

Interessen, Institutionen und Ideologien wirken über verschiedene Rückkoppelungsmechanismen aufeinander ein. Organisierte Interessen versuchen, Institutionen so zu formen, daß sie ihren Zwecke dienlich sind, bzw. versuchen deren Reform zu verhindern, wenn sie sich davon Nachteile erwarten. Institutionelle Reformen für mehr Fiskaldisziplin benötigen einen „ideologischen Unterbau", der ihre wirksame Implementierung ermöglicht. Andererseits unterliegen Ideologien einem Wandlungsprozeß. So sind in vielen Bereichen Hysteresis-Effekte zu vermuten, weil sich die im Lauf der Jahrzehnte veränderte Rolle des Staates im kollektiven Gedächtnis der Gesellschaft festsetzen konnte. Transfers werden als Besitzstände mit schützenswertem Eigentumscharakter betrachtet. Jüngere Generationen kennen aus eigener Anschauung nur einen öffentlichen Sektor, der ungefähr die Hälfte des Sozialprodukts für sich beansprucht, und der eine allfällige Verantwortung für die Wechselfälle des individuellen Lebens tragen muß.

Sind die im 2. Kapitel beschriebenen Phänomene mangelnder Fiskaldisziplin unvermeidbare Begleiterscheinungen demokratischer Systeme. Sind sie als „Kosten der Demokratie" (Keech 1995) zu tragen, wenn eine Präferenz für eine solche Staatsform besteht? Für den Ansatz des „Leviathan"-Staates und für die Bürokratietheorie ist diese Frage zu verneinen. Der Beamte, der für relativ wenig Leistung relativ viele Privilegien erhält, der Politiker, der seine Wahlversprechen nicht einhält und sich der Verantwortung für von ihm mitgetragene Entscheidungen entziehen will – das sind Erscheinungen wie sie in der einen oder anderen Form in allen Principal-Agent-Beziehungen auftreten und nie völlig zu vermeiden sind. Sie sind kein immanenter Defekt repräsentativer Demokratien. Ein Blick über Ländergrenzen hinweg zeigt die Vielfalt der Versuche, institutionelle Lösungen hinsichtlich eines verbesserten „Public Management", verringerter Informationsasymmetrien und stärkerer „accountability" der vom Prinzipal Wähler beauftragten Agenten zu finden.

Wesentlich schwieriger ist die Frage für alle Spielarten gesellschaftlicher Umverteilung zu beantworten, die nach den stilisierten Fakten den wesentlichen Beitrag zum Größenwachstum des öffentlichen Sektors geleistet haben. Sie sind unmittelbar mit den Institutionen demokratischer Willensbildung verknüpft und entziehen sich im Prinzip einer Bewertung, solange keine überzeugende Ableitung einer gesellschaftlichen Wohlfahrtsfunktion existiert. Wie gezeigt wurde, lassen sich Staatsverschuldung und mangelnde Fiskaldisziplin aus intragenerationellen wie aus ein intergenerationelles Verteilungskonflikten erklären.

Erfahrungen mit erfolgreichen ökonomischen und fiskalischen Reformprogrammen zeigen - hier ist vor allem Neuseeland zu nennen -, daß erst eine sehr tiefe Krise von Ökonomie und Gesellschaft zu einem breiten Konsens für Veränderungen führt.

Demokratisch vermittelte Verteilungskonflikte sollten nach gewissen Standards von „Fairness" ablaufen. Das betrifft insbesondere die Umverteilung von lebenden zu künftigen Generationen, die bei heutigen Entscheidungen ja nicht vertreten sein können. Hier könnte zum Teil eine Absenkung des Alters des Medianwählers durch eine obere Altersgrenze für das Wahlrecht einen Beitrag zur Verringerung in der „Machtungleichheit" der Generationen leisten, vor allem aber die zwingende institutionelle Beschränkung der Möglichkeiten, finanzielle Ressourcen der Zukunft auszubeuten.

4. Marktdisziplinierung als Substitut für Politikkoordinierung?

Die Erfahrung zeigt jedoch, daß von der Marktmeinung nicht immer kräftige und zwingende Signale ausgehen und daß der Zugang zu einem großen Kapitalmarkt eine Zeitlang sogar die Finanzierung wirtschaftlicher Ungleichgewichte erleichtern kann. Statt zu einer schrittweisen Anpassung der Finanzierungskosten zu führen, neigt die Markteinschätzung der Kreditwürdigkeit von offiziellen Kreditnehmern eher dazu, sich abrupt zu ändern, mit dem Ergebnis, daß der Zugang zur Finanzierung über den Markt gesperrt wird. Die von den Marktkräften ausgehenden Zwänge könnten sich entweder als zu langsam und zu schwach erweisen oder aber zu plötzlich und zu drastisch greifen.

Bericht zur Wirtschafts- und Währungsunion in der EG, vorgelegt vom Ausschuß zur Prüfung der Wirtschafts- und Währungsunion am 12. April 1989 (Delors-Bericht).

Daß man Zinsen bezahlen und Schulden tilgen muß mit Geld, das man nicht selbst herstellen kann, ist das entscheidende Moment der Disziplinierung; es schafft einen informellen Konvergenzzwang zu solidem Finanzgebaren. Hinzu kommt, daß vom Markt durch einen Malus im Zins sanktioniert wird, wer nachhaltig zu unsolide finanzierten Staatsausgaben neigt; dies wird in einer Währungsunion, zu der notwendigerweise freier Kapitalverkehr gehört, wahrscheinlicher und auch jedermann deutlicher erkennbar.

Europäische Währungsordnung - Gutachten des Wissenschaftlichen Beirats beim Bundesministerium für Wirtschaft vom 21. Januar 1989.

Diese beiden Zitate, nun schon beinahe ein Jahrzehnt alt und lange vor der Ratifizierung des Vertrags von Maastricht entstanden, stehen exemplarisch für die kontroversen Standpunkte, die hinsichtlich der Frage, ob die Gewährleistung von Fiskaldisziplin in der Europäischen Währungsunion eines formellen Disziplinierungszwanges bedarf oder ob ein solcher überflüssig, ja schädlich sei, weil damit in die Budgetautonomie eingegriffen wird.

Nach den Verfechtern eines Vertrauens in die regulierende Kraft der Kapitalmärkte, die koordinierende Budgetregeln in der Währungsunion überflüssig machten, wird eine Regierung, die übermäßige Haushaltsdefizite eingeht, mit höheren Finanzierungskosten und letztendlich mit Kreditrationierung „bestraft“

werden (Buiter 1992, S. 11). Die Märkte würden die Unterschiede in fiskalischer Disziplin zwischen den Gebietskörperschaften erkennen und entsprechend differenzierte Risikozuschläge fordern.

In diesem Kapitel wird zunächst dargestellt, welche Möglichkeiten existieren, durch Länderrating und Länderrisikobeurteilung die Bonität eines staatlichen Schuldners zu analysieren. Anschließend wird untersucht, welche spezifischen Bedingungen das Verhalten staatlicher Schuldner determinieren und welche fundamentale Unterschiede zu privaten Schuldnern, seien es Unternehmen oder private Haushalte, vorliegen. Im weiteren wird zu prüfen sein, ob der im Vertrag über die Europäische Union festgeschriebene Haftungsausschluß für Verbindlichkeiten untergeordneter Körperschaften glaubwürdig ist, d.h. ob beim Eintreten der finanziellen Notlage eines Staates oder einer Region tatsächlich die Gemeinschaft der Mitgliedstaaten nicht unterstützend eingreifen würde. Die Glaubwürdigkeit des Haftungsausschlusses ist von zentraler Bedeutung dafür, ob eine Marktdisziplinierung wirken kann, denn wenn eine Solidarhaftung zwar auf dem Papier verneint, von den Kapitalmärkten aber dennoch erwartet wird, dann sind aus Sicht der Gläubiger Bonitätsunterschiede zwischen den Mitgliedern der Gemeinschaft für eine Investitionsentscheidung irrelevant.

4.1. Marktbewertung aus Sicht der privaten Gläubiger

Ein Risiko besteht für die Anbieter von Kapital in der Möglichkeit eines Zahlungsausfalls oder Zahlungsverzugs eines öffentlichen Schuldners. Die Ausfallwahrscheinlichkeit einer einperiodigen risikobehafteten Anleihe sei mit P bezeichnet; r^* sei der Zinssatz einer risikolosen Anleihe, und S bezeichne die Risikoprämie. Dann gilt auf dem Kapitalmarkt folgende Gleichgewichtsbedingung:[1]

(4-1) $(1-P)[1+(r^*+S)] = (1+r^*)$.

Die gleichgewichtige Risikoprämie ist demnach

(4-2) $S = [P/(1-P)](1+r^*)$.

Geht im Verzugsfall nur ein Teil α des eingesetzten Kapitals verloren, erweitert sich die Gleichung zu

(4-3) $S = [(1-\alpha)P/(1-(1-\alpha)P)](1+r^*)$

1 Vgl. z.B. Edwards (1986, S. 570-571). Risikoneutralität der Anleger wird unterstellt.

Die analytische Bestimmung des Ausfallrisikos P ist eine äußerst schwierige Angelegenheit, schon allein deshalb weil die Wahrscheinlichkeit des Eintreffens eines Schadensfalls wegen der geringen Grundgesamtheit von Ländern, die auf den internationalen Kapitalmärkten als Nachfrager auftreten, und der noch weitaus geringeren Zahl der in Zahlungsprobleme geratenen Länder nicht zuverlässig geschätzt werden kann.[2]

Die Erfassung und Bewertung des Länderrisikos stellt ein wichtiges Instrument für die Kapitalmärkte dar, um eine Risikoabgeltung in Form eines Zinsaufschlags („Spread") zu ermöglichen (Stockner 1984). Unter dem Länderrisiko versteht man, daß unabhängig von der individuellen Schuldnerqualität, der Staat, in dem der Kreditnehmer ansässig ist, nicht in der Lage oder willens ist, seinen externen Verpflichtungen frist- und formgerecht nachzukommen.[3] Handelt es sich bei dem Kreditnehmer um einen souveränen Staat, dann sind individuelles Bonitätsrisiko und Länderrisiko identisch, man spricht auch vom „hoheitlichen Risiko" (sovereign risk).[4]

Im allgemeinen wird beim Länderrisiko eine ökonomische und eine politische Komponente unterschieden. Das ökonomische Risiko besteht in der Gefahr der Zahlungsunfähigkeit, nicht der Zahlungsunwilligkeit. Ein kurzfristiger Indikator für das ökonomische Risiko ist die Differenz zwischen Devisenbestand und Devisenbedarf eines Landes für die Erfüllung der gegen ihn bestehenden Forderungen. Dauerhaft wird jedoch die gesamte wirtschaftliche Leistungsfähigkeit des Landes und damit das Potential zur Erwirtschaftung von Devisen betrachtet (Büschgen 1985, S. 37).

Das politische Länderrisiko, unter das eine Reihe sozialer, rechtlicher, kultureller und administrativer Aspekte subsumiert werden (Köglmayr 1986, S. 214), bezeichnet allgemein die Gefahr, unvorhergesehene Verluste aus Auslandsaktivitäten aufgrund von politischen Ereignissen zu erleiden. Die Grenzen zwischen willkürlicher Zahlungseinstellung und Zahlungsunfähigkeit einer Regierung bzw. staatlichen Organisation durch gesellschaftliche Umwälzungen verschiedenster Art sind dabei fließend.

---

2 Bekannt ist das Phänomen, z.B. für das Verhalten von Versicherungsnehmern beim Kauf von Versicherungen für selten eintreffende Katastrophen wie Erdbeben und Sturmfluten, daß die Wahrscheinlichkeit von Ereignissen mit sehr kleiner Häufigkeit systematisch unterschätzt wird. Sind solche Ereignisse gleichzeitig mit hohen Schäden verbunden, kommt es zu einer ineffizient niedrigen Risikovorsorge. Guttentag/ Herring (1983) sprechen in diesem Zusammenhang von der „Desasterkurzsichtigkeit".

3 Vgl. Schieler (1991, S. 9-10) und Cloes (1988, S. 23-25).

4 Vgl. Wagener (1995, S. 218).

Zur Beschreibung des ökonomischen Risikos dienen eine Reihe von Indikatoren, die u. a Sozialprodukts- und Preisentwicklungsdaten, Kennzahlen der außenwirtschaftlichen Situation sowie Verschuldungsgrößen beinhalten. Dagegen ist eine Erfassung politischer Risiken anhand von quantitativen Indikatoren in der Regel ausgeschlossen und unterliegt weitgehend der subjektiven Einschätzung des Betrachters (Krause 1992, S. 49). Auch dort, wo eine Operationalisierung des Risikos durch „harte“ Fakten möglich scheint, bleibt die Subjektivität bei der Auswahl der Indikatoren und ihrer Interpretation und Gewichtung im Gesamtzusammenhang der Länderrisikoanalyse. Dazu kommt die teilweise mangelhafte Aussagekraft amtlicher Statistiken. Beispielsweise liegen anders als bei privatwirtschaftlich geführten Unternehmen für öffentliche Schuldner keine Bilanzen vor, aus denen sich in der Zusammenschau von Aktiva und Passiva ein Urteil über die Bonität ablesen ließe. Das entscheidende Prognoseproblem ist hier besonders schwer zu lösen, da es oft plötzlich und unerwartet eintretende Entwicklungen sind (z.B. ein Regierungswechsel), die eine völlige Neubewertung der Bonität eines staatlichen Schuldners erforderlich machen.

Folglich besteht die Analyse des Länderrisiko aus einer Mischung quantitativer und qualitativer Verfahren. Am bekanntesten sind die standardisierten Verfahren der internationalen Rating-Agenturen. Diese werden von privaten und öffentlichen Emittenten von Schuldpapieren gegen Entgelt beauftragt, deren Bonität zu beurteilen und zu veröffentlichen. Das Rating wird definiert als „..*an opinion on the future ability and legal obligation of an issuer to make timely payments of principal and interest on a specific fixed income security.*“[5] Das Rating stellt somit den Versuch dar, die relative Wahrscheinlichkeit für die fristgerechte Erfüllung der aus einer Forderung resultierenden Ansprüche und Rechte zu messen (Baum 1987, S. 18-19). Die veröffentlichten Ratingurteile beziehen sich auf an Wertpapierbörsen handelbare Schuldverschreibungen. Sie können daher keine Auskunft über die Bonität von öffentlichen Schuldnern geben, die sich überwiegend oder sogar ausschließlich über direkte Bankkredite finanzieren, wie das beispielsweise bei den deutschen Bundesländern und Gemeinden der Fall ist. Die Banken verfügen jeweils über eigene Verfahren der Risikobeurteilung. Die Intransparenz und die Ungewißheit über die Qualität dieser Verfahren sind insofern problematisch, als einerseits viele darlehensgewährende Institute personell[6] oder über Kapitalbeteiligungen mit den öffentlichen Schuldnern verflochten sind und Interessenkollisionen bestehen können und als sich andererseits diese Institute am Kapitalmarkt refinanzieren und die

5 Moody's Investor Service (1995a, S. 4); Standard&Poor's Corp. (1996b, S. 339).

6 Zu denken ist in diesem Zusammenhang an Aufsichtsratspositionen kommunaler Verantwortungsträger in Sparkassen.

Risikostruktur der Kreditportfolios eine wichtige Information für die Aktionäre und Käufer von Bankschuldverschreibungen darstellt.

Tabelle 5: Ratings für Fremdwährungsanleihen ausgewählter Staaten

	Standard & Poor's	Moody's		Standard & Poor's	Moody's
EU-Mitglieder			**Andere Staaten**		
Belgien	AA+	Aa 1	Argentinien	BB–	B 1
Dänemark	AA+	Aa 1	Australien	AA	Aa 2
Deutschland	AAA	Aaa	Brasilien	B+	B 1
Finnland	AA–	Aa 2	China	BBB	A 3
Frankreich	AAA	Aaa	Japan	AAA	Aaa
Griechenland	BBB–	Baa 3	Kanada	AA+	Aa 2
Großbritannien	AAA	Aaa	Mexiko	BB	Ba 2
Irland	AA	Aa 2	Polen	BB	Baa 3
Italien	AA	Aa 3	Ungarn	BB+	Ba 1
Luxemburg	AAA	Aaa	USA	AAA	Aaa
Niederlande	AAA	Aaa			
Österreich	AAA	Aaa			
Portugal	AA–	A 1			
Schweden	AA+	Aa 3			
Spanien	AA	Aa 2			

Quelle: Moody's Investor Service (1996), Standard & Poor's (1996a).

Die Verfahren der Zusammenstellung und Bewertung der benutzten Informationen werden von den Rating-Agenturen als Geschäftsgeheimnis betrachtet, wenngleich die grundlegende Kriterienstruktur bei der Auswahl ökonomischer und politischer Fakten bekannt ist (siehe Anhang 2). Das Ergebnis des Rating-Verfahrens, das sich in der Regel nicht auf einen Emittenten sondern eine bestimmte Emission bezieht, wird in ein ordinales Symbol gebracht und veröffentlicht. Die Skala für das Rating langfristiger Anleihen reicht bei Standard & Poor's von „AAA" (höchste Bonität) bis zu der Kategorie „D" für solche Schuldner, die ihren Zahlungsverpflichtungen nicht mehr nachkommen. Für die Firma Moody's gilt eine ähnliche Symbolik. Ratingmodifikationen (Plus- und Minussymbole bei Standard & Poor's bzw. Ziffern von 1-3 bei Moody's) bezeichnen die relative Stellung einer Emission innerhalb ihrer Ratingkategorie. Anleihen, die von den Rating-Agenturen in die Kategorien BBB– (Standard & Poor's) bzw. Baa 3 (Moody's) oder besser eingeordnet werden, gelten als „investment-grade", die schlechter bewerteten werden als „speculative-grade" bezeichnet.[7] Tabelle 5 zeigt das langfristige Rating der beiden Agenturen für Fremdwährungsanleihen ausgewählter Staaten (sogenannte „sovereign ceilings“) im Frühjahr 1996.

In den nationalen Rechtsordnungen findet das Rating unterschiedliche Berücksichtigung. In einigen Ländern sind Ratings anerkannter Agenturen für die Marktzulassung bestimmter Papiere vorgeschrieben.[8] In Deutschland hat das Rating bislang noch keine Verankerung in der Rechtsordnung gefunden. Die Liberalisierung der Kapitalmärkte führte nicht zu Schutzmaßnahmen für Gläubiger öffentlicher Schuldner.

Der Nutzen für den Auftraggeber des Rating, den Emittenten, muß gegen die damit verbundenen Kosten[9] abgewogen werden, falls nicht bereits ein rechtlicher Zwang dazu vorliegt. Offensichtlich ist die freiwillige und kostenpflichtige Beurteilung der eigenen Bonität durch eine „unabhängige Institution“ als Signaling angesichts von Informationsasymmetrien auf den Kapitalmärkten zu verstehen (Liu/ Thakor 1984). Ein fehlendes Rating würde als Zeichen mangelnder Bonität gewertet und müßte mit Zinsaufschlägen sowie schlechterem Markzugang mit eventueller Rationierung bezahlt werden. Trotz der beachtlichen Marktakzeptanz des Rating der beiden großen Agenturen (Gündling/ Everling 1994, S. 730), sind eine Reihe von Nachteilen zu verzeichnen, die seine Bedeutung als Informationsquelle über die Bonität von Schuldnern schmälern: Die ordinale Gestaltung des Rating ermöglicht zwar den Marktteilnehmern eine leichte Rezeption, sie verfügt aber als relative Einschätzung des Verzugsrisikos nur über eine eingeschränkte Beurteilung der Bonität.

Das geschäftliche Interesse der Ratingagenturen kann die Objektivität ihrer Analysen beeinträchtigen. Dabei ist weniger an Gefälligkeitsgutachten zur Kundenbindung zu denken. Vielmehr ist in diesem Verkäufermarkt ein Druck auf nicht zum Rating bereite Emittenten zu beobachten. Dieser erfolgt durch auftraglose Ratings. Da die Emittenten die Konsequenzen eines schlechten Ra-

---

7 Die Herabstufung in den spekulativen Bereich hat große Bedeutung für die Marktgängigkeit und die Liquiditätseigenschaften der Anleihen, da sie damit für zahlreiche institutionelle Investoren als Anlagemöglichkeit ausscheiden. Vgl. Nöth (1995, S. 540).

8 In Japan sind Ratings für Geldmarktpapiere vorgeschrieben, in Frankreich für Schatzanweisungen, in USA für Commercial Papers und hypothekarisch gesicherte Schuldverschreibungen. Vgl. Everling (1991).

9 Bei Moody´s beträgt die Gebühr 0,01% vom Emissionsvolumen; bei Standard & Poor´s 0,03%. Häufig vereinbaren die Agenturen auch eine jährliche Gebühr als Entgelt für die Bonitätsüberwachung sämtlicher Papiere des Emittenten. Vgl. Jahn (1995, S. 512)

tings bezüglich ihrer Fremdkapitalkonditionen fürchten, entschließen sie sich meist zur Zahlung der Ratinggebühr.[10]

Insgesamt muß das Urteil über die Qualität der Ratingurteile zwiespältig bleiben. Einerseits besteht eine deutliche Korrelation zwischen dem Ratingurteil und dem Anteil der Emittenten einer Ratingkategorie, bei deren Anleihen es zu Zahlungsstörungen kommt.[11] Andererseits sind in krisenhaften Umständen Ratingurteile keine verläßlichen „Frühwarnindikatoren".[12]

Empirisch ist der Frage nachgegangen worden, ob die Ratingagenturen nur öffentlich verfügbare Informationen auswerten können und ihre Ratings bzw. deren Änderungen keinen Einfluß auf die Kurse von Wertpapieren haben, oder ob sie als Informationsspezialisten einen Kostenvorteil bei der Beschaffung und Verarbeitung qualitativ neuer Informationen besitzen. Eine Möglichkeit, diese Frage zu beantworten, besteht darin, mit ökonometrischen Modellen die Spreads öffentlicher Anleihen mit makroökonomischen Daten zu schätzen und dann zu testen, ob die Verwendung von Ratingurteilen einen signifikanten zusätzlichen Erklärungsbeitrag leistet.

Dagegen versuchen Cantor/ Packer (1996) das Analysemodell der Ratingagenturen nachzubilden und vergleichen dann Ratingurteile und ökonomische Faktoren im Hinblick auf die Erklärung der Spreads. Für ein Sample von 49 Staaten und Ratingurteile aus dem Herbst 1995 ermitteln sie einen signifikanten Einfluß folgender Faktoren: Sozialprodukt pro Kopf, Inflationsrate, Auslandsverschuldung, Status eines Industrie- oder Entwicklungslandes und die Existenz einer Vergangenheit als säumiger Schuldner[13]. Interessanterweise spielen fiskalische Größen wie Haushaltsdefizit oder Staatsverschuldung keine Rolle. Bei der Einfachregression der gemittelten Ratingurteile von Moody's und S&P auf die Spreads[14] für Bonds von 35 Staaten, die auf dem Eurodollarmarkt gehandelt werden, erhalten Cantor/ Packer (1996, S. 12) den erwarteten und hochsignifi-

10 Vgl. Everling (1992, S. 82). Im Jahre 1996 wurde die Klage des Kreises Jefferson County in den USA gegen die Praxis des auftraglosen Rating abgewiesen. Vgl. Engelen (1996, S. B11).

11 Beispielsweise gerieten in einem Zeitraum von fünf Jahren nur 0,1% der mit einem Rating von AAA versehenen Anleihen (privater und öffentlicher Emittenten) in Zahlungsverzug während es bei 28% der mit dem Rating B versehenen Anleihen zu Zahlungsstörungen kam. Vgl. Moody's (1995a, S. 5).

12 Im Jahre 1929 wurden 48% der mit AAA beurteilten Anleihen notleidend. Dies entsprach 79% der insgesamt in Verzug geratenen Anleihen Vgl. Clark (1977, S. 86-87).

13 Um die Regressionen durchführen zu können, müssen die ordinal skalierten Ratingurteile in ein kardinales Maß transformiert werden. Die dabei zwangsläufig angewandte Willkür stellt ein nicht zu vermeidendes Problem bei derartigen Arbeiten dar.

14 Hier ist es die Differenz der Renditen zu einer vergleichbaren US-Anleihe.

kanten negativen Koeffizienten für die erklärende Variable und ein hohes Bestimmtheitsmaß. Die Hinzunahme der ökonomischen Regressoren, mit denen die Ratingurteile selbst geschätzt wurden, verändert diesen Koeffizienten nur sehr geringfügig, und die weiteren Regressoren bleiben insignifikant. Das könnte bedeuten, daß „..*not only do ratings adequately summarize the information contained in this group of indicators, ratings contain additional information that is also incorporated into market yields*“[15]

In einem weiteren Schritt werden die Auswirkungen der Ankündigungen von Ratingänderungen im Zeitraum 1987 bis 1994 untersucht. Es ergibt sich ein signifikanter Effekt auf die Spreads in der erwarteten Richtung. Die Ergebnisse gehen nicht konform mit einer vergleichbaren Studie von Kaserer (1995). Kaserer untersucht den Markt für DM-Auslandsanleihen im Zeitraum 1989 bis 1993. Er stellt für von staatlichen Schuldnern begebene Anleihen eine asymmetrische Reaktion auf Ratingänderungen fest. Während für ein verbessertes Rating keine signifikante positive Kursreaktion festzustellen ist, bewirkt eine Herabstufung des Rating eine Zinserhöhung im folgenden Monat um 15 Basispunkte, die allerdings in den weiteren Monaten teilweise wieder abgebaut wird.

Daneben existieren Untersuchungen zu kommunalen Anleihen in den USA. Rubinfeld (1973) meint für diesen Markt eine gewisse Wirkung des Rating auf Zinsspreads nachweisen zu können. Auch Ingram/ Brooks/ Copeland (1983) interpretieren ihre Schätzungen dahingehend, daß Ratingurteile als zusätzliche, nicht öffentliche zugängliche Informationen angesehen werden und Eingang in die Marktpreisbildung finden.

Verschiedentlich ist vorgeschlagen worden, die Erfahrungen der kanadischen Föderation für eine Abschätzung nutzbar zu machen, wie die Schulden europäischer Regierungen bei einer einheitlichen Währung von den Kapitalmärkten beurteilt werden.[16] Wie Abbildung 5a zeigt, kann ein gewisser Zusammenhang zwischen den Ratings für Emissionen der kanadischen Provinzen und der jeweiligen Renditedifferenz zu Emissionen des Bundes, dem öffentlichen Schuldner in Kanada mit der am höchsten bewerteten Bonität, hergestellt werden, wobei die hohe Prämie bei Quebec das Risiko eines Austritts aus der Föderation widerspiegeln könnte.[17] Trägt man Ratings und Schuldenstand der kanadischen Provinzen gegeneinander ab, ergibt sich gleichfalls eine schwache Korrelation (siehe Abbildung 5b).

---

15 Cantor/Packer (1996, S. 12).

16 Vgl. McCauley/ White (1997, S. 14) und die dort angegebenen Quellen aus Analystenkreisen internationaler Finanzinstitute.

17 Einschränkend muß aber betont werden, daß die Gegenüberstellung von ordinal und kardinal skalierten Größen in einem Diagramm nicht unproblematisch ist.

Abbildung 5a: Zinsdifferenzen auf dem kanadischen Bond-Markt

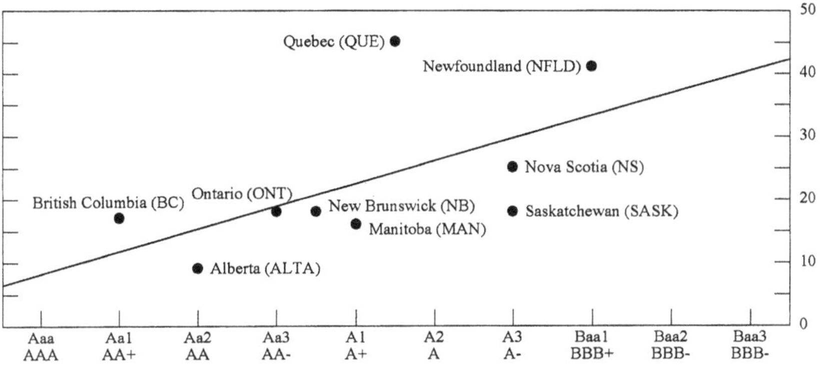

Vertikale Achse: Renditedifferenz zu kanadischen Bundesanleihen in Basispunkten.
Horizontale Achse: Rating der Agenturen Moody's und Standard &Poor's.

Quelle: McCauley/ White (1997, S. 51).

Abbildung 5b: Rating und Staatsverschuldung in Europa und Kanada

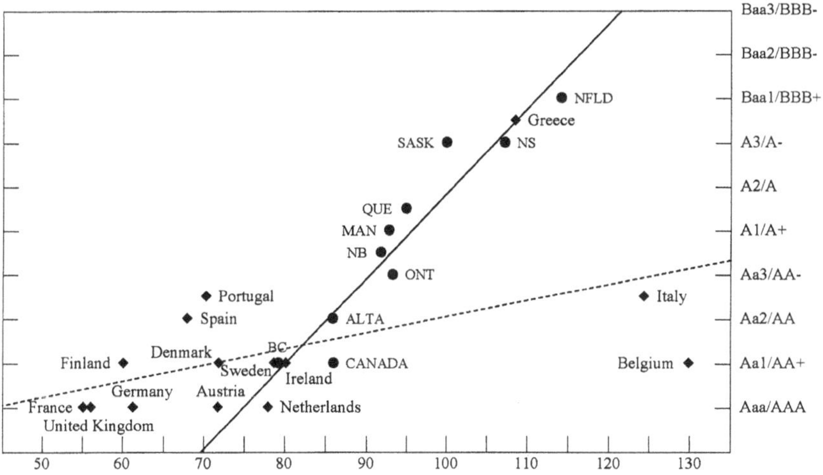

Vertikale Achse: Rating der Agenturen Moody's und Standard & Poor's.
Horizontale Achse: Verhältnis Schuldenstand/ Bruttoinlandsprodukt.

Quelle: McCauley/ White (1997, S. 52).

Für Länder der Europäischen Union läßt sich dagegen kein überzeugender Zusammenhang zwischen Rating und Niveau der Verschuldung herstellen; die gestrichelte Linie in Abbildung 5b hat daher mehr suggestiven Charakter. Anleihen von Mitgliedstaaten der EU, die auf DM lauten, differieren in ihren Renditen meist nur um wenige Basispunkte. Selbst DM-Anleihen von Griechenland, das das mit Abstand schlechteste Rating (BBB- bei Standard & Poor's) in der EU aufweist, haben eine relativ geringe Risikoprämie: Bei einer Anleihe mit einer Restlaufzeit von 6 Jahren betrug der Renditeabstand zu einer vergleichbaren Bundesanleihe im Mai 1997 rund 35 Basispunkte. Eine vergleichbare ungarische Anleihe mit dem gleichen Rating rentierte dagegen noch einmal um 40 Basispunkte höher.[18] Das sind Indikatoren dafür, daß die Kapitalmärkte das Bonitätsrisiko dieser Länder nicht isoliert bewerten, sondern im Zusammenhang der Europäischen Union sehen. Der Optimismus, der zuweilen hinsichtlich einer Marktdisziplinierung übermäßiger Defizite verbreitet wird, kann deshalb nicht geteilt werden.

4.2. Die Schuldnerseite: Die Theorie undurchsetzbarer Forderungen

Ein privates Unternehmen wird höchstens solange Kapital nachfragen, bis die marginalen Kosten der Kapitalaufnahme die Höhe der erwarteten Rendite des letzten Investitionsprojektes nicht überschritten haben. Eine Fehlkalkulation führt zu Verlusten, die mittel- bis langfristig mit der Existenzvernichtung sanktioniert wird. Im Gegensatz dazu unterliegt der Staat als Kapitalnachfrager nur einer „weichen" Budgetrestriktion, die auf der Fähigkeit beruht, sich durch die Ausübung hoheitlicher Gewalt Ressourcen anzueignen. Das älteste und bekannteste Argument bezüglich des Kreditmarktverhaltens öffentlicher Schuldner ist die Hypothese von der zinsunelastischen Kreditnachfrage des Staates, die zu den verschiedenen direkten und indirekten Crowding-Out Effekten führt. Die Forderung der (potentiellen) Gläubiger nach einer Risikoprämie hätte somit keinen oder nur geringen Einfluß auf das Volumen der Kapitalnachfrage.

Gegen diese Hypothese argumentiert Dluhosch (1993, S. 209), daß der Einwand der zinsunelastischen Kreditnachfrage nur eine geschlossene Wirtschaft beträfe, in der die Ausweichmöglichkeiten für die steuerliche Bemessungsgrundlage geringer seien als in einer offenen Volkswirtschaft. In letzterer werde ein Festhalten an einer Politik zu hoher Budgetdefizite, die nicht im Einklang mit der künftigen Wirtschaftskraft stehen, zu einer Abwanderung mobiler Ressourcen

18 Die zugrunde gelegten Kursangaben sind dem Handelsblatt Nr. 95 vom 21.5.1997 entnommen.

führen, was wiederum bei den immobilen Ressourcen auf politische Widerstände träfe. Denn wanderten die mobilen Ressourcen angesichts steigender Risiken und eines drohenden Anstiegs der Steuerbelastung ab, erhöhe sich die Last für die zurückbleibenden immobilen Ressourcen, und bei sinkender Bemessungsgrundlage für die Besteuerung verschlechtere sich ihre Verteilungsposition. Eine unsolide Budgetpolitik schlüge sich in diesem Zusammenhang schneller in den wirtschaftlichen Eckdaten nieder und würde sich in einer rückläufigen Nachfrage nach Arbeitskräften und in Realeinkommensverlusten bzw. geringeren Realeinkommenszuwächsen bemerkbar machen. Außerdem übersehe das Argument, der Staat sei immun gegen marktliche Sanktionen, daß die Kapitalgeber auch mit Rationierung reagieren könnten.

Das Argument einer Disziplinierung über interne Verteilungskonflikte hat eine gewisse Berechtigung. Bereits heute hat die Fähigkeit des mobilen Faktors Kapital, sich den Ort zu wählen, wo die Steuerlast am geringsten ist, dazu geführt, daß die quantitative Bedeutung entsprechender Steuerarten in vielen Ländern nur noch sehr gering einzuschätzen ist.[19]. Die Restriktionen, denen sich nationale öffentliche Haushalte durch den Wettbewerb um mobile Bemessungsgrundlagen ausgesetzt sehen, dürfte allein aber noch nicht dazu führen, daß mehr Fiskaldisziplin geübt wird und weniger öffentliche Kredite aufgenommen werden.

Das Argument einer möglichen Kreditrationierung als Disziplinierungsinstrument des Kapitalmarktes scheint auf den ersten Blick attraktiv, bedarf jedoch einer näheren Prüfung. Ausgangspunkt ist das von Akerlof (1970) in die Literatur eingeführte Phänomen der adversen Selektion. Asymmetrische Information auf Märkten mit unterschiedlicher Qualität der angebotenen Güter kann zu ineffizienten Marktergebnissen führen, im Extremfall finden überhaupt keine Transaktionen statt (Wilson 1989). Kreditrationierung ist für Banken, welche die Bonität der Kreditnehmer nicht erkennen können, u. U. eine gewinnsteigernde Maßnahme, um die Folgen adverser Selektion zu kontrollieren (Stiglitz/ Weiss 1981). Je höher der Kreditzins gesetzt wird, desto größer wird der Anteil der „schlechten“ Schuldner, d.h. derjenigen, die zweifelhafte Projekte mit einem hohen Verlustrisiko finanzieren und dafür bereit sind, einen hohen Zins zu bezahlen. Wird von der Bank ein geringerer als der markträumende Zins verlangt, kann der gewinnsteigernde Effekt, der daraus resultiert, daß der Anteil der Kreditnehmer mit niedrigem Ausfallrisiko und einer hohen Wahrscheinlichkeit der Kreditrückzahlung zunimmt, größer sein als der gewinnmindernde Effekt, der darin besteht, daß nicht die gesamte Nachfrage befriedigt wird. Es ist nun aber

19 Beispielsweise liegt der Anteil der Körperschaftsteuer an den Gesamteinnahmen des Staates in Deutschland unter drei Prozent; vgl. Mans (1996, S. 332).

nicht möglich, diesen Gedankengang auf den Markt für öffentliche Kredite bzw. Anleihen zu übertragen. Zum einen ist es fraglich, ob selbst bei vollkommener Information die Analogie zu der Verwendung und Besicherung von Krediten an Private gezogen werden kann. Weiter ist zwischen Rückzahlungsfähigkeit und Rückzahlungswilligkeit zu unterscheiden. Deshalb ist es unerläßlich, die spezifischen Eigenheiten der Kreditbeziehungen zwischen privaten Gläubigern und staatlichen Schuldnern zu betrachten.

Die fundamentale Differenz zwischen privaten und öffentlichen Schuldnern wird in der Theorie undurchsetzbarer Forderungen analysiert (Niehans 1986). Während bei einem Barkauf Zug um Zug getauscht wird und die Verpflichtungen der Vertragspartner quasi automatisch erfüllt werden, sind bei einem Kreditgeschäft andere Verfahren zur Durchsetzung der Erfüllung notwendig. Kommt ein Schuldner seinen Verbindlichkeiten nicht nach, kann das bis zur Beschlagnahme seiner Vermögenswerte und der Übertragung auf den Gläubiger durch den Konkursrichter führen. Auf den Schuldner wird ein Druck ausgeübt, bis zur Grenze seiner Zahlungsfähigkeit seinen Verpflichtungen nachzukommen.

Anders hingegen ist die Situation, wenn es sich bei dem Schuldner um die Regierung eines souveränen Staates handelt.[20] Die militärisch erzwungene Eintreibung von Forderungen ist prinzipiell eine denkbare Option. Die historischen Beispiele dafür sind nach Born (1986, S. 13) aber nicht zahlreich. Die letzten Interventionen westlicher Staaten in Lateinamerika liegen schon einige Zeit zurück, so in Mexiko (1861), Venezuela (1902) und Nicaragua (1912). Völkerrechtlich ist einem Gläubigerland die gewaltsame Eintreibung finanzieller Forderungen seit der II. Haager Friedenskonferenz (1907) aufgrund der dort beschlossenen Drago-Porter-Doktrin nur noch dann erlaubt, wenn das Schuldnerland ein schiedsgerichtliches Verfahren ablehnt. Es kann also davon ausgegangen werden, daß im allgemeinen eine Forderung gegenüber einem staatlichen Schuldner nicht durchgesetzt werden kann und ihre Einlösung allein vom Willen des Schuldners abhängt. Das bedeutet aber nicht, daß intertemporale Verträge mit diesem Typ von Schuldner sinnvoll nicht eingegangen werden können.

Es gehört zu den Kennzeichen der Undurchsetzbarkeit, daß der Schuldner nicht zu negativen Transfers gezwungen werden kann. Damit unterliegt die Verschuldung nicht der gewöhnlichen intertemporalen Budgetbeschränkung. Der Barwert aller Zahlungen für den Schuldner kann positiv oder sogar unendlich werden. Die Schulden insgesamt werden möglicherweise nie zurückgezahlt. Dabei wird die Budgetrestriktion für jedes einzelne Darlehen genau erfüllt.

---

20 Im Gegensatz zu Unternehmen werden Staaten nicht liquidiert und verschwinden nicht einfach vom Markt.

In der Theorie undurchsetzbarer Forderungen ist die Maximierung des Barwerts der zukünftigen Zahlungsströme das beherrschende Ziel bei der Kreditaufnahme. Gibt es mehrere mögliche Profile von Zahlungsströmen, so wird dasjenige gewählt, das den Maximalwert am schnellsten erreicht. Die Zahlungseinstellung kann zur optimalen Strategie gehören, wenn der Barwert der zukünftigen Zahlungsströme über Zeitspannen beliebiger Länge negativ wird.[21] Die Gläubiger insgesamt müssen die Kreditgewährung insgesamt so planen, daß der Barwert der zukünftigen Zahlungsströme für den Schuldner positiv ist. Darüber hinaus muß jeder Gläubiger das Vertrauen haben, daß die übrigen Gläubiger in fortgesetzt steigendem Maßstab Darlehen gewähren werden. Die Aussicht einer explodierenden Schuldenquote (Schuldenstand in Relation zum Sozialprodukt) wird wohl dieses Vertrauen untergraben, während eine Schuldenquote, die sich asymptotisch einer Obergrenze nähert, akzeptabel sein mag. Verläßliche Indikatoren kann es jedoch nicht geben.

Eine weitere Analogie zu privaten Unternehmen bezüglich der Verwendung der aufgenommenen Kredite trägt nicht. Für den Kreditgeber ist es bei Kontrakten zwischen Privaten eine relevante Information, ob die finanzierte Investition eine Rendite abwirft, die mindestens so hoch ist wie der zu zahlende Kreditzins. So wird nämlich für die Sicherheit gesorgt, auf die im Notfall, d.h. bei Schuldnerverzug, durch Zwangsmittel zugegriffen werden kann. Für den Gläubiger eines staatlichen Kreditnehmers ist aber die Überlegung, ob öffentliche Investitionen mit einem bestimmten „sozialen Grenzertrag" finanziert werden, irrelevant. Auch Kennziffern der Verschuldung, welche die Kreditaufnahme einer Periode in Bezug setzen zum Gesamtbetrag der im Budget veranschlagten Investitionsausgaben, sind für ihn wenig hilfreich.[22] Solange zu erwarten ist, daß für den relevanten Zeithorizont des Gläubigers der Kreditmarkt die bestehende Schuld insgesamt prolongieren wird, wird er sich nicht daran stören, wenn die Kreditmittel überwiegend oder sogar vollständig für Konsumzwecke verausgabt werden.[23]

Es gibt keine anerkannten Maßstäbe und Kriterien für ein aus Gläubigersicht „optimales" oder „angemessenes" Schuldenniveau eines öffentlichen Schuldners. Es kommt darauf an, welchen Anteil ihrer Vermögenswerte die Gläubiger in Form von undurchsetzbaren Forderungen zu halten bereit sind. Nach Niehans (1986, S. 167) ist die exakte Quantifizierung eines annehmbaren Schuldenstan-

---

21 Dieser Gedanke läßt sich zumindest bis Bronfenbrenner (1955) zurückverfolgen.

22 Für eine rationale Budgetpolitik sind es aber gleichwohl wichtige Informationen.

23 Vgl. dazu Baneth (1986, S. 86): „*In the case of sovereign lending (as in the case of consumer loans) the lender has no interest in ensuring that the loan is used productively. Even the most well-informed and well-managed commercial banker's willingness to lend to a sovereign borrower does not imply that the capital is not wasted.*"

des für die Lebensfähigkeit des internationalen Kreditsystems von geringer Bedeutung. Wesentlich sei, daß es nicht heftigen Schwankungen unterliege. Die Aufrechterhaltung des Schuldendienstes für jedes einzelne Darlehen hängt entscheidend von der fortgesetzten Kreditgewährung durch alle Gläubiger ab. Selbst vollkommene Information aller Marktteilnehmer über den Schuldner kann für sich genommen nicht verhindern, daß es zu einem Versagen des Marktes kommt, dessen Ursache in den bereits genannten externen Effekten zwischen den Gläubigern liegt.

Die Kritik, die Nunnenkamp (1986, S. 52) am Verhalten der Banken während der lateinamerikanischen Schuldenkrise in den achtziger Jahren übt, geht deshalb fehl. Da sich viele kleine Banken auf die Risikobewertungen der Großbanken und Konsortialführer verlassen hätten, hätte es teilweise keine unabhängige Entscheidungsfindung gegeben. Ein Lemming-artiges Verhalten im internationalen Bankgeschäft sei die Folge gewesen. Für eine Bank, deren Kreditvolumen klein ist im Verhältnis zum Gesamtmarkt, ist es aber rational, einem Staat Geld zu leihen, selbst wenn sie Zweifel an dessen Bonität hat, solange das Engagement begrenzt ist und die Mehrzahl der anderen Gläubiger zur Kreditvergabe bereit ist. Umgekehrt wird man einem Staat, dessen Haushaltspolitik man als diszipliniert und dessen politische Situation man als stabil ansieht, (weitere) Kredite verweigern, wenn - aus welchen Gründen auch immer - für diesen Schuldner eine Rationierung auf dem Kreditmarkt zu beobachten bzw. zu erwarten ist.

Weitere externe Effekte zwischen den Kreditgebern können sich aus der Schuldenstruktur ergeben. Die Begrenzung von Kreditlaufzeiten ist traditionell ein risikopolitisches Mittel zur Begrenzung von Risiken (Reinhardt 1990, S. 127): Die Gefährdung durch unvorhergesehene, negative wirtschaftliche Entwicklungen ist geringer, und die Kontrolle des Kapitalnehmers ist besser gewährleistet als bei langen Laufzeiten. Was für die einzelne Bank bzw. den einzelnen Kapitalgeber ein effektives Instrument des Risikomanagements sein soll, ist für die Kapitalgeber insgesamt aber unwirksam, denn der Vorteil, bessere Informationen zur Beendigung des Engagements zu nutzen, kann nur von einzelnen wahrgenommen werden. Die Menge aller Kreditbeziehungen zwischen dem Schuldnerland und seinen Gläubigern wird so krisenanfälliger.

Die Länderrisikoanalyse, wie sie von Banken und anderen Finanzintermediären betrieben wird, hebt ab auf die Zahlungsfähigkeit eines Schuldners. Dies ist nur sinnvoll bei durchsetzbaren Forderungen, denn wer zahlen kann und gleichzeitig einer nationalen Rechtsordnung unterliegt, der kann auch dazu gezwungen werden. Bei öffentlichen Schuldnern hingegen ist die Zahlungswilligkeit der entscheidende Faktor. Eine solche Bereitschaft hängt stark von der jeweiligen politischen Situation ab. Eine demokratische Regierung, die alle „geerbten“

Verbindlichkeiten anerkennt, mag abgewählt werden, wenn Steuererhöhungen und Leistungskürzungen im Zuge hoher Zins- und Tilgungsleistungen die Opposition an die Macht bringt. Auch ein diktatorisches Regime wägt die Kosten einer Unterdrückung sozialer Unruhen, die durch eine Konsolidierungspolitik entstehen können, gegen den internationalen Reputationsverlust aus einem Zahlungsmoratorium ab.

Die Theorie undurchsetzbarer Forderungen behauptet ein Schuldnerverhalten, das zu extremen Konsequenzen führen kann. In dieser reinen Form ist es in der empirischen Beobachtung nur selten anzutreffen. Es kann aber als analytisch zweckmäßiges Referenzmuster dienen. So wie die Entscheidungen privater Unternehmen nicht immer mit einer Strategie bedingungsloser Gewinnmaximierung konsistent sind, können in die Entscheidungen der Regierungen souveräner Staaten andere Aspekte einfließen, die sogar eine zeitlich absehbare, freiwillige und vollständige Rückzahlung der Staatsschuld vorsehen. Entscheidend ist jedoch, daß der Kreditmarkt keine Zwangsmittel besitzt, um ein bestimmtes Schuldnerverhalten herbeizuführen.

Die Erfahrungen mit der internationalen Schuldenkrise der 80er Jahre, deren Beginn mit der Zahlungseinstellung Mexikos im August 1982 markiert werden kann, können als Beleg für die beschriebenen Mechanismen dienen.[24] Trotz des kontinuierlichen Aufbaus eines gewaltigen Schuldenberges[25] in vielen Entwicklungs- und Schwellenländern kam das abrupte Ende der Revolvierung dieser Schulden völlig überraschend. Die ökonomischen Kosten waren immens und wurden fast überwiegend von den Schuldnerländern getragen. Man kann nun versuchen, sowohl wirtschaftspolitische Fehler der Nehmerländer als auch unvorsichtiges Verhalten der Geberbanken nachzuweisen. Trotzdem verbleibt der Eindruck einer inhärenten Instabilität von Kreditbeziehungen mit staatlichen Schuldnern.

Im Zusammenhang mit der Theorie undurchsetzbarer Forderungen ist die Argumentation von Dooley (1995) interessant. Die Umschuldungsverhandlungen

---

24 Kennzeichnend für diese Schuldenkrise sind massive Zuflüsse privaten Kapitals in eine Reihe von Entwicklungs- und Schwellenländer in den 70er und Anfang der 80er Jahre und ein fast völliges Versiegen der Kapitalzuströme in den Jahren nach 1982. Zur Analyse der Schuldenkrise siehe z.B. Dicke (1986), Giersch (1986), Gutowski (1986), Hauptmann (1987).

25 Eine Reihe von Faktoren werden für die Schuldenexplosion genannt: Ein hohes Kapitalangebot aus den Öleinnahmen der OPEC-Länder („Recycling“); eine hohe Kapitalnachfrage zur Finanzierung von Entwicklungsprojekten; die Haushaltsdefizite der USA in den frühen 80er Jahren und die Antiinflationspolitik der amerikanischen Notenbank, die die Realzinsen auf historische Höchststände brachte; Leistungsbilanzdefizite aufgrund sinkender Rohstoffpreise; Kapitalflucht usw. Vgl. einführend Todaro (1989, S. 411-424).

sollten als Verhandlungsspiel vor allem zwischen den Gläubigerbanken und den Regierungen dieser Banken analysiert werden. Die Banken sahen während der Schuldenkrise wenig Aussichten darin, das Verhalten der Regierungen der Schuldnerländer zu beeinflussen. Statt dessen übten sie Druck auf ihre Regierungen aus, eine Strategie, die erfolgreich war. Zwar kam es nicht zu einer direkten Übernahme privater Forderungen. Dem gleichwertig ist aber die Gewährung von öffentlichen Krediten (z.B. über IMF und Weltbank) an die betroffenen Entwicklungsländer, die deren Gläubigerstruktur drastisch veränderte.[26]

4.3. Die Unglaubwürdigkeit eines Haftungsausschlusses

4.3.1. Das Problem der Zeitinkonsistenz

Die Unterzeichnerstaaten des Maastricht-Vertrages einigten sich über die Festlegung einer Klausel, die einen gegenseitigen Haftungsausschluß („no bail-out") für Verbindlichkeiten anderer Mitgliedstaaten bzw. einen Haftungsausschluß der Gemeinschaft gegenüber untergeordneten Körperschaften festschreibt.[27] Die Glaubwürdigkeit dieser „no bail-out"-Klausel ist von zentraler Bedeutung dafür, ob der Verzicht auf eine explizite politische Koordinierung fiskalischer Disziplin in der EU und ein alleiniges Vertrauen auf die regulierenden Kräfte des Kapitalmarktes das Entstehen übermäßiger Budgetdefizite und untragbarer Staatsverschuldung verhindern können. Im vorliegenden Abschnitt wird dieser Frage nachgegangen, wobei die Norm des Art. 104b EGV als „vertrauensbildende Vorleistung" für sich allein genommen betrachtet wird, d.h. ohne den Kontext mit anderen Normen des EGV, insbesondere mit Art. 104c, zu berücksichtigen.

---

26 Das Verhältnis der Verbindlichkeiten von Entwicklungsländern in Zahlungsschwierigkeiten gegenüber Geschäftsbanken zu Verbindlichkeiten gegenüber „offiziellen" Gläubigern sank von 2,4 im Jahre 1982 auf 0,8 im Jahre 1992; vgl. Dooley (1995, S 273).

27 Im EGV heißt es im betreffenden Art. 104b Abs. 1:
„Die Gemeinschaft haftet nicht für die Verbindlichkeiten der Zentralregierungen, der regionalen oder lokalen Gebietskörperschaften oder anderen öffentlich-rechtlichen Körperschaften, sonstiger Einrichtungen des öffentlichen Rechts oder öffentlicher Unternehmen von Mitgliedstaaten und tritt nicht für derartige Verpflichtungen ein; dies gilt unbeschadet der gegenseitigen finanziellen Garantien für die gemeinsame Durchführung eines gemeinsamen Vorhabens. Ein Mitgliedstaat haftet nicht für die Verbindlichkeiten der Zentralregierungen, der regionalen oder lokalen Gebietskörperschaften oder anderen öffentlich-rechtlichen Körperschaften, sonstiger Einrichtungen des öffentlichen Rechts oder öffentlicher Unternehmen eines anderen Mitgliedstaats und tritt nicht für derartige Verpflichtungen ein."

In der ökonomischen Theorie ist der umgangssprachliche Begriff der Glaubwürdigkeit durch das Konzept der „Zeit(in)konsistenz“ operationalisiert worden.[28] Allgemein ist eine Politik dann zeitinkonsistent oder auch dynamisch ineffizient, wenn eine politische Entscheidung, die Teil eines optimalen Plans ist, der zu einem früheren Zeitpunkt festgelegt wurde, später nicht mehr optimal ist (Blanchard/ Fischer 1990, S. 592). Betrachten wir eine Regierung, die zu irgendeinem Zeitpunkt t einen optimalen Aktionsplan für ihre zukünftige Politik bestimmen muß, wobei – unter Beachtung des Gleichgewichts auf den Märkten der Privatwirtschaft – eine vorgegebene gesellschaftliche Wohlfahrtsfunktion maximiert werden soll. Eine wichtige Überlegung bei der Festlegung der optimalen Politik für irgendeinen Zeitpunkt $t+s$ ist, ob die von den privaten Agenten der Ökonomie für $t+s$ erwartete Politik die privaten Entscheidungen der Agenten im Zeitintervall t bis $t+s$ beeinflußt. Ist im Zeitpunkt $t+s$ der unter den Bedingungen des Zeitpunkts t optimale Plan *ex ante* nun *ex post* immer noch optimal? Nicht unbedingt, denn die privaten ökonomischen Entscheidungen zwischen t bis $t+s$ sind bereits Vergangenheit und können von der Politik der Regierung in $t+s$ nicht mehr berührt werden. In anderen Worten: die Regierung sieht sich *ex post* anderen Restriktionen gegenüber als *ex ante* (Persson/ Tabellini 1994).

Für eine Regierung können in einer Reihe von Situationen Anreize bestehen, von ihrer vorher angekündigten Politik abzuweichen.[29] Rational agierende Wirtschaftssubjekte werden aber die Möglichkeit, daß die Regierung von ihrer angekündigten Politik unter Umständen abweichen wird, antizipieren und bei ihren Entscheidungen berücksichtigen. Regierungen sehen sich deshalb einem fundamentalen Glaubwürdigkeitsproblem gegenüber. Vorausschauende Wirtschaftssubjekte werden nur solche Politiken „akzeptieren“, die auch *ex post* optimal sind. Das Glaubwürdigkeitsproblem kann solange nicht gelöst werden, bis eine wirklich bindende Verpflichtung eingegangen werden kann. Bei Entscheidungen nationaler Regierungen fehlt eine „commitment technology“ oft ganz,

---

28 Als wegweisender Aufsatz gilt Kydland/ Prescott (1977).

29 Stehen beispielsweise zur Einnahmenerzielung nur verzerrende Steuern zur Verfügung, dann besteht die optimale Politik ex ante darin, die marginalen Verzerrungen der letzten Steuermark über alle Steuerbasen und alle Perioden entsprechend den jeweiligen Angebotselastizitäten auszugleichen (Ramsey-Modell). Ist das Kapitalangebot sehr elastisch, ist der Steuersatz auf (neues) Kapital relativ niedrig. Für akkumuliertes Kapital wird die Angebotselastizität aber null und eine Besteuerung verzerrt keine ökonomischen Entscheidungen. Es besteht also ex post ein Anreiz, Kapital (hoch) zu besteuern, um andere verzerrende Steuern zu senken. Das Versprechen, Kapital auch in der Zukunft mit dem ex ante optimalen niedrigen Steuersatz zu belegen, ist ex post nicht optimal und deshalb nicht glaubwürdig. Private Agenten mit rationalen Erwartungen werden folglich wenig sparen. Dieses Problem der dynamischen Inkonsistenz hat nichts mit einem Zielkonflikt zwischen privaten Agenten und der Regierung zu tun. Vgl. Fischer (1980).

da eine Instanz der zwangsweisen Durchsetzung gegebener Versprechungen oder sogar vertraglicher Vereinbarungen nicht vorhanden ist. Eine zeitkonsistente Politik führt in der Regel zu Wohlfahrtsverlusten gegenüber einer nur *ex ante* optimalen Politik, bei der sich die politischen Handlungsträger zu Beginn des Planungszeitraumes bindend verpflichten können.

Diskretionäre Politik durch regelgebundene Entscheidungen zu ersetzen, ist die naheliegende Konsequenz aus dem Problem der Zeitinkonsistenz. Allerdings stellt die Unantastbarkeit der aufgestellten Regeln ein neues Glaubwürdigkeitsproblem dar, und die Unsicherheit über zukünftige Umweltzustände macht die Formulierung von Regeln *ex ante* schwierig. Ein Grund, warum eine Regierung dennoch nicht der *ex post* optimalen Politik folgen könnte, liegt darin, daß die Wirtschaftspolitik als kontinuierliche Interaktion mit dem Privatsektor der Ökonomie zu betrachten ist. Eine Abweichung von der *ex ante* optimalen Politik kann Erwartungen bezüglich zukünftiger Politiken induzieren, die Wohlfahrtsverluste zur Folge haben. Sind diese Kosten, die mit der *ex post* optimalen Politik dann auch verbunden sind, hoch genug, dann sind Anreize vorhanden, eine beständige Politik zu betreiben, was bei den privaten Agenten Glaubwürdigkeit schafft – man spricht in diesem Zusammenhang von Reputation.[30]

Die Geldpolitik durch eine unabhängige Zentralbank durchführen zu lassen ist eine Mischung der als Ersatz für eine „commitment technology" fungierenden Mechanismen Regelbindung, Reputation und Delegation. Delegation bezieht sich darauf, daß die Institution, die über die prinzipielle Politikkompetenz verfügt, und die Institution, die für einen bestimmten Politikbereich die politischen Entscheidungen trifft und durchführt, auseinanderfallen können. Die Regelbindung liegt darin, daß die Zentralbank per Gesetz Befugnisse zugewiesen bekommt – dies gilt allerdings nur bis auf Widerruf.[31] Die eigentliche Geldpolitik wird indes diskretionär betrieben, d.h. z.B. daß Geldmengenaggregate nicht einem automatischen Regelmechanismus folgend gesteuert werden. Unabhängig von der Akzeptanz ihrer geldpolitischen Strategien, ist es einigen Zentralbanken, darunter vor allem der Deutschen Bundesbank, gelungen, eine Reputation zu erwerben, die es ihnen möglich macht, Inflationserwartungen auf einem niedrigen Niveau zu stabilisieren.

30 Auch zwischen privaten Agenten sind oft nicht alle Geschäftsbeziehungen durch explizite, einklagbare Verträge geregelt. Reputation schafft das Vertrauen, daß der Geschäftspartner nicht profitable zukünftige Transaktionen dem kurzfristigen Vorteil aus dem Brechen nicht beweisbarer Vereinbarungen opfert.

31 Das Gesetz über die Deutsche Bundesbank könnte durch einfache Parlamentsmehrheit geändert werden.

Tabelle 6: Forderungen gegenüber der Zentralregierung[1)] als Anteil der gesamten Bankaktiva

	1975	1980	1985	1990	1995
Belgien	*17,5*	*15,3*	*19,2*	*18,6*	*28,9*
Frankreich	*3,9*	*9,7*	*11,5*	*7,2*	*11,2*
Deutschland	*9,9*	*12,8*	*14,0*	*12,4*	*15,1*
Italien	*10,1*	*18,3*	*21,9*	*15,3*	*n.a.*
Spanien	*n.a.*	*n.a.*	*22,9*	*20,4*	*19,0*
USA	*10,0*	*7,6*	*8,6*	*5,8*	*7,5*

1) Ohne Mindest- und Überschußreserven. '*n.a.*' = nicht verfügbar.
Quelle: McCauley/ White (1997, S. 46).

In der Finanzpolitik ist es wesentlich schwieriger, Fiskaldisziplin glaubwürdig zu installieren. Bezüglich der Gefahr einer Verweigerung der Bedienung von Staatsschulden, wird oft der damit verbundene Reputationsverlust auf den Kapitalmärkten genannt, der die Möglichkeit weiterer Kreditaufnahme in der Zukunft blockiere. Bulow/ Rogoff (1989) zeigen aber, daß diese Drohung nur wirksam ist, wenn der Zugang zu Kapitalmärkten im Ausland vollständig gesperrt ist, d.h. auch keine Möglichkeit besteht, Aktiva im Ausland zu halten.[32]

In der Frage, warum ein einmal gegebenes Versprechen eines Haftungsausschlusses gebrochen wird, also *ex post* nicht mehr optimal ist, gibt es im wesentlichen zwei Begründungszusammenhänge. Zum einen können die Kosten der Beistandsgewährung deutlicher niedriger sein als die Kosten, die entstünden, müßte das betreffende Land seine Schuldenkrise alleine bewältigen. Diese Kosten bestehen bei eng verflochtenen Volkswirtschaften z.B. in dem Nachfrageausfall, der entsteht, wenn der Produktionsrückgang in Folge einer Schulden- oder Finanzkrise über die nationalen Grenzen ausstrahlt.

Das Entstehen einer Finanzkrise und der Bedrohung des gesamten Finanzsystem der Gemeinschaft mag eine sehr unwahrscheinliche Möglichkeit darstellen. Es ist aber zu bedenken, daß den Geschäftsbanken eine bedeutende Rolle sowohl bei der direkten Kreditfinanzierung öffentlicher Haushalte als auch bei der Abnahme und Plazierung handelbarer Schuldtitel zukommt. Tabelle 6 zeigt

32 Nur in sehr seltenen Fällen, die immer mit militärischen Konflikten verbunden waren, wurden mit internationalem Zwang Auslandsguthaben von souveränen Staaten beschlagnahmt bzw. blockiert (z.B. gegenüber dem Irak).

für einige Länder, welchen Anteil Forderungen gegenüber der Zentralregierung an den gesamten Bankaktiva ausmachen.[33]

Teilweise sind die Werte nicht so unbedeutend, daß bei Zweifeln an der pünktlichen Bedienung der Staatsschulden Liquiditätsprobleme der Gläubigerbanken grundsätzlich ausgeschlossen werden könnten. Zu fragen ist, ob die Geschäftsbanken als Gläubiger des Staates die gleichen strengen Bonitätsprüfungen unternehmen, wie sie an den Kapitalmärkten in den Ratingurteilen der bekannten Agenturen dokumentiert sind. Dies dürfte bei Kreditinstituten in Besitz der öffentlichen Hände nur sehr eingeschränkt der Fall sein.[34] Spahn (1992, S. 298) verweist auf das Beispiel Brasiliens, wo trotz eines Verfassungsverbots für Kredite der Zentralbank an die Regierungen wiederholt Erfahrungen von Hyperinflationen gemacht werden. Die Erklärung liegt dort darin begründet, daß Banken in Staatsbesitz, die wie andere Banken auch Zugriff auf die Refinanzierungsmöglichkeiten der Zentralbank haben, ihren öffentlichen Eignern in der von diesen gewünschten Höhe leihen. Wenn auch in der EU andere institutionelle Rahmenbedingungen gelten, so wäre eine Privatisierung der in Staatsbesitz befindlichen Banken und Sparkassen ein wichtiger Schritt zur Stärkung der Rolle der Kapitalmärkte als kontrollierende Instanz der Fiskaldisziplin der öffentlichen Hand.

Wie immer man die Anfälligkeit des europäischen Finanzsystems beurteilt, es sind Situationen denkbar, in denen die negativen „spillover"-Wirkungen einer nationalen Schulden- oder Finanzkrise so bedeutend sind, daß ungeachtet früherer Festlegungen begrenzte Liquiditätshilfen zu Wohlfahrtsgewinnen führen können. Die Antizipation solcher Hilfsmaßnahmen schwächt diszipliniertes Verhalten in der Finanzpolitik und die selektive Bonitätsbewertung durch die Kapitalanbieter. Die Logik internationaler Hilfsmaßnahmen wird in Abschnitt 4.3.3 am Beispiel der mexikanischen Peso-Krise demonstriert.

Der andere Begründungszusammenhang besteht darin, daß in föderal verfaßten Staatssystemen in der Regel allgemein akzeptierte und/ oder gesetzlich normierte interregionale Solidaritätsbeziehungen und Beistandsverpflichtungen

---

33 Vgl. auch Deutsche Bundesbank (1997a, S. 28): *„Wichtigste Gläubiger blieben freilich weiterhin die Banken im Inland, die in den Jahren 1990 bis 1996 knapp die Hälfte der Nettokreditaufnahme absorbierten; vor allem die Schuldscheindarlehen wurden ganz überwiegend dort untergebracht. Die inländischen Nichtbanken (in erster Linie private Haushalte und Versicherungen) waren dagegen am Erwerb öffentlicher Schuldtitel im Berichtszeitraum insgesamt gesehen nur wenig beteiligt."*

34 Für die Haushaltsfinanzierung der Jahre 1997/98 benutzt der deutsche Bundesfinanzminister die bundeseigene Kreditanstalt für Wiederaufbau zur verdeckten Kreditfinanzierung indem diese Anteile an Unternehmensbeteiligungen des Bundes übernehmen muß.

existieren, ja sogar eine notwendige Voraussetzung für die Stabilität dieser Systeme darstellen.[35] Im Abschnitt 4.3.2. wird gezeigt, wie es zu Beginn der 90er Jahre im deutschen Bundesstaat zu einem „bail-out“ zugunsten der Bundesländer Bremen und Saarland kam, beides Regionen bei denen die ökonomischen Interdependenzen mit dem Rest der Bundesrepublik keinerlei Anlaß zur Hilfeleistung begründeten.

Man mag gegen die Übertragung des bundesdeutschen „bail-out“ auf die Europäische Union einwenden, hier existierten keine Verfassungsnormen wie die „Einheitlichkeit der Lebensverhältnisse“[36], die einen entsprechenden Handlungszwang für die Regierungen im föderalen Staatssystem konstituierten. Dem kann folgendes entgegengehalten werden: Es ist von den verantwortlichen Politikern immer wieder betont worden, daß der in Maastricht beschlossene Stufenplan zur Einführung der europäischen Währung neben der ökonomischen Rationalität einer Vervollständigung des Binnenmarktprogramms auch den politischen Zweck besitzt, die europäische Integration insgesamt voranzutreiben. Weitere Integrationsschritte wie die Unionsbürgerschaft und die Stärkung des Europäischen Parlaments dürften dazu beitragen, trotz aller sprachlichen und kulturellen Barrieren in den Bevölkerungen der EU-Mitgliedstaaten eine beginnende europäische Identität zu fördern. Diese könnte dann die Regierungen dazu veranlassen, frühere Positionen zum Haftungsausschluß zu räumen, was wiederum in der Gegenwart für manche Regierungen, die ja stets im demokratischen Wettbewerb stehen, einen Anreiz bietet, ihren Wählern ein übermäßig hohes Niveau der Staatstätigkeit zu bieten.[37] Auch hier führen Überlegungen zur dynamischen Konsistenz der Wirtschafts- und Finanzpolitik zum Ergebnis, daß zusätzliche externe Beschränkungen für die Schuldenakkumulation nationaler und regionaler öffentlicher Haushalte wohlfahrtssteigernd wirken.

Homburg (1994, S. 323) vertritt die Auffassung, es werde „*von der Rechtsprechung früher oder später auf ein 'bündisches Prinzip' erkannt, demzufolge europäische Defizitländer von den übrigen unterstützt werden müssen.*“ Ansatzpunkte für eine entsprechende juristische Interpretation unbestimmter Rechtsbegriffe sind im Maastricht-Vertrag bereits vorhanden. In Art. 2 EGV wird beispielsweise deklariert, daß es unter anderem Aufgabe der Gemeinschaft sei,

---

35 Andererseits führt eine Überbeanspruchung von Beistandspflichten wiederum zu interregionalen Spannungen, wie in Italien und Deutschland zu beobachten ist.

36 Siehe Grundgesetz Art. 91a Abs. 1 und Art. 106 Abs. 3.

37 Vgl. auch Hutchinson/ Kletzer (1995, S. 153): „*If hopes for political union are so well-realized that citizens of Europe are considered Europeans first, then divergent consumption levels and rates of growth across regions due to the selfishness of ancestors may become undesirable. When governments expect that such a 'we are all one' attitude could emerge, they will tend to increase the rate at which they issue debt.*“

durch die Errichtung eines Gemeinsamen Marktes und einer Wirtschafts- und Währungsunion den wirtschaftlichen und sozialen Zusammenhalt und die Solidarität zwischen den Mitgliedstaaten zu fördern.

Besonders kleinere Länder könnten eine Haushaltsnotlage bewußt oder auch nur fahrlässig herbeiführen, um in den Genuß (zusätzlicher) Transfers der europäischen Staatengemeinschaft zu gelangen. Bei größeren Ländern würden dies eine proportional viel höhere Belastung für die übrigen Staaten darstellen, so daß dann mit stärkeren politischen Widerständen zu rechnen wäre.

Dabei ist es ohne weiteres möglich, ein „bail-out" durchzuführen, ohne dies so zu bezeichnen und ohne direkt gegen geltendes Recht zu verstoßen. Eine isolierte Betrachtung des Art. 104b EGV verkennt nämlich, daß die Gemeinschaft und ihre Mitgliedstaaten durch diverse Finanz- bzw. Transferströme miteinander verbunden sind. Insbesondere zu nennen sind die Transfers im Rahmen des Strukturfonds und des Kohäsionsfonds, dessen Einrichtung ein deutlicher Beleg für die Umsetzung des innergemeinschaftlichen Solidaritätsprinzips war. Sie führen nur dann nicht zu einer allgemeinen Entlastung der öffentlichen Haushalte der Empfängerländer, wenn damit nur zusätzliche Ausgaben in der Höhe finanziert würden, die genau dem Umfang der Transfers entsprächen.[38] Dies ist aber wenig wahrscheinlich. Heinemann (1995, S. 615) bringt den Begriff eines sogenannten „Bonitätseffektes" in die Diskussion.[39] Ausgehend von der Schuldenarithmetik, mit der wir uns im zweiten Kapitel beschäftigt haben, berechnet er, um welchen Faktor sich durch die Nettozahlungen aus dem Haushalt der EU *ceteris paribus* die langfristig tragbare Schuldenquote erhöht, wenn diese Leistungen als laufende Einnahmen betrachtet werden. Die numerischen Ergebnisse variieren beträchtlich, je nachdem welche Parameterwerte für die Wachstumsrate des Sozialprodukts und den Zinssatz eingesetzt werden, und können sicher nicht so wortwörtlich interpretiert werden, wie das der Autor suggeriert. Vor allem der Umkehrschluß, daß dann das Nettozahlerland eine Verminderung seiner tragbaren Schuldenquote hinnehmen müßte, ist weit hergeholt. Es bleibt aber die Erkenntnis, daß ein Zielkonflikt besteht zwischen der Absicht, durch

38 Teilweise werden beim Wegfall von Transfers aus dem Haushalt der EU entsprechende Ausgaben in die nationalen Budgets eingestellt, wie das bei der „Substitution" der Agrarsubventionen beobachtet werden konnte.

39 Heinemann (1995, S. 608) unterscheidet den „Bonitätseffekt" von einem „Bailout-Effekt". Der „Bailout-Effekt" beruhe darauf, daß im Fall von nationalen Schuldenproblemen die Union hafte, während beim „Bonitätseffekt" eine nationale Schuldenkrise ein nationales Problem bleibe und die zu erwartenden Transfers lediglich eine höhere Verschuldung ermöglichten, bis es zum Eintritt einer Schuldenkrise käme. Die Unterscheidung ist etwas bemüht, da es aus ökonomischer Sicht irrelevant ist, aus welcher „Quelle" eine finanzielle Unterstützung stammt. In beiden Fällen bestehen Anreize für übermäßige Defizite, die der Intention des Art. 104b EGV klar zuwiderlaufen.

interregionale Transfers z.B. zum Abbau struktureller Nachteile beizutragen, und dem damit für die Empfängerregion verbundenen Anreiz, weniger auf Fiskaldisziplin achten zu müssen (was langfristig einen neuen strukturellen Nachteil bedeutet). Auch mit Zweckbindung der Transfers und strenger Kontrolle ihrer Verwendung, was hinsichtlich der Achtung nationaler Souveränität nicht unproblematisch ist, bleibt dieser Anreiz bestehen.

Weitere Finanzmittel kann ein Mitgliedstaat in der zweiten Stufe im Rahmen des gegenseitigen Beistandsmechanismus nach Art. 109h EGV erhalten. Dort werden drei Bedingungen genannt, unter denen ein von Zahlungsbilanzschwierigkeiten Land auch finanzielle Hilfe erhalten könnte. Ernsthafte Probleme durch ein Ungleichgewicht der Gesamtzahlungsbilanz oder durch Devisenmangel müssen vorliegen; diese müssen das Funktionieren des Gemeinsamen Marktes gefährden; die von dem betroffenen Mitgliedstaat ergriffenen bzw. die von der Kommission angeregten Maßnahmen müssen erfolglos geblieben sein. Unter diesen Voraussetzungen empfiehlt die Kommission dem Rat Beistandsmaßnahmen, worunter die Bereitstellung von Krediten in begrenzter Höhe durch andere Mitgliedstaaten zählen kann. In der dritten Stufe tritt an die Stelle des Art. 109h der Art. 103a Abs. 2. Dort muß für eine Ratsentscheidung zur Gewährung eines finanziellen Beistands von der Gemeinschaft ein Mitgliedstaat lediglich *„aufgrund außergewöhnlicher Ereignisse, die sich seiner Kontrolle entziehen, von Schwierigkeiten betroffen oder von gravierenden Schwierigkeiten ernstlich bedroht“* sein.

Die Europäische Investitionsbank (EIB) ist ein zusätzlicher potentieller Kanal für finanzielle Hilfen an ein von einer Schuldenkrise bedrohtes Mitgliedsland. Die Anleihen, mit denen sich die EIB am internationalen Kapitalmarkt refinanziert, werden von den Ratingagenturen mit der höchsten Bonitätsbewertung versehen. Von den Anteilseignern, den EU-Mitgliedstaaten, besitzen nur sechs Staaten (Deutschland, Frankreich, Großbritannien, Niederlande und Luxemburg) diese Reputation.[40] Die Kredite der EIB, die mit dem Kapital der Eignerstaaten besichert sind, sind vor allem für Schuldner in der EU mit geringerer Bonität attraktiv. Die Tatsache, daß z.B. Portugal, Italien, Irland Griechenland, Spanien und Dänemark jeweils einen wesentlich höheren Anteil der EIB-Kredite in Anspruch nehmen als es ihrem Anteil am gezeichneten Kapital der EIB entsprechen würde (Heinemann 1994, S. 9), zeigt, wie auf diesem Wege die höhere Bonität der Partnerländer im Rahmen der Garantiegemeinschaft der EIB in Anspruch genommen wird. Die Kreditvergabe der EIB ist laut EGV

40 Siehe Tabelle 5 auf S. 107.

zwar für bestimmte Investitionsprojekte beschränkt.[41] Die Erfahrung mit vergleichbaren Institutionen wie der Weltbank zeigt aber, daß dies die Regierungen der Eignerstaaten nicht daran hindern dürfte, mit deren Aktivitäten weitergehende politische Interessen zu verfolgen.

Die Währungsunion erhöht unter Umständen aus einem anderen Grunde die Anreize, einem in Zahlungsschwierigkeiten befindlichen hochverschuldeten Staat in der Union finanziell zu Hilfe zu kommen. Der Wegfall der Währungsrisiken macht Anleihen der Regierungen anderer Mitgliedsländer für Bürger der Union interessanter. Abgesehen von Risikozuschlägen, die für solche Anlagen vielleicht eine höhere Rendite erwarten läßt, mag dies auch der Diversifikation von Portfolios dienen. Sind viele Bürger des eigenen Landes mit Teilen ihrer Vermögen „außerhalb" engagiert, dann entsteht auf eine Regierung politischer Druck, sich für ein „bail-out" zu entscheiden, wenn ein Mitgliedstaat mit einem Schuldenmoratorium droht (Bovenberg/ Kremers/ Masson 1991, S. 381).

Ein letzter Punkt bezüglich der Glaubwürdigkeit der „no bail-out"-Klausel stellt eine Verbindung zur zukünftigen Aufteilung der fiskalpolitischen Kompetenzen in der EU her. Bei Formulierung des Maastricht-Vertrages wurde ausdrücklich darauf verzichtet, in Analogie zur Zentralisierung der Geld- und Währungspolitik eine einheitliche Fiskalpolitik auf EU-Ebene zu vereinbaren. Darin reflektieren sich sowohl die Verpflichtung zur Subsidiarität und das Verlangen nach nationaler fiskalischer Eigenständigkeit als auch die heute vorherrschende Ablehnung aktiver Beschäftigungspolitik insgesamt und der bestehende Mangel an entsprechenden finanziellen Ressourcen für eine solche Politik. Es ist aber prinzipiell nicht auszuschließen, daß sich mittel- bis langfristig die politischen Präferenzen dahingehend verändern, daß eine zentralisierte Stabilitätspolitik keynesianischen Typs möglich wird, die auch das Instrument der Defizitfinanzierung einschließt. Für die Kapitalanbieter ist dann eine Differenzierung nach der nationalen Bonität für neue Schulden nicht mehr möglich und wird für Altschulden schwierig.

4.3.2. Fallbeispiel 1: Die Schuldenhilfe für Saarland und Bremen

Mit der Fassung des Finanzausgleichsgesetzes vom 26. Juni 1993 im Rahmen des Föderalen Konsolidierungsprogramms, das die nach der Wiedervereinigung notwendig gewordene und im Einigungsvertrag bis zum Jahre 1995 geforderte

---

41 Art. 198e EGV nennt Vorhaben zur Erschließung der weniger entwickelten Gebiete, Vorhaben zur Modernisierung von Unternehmen und Vorhaben von gemeinsamen Interesse für mehrere Mitgliedstaaten.

Neuregelung der Finanzbeziehungen zwischen Bund und Ländern vornahm, wurden den Bundesländern Saarland und Bremen sogenannte Sonder-Bundesergänzungszuweisungen zum Zwecke der Sanierung ihrer Haushalte zugebilligt. Ausgezahlt werden in den Jahren 1994 bis 1998 jeweils 1,8 Mrd. DM. für Bremen und 1,6 Mrd. DM für das Saarland; also insgesamt 9 bzw. 8 Mrd. DM. Diese vom Bund gewährten Beträge sind sehr hoch im Vergleich mit den angesammelten Kreditmarktschulden der beiden Länder: Ende 1992 beliefen sich diese für Bremen auf eine Höhe von rund 16,4 Mrd. DM während das Saarland Verbindlichkeiten in Höhe von rund 16,5 Mrd. DM aufwies. Die Zuweisungen werden mit der Maßgabe gewährt,

- daß sie unmittelbar zur Schuldentilgung verwendet werden,
- daß die durch die Schuldentilgung entstehenden Finanzierungsspielräume zur Verminderung der Nettokreditaufnahme oder für Investitionen, die die Wirtschafts- und Finanzkraft der Länder stärken, benutzt werden,
- und daß jährlich über die Fortschritte bei der haushaltswirtschaftlichen Stabilität an den Bund und die übrigen Länder berichtet wird.

Unmittelbarer Anlaß für die Hilfsaktion zugunsten der beiden Länder, die bereits Nutznießer umfangreicher föderaler Finanztranfers waren,[42] war das Urteil des Bundesverfassungsgerichts vom 27. Mai 1992 zum Länderfinanzausgleich, in dem Saarland und Bremen das Vorliegen einer extremen Haushaltsnotlage attestiert wurde. Dies verpflichte alle Glieder der bundesstaatlichen Gemeinschaft „*im bündischen Einstehen füreinander*“ zum gemeinsamen Beistand für das betroffene Bundesglied.[43] Als mögliche Indikatoren für eine Haushaltsnotlage werden das Verhältnis zwischen Nettokreditaufnahme und den Einnahmen oder Ausgaben des Haushalts genannt sowie die Quote, welche die Zinsausgaben ins Verhältnis zu den steuerlichen Einnahmen setzt. Eine sehr starke Abweichung bei diesen Relationen im Vergleich zum Durchschnitt der Bundesländer rechtfertige die Feststellung einer Haushaltsnotlage.[44]

---

42 Saarland erhielt zwischen 1970 und 1990 über die drei Stufen des Finanzausgleichs (Umsatzsteuervorwegausgleich, horizontaler Länderfinanzausgleich, Bundesergänzungszuweisungen) allein mehr als 11,5 Mrd. DM. Nicht berücksichtigt sind in dieser Summe die Beiträge des Bundes in der Mitfinanzierung der Gemeinschaftsaufgaben nach Art. 91a und Art. 91b GG sowie die Investitionshilfen nach Art. 104a Abs. 4 GG, die zum Teil nicht unerhebliche Finanzausgleichswirkungen beinhalten.

43 Urteil des Bundesverfassungsgerichts vom 27. Mai 1992 zum Finanzausgleich, abgedruckt in Bundesverfassungsgericht (1993, S. 148-279).

44 Es bestand seit längerem die Auffassung, daß die „fiskalische Existenzfähigkeit“ von Saarland und Bremen nur durch zusätzliche aber zeitlich begrenzte Mittel gesichert werden könne. Vgl. Deutsches Institut für Wirtschaftsforschung (1989).

Tabelle 7: Die Entwicklung der Finanz- und Wirtschaftskraft von Bremen und Saarland zwischen 1970 und 1990[1)]

Für alle Angaben: Durchschnitt der (alten) Bundesländer = *100*

	Bremen		Saarland	
	1970	1990	1970	1990
Deckungsfehlbetragsquote[2)]	*65,5*	*209,4*	*87,9*	*199,5*
Verhältnis Zinsen/ Steuereinnahmen	*89,0*	*268,9*	*168,8*	*230,0*
Schuldenstand pro Einwohner	*105,1*	*298,5*	*128,7*	*192,2*
Gesamteinnahmen pro Einwohner	*127,0*	*135,6*	*87,1*	*94,9*
Steuereinnahmen pro Einwohner	*124,8*	*105,8*	*82,6*	*84,5*
Primärausgaben pro Einwohner[3)]	*123,9*	*134,7*	*84,3*	*93,0*
Personalausgaben pro Einwohner	*132,1*	*144,5*	*102,5*	*100,0*
durchschnittliches Wachstum des BIP	*87,8*		*98,8*	

Quellen: Eigene Berechnungen auf der Basis von Daten des Statistischen Bundesamtes (Fachserie 14, Reihe 5, Schulden der öffentlichen Haushalte).

1) Enthalten sind für das Saarland auch die Haushalte der Gemeinden und Zweckverbände. Diese Vorgehensweise ist beim Vergleich von Bundesländern üblich und angebracht, da die Länder für die ausreichende Finanzausstattung ihrer Kommunen verantwortlich sind und da die Länder die Finanzbeziehungen zu ihren Gemeinden unterschiedlich regeln.
2) Anteil der Ausgaben, der nicht durch Steuern, Abgaben und Zuweisungen gedeckt ist.
3) Ausgaben ohne Zinszahlungen.

Tabelle 7 zeigt für die Jahre 1970 (das Jahr, ab dem die föderalen Finanzbeziehungen in Deutschland auf einer neuen Grundlage stattfanden) und 1990 (das letzte Haushaltsjahr, das das Verfassungsgericht noch in die Betrachtung einbeziehen konnte) die Werte, welche die genannten und einige weitere Indikatoren der relativen budgetären Situation für Bremen und das Saarland aufwiesen.

Betrachtet man die Situation von Bremen im Jahre 1970, so ist schwerlich ein intrinsischer Grund zu erkennen, warum es in eine Haushaltsnotlage geriet. Der Schuldenstand entsprach ungefähr dem Bundesdurchschnitt, die Steuereinnahmen waren überdurchschnittlich hoch und die Belastung aus dem Schuldendienst und der nicht durch laufende Einnahmen gedeckte Ausgabenanteil waren unterdurchschnittlich. Im Laufe der nächsten zwei Jahrzehnte blieb das Wirtschaftswachstum deutlich unterproportional, und die Steuereinnahmen pro Kopf fielen bis 1990 auf den Bundesdurchschnitt zurück. Gleichzeitig wurden die Primärausgaben, darunter auch die Personalausgaben noch derart ausgeweitet, daß trotz der umfangreichen Transfers im Finanzausgleich, welche die Steuerausfälle sogar überkompensierten, permanent hohe Defizite resultierten. Dadurch akkumulierte sich in zwanzig Jahren ein Schuldenberg, der nun pro Kopf dreimal so hoch ist wie im Durchschnitt aller Länder.

Das Saarland hatte bereits 1970 eine überproportionale öffentliche Verschuldung. Die eigene Steuerkraft reichte zusammen mit den empfangenen Transferzahlungen aber noch verhältnismäßig gut dafür aus, den Fehlbetrag im Haushalt und den Schuldendienst zu finanzieren. Auch hier verlief die Entwicklung in den folgenden zwei Jahrzehnten dann derart, daß die Staatsausgaben absolut und relativ expandierten und nicht den finanziellen Ressourcen (inklusive föderaler Transfers) angepaßt wurden.

Für den Untersuchungsgegenstand ist entscheidend, ob die Verschlechterung der budgetären Situation Folge unverschuldeter exogener Einflüsse war oder ob sie bewußt in Kauf genommen wurde, in Erwartung, daß sich Bund und übrige Länder früher oder später zu einem „bail-out“ bereit finden würden. Sicherlich sind Bremen (Werftindustrie) und Saarland (Montanindustrie) durch den Strukturwandel hart getroffen worden - im übrigen wie auch viele andere Regionen. Wer es aber über viele Jahre versäumt, die Voraussetzungen für die Ansiedlung von Ersatzindustrien zu schaffen,[45] und nicht bereit ist, bei den laufenden Ausgaben Abstriche zu machen, setzt sich dem Vorwurf aus, über seine Verhältnisse zu leben.[46]

Die Haushaltspolitik von Saarland und Bremen war *ex post* betrachtet rational. Eine solide Bewirtschaftung der finanziellen Ressourcen und ein deutlich geringerer Rückgriff auf den Kreditmarkt hätten ja einen Verzicht auf konsumtive Ausgaben bedeutet und wäre im System der föderalen Finanzbeziehungen mit niedrigeren Zahlungen „bestraft“ worden. Ein Gedankenexperiment mag dies illustrieren: Hätte das Saarland von 1970 bis 1990 eine Konsolidierung der öf-

45 Bayern war in den fünfziger Jahren ein nur schwach industrialisiertes Bundesland, dessen BIP pro Kopf noch im Jahre 1960 hinter dem des Saarlandes lag. Heute ist Bayern das Land mit der geringsten Verschuldung sowie der höchsten Investitionsquote und dank seiner dynamischen Wirtschaft von einem Empfängerland zu einem Zahlerland im Länderfinanzausgleich geworden. Man vergleiche auch die ökonomische Entwicklung in Luxemburg und Saarland, beides kleine Regionen, die geographisch günstig im Herzen Europas liegen!

46 Dem Erfindungsreichtum bei den Versuchen der Selbstexkulpation sind offenbar keine Grenzen gesetzt. Die saarländische Regierung begründete ihre prekäre Haushaltslage unter anderem damit, daß durch den späten Beitritt zur Bundesrepublik im Jahre 1957 die erste Phase des Wirtschaftsaufschwungs versäumt worden sei, und daß durch die von Frankreich gegründete Universität eine besondere Kostenbelastung bestünde (Bundesverfassungsgericht 1987, S. 371).

fentlichen Haushalte betrieben, dergestalt daß der *Anstieg* der nominalen Ausgaben Jahr für Jahr um 5 Prozentpunkte niedriger ausgefallen wäre als er tatsächlich stattfand, dann hätten sich die aufgezinsten Ersparnisse bis 1990 zu einem Betrag addiert, der *ceteris paribus* zu einer um rund 46 Prozent niedrigeren Verschuldung geführt hätte.

Von wissenschaftlicher Seite wird die Eigenverantwortlichkeit der in eine Haushaltsnotlage geratenen Bundesländer oft nicht gewürdigt.[47] So vertritt Littmann (1990, S. 320) die Ansicht, daß Kriterien wie überdurchschnittlich hohe Zinsausgaben grundsätzlich eine vertretbare Anspruchsgrundlage für Bundesergänzungszuweisungen (BEZ) abgäben, da sie wenigstens kurzfristig nur schwer zu beeinflussen seien. Dabei wird verkannt, daß strategische Anreize gegeben sind, für den Wähler angenehme öffentliche Leistungen auf Kredit zu finanzieren, in der wohl berechtigten Erwartung, daß die damit verbundenen Lasten in der weiteren Zukunft (dann erst nämlich wird die Bedienung des aufgehäuften Schuldenbergs nicht mehr finanzierbar, bei gleichzeitiger Aufrechterhaltung der gesetzlich determinierten öffentlichen Ausgaben) auf die anderen Glieder der Bundesgemeinschaft abgewälzt werden können.

Aus den Äußerungen des Bundesverfassungsgericht läßt sich der Schluß gewinnen, daß eine Konzeption föderaler Finanzbeziehungen, die auf restriktionsfreier budgetärer Selbständigkeit und Selbstverantwortung gründet, in der föderalen Finanzverfassung der Bundesrepublik Deutschland zeitinkonsistent und damit unglaubwürdig ist.

> *„Bundesergänzungszuweisungen dienen nicht dazu, finanziellen Schwächen abzuhelfen, die eine unmittelbare und voraussehbare Folge von politischen Entscheidungen bilden, die von einem Land in Wahrnehmung seiner Aufgaben selber getroffen werden. Ausnahmen hiervon mögen sich aus dem Bundesstaatsprinzip ergeben, wenn die Haushaltssituation eines Landes gerade eine Unterstützung im Wege der Ergänzungszuweisungen unabweislich fordert..“* Bundesverfassungsgericht (1987, S. 404).

Die Ambivalenz der Normen des Finanzausgleichsrechts wird in den Urteilen des Bundesverfassungsgerichts immer wieder deutlich. Wird an einer Stelle betont, daß die BEZ als residuale Komponente des Finanzausgleichs keineswegs zu einer Umkehrung der Finanzkraftreihenfolge führen dürften (Nivellierungsverbot), so wird der Gesetzgeber an anderer Stelle dazu ermächtigt, Sonderlasten einzelner Länder bei der Gewährung von BEZ zu berücksichtigen, unter Umständen soweit, daß dabei die durchschnittliche Finanzkraft aller Länder überschritten wird.

---

47 Vgl. z.B. Färber (1993, S. 313).

4.3.3. Fallbeispiel 2: Die Peso-Krise Mexikos

Die sogenannte Peso-Krise Ende 1994 und Anfang 1995 bezeichnet die Liquiditätskrise der mexikanischen Regierung in Folge der dramatischen Abwertung des mexikanischen Peso. Die damit verbundene allgemeine Finanz- und Wirtschaftskrise bedeutete für den beachtlichen ökonomischen Aufschwung, den dieses Landes in den Jahren zuvor verzeichnet hatte, einen überaus starken Rückschlag mit einem zunächst deutlichen Rückgang des Sozialprodukts. Um ein Übergreifen der Krise auf das internationale Finanzsystem zu verhindern, wurden hauptsächlich von den USA Kredite in Höhe von rund 50 Mrd. US-$ zur Verfügung gestellt.[48]

Nachdem die mexikanische Volkswirtschaft über viele Jahre unter hoher Inflation und dem protektionistischen Schutz nicht konkurrenzfähiger Industrien gelitten hatte, wurde in den späten 80er Jahren, wie auch in anderen lateinamerikanischen Länder, mit tiefgreifenden strukturellen Reformen begonnen. Während der Regierungszeit von Präsident Salinas (1988-94) wurde aus dem Defizit des Staatshaushaltes ein Überschuß, teilweise dreistellige Zollsätze wurden drastisch gesenkt und die jährliche Inflationsrate in den einstelligen Bereich gebracht (Zietz 1996). Die jährliche Wachstumsrate des realen BIP erreichte im Zeitraum 1987 bis 1995 durchschnittlich 2,7 Prozent und lag damit höher als die Wachstumsrate der Weltwirtschaft (International Monetary Fund 1995, S. 92). Die internationalen Kapitalmärkte entdeckten Mexiko als vielversprechendes Anlageland.

Im Laufe des Jahres 1994 kam es mehrfach zu Kapitalabflüssen und Abschmelzen der Devisenreserven der mexikanischen Zentralbank. Ursachen dafür waren vor allem durch politische Ereignisse ausgelöste Vertrauenskrisen bei den internationalen Investoren.[49] Nachdem die Devisenreserven auf nur noch 6 Mrd. US-$ gefallen war, verkündete die mexikanische Regierung am 22. Dezember das Ende der Politik des festen Wechselkurses und ließ den Peso frei floaten. Eine Finanzkrise war die Folge. Der Peso fiel gegenüber dem Dollar innerhalb einer Woche um 40 Prozent,[50] die Zinsen schossen in die Höhe, und der Zugang der Regierung zu den internationalen Kreditmärkten wurde erheblich ein-

48 Für eine ausführliche Beschreibung der Peso-Krise siehe z. B. Calvo/ Mendoza (1996), Espinosa/ Russell (1996) und Whitt (1996).

49 Darunter fallen der Indioaufstand in der Provinz Chiapas und mehrere politische Morde, darunter der an dem Präsidentschaftskandidaten Colosio.

50 Eine moderate Abwertung war seit langem erwartet worden. Dornbusch/ Werner (1994) hatten kritisiert, daß der zum Dollar fixierte Wechselkurs des Peso und die im Vergleich zu den USA höhere Inflationsrate die Wettbewerbssituation Mexikos verschlechtert hätten. Die Mexikaner würden mit den ausländischen Kapitalzuflüssen in steigenden Maße Konsum zu Lasten von Investitionen finanzieren.

geschränkt. Quasi über Nacht verlor Mexiko seine Reputation für stabile Wechselkurse bei freiem Kapitalverkehr, für seine disziplinierte Fiskalpolitik und damit den wichtigsten Vorteil aus dieser Reputation, eine erträgliche reale Zinslast auf die bestehende Staatsschuld (Whitt 1996, S. 14). Verheerend wirkte sich nun aus, daß ein Großteil der ausländischen Portfolio-Investitionen in Form von kurzfristigen, in US-Dollar indexierten Schuldverschreibungen des Staates (1 bis 3 Monate) gehalten wurde. Da die mexikanische Regierung mehr und mehr die Fähigkeit verlor, diese Anleihen zu refundieren, entwickelte sich sehr schnell eine sich selbst verstärkende Liquiditätskrise. Es war eine bittere Ironie, daß sich die Schuldenstruktur des mexikanischen Zentralstaates erst im Laufe des Jahres 1994 von überwiegenden Peso-Anleihen hin zu dollarindexierten Anleihen gewandelt hatte. Dies sollte gerade die Glaubwürdigkeit der Währungspolitik stärken.

Sehr schnell wurde unter Führung der Regierung der Vereinigten Staaten eine internationale Rettungsaktion gestartet, um die Auswirkungen der Peso-Krise einzudämmen, indem dem mexikanischen Finanzsystem neue Devisenvorräte zugänglich gemacht wurden. Bereits am 2. Januar 1995 wurde ein Kredit in Höhe von 18 Mrd. US-$ gewährt.[51] Da der Ankündigungseffekt dieser Maßnahme nicht reichte, den Peso zu stabilisieren und das Vertrauen der Investoren wiederherzustellen, wurde das Kreditpaket bereits am 31. Januar auf über 50 Mrd. US-$ aufgestockt.[52] Diese Maßnahmen und ein strenges Austeritätsprogramm, das im März 1995 begonnen wurden, bewirkten eine Stabilisierung des mexikanischen Peso und eine allmähliche Rückkehr des Vertrauens der internationalen Kapitalmärkte. Die langsame Erholung der mexikanischen Wirtschaft und die deutliche Zunahme der Exporte ermöglichen die Rückzahlung der zur Bewältigung der Krise in Anspruch genommenen Kredite (De Long 1996).[53]

Von heute aus betrachtet hat die US-Regierung aus ihrer Rettungsaktion sogar Zinsen erwirtschaftet. Dies war allerdings im Kulminationszeitpunkt der Peso-Krise nicht abzusehen, so daß von dem „bail-out" eines kreditrationierten Schuldners gesprochen werden kann. Aus mehreren Gründen war das „bail-out" vor allem aus Sicht der amerikanischen Regierung sinnvoll, d.h. im eigenen Interesse der Geber:

---

51 Davon kamen 9 Mrd. von den USA, 1 Mrd. von Kanada, 5 Mrd. von der BIZ und 3 Mrd. von amerikanischen Geschäftsbanken.

52 Davon waren Zusagen der USA: 20 Mrd., des IMF: 18 Mrd., der BIZ: 10 Mrd., und von Geschäftsbanken: 3 Mrd. US-$

53 Sowohl der mexikanische Staat als auch der private Sektor haben wieder Zugang zum internationalen Kreditmarkt. Vgl. Bank for International Settlements (1997a, S. 6 und 1997b, S. 8).

- Im Verhältnis zur Ökonomie der USA ist die mexikanische Volkswirtschaft sehr klein, und die negativen „spillovers“ einer Rezession im Nachbarland dürften sich insgesamt eher gering ausnehmen. Die angrenzenden Bundesstaaten Kalifornien und Texas jedoch sind eng mit der mexikanischen Wirtschaft verflochten; die Handelsströme sind bedeutend: So gehen über ein Drittel der Exporte von Texas nach Mexiko; die Exportproduktion für Mexiko kann dort als wichtigster „Wirtschaftszweig“ betrachtet werden (Nalewaik/ Taylor 1996).

- Die USA hatten ein großes Interesse, die Wirkung des sogenannten „Tequila-Effekts“ auf Lateinamerika zu begrenzen. Dieser Effekt bezeichnete das drohende Übergreifen der mexikanischen Krise auf andere Staaten mit hohen ausländischen Portfolio- und Direktinvestitionen. Argentinien und Brasilien, die gleichermaßen ihre Stabilisierungspolitik auf festen Dollar-Wechselkursen aufbauten, erlebten die schwersten Schocks, die von der mexikanischen Krise ausgelöst wurden. Andere nationale Kapitalmärkte von Entwicklungs- und Schwellenländer wurden ebenfalls von spekulativen Attacken bedroht.[54] Auch die kanadische Zentralbank mußte während des Januar 1995 dreimal die kurzfristigen Zinsen anheben.

- Die Alternative zu dem durchgeführten „bail-out“ hätte darin bestanden, Mexiko auf sich allein gestellt die Umschuldungs- und Stundungsverhandlungen mit seinen Gläubigern führen zu lassen. Die Einführung von Kapitalverkehrskontrollen und Devisenbewirtschaftung wäre eine unmittelbare Folge gewesen. Dies hätte das Projekt der Nordamerikanischen Freihandelszone NAFTA, die erst am 1. Januar 1994 gestartet war, gefährdet. Gleichzeitig wäre der Ansatz einer marktorientierten Entwicklungsstrategie weltweit diskreditiert worden.

- Die Gefahr einer Zunahme illegaler Einwanderung aus Mexiko in die USA und eine größere Rolle Mexikos als Drogentransitland waren weitere Argu-

54 Der philippinische Peso wertete zwischen dem 19. Dezember 1994 und Ende Februar 1995 um 15 Prozent gegenüber dem US-$ ab, und der Börsenindex des Landes fiel allein im Dezember um 15 Prozent. Als Reaktion darauf verteuerte die Zentralbank die Refinanzierung - die kurzfristigen Zinsen stiegen von 9 auf 31 Prozent. Ähnliche defensive Maßnahmen mußten von den Währungsbehörden in Hong Kong, Thailand und Indonesien getroffen werden. Weltweite Liquiditätsprobleme, die von der Peso-Krise ausgelöst wurden, machten sich auch in osteuropäischen Transformationsländern bemerkbar. Aus Furcht vor spekulativen Angriffen gegen ihre Währungen erhöhten die Nationalbank von Polen und die ungarische Zentralbank ihre Zinssätze im Januar 1995. Vgl. Orlowski (1996).

mente der US-Regierung, warum man versuchen müsse, die Auswirkungen der Peso-Krise zu dämpfen.[55]

Die Schnelligkeit mit der die USA auf die Peso-Krise reagierten war beeindrukkend. Präsident Clinton bewegte sich dabei hart am Rande der Legalität: Da der Kongreß, der in den Vereinigten Staaten das unbedingte Budgetrecht besitzt, so kurzfristig keine Zustimmung zu den Krediten an Mexiko gab, griff die Regierung auf den „Exchange Rate Stabilization Fund" zurück, der in den dreißiger Jahren zur Stützung des Dollars eingerichtet worden war (Wheat 1995).

Historische Erfahrungen aus der Zeit zwischen den Weltkriegen mögen zu der Auffassung beigetragen haben, daß eine zögerliche oder unzureichende Finanzhilfe für ein in eine Liquiditätskrise geratenes Land die weitere Ausbreitung der Krise befördern könnte: Als im Mai 1931 die größte Bank in Österreich, die Kreditanstalt, deren Geschäftsvolumen im fraglichen Jahr fast das Volumen des Staatshaushaltes erreichte[56] zahlungsunfähig wurde und ihre Schalter schloß, löste dies eine Kettenreaktion in anderen europäischen Ländern aus. Die internationale Staatengemeinschaft reagierte nur langsam, aufgehalten durch interne Schwierigkeiten sowie durch politische Antipathien und durch eine Verkennung der Bedeutung des Problems (Moggridge 1982, S. 180). Insbesondere Frankreich, dem die engen Beziehungen zwischen Österreich und Deutschland ein Dorn im Auge waren, verweigerte sich dem von der Internationalen Bank für Zahlungsausgleich angeführten Versuch, Österreich mit Devisen zu versorgen, um den Run auf dessen Währung zu stoppen. Die Krise in Österreich brachte international operierende Banken dazu, Anlagen aus Ländern abzuziehen, die ebenfalls als „schwach" galten. Nach Ungarn und weiteren kleineren Ländern in Osteuropa kam es in Deutschland zu einem „Run" der Auslandsgläubiger und zur massiven Kapitalflucht. Angesichts der fortdauernden Gold- und Devisenabflüsse verweigerte die Reichsbank der hoch mit Auslandskrediten belasteten Darmstädter und Nationalbank eine weitere Refinanzierung, worauf diese ihre Schalter schließen mußte. In der Folge kam es zu einem allgemeinen Inlandsrun, und nur die Erklärung von Bankfeiertagen und gesetzliche Zahlungsverkehrsbeschränkungen konnten den Zusammenbruch des gesamten Kreditbankenwesens verhindern (Stucken 1964, S. 85).[57]

55 Vgl. o. V. (1995a).

56 Vgl. März (1982, S. 191).

57 Ähnlich wie Mexiko über sechs Jahrzehnte später, galt Deutschland zu dieser Zeit als attraktives Anlageland mit hohen Zinsen und einer starken Kapitalnachfrage. Nach der Währungsstabilisierung im Jahre 1924 und der Regelung der Reparationsfrage im Dawes-Plan wurde an der Kreditwürdigkeit dieses hochentwickelten Industrielandes nicht gezweifelt. Zudem bestand der Generalrat der Reichsbank zur Hälfte aus Ausländern. Vgl. Born (1986, S. 22-28).

Im Juli 1931 erreichte die Krise London, den bedeutendsten Finanzmarkt in Europa. Die britische Regierung versuchte nicht mehr, das Pfund zu halten und hob am 21. September die Goldkonvertibilität auf. Weitere Staaten rückten vom Goldstandard ab (die USA 1933); die Abwertungs- und Protektionswettläufe der Vorkriegszeit mit den bekannten verheerenden Auswirkungen auf die Weltwirtschaft begannen. Ob die Finanz- und Währungskrisen des Jahres 1931 angesichts der Instabilität des restaurierten Goldstandards und der beträchtlichen Ungleichgewichte in den Zahlungsbilanzen mehrerer Länder mit konzertierten internationalen Hilfsaktionen überhaupt zu verhindern gewesen wären (Moggridge 1982, S. 182) oder ob die in der Tat ausgelösten negativen konjunkturellen Effekte auf die realen Ökonomien[58] sogar die Machtübernahme der Nationalsozialisten und alle daraus resultierenden Folgen begünstigt haben (De Long 1996), muß allerdings offen bleiben.

Aus der Peso-Krise lassen sich einige vorsichtige Schlußfolgerungen für den Untersuchungsgegenstand ziehen, auch wenn man die spezifische ökonomische Situation von Mexiko berücksichtigt. Die Einschätzung der Märkte gegenüber einem öffentlichen Schuldner kann sich durch „news" abrupt und heftig ändern.[59] Im Extremfall wird eine Finanzpanik ausgelöst, in der für den einzelnen Investor die fundamentalen ökonomischen Daten von heute auf morgen keine Rolle mehr zu spielen scheinen. Das zu beobachtende Herdenverhalten ist aber individuell völlig rational. Sollen angesichts drohender massenhafter Verkäufe auf dem Markt Verluste begrenzt werden, sind sofortige Entscheidungen notwendig. Informationen über die Solvenz des Schuldners und die eigene Bewertung dieser Informationen werden dann vollkommen irrelevant gegenüber dem Verhalten der anderen Marktteilnehmer. Dieses Kalkül kann wiederum zu selbsterfüllenden Erwartungen führen. Rückblickend sind die folgenden negativen Effekte oft unverhältnismäßig im Vergleich zu den Ereignissen, welche die Panik auslösten.

In der EU ist es nicht auszuschließen, daß eine hohe Verschuldung eines Landes bzw. einer Gebietskörperschaft von den Kapitalmärkten lange Zeit bei geringen

---

58 Vgl. die Ansicht von Stucken (1964, S. 85-86): *„Man darf sagen daß Deutschland 'bis zum Weißbluten' bemüht gewesen ist, seine Verpflichtungen gegenüber seinen Auslandsgläubigern, den Reparations- wie auch den privaten Kreditgläubigern, in vollem Maße zu erfüllen. [..] Die Zerrüttung des inländischen Zahlungs- und Kreditverkehrs hat Deutschland weitere Absatzstockung und Konjunkturverschlechterung gebracht und hat die Zahl der Arbeitslosen um weitere Hunderttausende erhöht."*

59 Melick (1996) berichtet von durchweg negativen Ergebnissen ökonometrischer Arbeiten, Modelle spekulativer Angriffe auf den Zusammenbruch des mexikanischen Wechselkursregimes im Dezember 1994 anzuwenden. Damit ist auch die Frage negativ zu beantworten, ob mit entsprechend ausgefeilten Techniken („Frühwarnsystemen") eine Vorhersage dieses Ereignisses möglich gewesen wäre.

Spreads toleriert wird. Unerwartete politische Krisen können aber der Anlaß für eine Neubewertung der ausstehenden Verbindlichkeiten sein, die – je nach der Laufzeitstruktur der Schulden – möglicherweise zu kurzfristigen Liquiditätsproblemen führen. Ob es zu einem „bail-out" von Seiten anderer Länder kommt (anders ausgedrückt nehmen sie die Funktion einer Art von „lender-of-last-resort" wahr) ist völlig unabhängig davon, welche wirtschaftspolitischen Entscheidungen der Regierung des betreffenden Staates unter Umständen zum Ausbruch der Krise beigetragen haben. Entscheidend ist allein, daß die interregionalen und internationalen „spillover"-Wirkungen der Krise bedeutend sind und durch ein Eingreifen begrenzt werden können.

Abschließend sei der Finanzministers Kanadas zitiert, der deutlich macht, wie die Globalisierung der Finanzmärkte eine rationale Budgetplanung erschwert:

> *„Mexico's difficulties were something of a wake-up call. [..] It was the kind of object lesson that politicians find more compelling than hypothetical scenarios from business economists, media pundits, and rating agencies. The Mexican episode did influence the budget because it directly affected something that had the potential to throw us off target– like an unanticipated hike in Canada's interest rates or a downbeat change in the growth forecast. So, while the Mexican crisis clearly fell into the category of real perturbations in the economy, Moody's pre-budget signal of a potential down-grade of our debt did not."* (Martin 1996, S. 23)

4.4. Zusammenfassung und Bewertung

Wir haben gesehen, daß vor allem mit der Arbeit der internationalen Ratingagenturen Instrumente zur Verfügung stehen, welche die „Kreditwürdigkeit" öffentlicher Schuldner beurteilen können. Die Bedeutung einer Überwachung von Fiskaldisziplin gewinnt bei dieser Bewertung immer mehr an Bedeutung.[60] Aus mehreren Gründen wurden aber plausible Argumente dafür gefunden, daß ein alleiniges Vertrauen auf die Kontrollfunktion der Kapitalmärkte Fiskaldisziplin nicht sichern kann.

Kommt es zu einer Schuldenkrise, ist ein Staat in der Regel nicht insolvent sondern illiquide. Das Verhalten der Vielzahl von Gläubigern wirkt über externe Effekte aufeinander ein. Entscheidend für den Ausbruch der Schuldenkrise ist die Weigerung der Gesamtheit der Gläubiger, die ausstehende Schuld zu revolvieren. Für den einzelnen Gläubiger ist die Beobachtung der anderen Gläubiger

---

60 Siehe hierzu die Auskunft von Standard & Poor's: *„Fiscal analysis, important in the past, will be the main criterion for differentiating credit quality of sovereigns inside the EU."* (Beers/ Cavanaugh 1997, S. 9)

oft wichtiger als die Bonitätsprüfung des Schuldners. Die Ahnung einer allgemeinen Befürchtung einer Liquiditätskrise kann diese im Sinne selbsterfüllender Prophezeiungen unter Umständen erst herbeiführen.[61]

Zwar unterscheiden die Ratingagenturen sehr wohl zwischen der Rückzahlungsfähigkeit und der Rückzahlungswilligkeit einer Regierung. Es werden neben ökonomischen Informationen auch Fakten des politischen Systems berücksichtigt. Die Problematik bei der Interpretation dieser „weichen" Fakten zeigt sich aber darin, wenn darauf verwiesen wird, daß „*...a government that is unwilling to repay debt usually is pursuing economic policies that weaken its ability to do so*" (Beers/ Cavanaugh 1997, S. 3). Letztlich wird also doch der ökonomischen Analyse der Kreditwürdigkeit im Sinne einer Zahlungsfähigkeit, wie sie nur für private Schuldner adäquat ist, der Vorzug gegeben.

Die Differenzierung der Bonität der EU-Mitglieder nach dem Grad ihrer Fiskaldisziplin durch entsprechende Zinsspreads wird erschwert, wenn die „no bailout" Klausel des EGV nicht glaubwürdig, also dynamisch inkonsistent ist. Die Auffassung, es könnte ein umfassender Haftungsausschluß institutionalisiert werden, steht im Widerspruch zum Prozeß der europäischen politischen Integration. Ökonomische Interdependenzen erzwingen dann finanzielle Hilfsmaßnahmen für hochverschuldete Mitgliedstaaten, wenn die Kosten des Nichteingreifens hinreichend groß sind. Da dies in der Vergangenheit bereits mehrfach zwischen Ländern zu beobachten war, deren wirtschaftliche Verflechtungen erheblich geringer sind als diejenigen zwischen den Mitgliedstaaten der EU, ist ein gegenseitiger finanzieller Beistand wahrscheinlich.

Die Bedienung einer existierenden Schuld ist mit einem Transfer von Ressourcen verbunden. Nach der Theorie undurchsetzbarer Forderungen kann gegen staatliche Schuldner kein wirksamer Zwang ausgeübt werden, diesen Transfer vollständig zu leisten. Es ist immer eine Abwägung von Kosten und Nutzen, ob er durchgeführt wird. In demokratischen Systemen konkurrieren die Gläubiger der Staatsschuld mit anderen Interessengruppen über die Verteilung begrenzter Ressourcen, die gegen beträchtliche Widerstände laufend als Steuern und Abgaben beschafft werden müssen (Bishop 1992, S. 218). Zukünftige politische Entscheidungen, die das Ergebnis solcher, sich im Wandel befindlicher Interessenkonflikte sind, lassen sich nur äußerst schwer antizipieren.

Der am Anfang des Kapitels anhand von Zitaten deutlich gemachte Streit zwischen Gegnern und Befürwortern von Fiskalvorschriften in der dritten Stufe der Wirtschafts- und Währungsunion geht in gewisser Weise am Kern des Problems

61 Formal ausgedrückt handelt es sich um die Existenz multipler Gleichgewichte. Vgl. Cole/ Kehoe (1996) für eine Modellierung selbsterfüllender Schuldenkrisen.

vorbei. Marktdisziplin und Koordinierung von Fiskaldisziplin sind komplementär und nicht substitutiv zu sehen. Der Staat greift bereits in vielfältiger Weise – insbesondere durch ordnungspolitische Rahmensetzungen – in die Kapitalmärkte ein (Bankenaufsicht, Prospekthaftung etc.), auch und gerade weil diese im letzten Jahrzehnt stark liberalisiert wurden. Entsprechend sind bei der Teilnahme öffentlicher Schuldner am Kredit- bzw. Kapitalmarkt vergleichbare Regulierungen erforderlich. Während der Gläubigerschutz im rechtlichen Rahmen, in dem private Unternehmen agieren, einen hohen Stellenwert besitzt, sind entsprechende Normen für öffentliche Haushalte dünn gesät. So fehlen Vorschriften für eine Bilanzierung, die dem potentiellen Gläubiger Auskunft über die Vermögensverhältnisse des Schuldners geben würden. Die buchungstechnischen Kniffe mehrerer Finanzministerien - das sogenannte „creative accounting“ -, die für das Jahr 1997 das Erreichen eines maximalen Defizits der öffentlichen Haushalte von 3% des BIP ermöglichen sollen (siehe Abschnitt 7.4.3.), zeigen, daß Haushaltssalden in einem gewissen Rahmen manipuliert werden können. Die Harmonisierung der Rechnungslegungsvorschriften für öffentliche Haushalte unter Zugrundelegung der Prinzipien kaufmännischer Buchführung ist eine der Möglichkeiten, den Kapitalmärkten jene Informationen zu liefern, mit denen sie sich ein fundiertes Urteil über die Bonität öffentlicher Schuldner überhaupt erst bilden können. Des weiteren sind gemeinsame Vorschriften für das Schuldenmanagement denkbar, die die Möglichkeit kurzfristiger Verschuldung begrenzen, oder aufsichtsrechtliche Vorschriften, die Finanzintermediären einen maximal möglichen Betrag von Forderungen gegen staatliche Schuldner vorschreiben.

5. Argumentationslinien für einen Koordinierungsbedarf

Im vorigen Kapitel wurden mit der Argumentation bezüglich der Grenzen einer Marktdisziplinierung öffentlicher Schuldner gleichzeitig internationale Auswirkungen, im folgenden als „spillovers" bezeichnet, der übermäßigen Verschuldung eines Landes angesprochen. Im internationalen Kontext relevante wirtschaftspolitische Maßnahmen eines Landes sind solche, die den Grad der Zielerfüllung der Wirtschaftspolitik eines anderen Landes beeinflussen (von Hagen 1997, S. 265). Soweit der Bereich der Finanz- und Fiskalpolitik betroffen ist - beide lassen sich nicht immer klar voneinander trennen -, werden sie in diesem Kapitel diskutiert und auf ihre Bedeutung für die Koordinierung von Fiskaldisziplin in der EU untersucht. Die Begriffe der Koordinierung bzw. der Kooperation können und müssen präzisiert werden. Sinnvollerweise wird das aber erst im nächsten Kapitel der Arbeit geschehen, wenn Koordinierungskonzepte vorgestellt werden. An dieser Stelle genügt es, von einer planvollen wirtschaftspolitischen Zusammenarbeit der Regierungen souveräner Staaten auszugehen.

Zunächst wird kurz auf die These eingegangen, bei den als potentiellen Koordinierungsgegenständen diskutierten „spillovers" handele es sich in erster Linie um sogenannte „pekuniäre Externalitäten", also Interdependenzen, die nicht direkt vom Verursacher auf den Empfänger wirken, sondern über Märkte und die Veränderung von Marktpreisen übertragen werden. Ein Koordinierungsbedarf wäre dann nicht gegeben. Es wird gezeigt, daß diese These von falschen Voraussetzungen ausgeht, weil das mikroökonomisch präzise definierte Konzept externer Effekte in der Tradition von Pigou und Coase sowie seine Aussagen zur allokativen Effizienz für die betrachteten Sachverhalte keine Anwendung finden kann.

Die Wechselwirkungen zwischen fiskalischer und monetärer Disziplin werden im zweiten Abschnitt des Kapitels analysiert. In diesem Zusammenhang wird nur der Teil der EU betrachtet, der sich als Währungsunion konstituiert, während andere Argumentationslinien nicht auf die Existenz einer einheitlichen Währung angewiesen sind. Die Gefährdung monetärer Disziplin, verstanden als Sicherung des Ziels der Preisstabilität, durch unkoordinierte bzw. unkontrollierte exzessive nationale Haushaltsdefizite stand vor, während und nach der Aufstellung des Maastricht-Vertrages im Zentrum der Aufmerksamkeit. Weniger beachtet wurden hingegen Aspekte der umgekehrten Wirkungsrichtung. Aus einer politökonomischer Betrachtung können Nutzengewinne der Preisstabilität für die Fiskaldisziplin identifiziert werden. Die fiskalischen Interdependenzen, die in einer Währungsunion in bezug auf den Wechselkurs der gemeinsamen Währung gegenüber dem Rest der Welt wirken, werden nicht berücksichtigt.[1]

Dem Koordinierungsbedarf aus Sicht der Wohlfahrtsökonomik wird im dritten Abschnitt nachgegangen. Arbeiten, die für diesen Bereich vorliegen, versuchen in der Regel mit Hilfe eines Vergleichs kooperativer und nichtkooperativer Lösungen eine Antwort darauf zu geben, ob eine international koordinierte staatliche Kreditaufnahme zu Wohlfahrtsgewinnen führt. Die Zins-„spillovers" nationaler Verschuldung auf den Weltkapitalmarkt stehen dabei im Mittelpunkt der Aufmerksamkeit. Anschließend geht ein Exkurs zur Empirie der Zinswirkung öffentlicher Schulden der Frage nach, ob die Zins-„spillovers" quantitativ so bedeutsam sind, daß ein Koordinierungsbedarf tatsächlich besteht.

Die Perspektive der Neuen Politischen Ökonomie wird im fünften Abschnitt wieder aufgegriffen. Ein Ansatz sieht hier Koordinierung unter dem Aspekt der internationalen Kartellbildung nationaler Regierungen. Ein anderer Akzent wird von Überlegungen gesetzt, die die Anreize derjenigen Politiker einbeziehen, die für die Budgetaufstellung- und Durchführung verantwortlich zeichnen. Wenn solide öffentliche Finanzen einen Gewinn an persönlichem Prestige bedeuten, dann kann mit supranationalen Vereinbarungen zur Fiskaldisziplin versucht werden, den sich im Budgetprozeß artikulierenden Ausgabenwünschen der gesellschaftlichen Interessengruppen entgegenzuwirken.

Eine Zusammenfassung derjenigen Argumentationslinien, die sich als robust hinsichtlich ihrer Begründungskraft für eine Koordinierung von Fiskaldisziplin erwiesen haben, schließt das Kapitel ab.

5.1. Zur Begrifflichkeit internationaler Externalitäten und „spillovers"

In der Diskussion um internationale Interdependenzen eines nationalen Mangels an Fiskaldisziplin ist oft von Externalitäten die Rede, wenn wirtschaftspolitische Entscheidungen einer Regierung den wirtschaftspolitischen Aktionsraum anderer Regierungen beschneiden. Das meist genannte Beispiel ist der interna-

1 Der Zwang, eine Entscheidung zwischen externer und interner Stabilisierung treffen zu müssen, stellt sich in der Europäischen Währungsunion nicht unbedingt als besonders kritisch dar. Zwar gibt es Befürchtungen, daß die Wechselkurspolitik in der Hand der Regierungen zu Konflikten mit der Europäischen Zentralbank und der Einhaltung monetärer Disziplin führen könnte. Diese Bedenken sind übertrieben, falls die Größe der entstehenden Währungsunion die Möglichkeiten für gezielte politische Manipulationen der Währungsrelationen – insbesondere gegenüber dem US-Dollar – vermindert (Martin 1997).

tional zinstreibende Effekt einer nationalen Steigerung der Staatsverschuldung. Es wird argumentiert, daß in diesem Fall der klassische Fall von Marktversagen vorliege, der ein ordnendes Eingreifen notwendig mache, sei es durch eine übergeordnete Instanz oder sei es durch freiwillige Kooperation (Fabeck 1995, S. 17). Dagegen ist die Auffassung vertreten worden, es sei strikt zu trennen zwischen technologischen externen Effekten und den pekuniären externen Effekten. Letztere seien lediglich eine unglücklich gewählte Bezeichnung für allgemeine Marktinterdependenzen, die keine negativen Konsequenzen in Bezug auf die ökonomische Effizienz hätten. Die Kreditaufnahme eines Staates auf internationalen Kapitalmärkten sei ein typisches Beispiel, wie sich Änderungen der Nachfrage eines Marktteilnehmers über Preisänderungen auf andere Marktteilnehmer auswirkten. Prinzipiell bestehe kein Unterschied zum Markt für Bananen, und Marktbeschränkungen seien ökonomisch nicht zu begründen (Buiter 1992, S. 9).

Beide Positionen gehen von falschen Voraussetzungen aus. Externe Effekte sind in der Mikroökonomie ein wohldefiniertes Konzept. Technologische Externalitäten liegen dann vor, wenn ein Agent (Haushalt oder Unternehmung) bei der Optimierung seiner Zielfunktion über Variable entscheidet, die direkt in die Produktions- oder Nutzenfunktion eines anderen Agenten eingehen. Die Einwirkung auf andere Agenten geschieht dabei ohne die Absicht der Einwirkung. In einer Konkurrenzökonomie, welche die üblichen Konvexitätseigenschaften aufweist, führt die Existenz externer Effekte dazu, daß das erste Theorem der Wohlfahrtsökonomik nicht gilt. Mechanismen der Internalisierung externer Effekte können dann dafür sorgen, daß ein Ausgleich privater und sozialer Kosten bzw. Erträge gefunden wird.

Die Theorie externer Effekte ist bereits deshalb schwer auf den Fall der internationalen Koordinierung der Fiskalpolitik übertragbar, weil hier nicht von vollkommener Konkurrenz ausgegangen werden kann. Die Regierungen sind mit den Ressourcen, über die sie verfügen können, in der Regel so groß gegenüber anderen Agenten, daß sie nicht als Preisnehmer betrachtet werden können. Damit verbunden ist die Möglichkeit zu strategischem Verhalten. Selbst wenn ein Land und sein Kapitalbedarf für öffentliche Haushalte „klein" sind in Relation zum Weltkapitalmarkt, wäre zuerst zu klären, welchem Typ von ökonomischem Agenten das Verhalten der jeweiligen Regierung zuzuordnen ist: Einem Maximierer der Nutzenfunktion eines repräsentativen Konsumenten bzw. einer aggregierten gesellschaftlichen Wohlfahrtsfunktion oder einem Moderator konfligierender Interessengruppen?

Allgemein gilt in der Mikroökonomik, die für den Staat als Agent eigenen Typs keinen selbständigen Platz kennt: Wenn alle Annahmen für ein pareto-optimales Konkurrenzgleichgewicht erfüllt sind, dann gleichen Preise lediglich Angebot und Nachfrage aus, und pekuniäre Externalitäten haben keine Bedeutung. Wenn diese Annahmen aber zum Teil nicht gelten, üben Preise in der Regel weitere Funktionen aus. In Ökonomien mit asymmetrischer Information, z. B. zwischen Kreditnehmer und Kreditgeber, transportieren Preise Informationen (siehe die Ausführungen zur Kreditrationierung im vorigen Kapitel). Wenn Agenten Preise beeinflussen, dann beeinflussen sie auch die Wohlfahrt anderer Agenten, indem sie beispielsweise ihre Informationsstrukturen verändern.[2] Pekuniäre Externalitäten sind dann aus wohlfahrtsökonomischer Sicht relevant (Laffont 1989).

> *„In such economies the distinction between pecuniary and technological externalities vanishes because changes in prices do more than create or destroy rents. It is quite possible that the arguments in favour of the coordinated international management are (implicitly) based on such a non-Walrasian world view.“* Buiter/ Kletzer (1992, S. 239).

Dadurch daß die Annahmen für die Gültigkeit des ersten Theorems der Wohlfahrtsökonomik nicht erfüllt sind, erschließt sich ein Begründungsfeld für internationale Politikkoordination, das nicht mit dem Verweis auf nur scheinbare, pekuniäre Externalitäten gesperrt werden kann. Selbst wenn das erste Theorem der Wohlfahrtsökonomik gilt, ergeben sich im Übergang von einem Paretogleichgewicht zu einem anderen Paretogleichgewicht Verteilungseffekte, denen Regierungen, die soziale Wohlfahrtsfunktionen maximieren, nicht indifferent gegenüberstehen. Die zu gebrauchende Begrifflichkeit ist in diesem Zusammenhang Sache der Konvention. Im folgenden wird generell von „spillovers“ gesprochen, wenn internationale bzw. interregionale Politikinterdependenzen behandelt werden.

5.2. Interdependenzen monetärer und fiskalischer Disziplin

5.2.1. Die Wirkungen fiskalischer Disziplin auf die Geldpolitik

Prinzipiell können sich Fiskal- und Finanzpolitik eines Staates über zwei Wege auf die Einhaltung monetärer Disziplin auswirken. Direkte Effekte auf das Ziel der Preisstabilität werden von Versuchen der Regierung ausgelöst, die Zentralbank für ihre Finanzierungszwecke zu (miß)brauchen. Dabei läßt sich der Wunsch nach Kreditgewährung, von der Teilentschuldung und Entlastung von realen Zinszahlungen über die Auslösung einer nicht antizipierten Inflation unterscheiden. Indirekt können der Umfang und die Strukturveränderungen öffentlicher Haushalte bereits aufgrund ihrer Größe preisniveaubeeinflussende Nachfrageeffekte bewirken.

---

2 Ein Schuldner hoher Bonität wird nicht beliebig hohe Kreditzinsen bieten.

Es erübrigt sich, an dieser Stelle den institutionellen Rahmen der Geldpolitik in der Europäischen Währungsunion zu repetieren, der der Europäischen Zentralbank (EZB) einen Status garantiert, der noch über die unabhängige Stellung ihres Prototyps, der Deutschen Bundesbank, hinausreicht.[3] Sowohl für die EZB als auch für die Mitglieder des Europäischen Systems der Zentralbanken (ESZB) ist das Ziel Preisstabilität zu gewährleisten unmißverständlich festgeschrieben.[4] Damit müßte den Versuchen regierender Politiker, die Geldpolitik ihren Interessen einer bequemen Finanzierung von Staatsausgaben unterzuordnen, ein ausreichend starker Riegel vorgeschoben sein. Andererseits treten in der öffentlichen Diskussion, der von wissenschaftlicher Seite sekundiert wird, Befürchtungen zutage, die EZB könnte trotz ihrer Unabhängigkeit *de jure* dem Druck einer Monetisierung von Staatsschulden nachgeben, wenn die öffentlichen Finanzen eines Mitgliedstaates nur hinreichend genug zerrüttet wären,. Das deutet schon der Begriff des „Stabilitätspakts“ an (siehe dazu Abschnitt 7.4.), der die Leitlinien des Art. 104c in Sekundärrecht umsetzt. Mit dieser Wortwahl wird offiziell die Stabilität der Währung als das dominante Begründungsmotiv für die Koordinierung von Fiskaldisziplin in der EU proklamiert.

Es ist deshalb angebracht zu prüfen, ob zwischen dem Niveau der Staatsverschuldung und der Zielerfüllung hinsichtlich eines stabilen Preisniveaus Zu-

---

3 So wird verlangt, daß die Rechtsstellung der Bundesbank nach dem Bundesbankgesetz angepaßt wird, indem zur Sicherung ihrer institutionellen Unabhängigkeit das Recht der Bundesregierung beseitigt wird, Beschlüsse des Zentralbankrats vorübergehend auszusetzen, für ihre personelle Unabhängigkeit den Mitgliedern ihrer Beschlußorgane eine Mindestamtszeit von fünf Jahren garantiert wird, und bezüglich ihrer funktionellen Unabhängigkeit die Gewährleistung der Preisstabilität als vorrangiges Ziel eindeutig festgeschrieben wird. Vgl. Europäisches Währungsinstitut (1996, S. 124).

4 Es ist erstaunlich, daß die längst feststehende institutionelle Ausgestaltung der Europäischen Zentralbank immer noch ignoriert wird. So unterstellt de Grauwe (1996) der Zentralbank die Minimierung einer Verlustfunktion, die eine Quadratsumme aus Inflationsrate und Steuersatz enthält. Er zeigt, daß ein höherer Schuldenstand zu einer höheren, gleichgewichtigen Inflationsrate führt, da der Anreiz für Überraschungsinflationen mit dem Schuldenstand steigt, was von den privaten Agenten antizipiert wird. Treffen nun in einer Währungsunion Länder mit sehr unterschiedlicher Höhe der Staatsverschuldung zusammen (z. B. Deutschland und Italien), würde es auch bei gleichen Inflationspräferenzen zu einem Interessenkonflikt kommen, da diese Länder divergierende Anreize zur Entschuldung via Überraschungsinflation hätten. Dieser Konflikt kann gelöst werden, wenn die durchschnittliche Restlaufzeit der Staatspapiere des Landes mit der hohen Verschuldung deutlich niedriger ist als die des Landes mit der niedrigeren Verschuldung: Ein Teilschuldenabbau durch eine Überraschungsinflation ist um so weniger erfolgreich, je kürzer die durchschnittliche Laufzeit der Staatsschulden ist, denn das Bestrafungsverhalten der „überraschten“ Anleger führt zur Forderung höherer Realzinsen, die sich mit zunehmendem Umfang der kurzfristig zu refundierenden Schuld bemerkbar machen (Pfadt/ Schröder 1994, S. 195).

sammenhänge bestehen. Tabelle 8 zeigt die Konvergenz der Inflationsentwicklung in der EU. Alle Länder mit Ausnahme Griechenlands wiesen im Mai 1997 eine jährliche Rate des Anstiegs der Verbraucherpreise unter 2% auf. Der Abstand zur deutschen Inflationsrate lag jeweils nicht über einem halben Prozentpunkt. Diese Konvergenz wurde trotz deutlicher Unterschiede in der Situation der öffentlichen Haushalte erreicht. Im Jahre 1996 betrug das Budgetdefizit des Gesamtstaates in Italien 6,8% des BIP, während Luxemburg einen Überschuß von 1,8% des BIP verzeichnen konnte. Die Staatsverschuldung lag ebenfalls in Luxemburg mit 6,4% des BIP am niedrigsten, während Belgien einen Schuldenberg von 130% des BIP zu tragen hatte.

Es ist zu vermuten, daß die Umsetzung der in Art. 108 EGV niedergelegten Verpflichtung, nach welcher spätestens zum Zeitpunkt der Errichtung des ESZB jeder Mitgliedstaat seine innerstaatlichen Rechtsvorschriften einschließlich der Satzung seiner Zentralbank in Einklang mit der Satzung des ESZB in Einklang zu bringen hat (rechtliche Konvergenz), maßgeblich zu der teilweise erheblichen Reduktion der Inflationsraten beigetragen hat. Länder wie Spanien, Portugal und Italien, deren Zentralbanken zum Zeitpunkt der Ratifizierung des Maastricht-Vertrages in einer relativ starken Abhängigkeit zur Regierung standen, konnten mit die größten Erfolge bei der Bekämpfung inflationärer Tendenzen verbuchen.[5] Der insgesamt abnehmenden Tendenz der Inflationsraten in der EU steht die zum Teil erhebliche Zunahme der Staatsverschuldung in 10 der 15 Mitgliedstaaten gegenüber.[6] Ein direkter Konflikt zwischen Fiskaldisziplin und unabhängiger Geldpolitik ist empirisch zumindest nicht nachweisbar.

Empirische Arbeiten zeigen, daß Länder mit einer stark ausgeprägten Unabhängigkeit der Zentralbank sowohl niedrigere Inflationsraten als auch eine niedrigere Volatilität derselben aufweisen. Ein signifikanter Zusammenhang mit dem Niveau und den Schwankungen der gesamtwirtschaftlichen Produktion läßt sich dagegen nicht nachweisen, was die Befürchtungen entkräftet, die Institution einer nur dem Ziel der Preisstabilität verpflichteten, unabhängigen Währungsbehörde müßte mit Abstrichen bei der Konjunkturstabilisierung bezahlt werden.[7]

---

5 Die Messung der politischen Abhängigkeit einer Zentralbank, die eine internationale Vergleichbarkeit erlaubt, ist eine recht komplexe Angelegenheit. Grilli/ Masciandaro/ Tabellini (1991) konstruieren entsprechende Indizes.

6 Nur Irland gelang in den 90er Jahren ein deutlicher Abbau der Staatsschuld. Belgien, die Niederlande und Portugal konnten die Verschuldung auf hohem Niveau in etwa stabilisieren. Die Verschuldung von Luxemburg ist zu vernachlässigen. Die bedeutendsten Länder der Gemeinschaft, Deutschland und Frankreich, erhöhten die Staatsverschuldung relativ zum BIP um etwa die Hälfte.

7 Siehe dazu Eijffinger/ Schaling/ Hoeberichts (1995), Bénassy/ Pisani-Ferry (1994) und Alesina/ Summers (1993).

Tabelle 8: Preisstabilität und die Situation der öffentlichen Haushalte

	Differenz zur deutschen Inflationsrate 1)		Brutto-schulden-stand2)	Finanzie-rungs-defizit2)		Differenz zur deutschen Inflationsrate 1)		Brutto-schulden-stand2)	Finanzie-rungs-defizit2)
	1990	1997	1996	1996		1990	1997	1996	1996
Belgien	0,2	0,1	130,0	3,4	**Spanien**	3,7	-0,1	69,3	4,4
Finnland	3,2	-0,5	58,7	2,6	**Portugal**	9,9	0,5	65,4	4,0
Frankreich	0,2	-0,5	56,0	4,2	**Großbrit.**	2,6	0,2	54,8	4,1
Luxemburg	0,9	-0,3	6,4	-1,8	**Irland**	-1,0	0,0	76,7	1,1
Niederl.	-0,4	0,3	78,0	2,4	**Italien**	3,5	0,3	123,8	6,8
Schweden	6,9	-0,2	77,7	3,3	**Griechenl.**	17,1	3,9	111,8	7,4
Österreich	0,4	0,1	70,0	3,9		Inflationsrate			
Dänemark	-0,1	0,5	70,2	1,6	**Deutschland**	2,7	1,4	60,7	3,8

1) Differenz der Steigerungsraten der Verbraucherpreise zur entsprechenden Rate für die Bundesrepublik Deutschland; Minuszeichen bedeutet niedrigere Inflationsrate als in Deutschland. Werte für 1997: Mai 1996 - April 1997. Quelle: OECD Economic Outlook und Eurostat (1997e).

2) In Prozent des BIP. Quelle: Deutsche Bank Research (1997).

Ein weiterer Beleg für die herausragende Bedeutung des Faktors Zentralbankunabhängigkeit ist darin zu sehen, daß Großbritannien bezüglich der Inflationsentwicklung auch unter konservativen Regierungen, die Inflation als wirtschaftspolitisches Instrument strikt ablehnten, in der Gegenüberstellung mit vergleichbaren Ländern schlecht abschnitt. Jede von der Bank of England geplante Zinsanhebung zur Brechung inflationärer Erwartungen mußte bis zur Reform des Bankstatuts durch die Labour-Regierung im Frühjahr 1997 vom Schatzkanzler genehmigt werden, was dieser in zahlreichen Fällen verweigerte (o. V. 1997a).

Es mag nun eingewendet werden, daß die formelle Unabhängigkeit noch nicht dafür ausreicht, daß sich die Durchführung der Geldpolitik wirklich ohne Einfluß von Regierung und Parlament vollziehen kann.[8] Über die Ernennung der

8 Schwer nachvollziehbar ist zuweilen eine nicht näher begründete Skepsis gegenüber der Unabhängigkeit der EZB. Neumann (1997, S. 119) geht von einer sehr eingeschränkten Unabhängigkeit der EZB aus, obwohl die von ihm genannten Kritikpunkte – Möglichkeit

Zentralbankpräsidenten bzw. anderer Mitglieder der obersten Organe der Zentralbank könnte unter Umständen das gesetzlich normierte Primat der Preisstabilität unterlaufen und eine auf dem Papier unabhängige Zentralbank den Wünschen der Politiker z.B. hinsichtlich einer Monetarisierung von Haushaltsdefiziten gefügig gemacht werden.[9] Der Verfasser vertritt in diesem Zusammenhang die Position, daß die Frage der Ernennung der Entscheidungsträger von Zentralbanken nicht überstrapaziert werden sollte.[10] Abgesehen davon, daß die Ernennung selbst ja nun einmal vollzogen werden muß, belegt die Anschauung den sogenannten Becket-Effekt:[11] Ungeachtet des jeweiligen Parteibuchs und vormalig offenbarter wirtschaftspolitischen Präferenzen, erfolgt nach dem Eintritt in die verantwortliche Funktion einer unabhängigen Zentralbank eine Adaption der dort herrschenden „Stabilitätskultur", die wiederum ihren Trägern Macht und Reputation aus der hervorgehobenen Stellung dieser Institution und der Erfüllung ihrer Aufgabe der Inflationsvermeidung verschafft.

Es darf nicht verschwiegen werden, daß die international mit der höchsten Reputation ausgestattete Zentralbank, die Deutsche Bundesbank, zumindest einmal in ihrer Geschichte politischem Druck nachgab. Sie stellte 1990 ihre eigenen Bedenken zugunsten der Pläne der Bundesregierung zur Einführung der

---

zu Offenmarktgeschäften, Sekundärziel der Unterstützung der allgemeinen Wirtschaftspolitik – bei der Deutschen Bundesbank nicht zu Abweichungen vom Ziel der Preisstabilität geführt haben. Kurzfristige Offenmarktgeschäfte gehören zum Kernbereich des geldpolitischen Instrumentariums. Der Verdacht einer Finanzierungshilfe für öffentliche Haushalte stellt sich höchstens beim Handel mit langfristigen Titeln. Dieser wurde von der Bundesbank stets nur in sehr geringem Umfang betrieben und ist für die Geldpolitik der EZB nicht vorgesehen; vgl. dazu Europäisches Währungsinstitut (1997).

9 Alesina/ Grilli (1992) gehen davon aus, daß die Regierungen der EU-Mitglieder über die Auswahl der Präsidenten der nationalen Zentralbanken, die zusammen mit dem Direktorium den EZB-Rat bilden, die Politik der EZB beeinflussen können.

10 Die Diskussion um die Bestellungsmodalitäten der Direktoriumsmitglieder der EZB zeigt, wie eine rein spekulative politökonomische Argumentation, die sich nicht der Mühe einer Sammlung geeigneter stilisierter Fakten unterziehen will, *ad absurdum* geführt werden kann. Der Ausschluß einer Wiederernennung, wie er in Art. 109a EGV bestimmt ist, mag dahingehend interpretiert werden, daß die betreffenden Zentralbanker sich wohlgefällig verhalten, um nach ihrem Ausscheiden eine lukrative Position in der öffentlichen Verwaltung zu erhalten. Wäre eine Wiederernennung aber zulässig, könnte man mit dem gleichen Mißtrauen vermuten, das Bemühen um eine neue Amtszeit würde die Unabhängigkeit des Direktoriumsmitglieder untergraben.

11 Thomas Becket (1118-1170) wurde 1162 von König Heinrich II., dessen Kanzler, Freund und Ratgeber er war, zum Erzbischof von Canterbury erhoben. Statt wie erhofft Macht und Vermögen des Klerus dem Einfluß der Krone zuzuführen, wurde er zum unerbittlicher Verfechter kirchlicher Rechte und päpstlicher Politik. Seine Konsequenz bezahlte er schließlich mit dem Leben, womit die Analogie zu modernen Zentralbankern endet. Eine Dramatisierung des historischen Stoffes findet sich bei Anouilh (1959).

deutsch-deutschen Währungsunion zurück. Gawel/ Thöne (1996, S. 23-24) sehen das Dilemma der Bundesbank darin, daß sie entweder ihren Widerstand gegen die Währungsunion hätte beibehalten können – ein Versuch, das Ansehen aus der Inflationseindämmung zu maximieren. Hätte die Bundesregierung in diesem Fall an ihren Plänen festgehalten (wozu sie mit parlamentarischer Unterstützung die Möglichkeit hatte), hätte das Ansehen der Bundesbank aus ihrer „Unabhängigkeit" deutlich Schaden nehmen können, weil der Öffentlichkeit sehr deutlich die Grenzen dieses Status vor Augen geführt worden wären. Oder die Bundesbank hätte diese Gefahren für ihr Prestige durch Zustimmung zur Währungsunion umgehen können. Wären dann tatsächlich die befürchteten Inflationsfolgen aufgetreten, hätte wiederum das originäre Prestige aus der Inflationsvermeidung gelitten. Wie wir wissen hat sich die Bundesbank für die zweite Alternative entschieden. Der Verweis auf die historisch einmalige Situation der deutschen Wiedervereinigung und das Vertrauen in die eigenen Möglichkeiten, die inflationären Folgen der Geldschöpfung aus dem Umtausch von DDR-Mark in DM kontrollieren zu können, mögen als Hinweis für eine Erklärung ihres Verhaltens dienen. Ein genereller Zweifel an der als Weisungsungebundenheit in geldpolitischen Fragen verstandenen Unabhängigkeit der EZB sollte aus diesem Ergebnis nicht abgeleitet werden.

In der Literatur ist die strategische Beziehung zwischen Geld- und Fiskalpolitik oft als „game of chicken" modelliert worden.[12] Eine „Fiskalbehörde" kann eine defizitfinanzierte Ausgabenpolitik oder eine mit hohen politischen Kosten verbundene Konsolidierungspolitik betreiben. Die „Geldbehörde", die ihr Prestige daraus bezieht, daß das Preisniveau stabil bleibt, hat die Wahl, entweder das Budgetdefizit durch Geldschöpfung zu finanzieren oder eine höhere Staatsverschuldung zu provozieren. Unter der Annahme, daß die Fiskalbehörde den ersten Zug macht, d.h. als Stackelberg-Führer agiert, geht sie als Sieger hervor, und die Geldbehörde finanziert die exzessiven Staatsausgaben, was die Inflationsrate erhöht. Dieses Ergebnis stellt sich deshalb ein, weil die Drohung der Geldbehörde, in jedem Fall eine „harte" Geldpolitik zu betreiben, nicht glaubhaft ist. Dazu ist eine zusätzliche Annahme notwendig, nämlich daß die Verschuldung bereits solche Ausmaße erreicht hat, daß ein Staatsbankrott droht, den beide Behörden vermeiden wollen. Zieht hingegen der Spieler Geldbehörde zuerst, d.h. kann sie glaubhaft ihre Politik ankündigen, was insbesondere unter den institutionellen Voraussetzungen einer Bundesbank oder der EZB wahrscheinlich ist, dann besteht das Gleichgewicht in der Konstellation Konsolidierung der Staatsfinanzen bei Geldwertstabilität.

12 Vgl. Illing (1997, S. 326-332). Der grundlegende Aufsatz ist von Sargent/ Wallace (1975).

Selbst wenn die Geldbehörde nicht Stackelberg-Führer ist, verbessert sich in einer Währungsunion mit mehreren, unabhängig agierenden Fiskalbehörden die strategische Position der Geldbehörde. Beetsma/ Bovenberg (1995) zeigen, daß für den Fall einer großen Währungsunion mit vielen nichtkooperierenden Spielern die strategische Position der gemeinsamen Zentralbank gestärkt wird. Diese favorisiert eine niedrigere Inflationsrate als die fiskalischen Spieler, da sie nicht wie jene die vorteilhaften Wirkungen nicht antizipierter Inflation bei der Aufweichung staatlicher Budgetbeschränkungen internalisiert. Wird hingegen die strategische Position der fiskalischen Spieler durch eine koordinierte Fiskalpolitik im Sinne einer Ausgabenpolitik wiederhergestellt, ergibt sich eine zunehmende Gefährdung der Preisstabilität.

Es verbleiben die indirekten Effekte staatlicher Finanz- und Fiskalpolitik auf die Preisstabilität. Der Staat beeinflußt Preise schon allein deshalb, weil er der größte volkswirtschaftliche Akteur ist. Erhöhungen von Steuer- und Abgabensätzen tragen zwar jeweils nur zu einer einmaligen Preiserhöhung bei. Greift der Staat aber immer wieder zu diesem Mittel, um seine Einnahmen zu verbessern, kann sich über viele Jahre hinweg ein preistreibender Effekt bemerkbar machen. Das gilt auch für den gesamten Bereich administrierter Preise. So gesehen könnten Anstrengungen, den Staatsanteil am Sozialprodukt zurückzufahren, die Geldpolitik bei ihrer Aufgabe unterstützen.

Zuletzt sei kurz das inflationäre Umfeld betrachtet, in dem zukünftige Geldpolitik zu agieren hat. In modernen Ökonomien, in der Waren durch produzierte Produktionsmittel hergestellt werden, wird das Preisniveau im wesentlichen durch das Niveau der Geldlöhne bestimmt. Da Löhne Ergebnis von Tarifverhandlungen, also eines bilateralen Monopols sind, ist die Verhandlungsmacht der Gewerkschaften ein wesentlicher Faktor für die Entwicklung der Geldlöhne. Hier machen sich in jüngster Zeit deutliche Erosionserscheinungen bemerkbar. Der „wage demonstration"-Effekt, der entsteht wenn unter einer einheitlichen Währung Lohndifferenzen unmittelbar ersichtlich sind, wird wahrscheinlich keine größere Bedeutung im Sinne einer Angleichung der Löhne nach oben haben (Molle/ Sleijpen/ Vanheukelen 1993, S. 230). Auf supranationaler Ebene besteht kein Zusammenschluß von Gewerkschaften, der Kartellmacht beanspruchen könnte. Auf nationaler Ebene schwächen hohe Arbeitslosigkeit, Mitgliederschwund und mehr und mehr Öffnungsklauseln bei Tarifverträgen die Verhandlungsposition der Gewerkschaften.

Die vorangegangene Diskussion hat augenscheinlich wenig Anhaltspunkte für einen direkten oder indirekten Einfluß der Finanz- und Fiskalpolitik der Regierungen innerhalb einer föderal strukturierten Währungsunion auf die Wirksamkeit einer allein der Preisstabilität verpflichteten Geldpolitik geliefert. Eine monetäre Verfassung mit der völligen Unabhängigkeit der Zentralbank scheint dafür auszureichen. Das Auferlegen expliziter Normen zur Sicherung der fiskalischen Disziplin einerseits und der monetären Disziplin andererseits wären als Substitute anzusehen.

Ist man mit Padoa-Schioppa (1991, S. 180) der Überzeugung, daß eine einheitliche, strikt auf Preisstabilität ausgerichtete Geldpolitik sogar dann betrieben werden kann, wenn die einzelnen Mitglieder der Währungsunion unterschiedliche Ausprägungen der Fiskaldisziplin aufweisen, stellt sich die Frage, warum im Delors-Bericht, der die Grundlage für die Verhandlungen legte, die schließlich zum Maastricht-Vertrag führten, wiederholt die Forderung nach verbindlichen Beschränkungen in Form von wirksamen Obergrenzen für die Haushaltsdefizite der einzelnen Mitgliedsländer erscheint. Italianer (1993), der ausführlich die Genesis des Maastricht-Vertrages schildert, schlägt vor, die Zusammensetzung des Delors-Komitees zu betrachten, um die Empfehlungen des Berichts verstehen zu können. Es bestand aus den Zentralbankpräsidenten der damals zwölf Mitgliedstaaten, drei unabhängigen Experten und dem Präsidenten der Europäischen Kommission. Vielleicht war es das Bestreben der Zentralbanker, durch eine Reihe institutioneller Vorkehrungen die unabhängige Geldpolitik in einer Europäischen Währungsunion zu sichern, womöglich unter bewußter Inkaufnahme von Redundanzen.[13]

Man könnte auch argumentieren, daß sich in sehr langfristiger Betrachtung monetäre und fiskalische Disziplin komplementär zueinander verhalten. Nur für begrenzte Zeit kann man darauf vertrauen, daß Staatsausgaben beliebig über die Beanspruchung des Kreditmarktes finanziert werden können, während das Wachstum der Geldschöpfung restringiert bleibt. Zu einem bestimmten Zeitpunkt, der allerdings nur äußerst schwer angegeben werden kann, gerät die Ausdehnung der Verschuldung an ihre Grenze und

> „*the expectation of the necessary monetary creation might cause serious problems to the stability of the system: the monetary discipline imposed de facto by a fixed exchange rate system has to be complemented by fiscal discipline, to be imposed through the introduction of binding rules, given the ineffectiveness of the market mechanism.*" Della Posta (1993, S. 148).

---

13 Wahrscheinlich kann erst zu einem weit entfernten Zeitpunkt, wenn die Europäische Währungsunion ihre Bewährungsprobe bestanden haben wird, aus den Erinnerungen und Aufzeichnungen der unmittelbar am Verhandlungsprozeß beteiligten Personen ein einigermaßen scharfes Bild entworfen werden.

5.2.2. Die Wirkungen monetärer Disziplin auf die Finanzpolitik

Die Existenz oder Nichtexistenz monetärer Disziplin hat eine Reihe von Auswirkungen auf die Einhaltung fiskalischer Disziplin. In diesem Abschnitt geht es darum, wie sich die Währungsunion bezüglich der Finanzierungsstrukturen öffentlicher Haushalte bemerkbar macht und ob dies *ceteris paribus* einen erhöhten Kreditbedarf generiert. Anschließend wird gezeigt, welchen positiven Einfluß ein dauerhafter Zustand der Preisstabilität auf eine rationale Budgetplanung hat. Betrachtet sei zunächst folgende Identitätsgleichung:

(5-1) $G = T + S - iB + \Delta B$

Die Staatsausgaben G (ohne Schuldendienst) müssen finanziert werden durch die Summe aus Steuereinnahmen T, Nettoneuverschuldung ΔB und Einnahmen aus Seigniorage S, abzüglich der auf die bestehende Staatsschuld B zu entrichtenden Zinsauszahlungen – i ist ein durchschnittlicher Zinssatz. Die Bestimmungen des Maastricht-Vertrages zur monetären Disziplin beschränken die Art der Kreditaufnahme, d.h. die Zusammensetzung der Größe B, durch das Verbot der Verschuldung bei den nationalen Zentralbanken und durch das Verbot eines bevorrechtigten Zugangs der Regierungen zu Finanzinstituten.[14] Es ist zu untersuchen, ob für diejenigen Länder, die für die Teilnahme an der Währungsunion die Konvergenz ihrer Inflationsraten nach unten erreichen mußten, der finanzielle Dispositionsspielraum eingeschränkt wird und ob aus Mindereinnahmen eine Tendenz zu erhöhter Kreditaufnahme entsteht, der durch flankierende Maßnahmen zur Fiskaldisziplin entgegengewirkt werden müßte.

Seigniorage
In Darstellungen der staatlichen Budgetrestriktion werden oft Einnahmen aus Geldschöpfung aufgenommen, operationalisiert z.B. als reales Wachstum der monetären Basis. Seigniorage–Einnahmen werden auch als Inflationssteuer bezeichnet. Beides ist zumindest ungenau. Ebenfalls hat Seigniorage nur indirekt mit dem Phänomen der sogenannten Überraschungsinflation zu tun, die den Realwert der Nominalverschuldung vermindert. Für den Versuch einer Regierung, zur Finanzierung des Budgets nicht antizipierte Steigerungen des Preisniveaus auszulösen, ist die Abhängigkeit der Zentralbank entscheidend. Durch den erzwungenen Ankauf von Staatspapieren liefert die Zentralbank der Regierung die nominale Kaufkraft, welche letztlich die Preise nach oben treibt. Die daran anschließende, höhere nominale Geldnachfrage führt zu zusätzlichen Seigniorage–Einnahmen.

---

14 Vgl. EGV, Art. 104 und Art. 104a, nach Art. 109e Abs. 3 gilt dies bereits ab Beginn der zweiten Stufe der Europäischen Wirtschafts- und Währungsunion.

Die Einnahmen aus Seigniorage bestehen in modernen Kreditgeldökonomien neben der Differenz von Nominalwert und Produktionskosten bei Münzen und Banknoten vor allem in den Zinserträgen, die anfallen, wenn Geschäftsbanken zur Sicherung ihrer Liquidität Zentralbankgeld leihen wollen oder zur Einhaltung ihrer Mindestreserveverpflichtungen leihen müssen. Die Entstehung von Seigniorage ist auf die Bereitschaft der Wirtschaftssubjekte zur unverzinsten Geldhaltung zurückzuführen und entspricht dem entgangenen Zinsgewinn des privaten Sektors auf die in der Periode umlaufende Menge an Zentralbankgeld (Görres 1985, S. 393ff). Im Hinblick auf seine Entstehung als Netto–Kaufkraftentzug für die privaten Akteure, als endgültige Übertragung von Verfügungsmacht über reale Ressourcen vom privaten Sektor auf die Notenbank,[15] steht Seigniorage damit qualitativ den Steuern nahe und nicht der Kreditaufnahme auf den Kapitalmärkten (Arlt 1994, S. 110). Sie könnte auch als Gebühr oder Preis für die Bereitstellung des öffentlichen Gutes stabile Geldversorgung interpretiert werden.

Die Größenordnung der Seigniorage–Einnahmen lag 1990 nur für vier EU–Staaten (Italien, Griechenland, Portugal und Spanien) über einem Prozentpunkt des BIP (Emerson et. al. 1991, S. 136) und ist auch dort seitdem rückläufig, wobei der Rückgang nicht nur der geringeren Inflation sondern auch Senkungen der Mindestreservesätze im Zuge der Finanzmarktintegration zuzuschreiben ist.[16] Es handelt sich um Staaten mit einstmals relativ hohen Raten der Entwertung der Kaufkraft.[17] Nach den Berechnungen von Gros/ Vandille (1994)

15 Die Zentralbank wird nach dem Europäischen System der Volkswirtschaftlichen Gesamtrechnung dem Finanzsektor zugerechnet. Damit Seigniorage defizitmindernd dem öffentlichen Sektor zur Verfügung steht, ist ein Transfer erforderlich. In Deutschland findet der Transfer in den Bundeshaushalt durch die Abführung des Bundesbankgewinns statt, der aber nicht identisch ist mit der angefallenen Seigniorage. Der ausgewiesene Bundesbankgewinn wird durch eine Reihe handelsrechtlicher Bilanzierungsvorschriften beeinflußt. Bedeutsam sind insbesondere Wertberichtigungen auf Devisen.

16 Der Druck zu einer Reduzierung der Mindestreservesätze, der vom internationalen Wettbewerb zwischen den Geschäftsbanken ausgeht, und der technische Fortschritt bei Zahlungssystemen sind Faktoren, die die Bedeutung der Finanzierungsquelle Seigniorage tendenziell weiter schmälern.

17 Nur von akademischen Interesse ist die Frage einer Maximierung der Einnahmen aus Seigniorage- durch Wahl der geeigneten Inflationsrate. Der positive Einfluß der Inflationsrate auf die relative Bedeutung der Seigniorage im Verhältnis zum BIP erfolgt nur über die Höhe der (kurzfristigen) Zinssätze auf Refinanzierungskredite, solange nominales Sozialprodukt, nominale Geldnachfrage und monetäre Basis im gleichen Tempo wachsen. Erst wenn im Zuge von Hyperinflationen die umlaufende Währung aufgrund explodierender Opportunitätskosten der Geldhaltung ihre Geldfunktionen verliert und die Wirtschaftssubjekte ihre Zahlungsgewohnheiten deutlich ändern, können die Seigniorage–Einnahmen rückläufig werden. Insgesamt ergibt sich der typische Verlauf einer Laffer-Kurve.

wird der Einnahmeverlust des Staates als Folge der Währungsunion nur für Griechenland von nennenswerten Umfang sein. Dieses Land wird aber kein Anfangsmitglied der Währungsunion sein.

Die Europäische Zentralbank wird Gewinne aus Seigniorage erwirtschaften. Falls diese an die nationalen Zentralbanken nach dem Kapitalanteil an der EZB ausgeschüttet werden,[18] kommt es, die gleiche Höhe der gesamten Zentralbankgewinne vorausgesetzt, bei Beginn der dritten Stufe der Europäischen Wirtschafts- und Währungsunion zu einer Umverteilung zwischen den Zentralbanken. Nach Berechnungen der Zeitschrift *Centralbanking* könnte Deutschland jährliche Mindereinnahmen von rund 2 Milliarden US-$ erleiden, während Frankreich US-$ 1,4 Milliarden und Großbritannien US-$ 1,6 Milliarden Mehreinnahmen verzeichnen würden.[19] Nicht berücksichtigt sind dabei die potentiellen Veränderungen der Geldnachfragefunktionen als Folge der Währungsunion. Ungeklärt ist auch noch, in welchem Ausmaß es in der Währungsunion zu Seigniorage–Einnahmen kommen wird, falls sich der Euro als starkes internationales Transaktions– und Reservemedium etablieren würde.

Insgesamt sollten die Auswirkungen auf die nationalen Zentralbankgewinne nicht überbewertet werden. Sie sind beispielsweise in Relation zu setzen zu den immensen Aufwendungen bei der Umstellung der Zahlungsverkehrssysteme. Zudem ist im Maastricht-Vertrag die Möglichkeit einer Übergangsregelung implementiert.[20]

Kosten der Kreditaufnahme

Das Schuldenmanagement ändert sich mit der Währungsunion positiv für die kleineren Länder, die an ihr teilnehmen. Da ihre Währungen als internationales Anlagemedium unbedeutend sind, kann bei Emissionen in Landeswährung nur ein beschränktes Kapitalangebot angesprochen werden. Durch die Einführung der gemeinsamen Währung wird automatisch ein Zugang zu einem sehr großen Kapitalmarkt geschaffen.

---

18 Das bestimmen Art. 32 und 33 des Statuts des ESZB und der EZB.

19 Die Verluste für die Bundesbank resultieren in dem Szenario daraus, daß der voraussichtliche deutsche Kapitalanteil an der EZB nach dem in Art. 29 des Statuts des ESZB und der EZB festgelegten Schlüssel für die Kapitalzeichnung, der sich je zur Hälfte aus dem Bevölkerungsanteil und dem BIP der teilnehmenden Länder zusammensetzt, deutlich niedriger sein wird als der deutsche Anteil an der monetären Basis in der EU.

20 Nach Art. 32 Abs. 3 des Statuts des ESZB und der EZB können die monetären Einkünfte für einen Zeitraum von höchstens fünf Jahren nach einem anderen Verfahren bemessen werden.

Länder mit hohem Schuldenstand profitieren von einer unabhängigen, strikt der Preisstabilität verpflichteten Zentralbank. Liegt nämlich in einem solchen Land Handlungsspielraum bezüglich der Geldpolitik in Reichweite der Regierung, dann ist der Versuch nicht auszuschließen, durch inflationäre Umbewertung nominaler Schulden eine Verminderung der realen Schuldenlast herbeizuführen. Kapitalanleger fordern aus Furcht vor einer partiellen Enteignung durch eine Überraschungsinflation eine Risikoprämie für staatliche Wertpapiere. Diese Risikoprämie entfällt, wenn die Kompetenz in der Geldpolitik vollständig auf eine supranationale, unabhängige Institution übertragen wird.

Duwendag (1991, S. 227) behauptet diesbezüglich, die realen Kreditkosten würden sich für Länder mit bislang hoher Inflation durch die einheitliche Währung nicht verändern, da die Senkung der Nominalzinsen nur reflektiere, daß mit der Angleichung der nationalen Geldentwertungsraten in einer Währungsunion lediglich die höhere erwartete Inflationsrate im Nominalzins reduziert würde. Das trifft nicht zu, denn die Volatilität der Inflationsraten verlangt bei risikoscheuen Gläubigern nach einer zusätzliche Risikoprämie. Die Inflationserwartungen bilden sich gerade aufgrund der Inflationserfahrungen, die für einige Länder in den 70er Jahren eine negative Verzinsung des in festverzinslichen Wertpapieren investierten Kapitals umfaßt. Auch nachdem die für die Geldpolitik Verantwortlichen ihren Willen erklärt haben, künftig eine Politik der Preisstabilität zu betreiben, braucht der Aufbau von Reputation Zeit, und die Angst vor Überraschungsinflationen bleibt zunächst bestehen. Das kann selbst nach der Umsetzung institutioneller Reformen (Unabhängigkeit der Zentralbank) gelten. Ist die auf Preisstabilität ausgerichtete Politik der Zentralbank der Währungsunion glaubhafter als die eines Mitgliedstaates mit inflationärer Vergangenheit, dann kann dieser Staat durchaus niedrigere reale Kreditkosten für sich verbuchen.[21]

Inflationserwartungen äußern sich nicht nur in Inflationsprämien, sondern auch in einer partiellen Kreditrationierung, dergestalt daß staatliche Schuldpapiere mit längeren Laufzeiten am Markt nicht mehr abgesetzt werden können. Je kürzer die durchschnittliche Restlaufzeit ist, desto stärker ist der Schuldner kurzfristigen Zinsschwankungen ausgesetzt. Damit kann es zu Konflikten mit der Geldpolitik einer unabhängigen Zentralbank kommen, denn die kurzfristigen Zinsen sind deren wichtigstes Steuerinstrument zur Eindämmung inflationärer Tendenzen. Eine lange durchschnittliche Restlaufzeit der Staatspapiere macht eine Liquiditätskrise, die durch sich der Revolvierung verweigernde Gläubiger ausgelöst wird, nahezu unmöglich. Das Schuldenmanagement wird in einer in-

21 Außerdem übersteigt die Inflationsprämie im nominalen Zinssatz die (erwartete) Inflationsrate. Je höher die Inflation, desto geringer der Realwert der zurückgezahlten Schuld. Der Gläubiger erhält deshalb Zinszahlungen, die einen Teil der Tilgung enthalten müssen.

flationsfreien bzw. inflationsarmen Umgebung wesentlich erleichtert; die längerfristige Finanzplanung wird unterstützt.

Budgetplanung

Monetäre Disziplin, sprich Preisstabilität, erleichtert die Budgetplanung, insbesondere die mehrjährige Finanzplanung erheblich. Die Planung mit nominalen Größen, die bei sehr geringen Inflationsraten eine zulässige Approximation der eigentlich interessierenden, realen Größen darstellen, vermindert aus politökonomischer Sicht gleichzeitig die Manipulationsmöglichkeiten bei Verfahren der Inflationsbereinigung. Wird eine Budgetplanung auf der Basis zukünftiger, inflationsbereinigter Ausgaben erstellt, dann existiert für die Politiker ein Anreiz, inflationäre Kostensteigerungen bei der Bereitstellung öffentlicher Leistungen systematisch zu unterschätzen (und inflationsbedingte Steuermehreinnahmen zu überschätzen). Als Beispiel für den politischen Mißbrauch von Inflationsprognosen bei der Budgetplanung, die in einer Welt dauerhafter Preisstabilität nicht möglich wäre, kann eine Episode aus der Amtszeit des US-amerikanischen Präsidenten Reagan dienen. Nach seiner Wahl Ende 1980 sah sich die neue Administration mit dem Widerspruch konfrontiert, die im Wahlkampf gegebenen Versprechen einer Erhöhung der Verteidigungsausgaben, der Steuersenkungen und des Haushaltsausgleichs miteinander zu verbinden, ohne die Widerstände im Kongreß gegen die erforderlichen massiven Einsparungen – vor allem bei den Sozialprogrammen – überwinden zu können. Folgt man den Aufzeichnungen des damaligen Budgetdirektors David Stockman[22], wurde als kurzfristiger Ausweg zur Präsentation der „erwünschten" Haushaltszahlen die Manipulation der Prognosen der wirtschaftlichen Entwicklung gewählt. Für die Haushaltsplanung des Jahres 1982 wurden die Annahmen eines realen Wachstums des BIP von 5,2% und einer Inflationsrate von 7,7% zugrunde gelegt, was einem erwarteten Anstieg des nominalen BIP von 13,3% entsprach.

> *„Die neue Prognose erhöhte das nominale Bruttosozialprodukt gegenüber der vorher dafür angesetzten Summe um siebenhundert Milliarden Dollar über die nächsten fünf Jahre. Fast zweihundert Milliarden Dollar an Scheineinnahmen fielen mit einem Knopfdruck in unseren Haushaltscomputer. Damit war das massive Defizit, das sich aus einer ehrlichen, angebotsorientierten fiskalischen Rechnung ergeben hätte, im wesentlichen abgedeckt."*
>
> Stockman (1986, S. 118)

22 Vgl. Stockman (1986). In den USA ist nicht der Finanzminister, sondern der Budgetdirektor des Präsidenten, Leiter des „Office of Management and Budget" (OMB), für die Aufstellung des Haushaltsentwurfs der Exekutive verantwortlich.

Tatsächlich hatte die angebotsorientierte Wirtschaftspolitik der Reagan-Regierung nicht die erhoffte sofortige Wirkung auf das Wirtschaftswachstum – im Jahre 1982 schrumpfte die Volkswirtschaft der USA um 1,5%. Zugleich gelang es dem Federal Reserve Board mit einer restriktiven Geldpolitik die Inflationsrate auf 4,4% zu drücken. Zusammen führte das zu einem Anstieg des nominalen BIP von nicht einmal 3% gegenüber dem prognostizierten Wachstum von über 13%. Die damit verbundenen Steuerausfälle, die sich für die folgenden Jahre noch verschärften, trugen mit zu der in Friedenszeiten für die USA beispiellosen Schuldenakkumulation in der ersten Hälfte der achtziger Jahre bei.[23]

Budgetplanung wird in einer inflationären Umgebung des weiteren erschwert, wenn der Zeitpunkt von Einzahlungen bzw. Auszahlungen von dem Zeitpunkt der korrespondierenden Einnahmen bzw. Ausgaben abweicht. Unter der Voraussetzung, daß ausreichende Zwangsmittel zu ihrer Eintreibung existieren, ist es bei der Entsprechung realer und nominaler Werte belanglos, ob die als Forderung gebuchte Steuerschuld eines steuerpflichtigen Bürgers oder Unternehmens gleichzeitig als Zahlung eingeht.[24] Ist hingegen eine spürbare Entwertung der Kaufkraft zu verzeichnen, führt das Zahlungsversäumnis bzw. die übliche Erhebungs- und Eintreibungsfrist zu einer partiellen Steuerbefreiung, d.h. zu rückläufigen realen Steuereinnahmen und damit zu einem höheren Defizit. Gegenläufig dazu sind die Einnahmen aus der schleichenden Steuererhöhung, die sich durch einen progressiven Tarif bei der Einkommensteuer ergeben. Negative Anreiz- sowie Vermeidungs- und Hinterziehungseffekte bei steigenden marginalen Steuersätzen schwächen diese Einnahmen aber ab. In jedem Fall nehmen die Schwierigkeiten einer verläßlichen Steuerschätzung mit der Inflationsrate zu. Ähnliches gilt für Zahlungen zwischen Gebietskörperschaften in einem föderalen Staatswesen. Die Überweisung von Finanzzuweisungen oder die Abführung von Steuereinnahmen, wenn eine Gebietskörperschaft die Steuerverwaltung im Auftrag anderer Körperschaften innehat, kann systematisch verschleppt werden, um sich im Rahmen eines geschickten „Cash Management" Inflationsrenten anzueignen.[25]

---

23 Siehe dazu Abbildung 4 auf S. 85.

24 Tatsächlich verbucht die in Deutschland angewandte kameralistische Buchführung nicht periodengerecht und kennt nur Ein- und Auszahlungen. Im Grunde wird die Verwaltung der Milliardenbeträge, die der Staat als das größte aller Unternehmen umsetzt, geführt wie beim kleinen Krämer an der Ecke, der seine Barverkäufe und bezahlten Rechnungen in das Kassenbuch einträgt.

25 Zwar lassen sich theoretisch alle Finanztransaktionen indizieren. Die Indexbildung schafft aber neue Unsicherheiten, bindet Ressourcen und führt zu einer inflationären Eigendynamik.

Aizenman/ Hausmann (1995), die sich vor allem auf Erfahrungen in Lateinamerika stützen können, analysieren die Wirkung von Inflation auf die Budgetplanung, wenn mit steigender Inflation die Volatilität der relativen Preise zunimmt. Üblicherweise sollen mit dem staatlichen Haushalt Ressourcen für bestimmte Mengen öffentlicher Leistungen bereitgestellt werden. Nominale Ansätze müssen während der Budgetperiode korrigiert werden, wenn unerwartete Kostensteigerungen auftreten. Eine simple Indexregel, die gleichmäßige Anpassungen sämtlicher Budgetpositionen vornimmt, versagt, wenn die jeweiligen Kostensteigerungen sehr unterschiedlich sind. Aizenman/ Hausmann (1995) modellieren den Budgetprozeß als Vertrag zwischen dem Finanzministerium einerseits und den Ressortministern andererseits, der vorsieht, daß ein Minister um eine Aufstockung seines Teiletats nachsuchen kann, wenn der „reale" Etat einen bestimmten Schwellenwert unterschreitet. Nach Überprüfung der Kostensituation, die wiederum selbst mit Kosten verbunden ist, wird die Aufstockung vom Finanzministerium bewilligt oder abgelehnt. Die Verzerrung der Gesamtausgaben nach oben ergibt sich aus der asymmetrischen Situation, daß sich Minister, die Etats verwalten, die von geringer als erwartet ausfallenden Preissteigerungen profitieren, nicht um eine Budgetrevision bemühen. Als Reaktion darauf kann das Finanzministerium die nominalen Budgetansätze niedrig halten, was aber, wenn grundsätzlich eine bestimmte reale Allokation garantiert werden soll, niedrigere Schwellenwerte und häufigere, kostspielige Revisionen zur Folge hat. Bei hoher Volatilität der Preise kommt es zur vollständigen Indexierung *ex post* und die ursprünglichen Ansätze verlieren jegliche Bindungswirkung. Moderate Änderungen der Preise erlauben es hingegen, nominale Ausgabengrenzen als glaubhaftes Instrument der fiskalischen Disziplinierung einzusetzen. Damit ist ein zusätzliches Argument gefunden, welches die Unterstützung monetärer Disziplin für die fiskalische Disziplin zeigt.

Insgesamt scheinen die Kosten der Verpflichtung auf strenge monetäre Disziplin nicht hoch zu sein; wahrscheinlich überwiegen sogar die positiven Effekte. Druck auf eine erhöhte Beanspruchung des Kapitalmarktes zur Kompensation von Einnahmeausfällen ist in der Währungsunion deshalb nicht zu erwarten. Die Forderung nach koordinierten fiskalischen Defizitbeschränkungen findet in diesem Bereich keine Unterstützung. Demzufolge gibt es auch für Länder, die bereits eine lange Tradition sehr niedriger Inflationsraten vorweisen können, in diesem Zusammenhang keine begründeten Bedenken gegen eine weitere wirtschaftliche und politische Integration mit Staaten, die über keine entsprechende Tradition verfügen.

Die in der ökonomischen Literatur heftig diskutierte Rolle der Geldschöpfung als von der Politik bevorzugtes Mittel der Staatsfinanzierung nimmt sich in empirischer Betrachtung relativ bescheiden aus. Selbst bei Entwicklungsländern, bei denen erwartet werden könnte, daß sich dieses Instrument besonderer Beliebtheit erfreute – die Kontrolle über die Zentralbank ist meist sehr groß, die monetäre Basis ist relativ breit – läßt sich nach einer Studie der Weltbank im allgemeinen kein „unterstützender“ Einfluß der Inflation bei der Finanzierung der Staatshaushalte nachweisen:[26]

> *„In most countries, the net influence of inflation is to raise public sector deficits, as a result of the dominating effect of rising prices on interest payments and tax revenues.“*
>
> Easterly/ Schmidt-Hebbel (1994, S. 28)

5.3. Koordinierungsbedarf aus Sicht der Wohlfahrtsökonomik

In der wohlfahrtsökonomischen Literatur zur internationalen Koordinierung der Fiskalpolitik wird mit Modellen sehr einfach gehaltener Ökonomien, in denen für monetäre Aspekte kein Platz ist, der Frage nachgegangen, ob ein abgestimmter Einsatz wirtschaftspolitischer Instrumente für die beteiligte Länder zu Wohlfahrtsgewinnen führt.[27] Im Bereich der internationalen fiskalischen „spillovers“ werden meist nur die Wirkungen auf die nationale Wohlfahrt berücksichtigt, die über die Struktur der öffentlichen Ausgaben oder über die Wahl der Besteuerungsinstrumente wirken.[28] Die Effekte einer Finanzierung der öffentlichen Ausgaben über Staatsverschuldung werden hingegen eher selten in den Blick genommen. Das Hauptargument richtet sich dort auf die negativen Wohlfahrtswirkungen eines Zinsanstiegs – z.B. hinsichtlich der Kapitalakkumulation –, der auf dem internationalen Kapitalmarkt durch die zusätzliche Kreditnachfrage eines nationalen öffentlichen Schuldners ausgelöst wird:

> *„In a closed economy, an indebted government must bear the fiscal cost of any rise in the domestic real interest rate caused by a higher deficit. When the government of a financially open economy borrows, however, it does not internalize the cost to other indebted countries of a higher world real interest rate.“*
>
> Obstfeld (1995a, S. 163).

---

26 Bei den Länder handelte es sich um Argentinien, Chile, Kolumbien, Elfenbeinküste, Ghana, Mexiko, Marokko, Pakistan, Thailand und Simbabwe.

27 Bei der Analyse der wohlfahrtsökonomischen Interpretation von „spillovers“ fällt zunächst auf, daß bislang keine ausgearbeitete Theorie der Wirtschaftspolitik in einer Währungsunion mit einer zentral bestimmten Geldpolitik und dezentral bestimmter Fiskalpolitik vorliegt. Die ökonomische Theorie der Integration ist über die Theorie der Zollunion nicht hinausgekommen. Die recht heterogene Theorie optimaler Währungsräume ist dafür konstruiert, die tatsächlich bestehenden nationalen Volkswirtschaften hinsichtlich des Optimalitätsgrades in bezug auf die Verbreitung ihrer Währung zu untersuchen.

28 Vgl. z.B. Dahlby (1996, S. 398).

Eine Formalisierung dieses Zusammenhangs wird bei Chang (1990, 1989, 1988) vorgenommen: Es existieren zwei Länder mit identischen Ressourcenausstattungen, die nur über vollkommene internationale Kapitalmobilität verbunden sind. Die Bevölkerungen bestehen jeweils aus überlappenden Generationen. In jeder Periode leben ein „Junger", der mit seiner Arbeitskraft Einkommen verdienen kann, das dann vollständig gespart wird, sowie ein „Alter" (der „Junge" der vorigen Periode), der nicht arbeitet und seine Ersparnisse konsumiert, wobei die Regierung diesen Konsum durch einen Transfer erhöhen oder durch Steuererhebung vermindern kann. Die Regierungen, die im Modell eine unbegrenzte Amtszeit haben, finanzieren ihren überschüssigen Ausgabenbedarf durch die Ausgabe einperiodiger Schuldpapiere. Die Höhe der Verschuldung, identisch mit der Nettoneuverschuldung, setzt sich zusammen aus der verzinsten Rückzahlung der Altschuld zuzüglich der Transferausgaben und abzüglich der Steuereinnahmen. Die Regierungen maximieren eine gesellschaftliche Wohlfahrtsfunktion aus der gewichteten Nutzensumme aller lebenden und zukünftigen Generationen. Kooperieren die Regierungen, liegt das Kalkül eines Weltplaners vor, der die Summe der gesellschaftlichen Wohlfahrtsfunktionen maximiert. Findet keine Kooperation statt, wählt jede Regierung eine Strategie bezüglich aller zukünftigen Budgetdefizite unter Annahme einer bestimmten Strategie der anderen Regierung. Im Nash-Gleichgewicht, d.h. bei wechselseitig kompatiblen Strategien, ist der Weltzinssatz höher, die Schulden der beiden Länder größer und die Steuern höher als im Gleichgewicht der Kooperationslösung. Politikkoordinierung führt durch die Internalisierung des Zins-„spillover" zu Wohlfahrtsgewinnen für beide Länder.[29]

Kehoe (1987) untersucht ebenfalls die Auswirkungen, die sich über die Zinseffekte nationaler Finanzpolitik auf den integrierten internationalen Kapitalmarkt ergeben. In seinem Modell überlappender Generationen finden Produktion in privaten Unternehmen und Kapitalakkumulation statt. Die Staatsausgaben werden zur Produktion eines öffentlichen Konsumgutes verwendet. Der Staat übt keinen direkten Einfluß auf den Kapitalmarkt durch seine Defizitfinanzierung

---

29 Falls „spillovers" der genannten Art vorliegen, ist das kein Spezifikum eines föderalen Staatssystems oder einer Währungsunion. Sie haben ihre Ursache in einem liberalisierten Kapitalverkehr und weltweiter Kapitalmobilität. Der Transmissionskanal eines Zins-„spillovers" kann aber vertieft werden, wenn der Wegfall von Wechselkursrisiken und rechtliche Harmonisierungen noch bestehende Hemmnisse für internationale Kapitalanlagen bzw. Kapitalbeschaffungen beseitigen.
Nach Obstfeld (1995b, S. 202) ist „*..capital freely mobile within a multicountry region when its residents face no official obstacles to the negotiation and execution of financial trade anywhere and with anyone within the region and face transaction costs that are no greater for parties residing in different countries than for parties residing in the same country.*"

aus. Der Umfang der Staatsausgaben, die vollständig über die Besteuerung des nicht mobilen Faktors Arbeit finanziert werden, beeinflußt den Weltzinssatz indirekt, indem höhere Steuersätze die Ersparnisbildung negativ beeinflussen. Die Linksverschiebung der Kapitalangebotskurve erhöht den gleichgewichtigen Zinssatz. Eine Ausdehnung der Staatsausgaben in der geschlossenen Ökonomie führt zu einer Nutzenminderung künftiger Generationen, die einen kleineren Kapitalstock vorfinden werden, da sich der Kapitalstock im „steady state" invers zum Steuersatz verhält. In der offenen Ökonomie wird die zinstreibende Wirkung der Steuersatzerhöhung auf andere Länder übertragen. Während der direkte Nutzeneffekt der Staatsausgaben gleich bleibt, ist der indirekte Effekt des Ersparnisrückgangs auf den Weltkapitalmarkt desto geringer, je kleiner das betreffende Land im Verhältnis zur Gesamtheit der anderen Ökonomien bzw. je mehr Länder existieren. Findet keine Koordinierung statt, berücksichtigen die nationalen Planer die „spillovers" ihrer Politik auf andere Länder nicht. Tendenziell kommt es zu einem übermäßigen Angebot an öffentlichen Gütern. Eine koordinierte fiskalische Kontraktion könnte dann wohlfahrtsteigernd wirken. Kehoe (1987, S. 373) will seine Modellergebnisse in dem Sinne verstanden wissen, daß die kurzfristige keynesianische Perspektive, die sich in der Regel auf die positiven Effekte einer koordinierten expansiven Fiskalpolitik beschränkt, durch die Beachtung der entgegengerichteten Effekte konsumtiver Staatsausgaben, die Wachstumschancen zuungunsten zukünftiger Generationen beschneiden, ergänzt wird. Bemerkenswert ist, daß die Staatsbudgets in dem Modell stets ausgeglichen sind. Die Koordinierung von Fiskaldisziplin betrifft demnach nicht nur die öffentliche Verschuldung, sondern auch das Ausgabenniveau öffentlicher Haushalte.

Die „spillover"-Effekte nationaler Steuersätze auf mobile Bemessungsgrundlagen sind in der Literatur umfassend analysiert worden.[30] Wird Kapital an der Quelle besteuert, dann wird bei Abwesenheit von Kapitalverkehrskontrollen und international identischen rechtlichen und sonstigen Rahmenbedingungen dort investiert, wo die Steuersätze am niedrigsten sind. Der Steuerwettbewerb zwischen Regierungen führt im Grenzfall zu einer völligen Freistellung des Faktors Kapital von Besteuerung. Die Anwendung des Wohnsitzlandprinzips mag das Externalitätenproblem des Quellenlandprinzips beseitigen. Zu seiner Anwendung müssen die nationalen Steuerbehörden aber über die relevanten Informationen bezüglich der Auslandsaktiva ihrer Bürger verfügen. Bacchetto/ Espinosa (1995) verweisen darauf, daß der Grad der Informationsübermittlung

30 Vgl. Razin/ Sadka (1990), Frenkel/ Razin/ Sadka (1991), Giovannini (1990). Spahn/ Kaiser (1991) befassen sich ausführlich mit dem Komplex Steuerharmonisierung versus Steuerwettbewerb im Rahmen der europäischen Integration.

eine strategische Variable der Regierungen im nichtkooperativen Spiel um Steuererträge sein könnte.

Befürworter einer Koordinierung bei den nationalen direkten Steuern verweisen auf die suboptimale Bereitstellung öffentlicher Güter als unmittelbare Konsequenz des Einnnahmeausfalls, ausgelöst von der Flucht des Kapitals zu Stätten immer niedrigerer Steuersätze. Andere direkte oder indirekte Steuerarten müssen stärker zur Finanzierung der Staatsbudgets herangezogen werden, was zusätzliche Allokationsverzerrungen zur Folge haben kann. Trotz der Gefahr der Kapitalflucht in weitere Niedrigsteuerländer erhoffen sich die Befürworter einer Koordinierung in der EU, daß auch durch regional begrenzte Vereinbarungen der Wettbewerbsdruck und die daraus resultierenden Wohlfahrtsverluste gemildert werden könnten. Diese regional begrenzten Vereinbarungen könnten eine Vorstufe zu einem internationalen Regelwerk für die Besteuerung von Kapitaleinkommen bilden.

Ein weiterer Transmissionskanal internationaler „spillovers“ besteht in den realen Austauschverhältnissen handelbarer Güter, den „terms of trade“ (ToT). Im intertemporalen Zwei-Länder-Modell von Devereux (1991) mit jeweils einem repräsentativen Konsumenten verwenden die Regierungen Steuersätze als strategische Variable, um die ToT so zu beeinflussen, daß die reale Kaufkraft „ihrer“ Konsumenten erhöht wird. In jedem Land existiert nur ein Gut, das gleichzeitig zu Konsum- und Produktionszwecken dient. Besteuert wird das Einkommen der Konsumenten, die gleichzeitig Kapitalbesitzer sind. Im Gleichgewicht steigen die ToT aus Sicht des Inlandes mit dem inländischen Steuersatz und fallen mit dem Steuersatz des Auslandes.[31] Zwar muß der Versuch der Manipulation der Tot zwangsläufig scheitern, wenn er von Inland und Ausland gleichzeitig betrieben wird. Es verbleiben aber die zu diesem Zweck hoch angesetzten Steuersätze und die damit verbundenen Verzerrungen (z. B eine ineffizient niedrige Ersparnis). Ein Weltplaner würde identische ToT wie im Falle nichtkoordinierter Politik bei niedrigeren Steuersätzen und Staatsausgaben und höherer Wohlfahrt der Konsumenten erreichen.

Die für die Modellergebnisse ausschlaggebende Annahme der vollständigen Spezialisierung im internationalen Handel und die veraltete Vorstellung „nationaler“ Produkte widersprechen diametral der weltwirtschaftlichen Wirklichkeit. Nicht der Abstraktionsgrad des Modells, aber seine prinzipielle Idee eines Spiels um den Vorteil realer Aufwertungen machen es daher nicht zu ei-

31 Die Besteuerung entspricht einer Produktionsumlenkung auf das nicht handelbare, öffentliche Gut. Dadurch wird das Angebot des inländischen, handelbaren Gutes verknappt, was in dieser Modellwelt seinen relativen Preis erhöhen muß.

nem geeigneten Ausgangspunkt für Analysen internationaler „spillover"-Wirkungen von Fiskalpolitik und Fiskaldisziplin.

Lejour/ Verbon (1996) analysieren die Effekte einer Koordinierung von Fiskalpolitik in einem Zwei-Länder-Modell mit endogenem Wachstum und eingeschränkter Kapitalmobilität.[32] Die Ausgaben für öffentliche Güter werden durch die Besteuerung von Kapital nach dem Quellenlandprinzip finanziert. Eine unkoordinierte Ausdehnung der Staatsausgaben im Inland führt zu zwei entgegengesetzten „Spillover"-Effekten im Ausland: Die zur Finanzierung notwendige Erhöhung des Steuersatzes auf Kapital führt zur teilweisen Abwanderung von Kapital. Dieser positiven Externalität, der bekannten Wirkung des Steuerwettbewerbs um mobile Bemessungsgrundlagen steht die negative Wirkung entgegen, daß die Steuererhöhung die Ertragsrate auf Kapital im Inland verschlechtert. Das führt zu geringerer Akkumulation von Vermögen. Falls die Kapitalbesitzer des Inlandes sowohl dort als auch im Ausland investieren, führt der Rückgang der Ersparnisse auch zu einem Rückgang der Investitionen jenseits der Grenzen mit negativen Folgen für Produktion, Beschäftigung und Einkommen. Die wohlfahrtsmaximierende, aber nichtkoordinierende Regierung des Inlandes berücksichtigt diesen Effekt nicht, den man als „Wachstumsexternalität" bezeichnen kann. Die beiden genannten Externalitäten wirken entgegengerichtet; es existiert ein „trade-off" zwischen ihnen. Vergleicht man die Ergebnisse einer koordinierten Politik mit der nicht koordinierten Politik, dann kommt es zu einem höheren Wachstum im Falle der Koordinierung, wenn die Externalität der steuerlichen Bemessungsgrundlage dominiert. Überwiegt die Wachstumsexternalität, dann ist die Wachstumsrate im Falle der Nichtkoordinierung ineffizient hoch.

Die Bedeutung der beiden Seiten des „trade-off", der Substitution der Investitionsstandorte einerseits und der Reduktion des Niveaus der Kapitalakkumulation andererseits, ist letztlich eine empirische Frage, deren Beantwortung nicht leichtfällt.[33] Balancieren sie sich im wesentlichen aus, dann wäre die Legitimation für eine zentralisierte oder zumindest stark koordinierte Politik im Bereich der Besteuerung von Kapital schwach, eine Schlußfolgerung, die Lejour/ Verbon (1996) nicht ziehen. Zumindest muß das Argument, daß ein unkoordinierter Steuerwettbewerb zu einer ineffizient niedrigen Bereitstellung öffentlicher Güter führe, insofern modifiziert werden, als die Absenkung der Steuersätze auf

32 Unvollkommene Kapitalmobilität und internationale Realzinsdifferentiale sind ein oft beobachtetes Phänomen. Vgl. Gordon/ Bovenberg (1996) und die dort angegebene Literatur.

33 Vgl. Thalmann/ Goulder/ Delorme (1996, S: 451): *„Thus, the impacts of foreign capital tax incentives are complex, making it difficult to gauge the welfare impacts a priori."*

Kapital Wachstumsimpulse induzieren könnte, welche die Bemessungsgrundlagen im Inland wie im Ausland stärken würde.

Interessanterweise finden sich ähnliche Ergebnisse eines „trade-off" zwischen negativen und positiven „spillovers" in keynesianischen Makromodellen. In der bekannten Version des erweiterten Mundell-Fleming-Modells von Frenkel/ Razin (1987) wirkt eine expansive, kreditfinanzierte Fiskalpolitik bei festen Wechselkursen des einen Landes in zweifacher Weise auf die Ökonomie des anderen Landes: Die Kreditnachfrage des Staates erhöht das Zinsniveau auf dem integrierten Kapitalmarkt und führt zu einem partiellen „crowding out" in beiden Ländern. Der mit der Fiskalpolitik ausgelösteNachfrageimpuls wird je nach dem Ausmaß der Importneigung und der Verwendung der Staatsausgaben auf das Nachbarland übertragen. Der Gesamteffekt auf die Produktion der Volkswirtschaft kann für das Nachbarland positiv oder negativ (oder null) sein.[34] Bezüglich des Themas Fiskaldisziplin sind die externen Wirkungen einer restriktiven Politik der Haushaltskonsolidierung wichtiger als die einer expansiven Fiskalpolitik. Hier gilt entsprechend, daß der „importierte" staatliche Nachfrageausfall der möglichen Zinsniveausenkung gegenüberzustellen ist. Zudem wären neben den kurzfristigen Effekte die langfristigen Wirkungen zu beachten, wenn als Folge der Haushaltskonsolidierung die Angebotsbedingungen im Nachbarland verbessert und das Wirtschaftswachstum gefördert wird. Solange der Gesamteffekt der fiskalischen „spillovers" nicht bestimmt werden kann, entfällt auch die Voraussetzung für koordinierte Fiskal- bzw. Finanzpolitik.[35] Die koordinierte bzw. zentralisierte Politik müßte ja entscheiden können, ob gegenüber den isolierten nationalen Politiken ein expansiverer oder ein restriktiverer Kurs gefahren werden sollte.

5.4. Exkurs: Zur Empirie der Zinswirkung öffentlicher Schulden

Mit Hilfe wohlfahrtstheoretischer Arbeiten kann begründet werden, daß eine international koordinierte staatliche Kreditaufnahme möglicherweise zu Wohl-

34 Vgl. für eine neuere Darstellung Hayo/ Wrede (1996).

35 Die Tatsache, daß zwischen den verantwortlichen Wirtschaftspolitikern (wie zwischen den sie beratenden Wirtschaftswissenschaftlern) Uneinigkeit sowohl über die Gültigkeit des Modells selbst als auch über die Ausprägung entscheidender Parameter und Multiplikatoren des Modells bestehen kann, verstärkt noch die Skepsis gegenüber der Vorteilhaftigkeit einer vereinheitlichten Fiskalpolitik. Dieses Problem würde sich für eine demokratisch legitimierte, supranationale Regierung nicht stellen. Damit wäre der Frage eines Koordinierungsbedarfes zwischen nationalen Regierungen aber nur ausgewichen. Die aus dem Subsidiaritätsprinzip abgeleitete nationale Autonomie in der Finanz- und Fiskalpolitik wurde als Grundannahme für die Argumentation in dieser Arbeit gesetzt.

fahrtsgewinnen führt, weil die Zins-„spillovers“ nationaler Verschuldung auf den Weltkapitalmarkt internalisiert werden. Ob diese Zins-„spillovers“ quantitativ so bedeutsam sind, daß ein Koordinierungsbedarf besteht, könnte ein Blick in die empirische Literatur zeigen. Die Fülle von empirischen Arbeiten, die in mehreren Jahrzehnten zu der Frage, ob und in welcher Weise öffentliche Defizite und Schulden die Zinsen auf den Kapitalmärkten beeinflussen, ist kaum zu übersehen und kann hier keinesfalls auch nur ansatzweise gesichtet werden. Eine Vergleichbarkeit wird nicht nur durch die Unterschiede bei Schätzverfahren und Datenauswahl erschwert. Spezifikationen ad hoc stehen neben vorgeblich anspruchsvollen Schätzgleichungen, die aus den verschiedensten theoretischen Modellen abgeleitet sind.

Das Congressional Budget Office (1987, S 100) hat anhand von weit mehr als einem Dutzend Studien die Wirkung eines Anstiegs des Defizits der US-Regierung um 50 Mrd. US-$ untersucht. Die prognostizierten Ergebnisse reichen von einem Rückgang der langfristigen Zinsen um 25 Basispunkte bis zu einem Anstieg von 225 Basispunkten. Auch Gupta/ Moazzami (1996) kommen in einer Untersuchung für elf Industrieländer zu Ergebnissen, die von Land zu Land sehr unterschiedlich ausfallen.[36] Demnach könnte der Eindruck gewonnen werden, eindeutige Aussagen über die Wirkung der Staatsverschuldung auf Kapitalmarktzinsen ließen sich nicht treffen. Allerdings halten viele empirische Arbeiten einer theoretischen und methodischen Prüfung nicht stand.

Erstaunlich ist zum Beispiel die Beobachtung, daß meist ein Zusammenhang zwischen einer Zinsgröße und einer Ersparnisgröße für den Sektor Staat, also einer Stromgröße, untersucht wird.[37] Marktzinssätze geben aber ein Bestandsgleichgewicht wieder. Eine modelltheoretische Fundierung, die Portfolio-Entscheidungen reflektiert, ist in diesem Zusammenhang unbedingt angebracht. In einer schon etwas älteren Arbeit ermitteln Sherman/ Langmantel/ Schuhmair (1985, S. 84) in einem Portfolio-Modell für die Bundesrepublik Deutschland, daß eine isolierte Änderung der Staatsschuld um 1 % zu einer Änderung des Kapitalmarktzinses um 7 Basispunkte führt.

Da die internationale Kapitalmobilität beständig zunimmt, dürfte die Beschränkung sowohl der endogenen als auch der exogenen Variablen auf nationale

---

36 Eine Reihe von Arbeiten mit widersprüchlichen Ergebnissen findet sich in der von Tanzi (1985) in den *IMF Staff Papers* ausgelösten Kontroverse.

37 Damit ist impliziert, daß bei ausgeglichenem Budget kein Einfluß auf den Zinssatz ausgeübt wird. Das Niveau der Staatsverschuldung würde bei der Zinsbildung keine Rolle spielen!

Größen nicht zu befriedigenden Ergebnissen führen.[38] Tanzi/ Lutz (1993) aggregieren Daten von 13 Industrieländern und ermitteln für einen fiktiven Weltkapitalmarkt zwischen 1970 und 1987 einen signifikanten positiven Zusammenhang zwischen dem Niveau der Staatsverschuldung und dem realen langfristigen Zinssatz. Helbling/ Wescott (1995) stellen für den realen langfristigen „Weltzinssatz“, ermittelt aus den Werten für acht Industrieländer, in den letzten dreieinhalb Jahrzehnten bemerkenswerte Strukturbrüche fest. In den letzten 35 Jahren können, statistisch abgesichert, drei Regimes des Weltzinssatzes identifiziert werden. Zwischen 1960 und 1972 betrug dieser Zinssatz im Durchschnitt rund 3,0 %, zwischen 1973 und 1980 sank er auf 0,45 % und erreichte zwischen 1981 und 1994 einen Wert von 4,7 %. Die niedrige reale Verzinsung in der zweiten Periode, in der die Anpassungsprozesse auf die Ölpreisschocks fallen, kann auf die zögerliche Anpassung von Inflationserwartungen zurückgeführt werden. Der relativ hohe durchschnittliche Weltzinssatz in der letzten Periode fällt mit dem im zweiten Kapitel beschriebenen weltweiten Anstieg der Staatsverschuldung zusammen. Nach den Schätzergebnissen von Helbling/ Wescott (1995), denen ein Modell des Weltmarktes für Staatspapiere zugrundeliegt, sind die Ertragsrate auf Sachkapital und die Höhe der Staatsverschuldung relativ zum BIP als wesentliche Determinanten des realen Zinssatzes anzusehen.

Die insgesamt nicht eindeutigen Ergebnisse älterer Untersuchungen sind möglicherweise daraus zu verstehen, daß in Zeiten niedriger und relativ stabiler Verschuldungsniveaus ein signifikanter Effekt – mit dem zu erwartenden positiven Vorzeichen – der Verschuldung auf reale Zinssätze schwierig nachzuweisen ist.

Falls nun Kapitalmärkte hoch integriert sind und Änderungen der öffentlichen Verschuldung einen gleichgerichteten Einfluß auf reale Zinssätze ausüben, haben nationale Regierungen in der Tat ein Interesse an der fiskalischen Disziplin anderer Regierungen. Dieses Interesse wird durch die Währungsintegration verstärkt, wenn damit einzelne, kleinere Staaten über die Senkung von Transaktionskosten einen leichteren Zugang zu den Kapitalmärkten finden. Die „spillover“-Effekte auf den Zinssatz hängen wesentlich von der Größe des Landes ab, das eine Trittbrettfahrerposition einnehmen will, indem seine Kreditnachfrage auf ein breiteres Kapitalangebot trifft.

---

38 Nationale Differenzen in den realen Zinssätzen sind durchaus vorhanden. Das schließt aber den internationalen Zinszusammenhang nicht aus. Wird die empirische Analyse auf einzelne Länder beschränkt, müßte man die Differenz (und nicht das Niveau) des nationalen Zinses zum Weltzinssatz als Funktion nationaler Variablen erklären.
Daß der Markt für Regierungsanleihen internationalen Charakter hat, zeigt sich z.B. daran, daß bereits 1992 26 % der deutschen Staatsschuld von ausländischen Investoren gehalten wurden. Für Frankreich betrug dieser Anteil 32 % und für die USA 20 %. Vgl. International Monetary Fund (1995, S. 81).

Ein Koordinierungsbedarf mag in dieser Hinsicht gegeben sein, ist aber nicht auf die Existenz der Währungsunion beschränkt.[39] Der Fokus ist in einer Zeit hoher und sehr hoher Verschuldungsraten allerdings auf die Wohlfahrtseffekte einer abgestimmten Reduktion der Staatsverschuldung zu richten. Tabelle 9 zeigt die Ergebnisse einer Simulation des International Monetary Fund auf Basis einer Erweiterung des Modells von Blanchard (1985). Das Referenzszenario stabilisiert die Nettoverschuldung des Staates im Steady State auf 40 % des BIP, dem Durchschnitt der wichtigsten Industrieländer Mitte der neunziger Jahre. Verschiedene Szenarien mit niedrigeren und höheren Niveaus der Verschuldung zeigen die positiven Effekte einer Schuldenreduktion auf Produktion, Konsum, Kapitalstock und Realzinsen. Die Werte deuten darauf hin, daß beispielsweise eine Rückführung des relativen Schuldenstandes in allen Industrieländern auf das Niveau der siebziger Jahre, welches damals bei rund 20 % des BIP lag, eine langfristige Senkung des realen Zinssatzes von ungefähr 100 Basispunkten zur Folge haben würde.

Tabelle 9: Langfristige Effekte einer Änderung der Staatsverschuldung, ausgehend von einem Verhältnis Staatsschuld/ BIP von 0,4

	Verhältnis Staatsschuld/ BIP						
	0,0	0,1	0,2	0,3	0,4	0,5	0,6
Output (in Prozent)	*8,39*	*6,21*	*4,08*	*2,01*	-	*-1,94*	*-3,81*
Konsum (in Prozent)	*4,30*	*3,27*	*2,21*	*1,11*	-	*-1,12*	*-2,24*
Kapitalstock (in Prozent)	*25,87*	*18,78*	*12,10*	*5,85*	-	*-5,44*	*-10,50*
Realzins (Basispunkte)	*-203*	*-154*	*-104*	*-53*	-	*54*	*109*

Quelle: Schätzungen des International Monetary Fund (1995, S. 86).

Eine Schuldenreduktion im Weltmaßstab wäre zwar wünschenswert, ist aber eher in einem föderalen System mit wirksamen, institutionalisierten Koordinierungsmechanismen denkbar. Die ökonomische Situation in den meisten euro-

39 Es ist wahrscheinlich, daß ein wirksames „Balanced Budget Amendment" in den USA oder eine deutliche Änderung der japanischen Sparquote die Kapitalmarktzinsen in Deutschland stärker beeinflussen würde als eine Ausweitung der Staatsverschuldung in Portugal.

päischen Ländern mit dauerhaft hohen Arbeitslosenzahlen führt zu einer starken Opposition gegenüber einer Priorität zugunsten fiskalischer Konsolidierung. Gegen eine restriktive Fiskalpolitik wird damit argumentiert, daß der begleitende Nachfrageausfall mit hohen Kosten in Form von Beschäftigungseinbußen verbunden sei. Diese Politik konterkariere sich selbst, da die Einkommensrückgänge als Folge der Konsolidierung die Budgetsituation des Staates nicht verbesserten. Diese Ansicht wird durch Simulationen mit makroökonometrischen Modellen nur insoweit bestätigt, als sich in der Anfangsphase einer Konsolidierung nicht unbeträchtliche Einbußen von Produktion und Beschäftigung zeigen.[40]

Andererseits deuten eine Reihe neuerer Studien darauf hin, daß sich die befürchteten Kosten nicht einstellen müssen. Zwei bekannte Beispiele sind die erfolgreichen Konsolidierungen in Dänemark (1983-1986) und Irland (1986-89). In beiden Fällen wurde die drastische Verminderung der strukturellen Haushaltsdefizite von einem überdurchschnittlichen Wachstum (im EU-Vergleich) begleitet.[41] Unternimmt eine Regierung nach Zeiten fiskalischer Disziplinlosigkeit ein glaubhaftes Konsolidierungsprogramm, dann kann die davon ausgelöste positive Erwartungsbildung der ökonomischen Agenten offensichtlich die bekannten Einkommenseffekte dominieren.

Eine Erklärung könnte das Modell von Sutherland (1995) bieten. In „normalen" Zeiten zeigen die Konsumenten keynesianisches Verhalten, während sie in schlechten Zeiten ein anti-keynesianisches Verhalten aufweisen. Der Grund dafür liegt in der Unsicherheit über die Verteilung künftiger Steuerlasten zwischen den Generationen. In einem Rahmen überlappender Generationen und Konsumenten, die ein begrenztes Leben haben, gilt die Barro-Ricardo-Äquivalenz nicht und zukünftige Generationen können durch Staatsverschuldung belastet werden. Fiskalische Expansion erhöht den Konsum, fiskalische Kontraktion mindert den Konsum. Wenn die Staatsschuld relativ zum Sozialprodukt aber einen kritischen Punkt erreicht hat, zweifeln die Agenten daran, die Steuerbürde aus dem Schuldendienst wie zunächst erwartete auf die nächste Generation

---

40 Der International Monetary Fund (1996) hat mit seinem Mehrländermodell Multimod die weltweiten Auswirkungen einer Senkung des Staatskonsums von einem Prozent des BIP, zum einen in den USA und zum anderen in allen anderen Industrieländern zusammengenommen, simuliert. Sowohl dort, wo die Reduktion des Staatskonsums stattfindet, als auch weltweit steigt langfristig das reale BIP gegenüber einem Referenzpfad deutlich. In den ersten beiden Jahren kommt es aber zu einem relativen Rückgang des BIP.

41 Vgl. Cour et. al. (1996) und Alesina/ Perotti (1995b) für Fallstudien, die zeigen, daß fiskalische Konsolidierungen oft nicht zu größeren Rezessionserscheinungen führten. Giavazzi/ Pagano (1995) analysieren die „kontraktive fiskalische Expansion" in Schweden zwischen 1990 und 1994, bei der hohe strukturelle Defizite durch Steuersenkungen entstanden und gleichzeitig die Konsumneigung deutlich zurückging.

überwälzen zu können. Eine kreditfinanzierte fiskalische Expansion erhöht dann nicht den Konsum, wenn in Folge ein Einkommensrückgang aufgrund steigender Besteuerung erwartet wird. Umgekehrt kann eine deutliche fiskalische Kontraktion neutral oder sogar stimulierend wirken, wenn damit die Erwartung einer Erhöhung des permanenten Einkommens verbunden ist.[42] Entscheidend für den Erfolg eines Programms der Schuldenreduktion zur Wiedererlangung fiskalischer Disziplin und fiskalpolitischer Handlungsfreiheit ist, daß die Maßnahmen nicht zu bescheiden ausfallen und glaubhaft sowie dauerhaft unternommen werden.

5.5. Koordinierung aus Sicht der Neuen Politischen Ökonomie

Die Welt der Tinbergenschen Idealregierung, die nach nichts anderem strebt als nach der Realisierung der fundamentalen, allgemein akzeptierten ökonomischen und sozialen Ziele, wird nun verlassen, um zu jenem anderen Extremtyp zu kommen, bei dem die Regierung nur danach strebt, die nächste Wahl zu gewinnen: die stimmenmaximierende Regierung als Pendant zur gewinnmaximierenden Unternehmung. Aus Sicht der Neuen Politischen Ökonomie darf internationale Zusammenarbeit, so wichtig und wertvoll sie im Einzelfall sein mag, kein Ersatz für die Wahl der richtigen Politiken sein. Das Augenmerk soll auf die Frage gelenkt werden, ob die zwischenstaatliche Kooperation die Wahrscheinlichkeit, daß die richtigen Politiken gewählt werden, eher erhöht oder eher vermindert.

Modelltheoretische Arbeiten fehlen auf diesem Gebiet noch fast vollständig. Eine Ausnahme ist Tabellini (1990), der die bei Alesina/ Tabellini (1990) entwickelte Theorie strategischer Verschuldungsanreize auf den Bereich internationaler Politikkoordinierung überträgt. Wie wir unter 3.3.3. gesehen haben, kann die Gefahr einer Abwahl eine Regierung dazu verleiten, ihre Klientel im Rahmen eines erzwungenen intertemporalen Transfers mit schuldenfinanzierten Ausgaben in der laufenden Legislaturperiode zu bedienen, ohne mit einer gewissen Wahrscheinlichkeit die Konsequenzen der reduzierten Konsummöglichkeiten in der nächsten Amtszeit tragen zu müssen. Eine offene Volkswirtschaft soll nun die Handlungsmöglichkeiten erweitern bzw. die Verschuldungsneigung verstärken, weil

---

42 Man kann dieses Verhalten „anti-keynesianisch" nennen. Keynes (1936, S. 95) hat *„changes in expectations of the relation between the present and the future level of income"* als einen der die Konsumneigung bestimmenden Faktoren genannt, ihnen aber keine Bedeutung zugemessen.

„..*international cooperation enables the domestic and foreign governments to form a coalition against future policymakers, in the sense that it reduces the cost of strategically manipulating public debt so as to influence future policies. This fact can exacerbate the deficit bias, and thus reduce social welfare in both countries.*"

(Tabellini 1990, S. 262)

Abgesehen von den bereits genannten Einwänden gegen das Modell strategischer Verschuldung,[43] macht Tabellini leider nicht überzeugend deutlich, welcher Zusammenhang dazu führt, daß die Kooperation der amtierenden Regierungen zu höherer Verschuldung führt als wenn beide unabhängig ihr Verschuldungsniveau festlegen und die Verschuldung des anderen Landes als gegebene Größe betrachten.[44]

Grundsätzlich zu unterstützen ist aber der Anknüpfungspunkt, daß die Ursachen der Staatsverschuldung primär in politischen Verzerrungen der Entscheidungen über öffentliche Haushalte zu suchen ist. Es bleibt die politökonomische Literatur, die sich mit Hypothesen *ad hoc* und Plausibilitätsannahmen mit der Frage befaßt, welche Effekte internationale Kooperation im Bereich der Fiskaldisziplin bei Berücksichtigung der Motive der politischen Akteure haben kann. Grundsätzlich lassen sich zwei Argumentationslinien identifizieren, die zu völlig konträren Aussagen hinsichtlich eines Koordinierungsbedarfs gelangen: Die erste Perspektive geht aus von einem tiefen Mißtrauen gegenüber jeglicher Form supranationaler Zusammenarbeit, vor allem wenn sie zur Bildung neuer Institutionen führt. Diese werden als Strategien nationaler Regierungen bzw. der sie verkörpernden Politiker und Bürokraten betrachtet, die darauf abzielen, Restriktionen ihrer Handlungsmöglichkeiten, die ihnen im eigenen Land durch demokratische Kontrolle auferlegt werden, zu umgehen. Da diesbezüglich strukturelle Gemeinsamkeiten mit anderen Regierungen bestehen, werden mit diesen kartellähnliche Vereinbarungen (gegenüber den Wählern) getroffen, die nationale Kompetenzen auf die supranationale Ebene verlagern. Interessengruppen können sich so über die Beeinflussung ihrer Regierungen bestehende Renten sichern bzw. neue Quellen von Renteneinkommen erschließen. Für den Bürger als Prinzipal wird es schwieriger, auf seinen Agenten „Regierung" durch Verweis auf sichtlich bessere Leistungen von Agenten in anderen Länder, z. B. auf dem Felde der Wirtschaftspolitik, disziplinierenden Druck in Form der Drohung mit Abwahl („voice") oder mit Abwanderung („exit") auszuüben. Von Hagen/ Fratianni (1994, S. 292) nennen als Motivation für dieses strategische

43 Dieser Ansatz wird auch von Beetsma/ Uhlig (1997) aufgegriffen und mit einem Modell internationaler monetärer Kooperation kombiniert.

44 Insbesondere ist nicht ersichtlich, wie die behaupteten Effekte des Zeitpfad des realen Wechselkurses zustande kommen.

Verhalten die bei zunehmender internationaler ökonomischer Verflechtung schwindende Wirksamkeit nationaler Fiskal- und Beschäftigungspolitik:

> *„National fiscal policymakers will therefore see their power and influence diminish as economic integration proceeds in Europe. Public choice theory suggests that these policymakers will seek ways to regain their leverage and restore the effectiveness of their policy instruments."*

Eine extreme Sicht vertritt in diesem Zusammenhang Vaubel (1992, 1994). Er versucht, nahezu jeden Aspekt der europäischen Integration als Ergebnis einer Zentralisierungsstrategie von Politikern und Bürokraten abzuleiten, die ausschließlich ihre eigene Karriereentwicklung zum Ziel haben bzw. von diversen Interessengruppen gesteuert werden. Unschwer lassen sich Politikfelder vorweisen, bei der die supranationale Ebene eindeutig zur Versorgung bestimmter Klientelen dient: So ist die Gemeinsame Agrarpolitik das Negativbeispiel europäischer Integration *par excellence*. In anderen Bereichen, wie der Festlegung gemeinsamer Standards in der Umweltpolitik, der Wettbewerbspolitik, der Sozialpolitik, im Verbraucherschutz etc., fällt eine ökonomische Bewertung bereits schwerer. Hier ist abzuwägen zwischen den Folgen der Aktivitäten von Interessengruppen einerseits und ökonomischen Argumenten wie der Internalisierung externer Effekte andererseits. Problematisch wird es, wenn der Grundsatz der gegenseitigen Anerkennung nationaler Regulierungen auf Gütermärkten (ausgehend vom berühmten „Cassis de Dijon"-Urteil von 1979) oder das Subsidiaritätsprinzip des Maastricht-Vertrages mit weit hergeholten Begründungsfiguren in Einklang mit der Zentralisierungshypothese gebracht werden sollen. Die Argumentation neigt schließlich zum Absurden, wenn die Initiierung des Binnenmarktprojektes auf das angebliche Bestreben des ehemaligen Präsidenten der Kommission, Jacques Delors, zurückgeführt wird, sich für eine angestrebte Karriere in der französischen Politik Macht und Prestige zu verschaffen. Verschwörungstheorien sind wohlfeil, wenn kein Indizienbeweis zu liefern ist, und werden in ihrem ideologischen Charakter instrumentalisiert zur Ablehnung politischer und ökonomischer Integration allgemein.

Die zweite der angesprochenen Perspektiven politökonomischer Analyse, für die im folgenden plädiert wird, sieht im Gegensatz zu der eben beschriebenen Extremposition die Möglichkeit, daß unbeschadet der Handlungsanreize egoistischer politischer Handlungsträger internationale Kooperation, so sie sinnvoll genutzt wird, den politisch bedingten finanz- und wirtschaftspolitischen Verzerrungen auf nationaler Ebene entgegenwirken kann. Zwar fehlen auch hier noch unumstößliche „Beweise". Der Verfasser ist aber davon überzeugt, daß die von ihm entwickelte politökonomische Argumentationslinie einen relativ hohen Grad an Plausibilität aufweist.

Nehmen wir einmal an, verantwortliche Politiker, z.B. der Finanzminister, hätten einen intrinsischen Anreiz, die Einhaltung von Fiskaldiszipin durchzusetzen. Die empirischen Erkenntnisse, daß Staaten, deren Verfassungen dem Finanzminister eine hervorgehobene Stellung im Kabinett verschaffen, eine weniger ungünstige Historie der Schuldenakkumulation aufweisen, deuten darauf hin, daß diese Annahme plausibel ist.[45] Vergleichen wir nun zwei finanzpolitische Reformprojekte hinsichtlich ihrer Durchsetzungsfähigkeit im Gesetzgebungsverfahren. Zum einen will der Finanzminister eine nationale Reform der Einkommensteuer erreichen, die durch Streichung von Ausnahmeregeln eine effiziente und transparente Besteuerung ermöglicht, durch niedrigere Steuersätze Leistungsanreize schafft und die Verfügungsmöglichkeit des Staates über die Ressourcen seiner Bürger reduziert. Auch wenn sich die Regierung auf eine sichere Mehrheit im Parlament stützen kann, ist mit großer Wahrscheinlichkeit zu erwarten, daß die Koalition der (nicht parteigebundenen) Interessengruppen, die von der geltenden Gesetzeslage profitieren, ihre als Besitzstände angesehenen Privilegien verteidigen wird. Der als Kompromiß formulierte, letztlich verabschiedete Gesetzesentwurf dürfte wesentlich von den ursprünglichen Intentionen des Finanzministers abweichen:

> *„Unfortunately, fiscal decisions are always decomposable into many subdivisions related to tax rates, kinds of tax, specific spending cuts, and so forth, and it is therefore impossible to avoid friction among groups."*
>
> Tanzi (1994, S. 520).

Betrachten wir zum anderen das Projekt des Finanzministers, im Rahmen eines umfassenden supranationalen Gesetzeswerkes, wie dem Vertrag zur Errichtung der Europäischen Wirtschafts- und Währungsunion, Vorschriften zur Beschränkung der Defizitfinanzierung vorzulegen. Hier ist es möglich, ein Gesetzes-„Paket" zu formulieren, das von seiner Natur her nicht aufgeschnürt werden kann: Werden dem nationalen Parlament völkerrechtliche Verträge zur Abstimmung vorgelegt, gibt es für die Abgeordneten in der Regel keinen Gestaltungsspielraum. Sie haben nur die Wahl zwischen genereller Zustimmung oder Ablehnung. Die Ablehnung wäre im Gegensatz zu einem nationalen Gesetzesvorhaben in den meisten Fällen mit zusätzlichen Kosten in Form von schweren politischen und ökonomischen Nachteilen bis hin zu Vergeltungsmaßnahmen anderer Staaten verbunden. Eine Zustimmung bedarf selbstverständlich einer Legitimation gegenüber dem Wähler. Die Erwartung eines positiven Nettoef-

---

45 Während Ressortminister typischerweise daran interessiert sind, über einen möglichst hohen Etat verfügen zu können, steigt das Prestige des Finanzministers, wenn es ihm gelingt, die finanziellen Wünsche seiner Ministerkollegen zu disziplinieren. Vgl. von Hagen (1993, S. 47).

fektes des angestrebten Projekts muß vorhanden sein,[46] so daß auch budgetäre Einschränkungen hingenommen werden, die nun quasi „automatisch“ vollzogen werden müssen, ohne dafür den nationalen Finanzminister verantwortlich machen zu können. Wenn es Schwierigkeiten bereitet, auf nationaler Ebene Gewinner und Verlierer zu identifizieren, ist dies der Durchsetzung des „Pakets“ wahrscheinlich eher förderlich, es sei denn, es gelingt bestimmten Gruppen allein mit dem Appell an diffuse nationale Ressentiments ihre Position auf dem politischen Markt zu stärken.

Die skizzierte Strategie zur Durchsetzung von Fiskaldisziplin könnte dazu beitragen, die verschiedenen nationalen Interessengruppen aus einem suboptimalen politischen Gleichgewicht zu befreien – letztlich schaden die Folgen eines stetigen Aufbaus von Staatsschulden ja allen. Die Erfolgsaussichten verbessern sich durch internationale „spillovers“: Subventionen, die unproduktive Arbeitsplätze aus öffentlichen Mitteln erhalten, können leichter eingedämmt werden, wenn Kürzungen simultan in einer Reihe von Ländern mit vergleichbaren, veralteten Industriestrukturen durchgeführt werden. Die betroffenen Interessengruppen haben es dann schwer, die Aufrechterhaltung der Subventionen mit ähnlichen wettbewerbsverzerrenden Praktiken in anderen Ländern zu rechtfertigen (McKinnon 1997, S. 228).

Ein weiterer Effekt könnte sich im Zuge der Währungs- und politischen Integration einstellen, wenn sich Interessengruppen weniger leicht geographisch fixieren ließen. Bislang wird der Streit über fiskalpolitische Entscheidungen auf EU-Ebene in Kategorien nationalstaatlicher Nettozahler- und Nettoempfängerpositionen geführt. Die einheitliche Währung wird das Augenmerk mehr auf die Identifikation von Gewinnern und Verlierern diverser Gruppen von Individuen lenken, deren Typ sich stärker über Beruf, Einkommen, Alter etc. als über die Nationalität definiert:

„Because the continuation of separate currencies encourages the calculation of benefits and costs in national terms, it exerts a centrifugal force, causing national politicians to fight for 'our money', the 'juste retour', and so forth. By contrast, calculations that con-

---

46 Die Zustimmung Deutschlands zum Maastricht-Vertrag, das als EWS-Ankerland *de facto* den größten Verzicht an monetärer Souveränität leisten muß und beträchtliche Risiken hinsichtlich der Währungsstabilität eingeht, kann damit erklärt werden, daß damit eine Reihe von Vorteilen verbunden ist: Neben den direkten ökonomischen Erträgen der Währungsunion als logische Konsequenz des Binnenmarktprogramms sind dies vor allem der aus der Verpflichtung zur weiteren Integration gezogene Gewinn an politischer Reputation, der historischen Ängsten angesichts des wiedervereinigten Deutschlands entgegenwirken soll, die Erweiterung der außen- und sicherheitspolitischen Handlungsmöglichkeit im Rahmen der EU sowie die politische und wirtschaftliche Integration osteuropäischer Länder, die für Deutschland von größtem Interesse ist.

centrate on a similar treatment of similar types of agents, irrespective of location, exert a centripetal force.“

Goodhart (1995, S. 180)

Die Entscheidungsbildung auf der supranationalen Ebene durch nationale Regierungsvertreter kann als Form einer „indirekten Demokratie“ bezeichnet werden, der die unmittelbare Legitimation und Verantwortlichkeit gegenüber den Bürgern fehlt. Ihre Resultate sind nicht direkt einem gewählter Vertreter zuzuordnen. Eine Stärkung der Befugnisse des direkt gewählten Europäischen Parlaments wäre aber kontraproduktiv für die Wahrung von Fiskaldisziplin in den Mitgliedstaaten. Im Parlament können sich die nationalen Interessengruppen supranational neu formieren. Das Paradoxon der internationalen Koordinierung von Fiskaldisziplin besteht darin, daß die nationale budgetäre Autonomie teilweise aufgegeben wird, um institutionelle Reformen zu erzwingen, welche die langfristige Autonomie und die Handlungsfreiheit der sich in öffentlichen Haushalten offenbarenden politischen Gestaltung erhalten.

Das bekannteste Beispiel für die Politik einer freiwilligen Selbstbindung („tying one’s hands“) ist das Europäische Währungssystem (EWS). Der – nicht unumstrittene – „disciplinary view“[47] des EWS beruht auf der positiven Analyse der Glaubwürdigkeit einer Zentralbank, die behauptet, daß die institutionelle Gestaltung der Geldbehörde und der Grad, bis zu dem die Verfolgung einer Geldpolitik mit niedriger Inflation glaubwürdig gemacht werden kann, entscheidend ist für die Inflationsentwicklung eines Landes. Ist die Regierung eines Landes bestrebt hohe Inflationsraten zurückzuführen, sieht sie sich mit einem Glaubwürdigkeitsproblem konfrontiert. Wenn die ökonomischen Agenten die Politikankündigung für zeitinkonsistent halten, werden sie ihre Preiserwartungen (Güterpreise, Löhne, Zinssätze) nicht auf ein niedriges Inflationsniveau umstellen. Die Strategie dieser Regierung kann nun darin bestehen, sich über ein (anpassungsfähiges) Festkurssystem der Geldpolitik eines Landes unterzuordnen, dessen Währungsbehörde keinen bzw. wesentlich geringeren Zeitkonsistenzproblemen ausgesetzt ist.[48] Im Zusammenhang des EWS war dies die Bundesrepublik Deutschland und die Deutsche Bundesbank, die sich durch ihre institutionelle Unabhängigkeit und ihrer historisch gewachsenen Reputation hinsichtlich erfolgreicher Sicherung von Preisstabilität auszeichnete. Das EWS führte zu einem streng hierarchischen System, in der die Zentralbank des

47 Vgl. Fratianni/ von Hagen (1992, S. 48). Siehe für diese Interpretation des EWS insbesondere Giavazzi/ Giovannini (1989) und Giavazzi/ Pagano (1989). Alternative Erklärungen für das Verhalten der Regierungen der am EWS beteiligten Länder finden sich bei De Cecco (1989).

48 Eine Funktionsbedingung besteht darin, daß für die Wähler eine Abwertung der eigenen Währung mit einem nationalen Prestigeverlust verbunden ist.

Ankerlandes ihre geldpolitischen Ziele ohne Rücksicht auf die geldpolitischen Instanzen der anderen Länder im Währungsverbund betrieb. Der Erfolg des EWS bestand in einer deutlichen Konvergenz der Inflationsraten.

Eine vergleichbare Situation, in der Politiker aus politökonomischen Gründen eine „zweitbeste Strategie" betreiben, wird von Bhagwati (1990) angeführt. Er verweist für den Bereich der Handelspolitik auf die Beobachtung, daß die Zunahme von nichttarifären Handelshemmnissen nicht das befürchtete Ausmaß an protektionistischen Wirkungen zur Folge hatte. Er zeigt für mehrere Branchen, daß freiwillige Exportselbstbeschränkungen durch diverse Maßnahmen (Umdeklarieren in eine andere Warenkategorie, Umladen über Drittländer) von den betroffenen Ländern leicht umgangen werden konnten. Die Frage, warum sich die Importländer auf einen solchen „porösen Schutz" einließen, wird damit beantwortet, daß Regierungen oft eine Politik des Freihandels verfolgen wollen, deren langfristige Vorteile sie erkennen, und gleichzeitig die Schutzforderungen einflußreicher Interessengruppen (Unternehmer und Arbeitnehmer aus Branchen mit Importkonkurrenz) nur um den Preis ignorieren können, in nächster Zukunft abgewählt zu werden und dann überhaupt keine Politik mehr gestalten zu können.

> *„Neigt die Exekutive eines Landes zum freien Handel, wohingegen seine Gesetzgeber auf protektionistischen Druck verschiedener Wahlkreise reagieren müssen, könnte eine geschickte Exekutive durchlässige Schutzmaßnahmen ergreifen, die zwar relativ freien Marktzugang gewähren, aber dennoch als politisches Zugeständnis an politische Forderungen der Legislative erscheinen."*
>
> (Bhagwati 1990, S. 65)

5.6. Zusammenfassung und Bewertung

Welche Argumentationslinien zu der Frage, ob prinzipiell eine Koordinierung von Fiskaldisziplin im föderalen System der EU begründet werden kann, haben sich als tragfähig erwiesen? Die Ergebnisse dieses und des vorhergehenden, vierten Kapitels können unter den Stichpunkten monetäre Disziplin, fiskalische „spillovers", Schutz vor fiskalischer Ausbeutung und strategische Absicherung der Haushaltskonsolidierung rekapituliert werden. Dabei wird darauf verzichtet, Spekulationen darüber anzustrengen, inwiefern diese Argumentationslinien in bezug gesetzt werden könnten zu der Interessenlage einzelner Regierungen oder Institutionen bzw. der sie verkörpernden Entscheidungsträger im Prozeß, der zur endgültigen Formulierung des Vertrages von Maastricht führte.

Monetäre Disziplin
Der Zusammenhang zwischen fiskalischer und monetärer Disziplin im Rahmen einer Währungsunion ist wesentlich weniger stark ausgeprägt, als es zahlreiche Äußerungen aus dem akademischen und politischen Bereich vermuten lassen. Die formelle, institutionelle, finanzielle und personelle Unabhängigkeit der Zentralbank ist ausschlaggebend zum Erreichen des wirtschaftspolitischen Ziels der Preisstabilität. Ist diese Voraussetzung gegeben, dann sind sehr unterschiedliche Werte für Defizite öffentlicher Haushalte und Staatsverschuldung damit kompatibel. Sollte es tatsächlich einmal dazu kommen, daß ein Mitglied der Währungsunion durch fiskalische Disziplinlosigkeit in ernsthafte Schwierigkeiten bei der Bedienung seiner Staatsschulden gerät, geht weniger eine Gefahr für die Preisstabilität dadurch aus, daß die Zentralbank sich genötigt sehen könnte, Schulden dieses Landes über Monetisierung zu finanzieren und über die Ausweitung der Geldmenge Inflationsgefahren hervorrufen würde. Vielmehr sind in einem solchen Fall die anderen Mitglieder des föderalen Systems dadurch betroffen, daß sie ungeachtet aller formellen und informellen Erklärungen zum Haftungsausschluß *ex ante* höchstwahrscheinlich einen finanziellen Beistand gewähren würden. Monetäre Disziplin erschwert andererseits nicht die Wahrung fiskalischer Disziplin, dergestalt daß Einnahmen aus Geldschöpfung wegfallen. Ganz im Gegenteil kommt es zu niedrigeren Finanzierungskosten indem Erwartungen geringer Inflation auch zur Senkung der realen Zinssätze führen. Des weiteren erleichtert monetäre Disziplin eine rationale Budgetplanung, die dann weniger anfällig gegen politökonomische Manipulationen ist.

Schutz vor fiskalischer Ausbeutung
Im vierten Kapitel wurde bereits begründet, daß der Haftungsausschluß des EGV nicht konsistent ist mit den expliziten und impliziten Transferströmen, die an anderen Stellen des Vertrages kodifiziert sind. Vor allem in einer Reihe von unbestimmten Rechtsbegriffen („Solidarität") könnten zukünftige Zahlungen ihren praktischen Anknüpfungspunkt finden. Es ist plausibel, daß sich die Nettozahlerländer in der EU durch die Aufnahme der bekannten Normen zur Fiskaldisziplin in den Maastricht-Vertrag gegen potentielle zusätzliche Verpflichtungen schützen wollten. Gerade die Bundesrepublik Deutschland hat mit ihrem System des intrastaatlichen Finanzausgleichs in dem Sinne negative Erfahrungen gemacht, daß Transfers der „reichen" zu den „armen" Regionen im wesentlichen nicht die Ursachen der unterschiedlichen Finanzkraft beseitigen sondern im Gegenteil eher strukturkonservierend wirken. Mehr noch, wie das Beispiel der Haushaltsnotlagen von Bremen und Saarland zeigt, bestehen geradezu Anreize dazu, die langfristigen Folgen einer chronisch hohen Defizitfinanzierung bewußt in Kauf zu nehmen, in der Hoffnung, diese auf die Gemeinschaft überwälzen zu können. Zu optimistisch erscheint in diesem Zusammenhang das Argument von Eichengreen/ von Hagen (1996), in der EU könnten und würden die

nationalen Regierungen die Folgen von Haushaltskrisen selbst tragen, da sie ihre Steuerbasen kontrollierten (im Gegensatz zu Systemen des kooperativen Föderalismus wie in Deutschland oder Australien mit Gemeinschaftssteuern und intensiven föderalen Finanzbeziehungen). Um dem Problem des „moral hazard" auf europäischer Ebene zu entgehen, ist daher eine Koordinierung zum Zwecke einer dauerhaft tragbaren Finanzlage der öffentlichen Haushalte sinnvoll.

Die Beschränkung nationaler Finanzpolitik widerspricht auch nicht unbedingt den Prinzipien von Autonomie und Subsidiarität. Umgekehrt impliziert nämlich das Vertrauen der Regierung eines föderalen Gliedes auf die Finanzierungshilfen der anderen Glieder einen Verlust an Verantwortlichkeit und an Souveränität und widerspricht damit dem Föderalismusgedanken. Käme es gar zum „bail out" eines Mitgliedstaates, wären Auflagen hinsichtlich der Verwendung der Hilfszahlungen unvermeidlich. Eine faktische Regelungskompetenz für nationale Budgets würde aber zu einem schweren Konflikt mit dem politischen Wesen der Union als einer Gemeinschaft Gleichberechtigter führen.[49] Die Vorkehrung gegen den Fall eines „bail out" bedeutet nicht einen grundsätzlichen Mangel an Solidarität in der Union. Die gemeinsame Implementierung von Fiskaldisziplin ermöglicht zum einen die diskretionäre Hilfeleistung und fördert zum anderen die Bereitschaft zur Hilfeleistung – unabhängig vom Auftreten einer nationalen Schuldenkrise –, da die potentiellen Geber wissen, daß die Wahrscheinlichkeit einer „fiskalischen Ausbeutung" gering ist, wenn durch eine geeignete Koordinierung dafür gesorgt wird, daß jeder „sein Haus in Ordnung hält". So gesehen wird die Koordinierung von Fiskaldisziplin zur Voraussetzung für die Errichtung stabiler föderaler Finanzbeziehungen.

Strategische Absicherung der Haushaltskonsolidierung

Übermäßige Haushaltsdefizite lassen sich, wie in dieser Arbeit ausführlich behandelt wurde, als Ergebnis politischer Verzerrungen begreifen. Während seit langem auf die Folgen hingewiesen wurde, die von der öffentlichen Schuldensituation eines Landes auf die anderen Länder einer EU ausgehen (Corsetti/Roubini 1992), scheint weniger Beachtung gefunden zu haben, daß unabhängig von den internationalen Rückwirkungen eine supranationale Vereinbarung über die Sicherung von Fiskaldisziplin als Strategie derjenigen Kräfte begriffen werden kann, die sich für eine nationale Haushaltskonsolidierung einsetzen. Diese zweitbeste Strategie, die sich als Reaktion auf politökonomische Friktionen

49 Auch die effektive Kontrolle der Verwendung der Transferströme aus den Struktur- und Kohäsionsfonds der EU stellt ein Problem dar. In der Bundesrepublik Deutschland ist das Dilemma zwischen Länderhoheit einerseits und „bündischer Treue" andererseits seit langem offenkundig.

auch für andere Politikbereiche vermuten läßt, nutzt den Vorteil, daß eine solche Vereinbarung im Rahmen eines völkerrechtlichen Gesetzes-„Pakets“ weniger durch den Widerstand von Interessengruppen, die als Empfänger staatlicher Transfers, Subventionen und sonstiger Vergünstigungen grundsätzlich gegen die Beschneidung von Finanzierungsmöglichkeiten opponieren, bedroht ist als ein rein national initiiertes Konsolidierungsprojekt. Dazu kommt, daß diese Interessengruppen auf der supranationalen, europäischen Ebene der Entscheidungsfindung bislang noch schwächer repräsentiert sind als auf nationaler Ebene.

Fiskalische „spillovers“
Die genuin ökonomischen Argumente für die Koordinierung von Fiskaldisziplin knüpfen an den „spillover“-Effekten an, welche die Wirtschafts- und Finanzpolitik eines Landes auf die Zielfunktionen anderer Regierungen auslöst. Die Kreditfinanzierung öffentlicher Haushalte wirkt sich über integrierte Kapitalmärkte auf die Finanzierungskosten aller Mitglieder der Gemeinschaft (und nicht nur auf sie) aus. Das quantitative Ausmaß und damit die wirtschaftspolitische Bedeutung dieses Zinseffektes hängt wesentlich von der relativen Größe der jeweiligen Staatsschulden ab. Die Verschuldung der kleineren Ländern in der EU ist in diesem Zusammenhang irrelevant; ob von den großen Mitgliedstaaten nennenswerte Zinseffekte ausgehen, wird nicht zuletzt von der Stärke des weltweiten Zinszusammenhangs, insbesondere mit den USA und Japan, beeinflußt. Eine Koordinierung von Fiskaldisziplin, die auf gemeinsame Anstrengungen zur Rückführung der Staatsschulden hinausliefe, könnte grundsätzlich Konsolidierung und Zinssenkung und dadurch positive Wachstumsimpulse auslösen; der Erfolg hinge aber wesentlich von anderen Faktoren ab, die das Weltangebot und die Weltnachfrage von Ersparnissen bestimmen.

6. Theoretisch-Konzeptionelle Grundlagen der Koordinierung von Fiskaldisziplin

In den beiden letzten Kapiteln wurden insbesondere für das föderale System der Europäischen Union die grundsätzlichen Argumente für oder gegen einen Bedarf an Koordinierung von Fiskaldisziplin diskutiert, ohne präziser zu beschreiben, was unter dem Begriff der Koordinierung in dem untersuchten Zusammenhang zu verstehen ist. Eine ausformulierte Theorie der Fiskaldisziplin in föderalen Systemen existiert bislang nicht. Das ist möglicherweise darin begründet, daß es sich um ein relativ junges Thema handelt und daß ein weites Spektrum von Einzelfragen damit verknüpft ist, die jeweils einen unterschiedlichen methodischen Zugang erlauben. Aufgabe dieses Kapitels ist es, einen Überblick hinsichtlich jener Einzelfragen zu verschaffen. Dies wird anhand einer relativ einfach gehaltenen Taxonomie geschehen, die im ersten Abschnitt vorgestellt wird. In den weiteren Abschnitten wird dann erläutert, über welche Objekte (oder Budgetinstitutionen) prinzipiell eine internationale oder interregionale Zusammenarbeit herbeigeführt werden kann, welche föderalen Ebenen oder Gremien dafür in Frage kommen und welche Instrumente und Verfahren für die Zusammenarbeit zur Verfügung stehen.

6.1. Taxonomie der Koordinierung

Die Begriffe der (wirtschaftspolitischen) Koordinierung und Kooperation werden in der Literatur nicht einheitlich gebraucht. Koordinierung bedeutet nach Bröcheler (1995, S. 161), daß die wirtschaftspolitischen Maßnahmen gleichberechtigt und ohne übergeordnete Institutionen in einer gemeinsam verfolgten Strategie aufeinander abgestimmt werden, um auf diese Weise die wirtschaftspolitischen Ziele in den einzelnen Ländern besser zu erreichen. Wallich (1994, S. 85) definiert Koordinierung eng als „*a significant modification of national policies in recognition of international economic interdependence*". Oft wird der Begriff Kooperation als Überbegriff angesehen. Für Bryant (1995, S. 392) ist er ein „umbrella term", der das gesamte Spektrum möglicher Interaktionen von nationalen Regierungen überdeckt. Formen zwischenstaatlicher Zusammenarbeit reichen von Konsultationen, gegenseitiger Anerkennung, verschiedenen Abstufungen der Koordinierung bis zur ausdrücklichen Harmonisierung.

Cooper (1987) unterscheidet sechs Arten der internationalen Kooperation nach ihrer Intensität: Beginnend mit dem Austausch von Informationen über die augenblickliche wirtschaftliche Situation und die Wirtschaftspolitik der einzelnen Länder können Vereinbarungen über gemeinsame Definitionen von Konzepten und Meßmethoden getroffen werden. Weitere Stufen sind der Meinungsaustausch über die wirtschaftspolitischen Ziele zur Vermeidung von Zielkonflikten und der Informationsaustausch über geplante Maßnahmen, so daß auf potentielle negative „spillovers" reagiert werden kann. Eine wesentlich engere Zusammenarbeit erfolgt bei der Koordinierung nationaler Wirtschaftspolitiken im Hinblick auf gemeinsame Zielsetzungen und bei der Gestaltung einer gemeinsamen Wirtschaftspolitik, die unter Umständen gemeinsamer Ausgaben bedarf, die durch Beiträge finanziert werden müssen.

Putnam/ Henning (1989) unterscheiden bei Kooperationsformen zwischen den Kategorien *einseitige Anpassung* (der „policy takers" an einen „policy maker"), *Konsultationen*, *Verstärkung* („reinforcement" – die Politik wird zwar vollständig national bestimmt, ihre Implementierung aber durch internationale Vereinbarungen erleichtert; als Beispiel sind Stabilisierungsprogramme des Internationalen Währungsfonds zu nennen), *Junktim* („package deal" – die nationalen Politiken werden im Rahmen internationaler Vereinbarungen gesetzt, die wechselseitige Verpflichtungen enthalten) und *supranationale Integration* (Politiken werden nicht national, sondern in einem supranationalen Prozeß determiniert, der mit oder ohne feste Institutionen ablaufen kann). Cezanne (1987) differenziert nach Methoden der Kooperation, und zwar in die *Hegemonialmethode*, bei der ein Land die Führung übernimmt, in die *Supranationalitätsmethode*, bei der Gemeinschaftsorgane errichtet werden, die den nationalen Instanzen übergeordnet sind, sowie in die *Gleichberechtigungsmethode*, bei der die Kooperationspartner ihre Wirtschaftspolitik abstimmen, ohne dabei Weisungen einer übergeordneten Instanz zu erhalten.

Spahn (1996) charakterisiert die Koordinierung als Versuch, die Politiken aller Ebenen innerhalb dezentralisiert verfaßter Staatsformen auf ein gemeinsames Ziel zu verpflichten. Eine solche Koordinierung kann durch politische Institutionen wie auch durch zwingende Kräfte des Marktes erreicht werden. Die Kooperation hingegen stellt vornehmlich auf die Freiwilligkeit bei der Vereinbarung von Koordinierungsmechanismen zwischen autonomen Körperschaften ab, wobei wechselseitiger Interessenausgleich im Vordergrund steht.

Die genannten Klassifikationsversuche sind meist vor dem Hintergrund internationaler Zusammenarbeit in Bezug auf spezifische wirtschaftspolitische Fragestellungen wie des koordinierten Einsatzes makroökonomischer Instrumente in der Folge der Ölkrisen oder der Bewältigung der Auswirkungen von Wechselkursschwankungen entstanden. Ihre identische Übernahme ist nur mit Einschränkungen möglich. Vor allem aber erweisen sie sich als nicht umfassend genug für den Untersuchungsgegenstand. Es wird deshalb vorgeschlagen, bezüglich der Beschreibung von Konzepten der Koordinierung von Fiskaldisziplin eine Positionsbestimmung entlang dreier Dimensionen vorzunehmen (siehe

Abbildung 6: Objekte, Träger und Verfahren der Koordinierung).[1] Die Ausprägungen dieser Dimensionen der Koordinierung werden in den weiteren Abschnitten dieses Kapitels grundsätzlich erörtert, was dann im folgenden Kapitel die Beschreibung und Analyse praktizierter Koordinierungskonzepte in föderalen Systemen erleichtert.

Die Koordinierungsobjekte beziehen sich auf Budgetinstitutionen. Unter diesen Begriff fallen alle jene Institutionen, die für einen Teilbereich des Prozesses, der die Verfügung über Ressourcen im öffentlichen Sektor organisiert, verbindliche Regeln schafft. Die Definition reicht von Indikatoren der Fiskaldisziplin, vom Rechnungslegungskonzept und der Präsentationsform des Haushaltsplans, über die Phasen des Budgetprozesses (Aufstellung, Beratung, Entscheidung, Ausführung und Kontrolle) bis zu Aspekten des „public mangement" (Kostenkontrolle, Personalplanung etc.). Das Zusammenspiel verschiedener Budgetinstitutionen als Teile eines „Budgetsystems" im Hinblick auf das Budgetergebnis ist ein noch verhältnismäßig wenig bearbeitetes Forschungsgebiet.

Die Träger der Koordinierung, also die Akteure, denen die entsprechenden Kompetenzen zur Koordinierung zugeordnet werden, sind im Rahmen eines politisch-ökonomischen Ansatzes von besonderem Interesse. Die Frage danach, mit welchen Verfahren und Instrumenten die Koordinierung der Budgetinstitutionen erfolgen könnte, erfaßt einen weiten Bereich von gesetzlich oder gar konstitutionell fixierten Regeln über fiskalische Anreize bis zu einem bloßen Austausch relevanter Informationen.

1 Vgl. dazu auch Spahn (1996).

Abbildung 6: Dimensionen föderaler Koordinierung

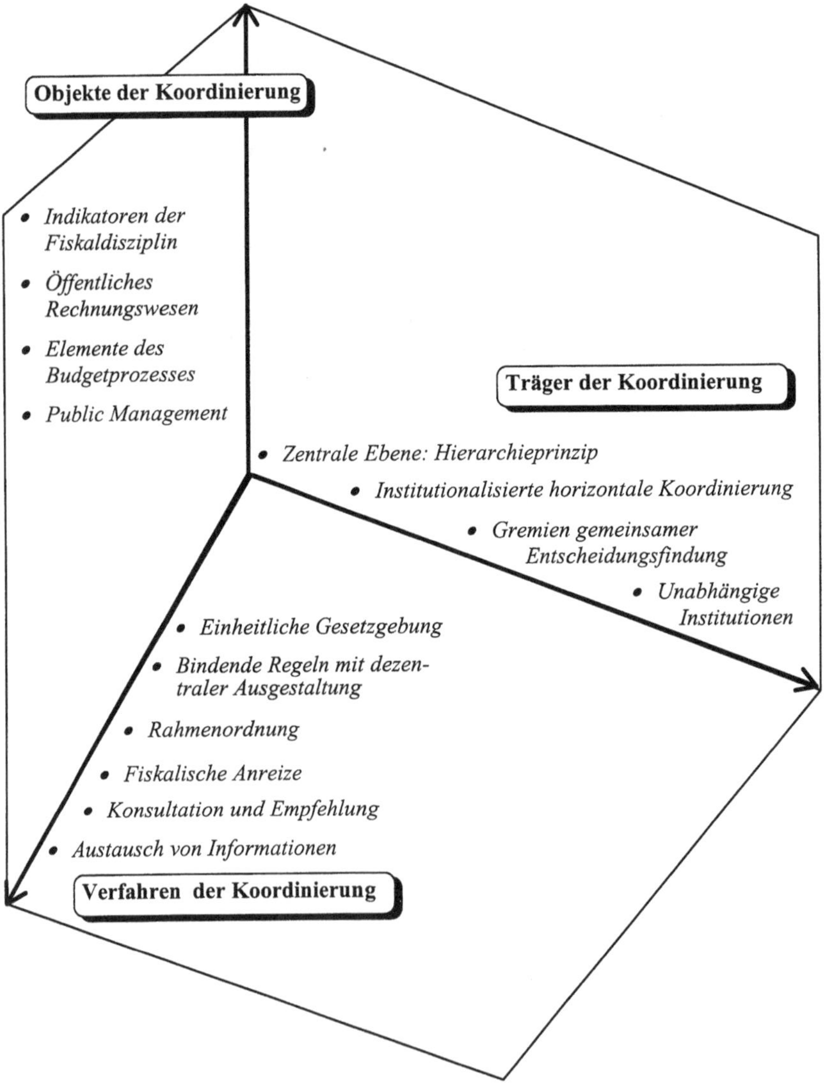

6.2. Objekte der Koordinierung

Es entspricht dem gewählten engen Verständnis von Fiskaldisziplin, bei Objekten der Koordinierung zunächst nach Indikatoren zu fragen, die die Belastung zukünftiger fiskalischer Handlungsspielräume anzeigen. Im Mittelpunkt steht dabei das Finanzierungsdefizit öffentlicher Haushalte. Eng damit verknüpft ist das zugrundeliegende Rechnungslegungskonzept. Anschließend wird auf Elemente der Budgetprozesses eingegangen, die ebenfalls Gegenstand einer Koordinierung sein können. Die Fundamentalkritik am traditionellen Defizitbegriff behauptet, daß er keine normativen Aussagen über die zukünftigen Auswirkungen heutiger Finanz- und Fiskalpolitik erlaubt. Diese Kritik führt zum Konzept der Generationenkonten, die eine Abbildung intergenerationeller Umverteilungseffekte des staatlichen Budgets ermöglichen sollen. Abschließend wird auf die politische Ökonomie des Defizitbegriffs eingegangen, die zu bedenken gibt, daß ein gewisser „trade off" zwischen ökonomisch gehaltvollen Indikatoren der Fiskaldisziplin und ihrer Strategieanfälligkeit in der Anwendung durch eigennutzorientierte politische Entscheidungsträger besteht.

6.2.1. Der Defizitbegriff

Das konventionelle Haushaltsdefizit mißt die geplante bzw. tatsächliche Differenz zwischen den Gesamtausgaben des Staates – inklusive Zinsausgaben, aber ohne Tilgungsleistungen auf die bestehende Staatsschuld – und den Gesamteinnahmen. Üblicherweise sind die verbuchten Ströme reine Zahlungsströme im Verlaufe der jährlichen Rechnungsperiode. Das Defizit reflektiert so den Nettofinanzierungsbedarf durch Kreditaufnahme.[2] Die Interpretation des Defizitwerts hängt vom Erklärungsbedarf ab. Modifikationen des Defizits in konventioneller Abgrenzung sind unter anderem (Blejer/ Cheasty 1991):

Das Primärdefizit berücksichtigt auf der Ausgabenseite nicht den Schuldendienst auf die Staatsschuld. Es mißt damit wie *gegenwärtige* Politik die Nettoverschuldung des Staates beeinflußt. Eine Stabilisierung (z.B. in Bezug auf das BIP) oder Rückführung der Staatsschuld ist nur möglich bei Primärüberschüssen. Wie im zweiten Kapitel gezeigt wurde, ist kennzeichnend für manche hoch verschuldeten Länder in Europa heute, daß Primärüberschüsse erzielt werden, die aber angesichts der Schuldenbelastung aus früheren Jahren nicht ausreichen, um den Zinsendienst zu finanzieren, so daß weiter ein konventionelles Defizit entsteht.

2 Vgl. zu einigen Abgrenzungsfragen Arlt (1994).

Ein Land mit einer sehr kritischen Verschuldungssituation kann unter Umständen Schwierigkeiten haben, die existierende Staatsschuld am Kapitalmarkt revolvierend zu finanzieren. Dann wäre es sinnvoller, Tilgungszahlungen als Ausgaben zu klassifizieren und den Bedarf an *Bruttoneuverschuldung* und nicht die *Nettokreditaufnahme* auszuweisen. Die Kreditvergabe des Staates hat oft den Charakter von Subventionen (z.B. an existenzbedrohte Unternehmen zur Erhaltung von Arbeitsplätzen). Diese Kredite, genauer der Teil davon, der eine reine Transferleistung darstellt, dürfen nicht als Bestandteil der Finanzierungsrechnung gezählt werden, sondern müssen als (defiziterhöhender) Teil der Ausgaben betrachtet werden.

Für Länder, deren öffentlicher Sektor bedeutende Handels- und Kapitalströme mit dem Ausland beinhaltet, ist die Unterscheidung zwischen dem *Inlandsdefizit* (in dessen Berechnung nur Haushaltselemente eingehen, die direkt die heimische Ökonomie beeinflussen) und dem *Auslandsdefizit* (welches die Effekte des öffentlichen Haushalts auf die Zahlungsbilanz enthält und nur die Transaktionen verbucht, die direkt mit dem Auslandssektor verbunden sind) von Interesse.[3]

Das *operationale Defizit* rechnet die inflationsinduzierten Zinszahlungen aus dem konventionellen Defizit heraus: Enthält der auf staatliche Kredite zu zahlende Zins eine Inflationsprämie, so ist ein Teil der jährlichen Zinszahlungen in Wirklichkeit eine Form von Tilgungsleistung an die Gläubiger. Damit wird das konventionelle Defizit zu hoch ausgewiesen.

Zuschüsse/ Transfers von anderen Staaten, internationalen Organisationen oder anderen Gliedern einer Föderation erhöhen nicht die Verbindlichkeiten des Staates und können daher als Einnahmen gebucht werden. Andererseits fallen diese Transfers oft sehr unregelmäßig an. Ihre Verbuchung als laufende Einnahme kann zu einer zu positiven Einschätzung der Defizitsituation führen.

Das Defizit der laufenden Rechnung: Würde der öffentliche Sektor so wie Unternehmen über eine laufende Rechnung (Einnahmen-Ausgaben-Rechnung) und eine Kapitalrechnung (Bilanz) verfügen, wäre das Defizit der laufenden Rechnung das „wahre“ Defizit. Ein Überschuß/ Defizit der Einnahmen über die Ausgaben der Kapitalrechnung ändert nicht die Nettovermögensposition. Akzeptiert man die Norm, daß der Staat nur zur Finanzierung von Investitionen mit zukünftigen (sozialen) Erträgen Schulden machen darf, dann sollte die laufende

3 Dazu ein Beispiel: Wenn Staatsausgaben für inländische Güter durch Auslandstransfers finanziert werden, ergibt sich ein expansiver Effekt auf die Gesamtnachfrage. Werden Warenimporte der Regierung durch Inlandsteuern finanziert, ergibt sich ein kontraktiver Effekt. Das Gesamtdefizit könnte in beiden Fällen null betragen.

Rechnung ausgeglichen sein, und ein Defizit ist Zeichen einer unsoliden Haushaltsführung.

Das konjunkturneutrale Defizit

Für die Identifizierung einer „nicht tragfähigen" Defizitentwicklung ist die Trennung von strukturellen und konjunkturellen Komponenten notwendig. Ein um Konjunkturschwankungen bereinigtes Defizit kann wie folgt berechnet werden: (1) Ein Referenzpfad des BIP ohne zyklische Schwankungen wird gewählt; (2) die Empfindlichkeit jeder Einnahmen- und Ausgabenkategorie bezüglich konjunktureller Schwankungen wird bestimmt (z.B. zyklische Steuerelastizitäten); (3) diese Reaktionen werden auf die Lücke zwischen tatsächlichem BIP und Trend-BIP angewendet; und (4) das aktuelle Defizit wird um die Summe der so ermittelten Korrekturen von Einnahmen und Ausgaben bereinigt. Je höher der Referenzpfad des BIP im Vergleich zum aktuellen BIP, desto niedriger das konjunkturbereinigte Defizit. Ist das potentielle Sozialprodukt die Referenzgröße, so spricht man vom *Vollbeschäftigungsdefizit.* Allerdings besteht die Gefahr, daß bei einer Defizitorientierung an dieser Größe in der Tendenz die Verschuldung des Staates wächst, da im Mittel das Beschäftigungsniveau einer Volkswirtschaft unter der Vollbeschäftigung liegt.

6.2.2. Rechnungslegungskonzept

Eng verknüpft mit dem Budgetbegriff ist die Frage nach dem „richtigen" öffentlichen Rechnungswesen. Ohne standardisierte Buchungsregeln ist selbst das „konventionelle Defizit" nicht eindeutig definiert und zwischen Ländern nicht unbedingt vergleichbar. Probleme ergeben sich insbesondere hinsichtlich zweier Fragen:

- Wie wird zwischen Größen unterschieden, die das Defizit bestimmen (Einnahmen und Ausgaben) und Größen, die das Defizit finanzieren (*drawing „the line"*)?
- Zu welchen Zeitpunkten wird die Nutzung von Ressourcen verbucht (*„cash accounting"* gegen *„accrual accounting"*)?

In Deutschland gibt es eine lebhafte Diskussion zwischen den Verteidigern des traditionellen kameralistischen Rechnungswesen und den Vertretern eines an kaufmännischer Buchhaltung orientierten *„accrual accounting"*,[4] das z.B. in Neuseeland und einigen Staaten des australischen Commonwealth praktiziert wird (Wall 1993) und das eine periodengerechte Zuordnung aller Forderungen

4 Vgl. Lüder (1995). Für die europäische Perspektive siehe Lüder/ Kampmann (1993).

und Verbindlichkeiten durch eine staatliche Erfolgsrechnung sowie die bilanzielle Aufstellung der Aktiva und Passiva des Staates beinhaltet. Das Haushaltsdefizit ergibt sich als Änderung der Nettovermögensposition des „Unternehmens" Staat. Alle Buchungssysteme, die nicht „*full accrual*" sind, bieten weite Spielräume zur Manipulation des Budgets im Sinne einer Verschleierung des tatsächlichen Haushaltsdefizits: So können etwa Verkäufe staatlichen Vermögens (Unternehmensanteile), die Finanzierung von Infrastrukturinvestitionen über Leasingverträge und Budgetauslagerungen das kameralistisch bestimmte Defizit verringern, ohne daß sich dadurch die Vermögensposition des Staates geändert hätte.

Von fundamentaler Bedeutung ist das *Rechnungslegungskonzept* für die Verbuchung zukünftiger Verpflichtungen, insbesondere für die Belastungen aus Sozialversicherungsleistungen und für den Erhaltungsaufwand für die öffentliche Infrastruktur. Ein weiteres Problem ist die Abgrenzung des *Rechnungslegungskreises*. Zwar ist die Abgrenzung des staatlichen Sektors in der EU inzwischen definiert (siehe unten Abschnitt 7.4.3). Ungelöst ist aber die Frage – theoretisch wie empirisch –, ob finanzielle Risiken, die sich durch Beteiligungen des Staates an Unternehmen ergeben, erfaßt werden sollten. Das derzeitige rein zahlungsorientierte Rechnungswesen ist nicht in der Lage, die Daten bereitzustellen, die für die Planung und Kontrolle einer normgerechten Haushaltsführung erforderlich wären. Zwingend wird letztlich ein neues Rechnungsmodell, das aus einer Ergebnis-, Vermögens- und Finanzrechnung besteht (Cordes 1996).

6.2.3. Elemente des Budgetprozesses

Der Budgetprozeß oder Haushaltskreislauf umfaßt sämtliche Aspekte der Aufstellung des Haushaltsplans in der Exekutive, der parlamentarischen Beratung und Verabschiedung sowie der Durchführung und Kontrolle. Nicht zuletzt aufgrund der Komplexität der Institutionen sind hier die nationalen Divergenzen besonders stark ausgeprägt.[5] Es stellt sich die Frage, inwiefern Koordinierungs- oder gar Harmonisierungsbestrebungen in diesem Bereich wünschenswert sind, und ob nicht nationale bzw. regionale politische Traditionen hingenommen werden müssen.[6] Mißt man fiskalische „*Performance*" an der Entwicklung von

---

5 Siehe Premchand (1993) für eine vergleichende Aufstellung von Fakten zur Budgetplanung in 46 Ländern.

6 In diesem Zusammenhang wäre zu untersuchen, welche Eigenschaften eines nationalen Budgetprozesses dafür verantwortlich sind, wenn intellektuell anspruchsvolle Reformkonzepte scheitern. Die Versuche des Planning Programming Budgeting System (PPBS) und des Zero Base Budgeting, die in den 70er Jahren von einigen Ländern in unterschiedlicher Form eingeführt wurden, konnten sich alle nicht durchsetzen.

Kenngrößen wie der Verschuldung des Staates oder dem Nettofinanzierungsdefizit, dann zeigen sich gerade in Europa beträchtliche Unterschiede. Eine Identifizierung der Ursachen, soweit sie im Budgetprozeß verankert sind, könnte bereits zu Koordinierungsgewinnen führen.

Aus der vergleichenden Forschung über Budgetprozesse ist international das Werk von Wildavsky am bekanntesten.[7] Mit seiner „kulturellen Theorie des Budgetierens" glaubt er, die Budgetsysteme in westlichen pluralistischen Demokratien als hybride Formen dreier politischer „Regimes" (Markt, Hierarchie, Gerechtigkeit) beschreiben zu können. Sturm kritisiert daran die „rein Aktor-bezogene Analyse" und die „funktionale Überdeterminierung von fixen Rollen im haushaltspolitischen Entscheidungsprozeß."[8]

Verglichen mit den zahlreichen Arbeiten über den Budgetprozeß in den USA[9] sind entsprechende Untersuchungen für europäische Nationen noch dünn gesät. Für Großbritannien liegt eine ausführliche Studie über den Budgetprozeß in der Exekutive vor (Thain/ Wright 1995). Für Deutschland untersuchte Sturm (1988) die Tätigkeit des Haushaltsausschusses des Deutschen Bundestags.

Die bedeutendste Arbeit—sowohl empirisch als auch analytisch—für Budgetprozesse in Europa, die sich klar im ökonomischen Paradigma bewegt, ist von Hagen (1992). Der Budgetprozeß wird in einem dreistufigen Modell betrachtet, dessen Einzelelemente als *bargaining-processes* zwischen Akteuren wie Minister, Regierung und Parlament gesehen werden. Gestützt auf Korrelationsanalysen von Daten zu Budgetprozessen in den Mitgliedstaaten der EU kommt von Hagen zu folgendem Ergebnis: Ein Budgetprozeß, der dem Finanzminister eine Position strategischer Dominanz über die anderen Minister zuweist, der die Möglichkeit des Parlaments zur Umgestaltung des Budgetentwurfs beschneidet und der nachträgliche Änderungen in der Phase der Budgetausführung erschwert, ist der Erreichung von Fiskaldisziplin förderlich.

6.2.4. Die Fundamentalkritik am traditionellen Defizitbegriff

Nach Kotlikoff (1993) entbehren die bekannten Indikatoren der Fiskaldisziplin jeglicher Aussagekraft, weil es die für den öffentlichen Sektor zulässigen Buchungsregeln erlaubten, durch Umdeklarieren einzelner Positionen jeden gewünschten positiven, negativen oder ausgeglichenen Saldo des jährlichen Bud-

---

7 Vgl.Wildavsky (1988), Wildavsky (1986).

8 Vgl. Sturm (1989, S. 20). Sturm gliedert seine Analyse in die Bereiche „Ideen", „Strukturen" und „Prozesse".

9 Vgl. z.B. Schick (1995).

gets zu erzeugen. Dazu stelle man sich eine Ökonomie mit überlappenden Generationen vor: Zu Beginn jeder Periode wird eine neue Generation geboren, die eine Lebensdauer von zwei Perioden hat, und in jeder Periode koexistieren zwei Generationen gleicher Größe von „Alten“ und „Jungen“. Alle Individuen planen über ihre gesamte Lebenszeit. Als „Junge“ verfügen sie (als einzige Einkunftsart) über Arbeitseinkommen, dessen gesparter Teil inklusive Zinserträge in der Zeit als „Alte“ konsumiert wird.

Nun wird ab der Periode t ein öffentliches Transferprogramm eingeführt, das jeweils der alten Generation eine Gesamtzahlung von H gewährt, die von der jungen Generation zu finanzieren ist. Die in t geborene Generation als auch alle folgenden Generationen werden dadurch schlechter gestellt, während die Generation der Alten in t davon profitiert, da sie H erhält, aber nicht zurückzahlen muß. Die Wohlfahrtseffekte des intergenerationellen Transfers bestehen in einer Reduktion des Kapitalstocks im langfristigen Gleichgewicht, die durch die Verschiebung von Ersparnissen zum Konsum bei der ersten Empfängergeneration ausgelöst wird. Es läßt sich nun zeigen, daß bei einem hinreichend flexiblen Defizitbegriff kein eindeutiger Ausweis der beschriebenen gegenwartsbezogenen Fiskalpolitik möglich ist.

Im Fall B in Abbildung 7 werden die Einnahmen aus den Zahlungen der jungen Generation als „Steuern“ bezeichnet. Es ergibt sich ein ausgeglichenes Budget, da die Steuereinnahmen den Ausgaben für Transferleistungen an die Generation der Alten entsprechen. In einem anderen Fall (Fall A) bezeichnet der Staat die Zahlungen der jungen Generation als Kreditaufnahme. In den Folgeperioden erhalten die Alten einen Transfer in Höhe von $(1+r)H$ (als Zins und Tilgung der Anleihe aus der Vorperiode) und müssen eine Steuer in Höhe der Zinszahlungen rH entrichten. In der Basisperiode entsteht ein Defizit von H, und die Staatsverschuldung bleibt in allen Folgeperioden auf diesem Niveau.

Im letzten Fall (Fall C) werden von den Jungen Steuern in Höhe von $2H$ erhoben. Aus dem Budgetüberschuß gibt der Staat den Jungen ein Darlehen von H. In allen Folgeperioden erhält die Generation der Alten einen Betrag von $2H+rH$, der ausreicht, daß nach der Zahlung von Zins und Tilgung auf das gewährte Darlehen ein Nettotransfer in Höhe von H verbleibt. In der Anfangsperiode entsteht ein staatlicher Budgetüberschuß, der zu einem Nettovermögen führt, daß für alle Zukunft auf diesem Niveau bleibt. Der gleiche Sachverhalt läßt sich also buchungstechnisch als Defizit, als Überschuß oder als ausgeglichener Haushalt darstellen.

Abbildung 7: Die Manipulierbarkeit konventioneller Budgetgrößen

Fall A: Positive Verschuldung

	Einnahmen	Ausgaben
Periode t	*Steuern von den Jungen:* ***0***	*Transfer an die Alten:* ***H***
	Kredit von den Jungen: ***H***	

Schuldenstand am Ende der Periode: ***H***

	Einnahmen	Ausgaben
Perioden $t > s$	*Steuern von den Alten:* ***rH*** *Steuern von den Jungen:* ***H***	*Transfer an die Alten:* ***(1+r) H***

Schuldenstand am Ende der Periode: ***H***

Fall B: Ausgeglichenes Budget

	Einnahmen	Ausgaben
Periode t	*Steuern von den Jungen:* ***H***	*Transfer an die Alten:* ***H***

Schuldenstand am Ende der Periode: **0**

	Einnahmen	Ausgaben
Perioden $t > s$	*Steuern von den Jungen:* ***H***	*Transfer an die Alten:* ***H***

Schuldenstand am Ende der Periode: **0**

Fall C: Negative Verschuldung (Überschuß)

	Einnahmen	Ausgaben
Periode t	*Steuern von den Jungen:* ***2H***	*Transfer an die Alten:* ***H***
	Kredit an die Jungen: ***H***	

Schuldenstand am Ende der Periode: ***–H***

	Einnahmen	Ausgaben
Perioden $t > s$	*Rückzahlung von den Alten:* ***(1+r)H*** *Steuern von den Jungen:* ***2H***	*Transfer an die Alten:* ***H + (1+r)H***
	Kredit an die Jungen: ***H***	

Schuldenstand am Ende der Periode: ***–H***

Quelle: Eigene Darstellung nach Kotlikoff (1993).

Die Argumentation Kotlikoffs geht von einigen Annahmen aus, deren Gültigkeit nicht unumstritten ist. Zum einen ist der tatsächliche Spielraum der Regierungen zur Manipulation ihrer Haushalte nicht so umfassend, wie es das geschilderte Beispiel suggeriert, und zum anderen ist es zweifelhaft, ob Individuen bei der Betrachtung ihres Lebenseinkommens völlig indifferent sind gegenüber dem „Label" (Steuern oder Kredite) unter dem Zahlungseingänge- oder Ausgänge firmieren. Trotzdem muß es als sein Verdienst angerechnet werden, das Augenmerk auf die Vernachlässigung nicht verbriefter Verbindlichkeiten des Staates gerichtet zu haben. Einem alternativen Indikator von Fiskaldisziplin, der auf die intergenerationelle Gerechtigkeit abstellt, widmen wir uns im nächsten Abschnitt.

6.2.5. Generationenkonten als Abbild intergenerationeller Umverteilung

Ausgehend von der Kritik am Haushaltsdefizit als Budgetsaldo von Zahlungsströmen mit seinem mangelhaften Aussagewert für intertemporale Lastenverschiebungen zwischen Generationen fordern die Befürworter des *Generational Accounting* eine radikale Umorientierung beim Defizitbegriff.[10] Auf der Basis eines neoklassischen *Life-Cycle*-Modells mit überlappenden Generationen werden für jede Alterskohorte (lebende wie ungeborene) Barwerte für die Nettobelastungen aus staatlichen Abgaben und Transfers berechnet.[11] Im Gegensatz zur Theorie der „Ricardianischen Äquivalenz" in der Ausarbeitung von Barro bleiben Aspekte des Altruismus zwischen den Generationen und Erbschaftsmotive ausgeklammert.

Die intertemporale Budgetrestriktion des Staates besagt in diesem Fall, daß der Barwert aller Netto(steuer)zahlungen heute lebender und zukünftiger Generationen plus dem heutigen Nettovermögen des Staates ausreichen muß, um den Barwert der Staatsaus-gaben einschließlich der Bedienung der Staatsschulden zu finanzieren (Auerbach/ Gokhale/ Kotlikoff 1992, S. 306).

---

10 Vgl. Kotlikoff (1992), Auerbach/ Gokhale/ Kotlikoff (1992, 1994).

11 Der Progenitur-Ansatz geht davon aus, daß Menschen sich mit ihrer Nachkommenschaft verbunden fühlen und in ihr Nutzenkalkül sowohl den eigenen Lebenskonsumstrom als auch den ihrer Nachfahren einbeziehen. Ein intergenerationelles Verteilungsproblem besteht hier nicht, höchstens ein intragenerationelles. Der intergenerationelle Altruismus der Barro-Ricardo-Äquivalenz läuft jedoch auf ein Modell mit einem repräsentativen Agenten hinaus. Das folgt daraus, daß bei unendlichem Horizont, die Wahrscheinlichkeit, daß alle heutigen Personen durch Heirat irgendwelcher Abkömmlinge in irgendeiner Generation miteinander verwandt werden, gegen eins tendiert. Die meisten ökonomischen Fragen werden in einer solchen Robinson Crusoe-Welt recht trivial.

$$(6\text{-}1)\quad \sum_{s=0}^{D} N_{t,t-s} + \sum_{s=1}^{\infty} N_{t,t+s} = \sum_{s=t}^{\infty} G_s(1+r)^{-(s-t)} - W_t^g .$$

Die erste Summation auf der linken Seite der Gleichung addiert die diskontierten Nettozahlungen der „heute", d.h. in der Anfangsperiode t lebenden Generationen, die vom aktuellen Alter s eine Lebenserwartung bis zum maximalen Alter D haben. Der zweite Term repräsentiert den Barwert der Nettozahlungen an den Staat der heute noch nicht geborenen Generationen, wobei s die Entfernung des jeweiligen Geburtsjahres von t aus anzeigt. Auf der rechten Seite der Gleichung gibt der erste Term die mit dem Realzinssatz r diskontierten Staatsausgaben G wider: Der verbleibende Term auf der rechten Gleichungsseite W_t^g stellt das Nettovermögen des Staates zum Zeitpunkt t dar, d.h. Vermögenswerte abzüglich verbriefter Schulden. Deutlich wird an der Gleichung der Charakter der Finanzpolitik als intergenerationelles Nullsummenspiel: Bei gegebenem Zeitprofil des Staatskonsums muß eine Änderung der Nettosteuerbelastung (Steuern minus Transfers) eine entgegen gerichtete Änderung der Belastung zukünftiger Generationen zur Folge haben. Der Ausdruck $N_{t,k}$ wird näher beschrieben durch

$$(6\text{-}2)\quad N_{t,k} = \sum_{x=\max(t,k)}^{k+D} T_{s,k} P_{s,k} (1+r)^{-(s-t)} .$$

Die Nettozahlungen, die von der im Jahr k geborenen Generation bis zu deren Lebensende an den Staat zu leisten sind, werden berechnet, indem man die durchschnittliche Nettozahlung $T_{s,k}$ im Jahr s eines Mitgliedes dieser Generation ermittelt und dann mit der Anzahl $P_{s,k}$ der im Jahr s noch lebenden Mitglieder dieser Generation multipliziert.[12]

Eine Menge von Generationenkonten besteht aus Werten $N_{t,k}$ für jede lebende und jede ungeborene Generation. Mit Hilfe der Generationenkonten läßt sich prinzipiell eine Antwort auf die Frage nach der intergenerationellen Lastenverschiebung finden. Die praktische Umsetzung dieser Aufgabe wird indes mit einer Reihe nicht zu unterschätzender Probleme konfrontiert: Zunächst ist der Begriff der „Nettosteuerbelastung" zu präzisieren. Die Differenz aus Zahlungen von Steuern und Sozialbeiträgen einerseits und empfangenen Transfers andererseits läßt sich noch hinreichend genau fassen. Die Operationalisierung des individuellen Nutzenzuwachses aus der Bereitstellung öffentlicher Dienstleistungen – zu nennen ist insbesondere der in den meisten Ländern kostenlose Schul- und Hochschulbesuch – ist hingegen mit derartigen Schwierigkeiten verbunden, daß

---

12 Für Generationen, die vor dem Jahr t geboren sind, beginnt die Summation im Jahr t. Für Generationen, die nach t geboren sind, läuft die Summation ab dem Zeitpunkt k ihrer Geburt. Die Diskontierung erfolgt immer im Hinblick auf die Basisperiode t.

in den meisten Studien darauf ganz verzichtet und der investive Charakter von Staatsausgaben ignoriert wird.[13] Des weiteren ist eine Reihe von Projektionen erforderlich; die gesamtwirtschaftliche Entwicklung, Fertilitäts- und Sterberaten, die Nettoimmigration und deren Altersprofil sind über lange Zeiträume zu schätzen. Der Charakter der Schätzungen kann naturgemäß nur als hochgradig spekulativ bezeichnet werden. Sensitivitätsanalysen erlauben aber eine Vermutung darüber, wie stark sich Variationen in einzelnen Parametern auf die Berechnung der Generationenkonten auswirken.

Zusätzlich zu den Arbeiten von Kotlikoff und Auerbach für die USA sind in den letzen Jahren Studien zur Berechnung von Generationenkonten für eine Reihe von Ländern erschienen.[14] Tabelle 10 faßt Generationenkonten für mehrere Länder zusammen. Man kann ihr entnehmen, daß der Gegenwartswert der Nettosteuerbelastung eines männlichen Neugeborenen in Deutschland US-$ 197.000 beträgt, während zukünftige Generationen eine nochmals um 27% höhere Belastung zu tragen haben. Vergleicht man Generationen-konten lebender Generationen verschiedenen Alters, ergibt sich für Deutschland folgendes Bild: Der Barwert der Nettosteuerlast ist (im Basisjahr 1993) am größten für die 20 bis 25jährigen. Mit zunehmendem Alter geht dieser Barwert kontinuierlich zurück und wird für die 50 bis 55jährigen schließlich negativ.

Tabelle 10: Generationenkonten für ausgewählte Länder,
Angaben in Tausend US-$[1)]

	USA	Deutschland	Italien	Norwegen	Schweden	Neuseeland
Frauen						
Heutige Generation[2)]	*72*	*90*	*24*	*37*	*81*	*18*
Zukünftige Gen.	*143*	*114*	*70*	*69*	*107*	*17*
Männer						
Heutige Generation[2)]	*121*	*197*	*72*	*110*	*156*	*59*
Zukünftige Gen.	*243*	*250*	*213*	*208*	*204*	*55*
Intergenerationelles Ungleichgewicht[3)]	*100%*	*27%*	*185%*	*87%*	*31%*	*–7%*

1) In konstanten Preisen; Umrechnung in US-$ mit Wechselkursen des Jahres 1993.
2) Im Basisjahr Neugeborene.
3) Prozentuale Mehrbelastung der zukünftigen Generationen gegenüber der heutigen Generation. Ein negatives Vorzeichen bedeutet eine relative Begünstigung zukünftiger Generationen.
Quelle: Auerbach/ Baker/ Kotlikoff/ Walliser (1997, S. 223).

13 Auch Regulierungen, die sich nicht budgetär niederschlagen, haben einen intergenerationellen Verteilungsaspekt, beispielsweise die Umweltschutzgesetzgebung.

14 Vgl. für Deutschland: Boll (1994) und Boll/ Raffelhüschen/ Walliser (1994), für Italien Franco/ Gokhale/ Guiso/ Kotlikoff/ Sartor (1992), für Schweden Hagemann/ John (1995), für Neuseeland Auerbach/ Baker/ Kotlikoff/ Walliser (1997).

Ein wesentlicher Einwand gegen die Generationenkonten ist, daß sie auf einem statischen Konzept basieren, welches die inzidentiellen Wirkungen alternativer Politiken, z. B. einer Änderung der Steuerstruktur nicht erfassen kann. Es wird angenommen, daß Steuern auf Faktoreinkommen auch von den jeweiligen Faktoranbietern getragen werden; letzte Empfänger von staatlichen Transfers sind die Personen, an die sie ausbezahlt werden; indirekte Steuern werden voll den Konsumenten zugerechnet.[15]

Der Diskontierungszinssatz sollte die Opportunitätskosten aufgeschobenen Konsums widerspiegeln. Ein Rückgriff auf Kapitalmarktzinsen ist dabei nicht befriedigend. Zudem erfolgen individuelle Entscheidungen unter Unsicherheit, weshalb bei Risikoaversion erwartete Einzahlungen mit einem höheren Zins und erwartete Auszahlungen mit einem niedrigeren Zins diskontiert werden müßten.

Die Nichtbeachtung von Nutzeninterdependenzen zwischen Generationen mag eine zulässige Vereinfachung sein, um die Transparenz einer Lastenverschiebung in die Zukunft zu erhöhen. Nichtsdestotrotz ist aller Erfahrung nach damit zu rechnen, daß bei geringeren Transfers an die alte Generation in Form von Leistungen aus der Rentenversicherung Belastungen der Allgemeinheit der Steuerzahler durch familiäre Verpflichtungen substituiert würden, die ja nicht einmal aus altruistischen Motiven erfolgen müssen.

In Zweifel gezogen wird auch die Annahme, daß Individuen nur am Barwert ihres Lebenskonsumstroms interessiert seien und indifferent gegenüber dessen Zeitprofil wären. Zukünftiges Arbeitseinkommen ist kein beleihbares Vermögensgut und kann kaum als Sicherheit für erwartete staatliche Transfers dienen. Trifft dies zu, so existieren Liquiditätsbeschränkungen für einen großen Teil der Bevölkerung. Sind staatliche Verpflichtungen aus der Sozialversicherung äquivalent zu Verbindlichkeiten aus Wertpapierschulden zu betrachten, wie es das Konzept der Generationenkonten postuliert? Zwar fallen nach juristischer Auffassung bzw. nach der Rechtsprechung des Bundesverfassungsgerichts auch sozialversicherungsrechtliche Ansprüche (z.B. aus Zahlungen in die gesetzliche Rentenversicherung) unter den Schutz der Eigentumsgarantie des Grundgesetzes.[16] Der Anspruch auf eine bestimmte, implizite Rendite wird jedoch nir-

15 Fehr/ Kotlikoff (1995) arbeiten an der Integration von Generationenkonten und (Simulations)Modellen Allgemeiner Gleichgewichte.

16 Vgl. Ditfurth (1994, S. 190): Der Gesetzgeber hat zwar eine Gestaltungsbefugnis zu verhältnismäßigen Veränderungen der Leistungen. Ist die Eigentumsposition aber Äquivalent vorangegangener eigener bzw. dem Eigentümer zuzurechnender Leistung (Arbeitgeberbeiträge), so besteht zwischen beiden ein enger, personaler Bezug, der die Gestaltungsfreiheit des Gesetzgebers einschränkt und dementsprechend die Stärke des verfassungsrechtlichen Eigentumsschutzes erhöht.

gends fixiert. Bei verbrieften Forderungen kann der Inhaber hingegen Zins und Tilgung zumindest in nominaler Höhe zurückerwarten. Es bleibt sicher ein Streitpunkt, ob es nach Buiter (1993, S. 32) „*..makes good sense, to a first approximation, to treat government debt as a binding obligation of the government that will be honored, while taxes and transfer payments remain subject to discretion and become certain only when they are 'in the bag'*" Berücksichtigt man die in dieser Arbeit angesprochene Theorie undurchsetzbarer Forderungen, sind die Grenzen zwischen verbrieften und nichtverbrieften Verbindlichkeiten des Staates zumindest unscharf. Relevant ist aber der Unterschied in der Freiwilligkeit der von den Gläubigern gehaltenen Ansprüche.

Des weiteren gehen die Generationenkonten implizit von einer eindeutigen Zuordnung der Generationen zu einem Staatswesen aus. Gerade in föderalen Systemen ist die Zuordnung von regional unterschiedlichen Steuern und öffentlichen Leistungen ein kaum zu lösendes Problem für dieses Konzept. Diese nur kurz angerissenen praktischen und theoretischen Kritikpunkte am Konzept der Generationenkonten, für deren ausführliche Behandlung auf die entsprechende Literatur verwiesen werden muß,[17] deuten an, daß sie ein ergänzendes Analyseinstrument zur Bewertung der Fiskalpolitik darstellen, nicht aber die konventionellen Haushaltskenngrößen vollständig ersetzen können. Eine beispielhafte Anwendung des Konzepts durch Gokhale/ Raffelhüschen/ Walliser (1995, S. 160) gibt Hinweise dafür, daß sich mit der kurzfristigen Abschaffung des sogenannten Solidaritätszuschlag zur Einkommensteuer *ceteris paribus* die Abwälzung der finanziellen Lasten aus der deutschen Wiedervereinigung und aus der Finanzierung des andauernden Aufholprozesses in Ostdeutschland auf die nächsten Generationen verfestigt. Um eine ausgewogene Bilanz der Generationen zu erreichen, müßte nach ihren Berechnungen neben der unbegrenzten Fortführung des Solidaritätszuschlages eine der folgenden Maßnahmen auf Dauer beschlossen werden: Eine Anhebung der Einkommensteuer um 10,5%, eine Erhöhung aller indirekten Steuern um 11,8%, eine Absenkung der Leistungen der Sozialversicherungen um 11,9% oder eine Kürzung der Staatsausgaben für Güter und Dienstleistungen um 6,7%.

6.2.6. Zur politischen Ökonomie des Defizitbegriffs

Befürworter des „Generational Accounting" fordern, daß dieses Konzept Eingang in die Haushaltsplanungen der Regierungen finden sollte. Im Budgetentwurf für das Jahr 1995 des Präsidenten der USA werden Generationenkonten in

17 Kritisch mit dem Konzept der Generationenkonten setzen sich auseinander Muellbauer (1992), Cutler (1994), Haveman (1994), Buiter (1993) und Sturrock (1995).

einer Art Anhang, den „Analytical Perspectives“, veröffentlicht. Es wird als zentrales Ergebnis der Analyse erkannt, daß unter einem weiten Spektrum plausibler Annahmen die Nettosteuerzahlungen für zukünftige Generationen in Relation zu denen gerade geborener bzw. lebender Generationen relativ sehr viel höher sind. In den Budgetentwürfen der Jahre 1996 und 1997 fehlt aber jeder Hinweis darauf.[18] Es ist wahrscheinlich, daß die vom Budgetbüro des Präsidenten berechneten Generationenkonten sich bei unveränderter Methodik aufgrund der Politik der Regierung verschlechtert hätten und deshalb aus politischen Gründen zurückgehalten werden. Entsprechend ist die Reaktion der seit langem für ein „balanced budget amendment“ eintretenden Republikaner im Kongreß und die Kritik am Präsidenten, der dem Budgetbüro, welches über die entsprechenden Fähigkeiten und Mittel verfüge, untersage, die Belastung zukünftiger Generationen durch die heutige Regierungspolitik zu berechnen.[19]

Ein Lehrstück in der politischen Ökonomie anspruchsvoller Budgetdefinitionen beginnt mit folgenden Beobachtungen: Im August proklamierte Präsident Reagan eine Kürzung der Haushaltsausgaben von 130,6 Mrd. US-$ für die Jahre 1982-1984. Drei Jahre später sollten durch den „Deficit Reduction Act“ 149,2 Mrd. US-$ in den Jahren 1985-1987 eingespart werden. Am 5. November 1990 unterzeichnete Präsident Bush den „Omnibus Budget Reconciliation Act of 1990“, durch den in den Fiskaljahren 1991-1995 nahezu 500 Mrd. US-$ eingespart werden sollten. Trotz dieser und ähnlicher Maßnahmen stieg das Haushaltsdefizit der US-Bundesregierung in den 80er und 90er Jahren auf zuvor unerreichte Werte; regelmäßig vergrößerte sich die Diskrepanz zwischen geplanten Ausgabenkürzungen und tatsächlichen Ausgaben (Schick 1994).

Muris (1994) geht der Frage nach, warum sich die Haushaltskürzungen nie in einer Reduzierung des Defizits niederschlugen. Er identifiziert als Ursache unter anderem die amerikanische Budgetplanung aufgrund der sogenannten „Baselines“: Statt wie in den meisten europäischen Ländern üblich, werden diskutierte Änderungen in der Budgetplanungen nicht mit den tatsächlichen Ergebnissen des vergangenen Haushaltsjahres verglichen, sondern mit einer fiktiven Vergleichsbasis.[20] Mit dem „Baseline“-Konzept sollte ursprünglich ein Instrument geschaffen werden, durch das man zwischen bereits wirksamen, in der Vergangenheit getroffen Haushaltsentscheidungen und neu zu fassenden Budgetbeschlüssen unterscheiden kann. Die „Baseline“ verkörpert jene Ausgaben

---

18 Voreilig war die Aussage, die Generationenkonten seien mittlerweile ein fester Bestandteil des jährlichen Budgetierungsprozesses in den USA; vgl. Fehr (1995, S. 12) und Kitterer (1995, S. 27).

19 Vgl. House of Representatives Budget Committee (1996).

20 Das Konzept wurde erstmals mit dem „Congressional Budget and Impoundment Control Act“ von 1974 eingeführt.

und Einnahmen, die bei einer unveränderten Fortführung der Politik in Zukunft voraussichtlich entstehen. Damit soll ermittelt werden, was es kostet, die Regierung wie gehabt weiterzuführen, und welche budgetären Wirkungen sich durch neue oder geänderte Programme ergäben. Alternative Definitionen des Konzepts konzentrieren sich auf konstante öffentliche Leistungen („current services"), eine unveränderte Politik („current policy") oder unveränderte Gesetzeslage („current law"). Unabhängig von den Details, in denen sich die „Baseline"-Definitionen unterscheiden, bereiten alle größte Schwierigkeiten bei ihrer Implementierung in die vielen Einzelpositionen des öffentlichen Haushalts: Was muß für ein gleichbleibendes Maß an äußerer Sicherheit veranschlagt werden, und wie werden geopolitische Veränderungen (z.B. das Ende des Kalten Krieges) berücksichtigt? Werden Programme, die unter spezifischen Umständen eingerichtet wurden, aus der „Baseline" genommen, wenn der auslösende Anlaß nicht mehr vorhanden ist?[21] Inwiefern spiegeln Bedarfssteigerungen im Gesundheitswesen erhöhte Kosten wider und inwiefern verbesserte medizinische Leistungen?

Es ist nicht erstaunlich, daß diese Unklarheiten von der Exekutive wie den Abgeordneten des Kongresses für ihre Zwecke ausgenutzt werden. Im fünften Kapitel wurde bereits den Mißbrauch von Inflationsprognosen für geschönte Haushaltszahlen beschrieben. Um sich als Hüter strenger Fiskaldisziplin zu profilieren, reicht es, übertrieben hohe Projektionen der Ausgaben vorzunehmen, um dann gegenüber dieser „Baseline" eindrucksvolle „Kürzungen" vornehmen zu können. Gleichzeitig ist damit der budgetäre Spielraum vorhanden, Programme, die für die eigene Wählerklientel bedeutsam sind, von Einsparungen freizuhalten.[22] Das Budget wird der öffentlichen Kontrolle entzogen, denn die Annahmen, die zur Erstellung einer „Baseline" führen, sind in der Regel nur Insidern bekannt. Auf der Einnahmenseite wurde 1990 in den Budgetverhandlungen zwischen Kongreß und Exekutive vereinbart, eine ursprünglich auslaufende „telephone excise tax" weiterzuführen. Gegenüber der „Baseline" konnte man nun „Steuererhöhungen" verkünden und damit ein neues Programm im Bereich „Child Care" finanzieren, ohne – wie dessen Befürworter behaupteten –

21 Beispielsweise wurde unter Präsident Carter zur Rezessionsbekämpfung ein Programm der staatlichen Unterstützung beruflicher Weiterbildung ins Leben gerufen. Entsprechend der „Current Service Baseline" hätte das Programm nach dem Ende der Rezession eingestellt werden müssen, was nicht geschah.

22 Für Schick (1990, S. 99) ist das „Baseline"-Konzept zu einem Inbegriff der „Alchemie der Haushaltsaufstellung" geworden, das es den Republikanern erlaubt, größere Einsparungen im Budget zu proklamieren, während die Demokraten gleichzeitig mehr Sozialprogramme retten können.

das Haushaltsdefizit zu erhöhen (Muris 1994, S. 62). In Wirklichkeit blieben die Steuereinnahmen auf dem alten Niveau, und die Ausgaben stiegen an.[23]

Eine Erkenntnis, die sich aus den amerikanischen Erfahrungen gewinnen läßt, ist, daß anspruchsvolle ökonomische Konzepte im Bereich der Fiskaldisziplin von unabhängigen Gremien erstellt, implementiert und kontrolliert werden sollten. Falls dies nicht möglich sein sollte, ist zu überlegen, ob einfachen Koordinierungsobjekten wie dem Kassendefizit der Vorzug gegeben werden sollte.

6.3. Träger der Koordinierung

Welchen Trägern kann bzw. soll in föderalen Systemen die Kompetenz zur Koordinierung von Budgetinstitutionen zuerkannt werden? Hinweise könnte man sich von der Theorie des Fiskalföderalismus erhoffen.[24] Sie liefert normative Aussagen dazu, welche staatliche Ebene aus Effizienzgründen Regelungskompetenzen erhalten sollte. In Fragen der Allokation sollte danach die Korrespondenz von Nutzern, Zahlern und Entscheidern öffentlicher Güter und Einrichtungen gewahrt sein. Unter der Annahme, daß die Präferenzen der Bürger auf lokal bzw. regionaler Ebene homogener sind als in größeren Einheiten, führt das zu der Forderung, öffentliche Güter möglichst dezentral bereitzustellen. Wenn auf Verfassungsebene ausschließliche Zuständigkeiten für die verschiedenen Staatsebenen festgeschrieben werden (vertikale Aufteilung von Funktionen oder „*layer cake*“-Föderalismus), werden staatspolitische Konflikte minimiert. Zwischenstaatliche Koordinierung auf freiwilliger Basis bei Vorliegen von „spillover“-Effekten macht das Eingreifen einer nächsthöheren Regierungsebene meist überflüssig. Auf die zentrale Ebene entfallen sollten dagegen die Verantwortung für Verteilungsfragen – aus Gründen von Wanderungsbewegungen, die von dezentral organisierter Umverteilung hervorgerufen würden – sowie für die Stabilisierungspolitik – wegen des hohen Offenheitsgrades regionaler Wirtschaften würden fiskalische Impulse zum Großteil „exportiert“ und blieben damit auf regionaler Ebene unwirksam.

Von theoretischer Seite lassen sich diese Kompetenzzuordnungen in Frage stellen. Tresh (1981, S. 565) weist darauf hin, daß in der normativen Finanzwissenschaft eine soziale Wohlfahrtsfunktion das einzige Datum ist, welches eine „Regierung qua Regierung“ in den Entscheidungsfindungsprozeß einbringt. Die Existenz unterer Regierungsebenen rechtfertigt sich dann gerade aus differen-

23 Die gesamte Diskussion um das Budget der Bundesregierung der USA kreist nur um die fiktiven Werte der „Baseline“ unter völliger Mißachtung der harten Fakten des Budgets, inklusive des wirklich zu erwartenden Haushaltsdefizits.

24 Vgl. grundlegend Musgrave (1959), Olson (1969), Oates (1972).

zierten lokalen Präferenzen für Umverteilungsmaßnahmen.[25] Die dezentrale Zuordnung der Allokationsfunktion ist nur in einer zweitbesten Welt zu begründen, wo Informationsasymmetrien dazu führen, daß die Wahrnehmung der Präferenzen der Bürger für eine Regierung um so leichter möglich ist, je „näher" sie sich an ihrer Wählerschaft befindet.

Aktive Konjunkturpolitik keynesianischer Prägung ist angesichts der Finanzierungsengpässe öffentlicher Haushalte in nennenswertem Umfang nicht mehr möglich. Zudem besteht international kaum noch Vertrauen in ihre wirtschaftspolitische Wirksamkeit. Konjunkturpolitik ist mehr und mehr zur Angebots- und Standortpolitik mutiert und hat in dieser Form nicht unerhebliche Erfolge erzielen können. Dezentrale Stabilitätspolitiken müssen deshalb in einem neuen Licht gesehen werden.[26]

Der Anwendungsbereich der traditionellen Theorie des Fiskalföderalismus ist beschränkt. Zum einen befaßt sie sich mit der Kompetenzverteilung im Nationalstaat und setzt die Existenz einer zentralen Staatsebene voraus, die so in der Europäischen Union nicht vorhanden ist. Während sich Varianten des „*layer cake*"-Föderalismus in der angelsächsischen Welt finden, ist er kein geeigneter Ausgangspunkt für die Analyse des „kooperativen Föderalismus", wie er im Grundsatz in der Bundesrepublik Deutschland implementiert ist.[27]

Die Theorie des Fiskalföderalismus befaßt sich in Fragen der Allokation eher mit der ausgabenwirksamen Produktion öffentlicher Güter und ihrer Finanzierung, und weniger mit der optimalen Verteilung von Entscheidungskompetenzen im Hinblick auf Rechtsnormen und institutionelle Rahmenbedingungen. Für die Koordinierung von Budgetinstitutionen sind deshalb wenig Anregungen zu erwarten.

---

25 Daß die dezentrale Ausübung der Verteilungsfunktion praktisch durchführbar ist, zeigt die Reform der Sozialhilfe in den USA. Anstelle bundesweit einheitlicher Kriterien, die einen automatischen Anspruch auf Sozialhilfeleistungen begründeten, erhalten die Bundesstaaten heute Blockzuweisungen aus der Bundeskasse, die sie nach ihrem Gutdünken für die Fürsorge verwenden können. Vgl. o.V. (1995b).

26 Vgl. dazu ausführlich Spahn (1997).

27 Zwar besteht auch hier eine Budgetautonomie der einzelnen Gebietskörperschaften. Eine weitgehende Harmonisierung von Rechtsnormen, z.B. in der Steuergesetzgebung, engen den Entscheidungsraum jedoch auf der Einnahmenseite stark ein. Der Eindruck eines Staates, der im Vergleich zu anderen föderalen System starke zentralistische Züge aufweist, wird aber dadurch relativiert, daß die Länderebene über die zweite gesetzgebende Kammer auf zentraler Ebene, den Bundesrat, an der Setzung einheitlicher Rechtsnormen maßgeblich beteiligt ist.

Eine explizit zentrale und hierarchische Koordinierung erfolgt in repräsentativen demokratischen Systemen durch ein direkt gewähltes Parlament. In der EU ist die Gesetzgebungskompetenz des Europäischen Parlaments bislang von marginaler Bedeutung geblieben und beschränkt sich auf Anhörungs-, Auskunfts- und Mitentscheidungsrechte bei bestimmten Rechtsakten im gemeinschaftlichen Entscheidungsprozeß, der von den Initiativen und der Durchsetzungsmacht von Kommission und Rat beherrscht wird. Forderungen nach einer weitgehenden legislativen Kompetenz für das Parlament werden mit der unmittelbaren Legitimation der Abgeordneten durch die Wähler begründet (Witte 1995, S. 140). Es steht aber zu befürchten, daß eine solche Kompetenz dem Subsidiaritätsprinzip zuwiderlaufend zu einer zentralisierenden Festigung der Gemeinschaftsebene genutzt würde (Nicolaysen 1995, S. 164). Partikularinteressen könnten sich länderübergreifend verbünden und so gestärkt nationale Restriktionen ihrer Einflußmöglichkeiten umgehen.[28] Das Subsidiaritätsprinzip selbst, das bekanntlich der katholischen Soziallehre entlehnt wurde, und nach welchem die Gemeinschaft aufgrund von Art. 3b EGV in den Bereichen, die nicht in ihre ausschließliche Zuständigkeit fallen, nur tätig werden darf, sofern und soweit die Ziele der in Betracht gezogenen Maßnahmen auf Ebene der Mitgliedstaaten nicht ausreichend erreicht werden können, kann in seiner Unbestimmtheit nur eingeschränkt als Grundlage für die Kompetenzabgrenzung in der EU dienen.[29] Zumindest reduziert es die andauernden Grundsatzdebatten über das wünschenswerte Ausmaß föderaler Strukturen in der EU vom Allgemeinen auf das Spezielle, indem für jede Einzelfrage die Kompetenzentscheidung neu getroffen werden muß (Goodhart 1995, S. 182).

Institutionalisierte horizontale Koordinierung findet in föderalen Systemen auf supranationaler Ebene statt, indem Vertreter der einzelnen Staaten oder Regionen durch regelmäßige Zusammenkünfte in Gremien mit festen Strukturen verbindliche Entscheidungen treffen. Als Beispiele seien der Ministerrat der EU[30] und in Deutschland die Kultusministerkonferenz genannt. Diese Form der Ko-

---

28 Generell ist folgender Zusammenhang zu vermuten: Je näher, dezentraler eine parlamentarische Vertretung bei den Wählern ist, desto größer ist die Wahrscheinlichkeit, daß sich Interessen des „Gemeinwohls" gegenüber gruppenspezifischen Interessen durchsetzen, d.h. daß kollektive Gefangenendilemmata vermieden werden. Gründe sind ein größerer personaler Bezug der meisten Entscheidungen und eine stärkere Identifikation mit dem Gemeinwesen; Verteilungskonflikte sind nicht anonym und deshalb kostspieliger.

29 Vgl. zur interpretatorischen Vielfalt des Begriffs: Waschkuhn (1995).

30 Der Europäische Rat bzw. der Ministerrat ist genau betrachtet eine hybride Form, die Eigenschaften einer legislativen Versammlung und eines Exekutivorgans aufweist. Entscheidungen des Rates haben einen dualen Charakter (Hemming/ Spahn 1994, S. 14-15): Entstammen sie „echter" supranationaler Souveränität innerhalb des Verantwortungsbereichs der Europäischen Union oder reflektieren sie das Ergebnis horizontaler Koordinierung, die von nationalen Interessen gespeist wird?

ordinierung impliziert die partielle Übertragung von Souveränität oder die Delegation bestimmter Funktionen auf die nächsthöhere Ebene im Rahmen fest vorgegebener Grenzen. Nur die Einstimmigkeitsregel bei gemeinsamen Entscheidungen sichert die nationale bzw. regionale Autonomie für jedes Mitglied der Föderation durch ein Vetorecht. Im Ministerrat der EU gilt auch nach Einführung qualifizierter Mehrheitsentscheidungen ein informelles Konsensprinzip, das über Kompensationsvereinbarungen im Rahmen von Paketlösungen gesichert werden kann.

Nicht immer trennscharf sind die beschriebenen Formen horizontaler Koordinierung gegen Gremien der gemeinschaftlichen Entscheidungsfindung abzugrenzen. Letztere werden in der Regel problembezogen eingerichtet, beschäftigen sich mit einzelnen, klar abgegrenzten Aufgabenbereichen und haben ein eng umrissenes Mandat. Neben einer reinen Zusammenarbeit von Vertretern der gleichen Regierungsebene kann auch die nächsthöhere Ebene beteiligt sein. In Australien koordiniert das „Loan Council" die Kreditmarktoperationen von Zentralstaat und Bundesstaaten (siehe Abschnitt 7.3.). In Deutschland ergibt sich spezifische Koordination etwa im Rahmen der Gemeinschaftsaufgaben (z.B. im Hochschulbau), wo Ausgabenentscheidungen gemeinsam in dafür eingerichteten Gremien getroffen werden.[31]

Ein besonderes Augenmerk verdient im Zusammenhang der EU die Europäische Kommission, deren föderaler Charakter vielschichtig und nicht leicht zu fassen ist. Ihre in Art. 155 EGV definierte Rolle beinhaltet die Initiierung der vom Rat zu beschließenden Rechtsakte, ihre Verwaltung und die Kontrolle gegenüber den Mitgliedstaaten (Hüterin der Verträge). Das Aufgabenspektrum reicht also über ein entscheidungsvorbereitendes „Sekretariat" des Ministerrates hinaus. Es würde andererseits zu weit gehen, sie als europäische Zentralregierung zu begreifen, auch wenn sie in einzelnen Bereichen (Agrarpolitik, Wettbewerbs- und Kartellrecht, Haushalt der EU) sowohl rechtssetzend als auch in exekutiver Funktion tätig ist. Gleichzeitig ist sie wiederholt als „vorwärtstreibender Makler" in Erscheinung getreten, wenn konfligierende Interessen zwischen den Mitgliedstaaten den Integrationsprozeß blockierten.

Die Koordinierung über mehr oder weniger unabhängige Institutionen – die Übertragung von Kompetenzen geschieht stets bis auf Widerruf durch den demokratischen Souverän – steht im Konfliktfeld zwischen fehlender demokratischer Legitimierung von Einzelentscheidungen und der politökonomischen Er-

31 Dies ist unter dem Begriff der Politikverflechtung analysiert worden, insbesondere im Hinblick auf die Gefahr der Intransparenz und des Demokratiedefizits. Vgl. Scharpf/ Reissert/ Schnabel (1977).

kenntnis, daß Schutz vor Ausbeutung durch partikulare Interessen oft nur durch dieses Instrument erreicht wird.

Die bekannteste Form der Politiksteuerung über unabhängige, nicht weisungsgebundene Institutionen ist zweifelsohne die Geldpolitik. In der EU ist mit der vertraglich vereinbarten Errichtung einer Europäischen Zentralbank nach dem Muster der deutschen Bundesbank bereits die Koordinierungsentscheidung gefallen. Für die Budgetpolitik gibt es den Vorschlag, über dezentralisierte „National Debt Boards" Souveränität in fiskalischen Fragen an ein Expertengremium zu übertragen. Ihm werden wir uns im 5. Abschnitt des 7. Kapitel widmen. Ein Beispiel aus der wirtschaftspolitischen Praxis ist die australische „Grants Commission", die Bedarf und Zuweisungsmechanismus für Transfers der Bundesregierung an die australischen Staaten festlegt und im Zusammenhang mit dem Koordinierungskonzept der australischen Föderation unter 7.3. vorgestellt wird. Der Harmonisierung der öffentlichen Rechnungslegungssysteme widmen sich das „Governmental Accounting Standards Board" in den USA und ähnliche Organisationen in Australien und Neuseeland. Folgt man Premchand (1993, S. 273), waren derartige Einrichtungen bisher sehr einflußreich:

> *„Their endeavors have contributed to applying improved concepts to government operations. The spread of autonomous, well-represented organizations may have proved useful in checking the traditional proclivity of some organizations within governments to defend the status quo."*

Für das Mehr-Ebenensystem der EU müssen unter Umständen neue Kooperationsformen entwickelt werden. Intergouvernmentale Netzwerke zum Austausch von Informationen über Innovationen in der öffentlichen Verwaltung und andere Problemlösungsstrategien aus den unterschiedlichen Bereichen staatlicher Aufgabenwahrnehmung wären denkbar.[32] Die übergeordnete Ebene könnte sich dabei auf die Bereitstellung technischer Assistenz beschränken und als katalysierender Faktor wirken. Dies würde bedeuten, das Subsidiaritätsprinzip tatsächlich wörtlich im Sinne einer Hilfe zur Selbsthilfe zu nehmen, denn es leitet sich ja vom lateinischen *subsidium* ab.[33]

---

32 Ansätze dafür sind erkennbar. Nach Veröffentlichung des Weißbuchs „Innovation" richtete die Europäische Kommission im Frühjahr 1996 Diskussionsveranstaltungen mit Vertretern aus den Bereichen Politik, Wirtschaft und Wissenschaft aus, die in Deutschland mit den regionalen Verbindungsbüros der Bundesländer organisiert wurden.

33 Ursprünglich aus der lateinischen Militärsprache mit der Bedeutung von Reservetruppen.

6.4. Verfahren und Instrumente der Koordinierung

Die in der angewandten Wirtschaftspolitik am häufigsten vorzufindenden Verfahren der internationalen und interregionalen Koordinierung beschränken sich auf den Informationsaustausch zwischen Regierungsvertretern, auf Beratungen und auf unverbindliche Handlungsempfehlungen. Damit gilt automatisch eine starke Form der Subsidiarität, insofern als die gegenseitige Nichteinmischung und Anerkennung von Budgetinstitutionen nicht in Frage gestellt wird und die Gestaltung von Budgetinstitutionen völlig der autonomen Gestaltung der Gebietskörperschaften überlassen bleibt.

Der in dynamischer Perspektive bedeutendste Vorteil von Dezentralisierung kann sich so ungestört entfalten: Der evolutionäre Wettbewerb von Systemen oder Institutionen als Entdeckungsverfahren (Tanzi 1996, S. 299). Er ermöglicht, die Problemlösungsqualität vorhandener institutioneller Arrangements vergleichend zu prüfen und vorbildhafte Problemlösungsstrategien zu imitieren. Voraussetzung ist allerdings, daß entsprechende Anreize vorhanden sind, Innovationen von Budgetinstitutionen zu entwickeln.

> *„Im Leistungswettbewerb versuchen die politischen Akteure, über eine attraktive Standortgestaltung die internationale Wettbewerbsfähigkeit der einheimischen Industrie zu verbessern und die Voraussetzungen für die Ansiedlung international mobilen Kapitals zu schaffen. Je intensiver diese Wettbewerbsprozesse sind, desto mehr sind die politischen Akteure gezwungen, innovative Lösungen zu suchen, die Rahmenbedingungen stets neu an die Gegebenheiten anzupassen sowie ihre Tätigkeiten effizient an den Präferenzen der Souveräne auszurichten."* Gerken (1995, S. 19)

Einzelne Staaten oder Regionen mögen bezüglich der Einhaltung von fiskalischer Disziplin erfolgreicher sein und dann über einen Demonstrationseffekt Nachahmer finden, ein Effekt, der sich bei harmonisierten Budgetinstitutionen nicht so leicht einstellen würde (Streit/ Mussler 1995). Harmonisierung setzt sich aus politökonomischer Sicht nicht nur dem Verdacht aus, als Kartellbildung zu funktionieren, die Konkurrenzmechanismen ausschalten soll. Harmonisierung führt zur eingeschränkten Flexibilität und zu mangelnder Adaptionsfähigkeit von Institutionen. Zudem verursachen die Abstimmungsprozesse zwischen den beteiligten Akteuren Kosten, die einer als notwendig erkannten Revision nicht förderlich sind.

Wird mit dem Begriff des nationalen Standortwettbewerbs eine Analogie zu privaten Gütermärkten angestrebt, dann muß gleichzeitig erkannt werden, daß erwünschte Effizienzeigenschaften auf solchen Märkten nur unter bestimmten Rahmenbedingungen und Annahmen garantiert sind. Dazu gehört in erster Linie vollständige Information der Marktteilnehmer. Da Information den Charakter eines öffentlichen Gutes besitzt, ist es vorstellbar, daß überlegene Problemlösungsstrategien unerkannt bleiben. Der zentralen bzw. supranationale Ebene oder einem unabhängigen Expertengremium könnte die Koordinationsaufgabe übertragen werden, Informationen zu standardisieren und damit vergleichbar zu machen, für ihren Austausch zu sorgen sowie als „informal leader" Entwürfe für Budgetinstitutionen vorzulegen, die auf freiwilliger Basis implementiert werden können.

Die nationalen Gefüge von Budgetinstitutionen können so ausdifferenziert sein, daß in ihren komplexen Interaktionsmustern die Identifizierung der Ursachen, die zu einem beobachtbaren Ergebnis „fiskalischer Performance" führen (spezifische Institutionen oder der Beitrag der in ihnen handelnden politischen Akteure), nicht möglich ist. Um die Voraussetzung für normative, vergleichende Aussagen zu schaffen, mag es angebracht sein, Rahmenordnungen zu gestalten, die beispielsweise Budgetgrundsätze oder einheitliche öffentliche Buchungssysteme betreffen. Ein Beispiel aus dem Bereich der Koordinierung von Steuergesetzgebungen mag als Analogie gelten: Wird für einen internationalen Steuerwettbewerb plädiert, der nationale Regierungen bezüglich ihrer Verfügungsmacht über Ressourcen der Gesellschaft disziplinieren soll, würde eine sinnvolle Rahmenordnung darin bestehen, homogene Definitionen der Bemessungsgrundlagen und Steuerpflichtigen sowie gemeinsame Standards der Steuerverwaltung zu vereinbaren, während Steuersätze frei zu wählen wären.

Dort, wo zwischen Budgets von Körperschaften eines föderalen Systems Transferströme fließen, können fiskalische Anreize als Koordinierungsinstrument benutzt werden. Transfers, an die keine Bedingungen geknüpft werden bzw. für deren Verwendung kein wirksamer Kontrollmechanismus existiert, werden die damit verbundenen Ziele (wirtschaftliche und soziale Kohäsion) nur sehr eingeschränkt erreichen. Fiskalische Anreize sind auch negativ zu verstehen und können die Formen einer Beschränkung bestimmter regelmäßiger Transfers oder sogar von „Strafzahlungen" annehmen.

Die Alternative zu einem Nebeneinander nationaler, vielleicht auch regionaler und lokaler Budgetinstitutionen, das über einen evolutionären Wettbewerb und Imitationswirkungen zu einer langfristigen Angleichung der Institutionen führen kann, besteht darin, gezielte Harmonisierungsschritte zu unternehmen. Im Extremfall geschieht dies über eine einheitliche Gesetzgebung auf zentralstaatlicher bzw. supranationaler Ebene, die direkte Gültigkeit für alle untergeordneten Körperschaften besitzt.

Denkbar ist aber auch, die konkrete juristische Implementierung einer vereinbarten Harmonisierung von Budgetinstitutionen der nächst tieferen Staatsebene zu überlassen. Eine lebhafte Diskussion hat sich in den letzten Jahren um die Vorteilhaftigkeit gemeinsamer fiskalpolitischer Regeln zur Beschränkung der

Schuldenaufnahme sowie anderer Budgetpositionen entwickelt, womit ein Teilbereich von Koordinierungsobjekten, nämlich Indikatoren der Fiskaldisziplin, angesprochen ist. Allgemein soll Regelbindung der Politik vor allem das Problem der Zeitinkonsistenz durch Beschränkung des diskretionären Handlungsspielraums der Entscheidungsträger beheben. Prinzipiell gemeinwohlorientierte Politiker mit einem Verständnis für die langfristigen Folgen von Budgetentscheidungen vermeiden so unter Umständen das Dilemma, aus Gründen der parlamentarischen Selbsterhaltung kurzsichtigen Partikularinteressen nachgeben zu müssen. Durch die Regelsetzung wird ein anonymer Mechanismus installiert, der den Konflikt zwischen kollektiver und individueller Rationalität mildern kann und externen, Verteilungspotential beschneidenden Kooperationsdruck auf die Beteiligten im Budgetprozeß ausübt (Gruber 1996, S. 17-18).

Je verbindlicher die rechtliche Verankerung der Regeln ist, desto schwieriger fällt ihre Abschaffung oder Änderung. Eine Verordnung der Exekutive wirkt daher meist weniger bindend als ein von der Legislative verabschiedetes Gesetz, und eine einfachgesetzliche Regelung ist weniger dauerhaft als eine Verfassungsnorm. Die besondere Stellung von Verfassungsnormen drückt sich darin aus, daß ihre Einführung oder Änderung größerer Mehrheit bedarf als einfache Gesetze und damit höhere Transaktionskosten verlangt.[34]

Gleichzeitig besteht beim Design der Regeln die Schwierigkeit, daß Vermeidungsstrategien, die derartige Beschränkungen bei Politikern induzieren,[35] antizipiert werden sollten. Entscheidungen auf konstitutioneller Ebene werden aber hinter dem „veil of ignorance" getroffen und müssen notwendigerweise unbestimmte Rechtsbegriffe enthalten. Das schafft einen Bedarf an Interpretation, der zumeist von Gerichtshöfen befriedigt wird. Die Rolle der Judikative in demokratischen Systemen und die Anreizstrukturen der dort handelnden Individuen sind ein bedauerlicherweise vernachlässigtes Thema der Neuen Politischen Ökonomie. Es gibt zahlreiche Beispiele, wie einzelne Gruppen über die Anrufung des Verfassungsgerichts versuchen, demokratische Mehrheitsentscheidungen außer Kraft zu setzen. Die Werthaltungen der Richter, die sich zumeist nicht außerhalb gesamtgesellschaftlicher Wahrnehmungsmuster bewegen dürften, können die ursprünglichen Intensionen bei der Implementierung der Regeln bekräftigen oder sie verfälschen. Daran wird deutlich, daß (konstitutionelle) Regeln mächtige Institutionen verantwortlicher Politiksteuerung darstellen, daß sie aber der ideologischen Unterstützung aus der Gesellschaft heraus bedürfen - siehe oben unter 3.6.

---

34 Vgl. Rowlands (1993) zum Zusammenhang zwischen Verfassungsregeln zur Fiskaldisziplin und der internationalen Reputation eines staatlichen Schuldners.

35 Zu nennen sind die Verlagerung von Schulden in Nebenhaushalte und Sondervermögen sowie zeitliche Umgehungsmöglichkeiten durch das sogenannte „creative accounting".

Was den Inhalt von Regeln zur Fiskaldisziplin betrifft, finden sich in der praktischen Anwendung wie in der politischen und wissenschaftlichen Diskussion vor allem relativ einfach gehaltene Vorschriften. Materieller Budgetausgleich, Defizit- und Schuldenquoten, Einnahmen- und Ausgabendeckel etc. beziehen sich auf hochaggregierte Elemente öffentlicher Haushalte. Rein ökonomische Analysen kommen hier leicht zu dem Ergebnis, daß diese Beschränkungen zu suboptimalen Ergebnissen führen, wenn beispielsweise eine Defizitgrenze die effizienzsteigernde Möglichkeit zur Steuerglättung einschränkt. Eine Finanzpolitik, die sich allein der Stabilisierung von Defizitquoten widmet, ist unter Umständen kontraproduktiv.[36] Wenn das Defizitziel kurzfristig nur erreicht werden kann, indem produktivitätsfördernde Ausgaben reduziert werden, wird langfristig das Einhalten der Defizitquote schwieriger, weil das Wachstum des Volkseinkommens, also die Größe im Nenner der Quote, geschwächt wird. Folgender Zusammenhang zwischen dem Niveau der Staatsverschuldung und der Beeinflussung des wirtschaftlichen Wachstums durch öffentliche Ausgaben ist zu vermuten: Je höher der Schuldenstand, desto höher ist der Anteil der Zinszahlungen am Budget. Unter der Restriktion einer Defizitgrenze müssen Ausgaben gekürzt werden. Da die politischen Kosten der Senkung konsumtiver Ausgaben und Transfers höher sind als die einer Streichung der nur langfristig wirkenden Ausgaben für Bildung, Forschung und Entwicklung, werden letztere überproportional beschnitten.[37]

Trotzdem haben simple Budgetregeln ihre spezifische Rationalität. Nach der Überzeugung von Gandenberger (1990, S. 49) hat allein die Existenz von Verfassungsgrenzen, so weit gefaßt und schwer kontrollierbar sie auch sein mögen, einen regulierenden Einfluß und schützt vor grob irrationaler Haushaltspolitik. Sie fördern die Einwirkungsmöglichkeiten der Finanzminister bzw. der Kräfte, die für begrenzte Ausgabenerhöhungen eintreten. Auf Posner (1987, S. 412) zurückgreifend, können diesbezüglich die folgenden Argumentationslinien skizziert werden. Wenn es keine einigermaßen leicht zu definierende Zielwerte gibt, können die „economic managers“ nicht durch einen objektiven Test beurteilt werden. Der Bürger als Prinzipal entscheidet für relativ simple „yardsticks“ zur Kontrolle seiner Agenten in Parlament und Regierung und gegen theoretisch anspruchsvolle Meß- und Kontrollsysteme von Fiskaldisziplin, wenn er letztere von wieder neuen Agenten anwenden lassen muß. Ein generelles Mißtrauen der Wähler gegen politische Entscheidungsträger begründet die Überzeugung, daß

---

36 Siehe Ewijk/ Klunert (1993) für ein Modell endogenen Wachstums, das diese Zusammenhänge berücksichtigt.

37 Wie ein kurzer Blick in die jährlichen Finanzberichte des Bundesministeriums der Finanzen bestätigt, ist der Etat des Bundesministeriums für Forschung und Technologie seit Jahren rückläufig.

sie nur durch ein Korsett fiskalischer „Grenzwerte“ daran gehindert werden können, ihre Stellung für eigennützige Zwecke zu gebrauchen.

Schließlich sind die „*alleged psychological effects*“ auf unzählige ökonomische Agenten zu beachten, die ständig Entscheidungen treffen und *irgend etwas* über die Politik der Regierung annehmen müssen. Gewisse positive Effekte mögen sich durch die interne Konsistenz der Entscheidungen der Agenten einstellen, wenn diese gleiche Erwartungen haben und ihre Erwartungen systematisch erfüllt sehen. Eine vergleichbare Situation findet sich im Bereich der Geldpolitik, deren Wirksamkeit entscheidend von ihrer glaubhaften Ankündigung abhängt. Eine geldpolitische Strategie der Geldmengensteuerung, die in Berufung auf monetaristisches Gedankengut von einer bestimmten Kausalbeziehung zwischen Geldmengenwachstum und Inflationsrate ausgeht, kann erfolgreich sein bei der Sicherung der Preisniveaustabilität, auch wenn der postulierte Zusammenhang empirisch fragwürdig ist.

Gesetzliche Restriktionen auf Verfassungsebene können vor allem dazu dienen, denjenigen Interessengruppen ein Gewicht zu verschaffen, die nicht am demokratischen Entscheidungsprozeß teilnehmen. Im Falle der Fiskaldisziplin heißt dies Schutz der jungen und ungeborenen Generationen. In den letzten Jahren wurde die Verankerung eines Staatsziels Umweltschutz“ häufig diskutiert, und entsprechende Zusätze wurden auch in den Verfassungen einiger Bundesländer aufgenommen. Der Schutz der natürlichen Lebensgrundlagen betrifft direkt die Frage intergenerationeller Verteilungsgerechtigkeit. Wenn erschöpfbare Ressourcen zur Steigerung des heutigen Konsums verbraucht werden, geht dies unmittelbar zu Lasten zukünftiger Konsummöglichkeiten. Nach Wissen des Verfassers hat bislang keine Debatte über einen verfassungsmäßigen Schutz der finanzpolitischen Entscheidungsgrundlagen künftiger Generationen stattgefunden. Ein entsprechender Artikel in den Verfassungen müßte sich den Vorwurf gefallen lassen, daß daraus als einer unbestimmte Rechtsnorm keine konkreten handlungsleitenden Richtlinien gewonnen und eingeklagt werden könnten. Das ist aber auch nicht die Aufgabe von Verfassungsnormen, die ihrem Wesen nach einen Kanon der von der Gesellschaft als unerläßlich und unveräußerlich erachteten Rechte und Pflichten der Bürger festschreiben soll. Ein Verfassungszusatz kann und sollte nicht Einzelfallgerechtigkeit anstreben, sondern einer zentralen gesellschaftliche Frage ihren Platz im Bewußtsein der Öffentlichkeit schaffen und die politischen Repräsentanten und Entscheidungsträger zu ständigen Auseinandersetzung mit dieser Frage zwingen.[38]

Eine weitere Möglichkeit zur Abschwächung intergenerationeller Umverteilungskonflikte, die im internationalen Koordinierungskontext thematisiert werden könnte, bestünde in Wahlrechtsänderungen. Das Ziel, die Zukunftsinteressen der jüngeren Wähler und vor allem derjenigen, die noch nicht wählen dürfen, zu schützen, führt zu der Idee, das Medianalter der Wahlberechtigten zu senken. Das kann zum einen durch die Senkung des Wahlalters geschehen. Es ist aber fraglich, ob Kinder im Durchschnitt über genügend intellektuelle Kapazität verfügen, um unabhängige Wahlentscheidungen treffen zu können. Naheliegender ist die Einführung eines Familienwahlrechts. Das Stimmrecht der Kinder wird auf das Stimmrecht der Eltern übertragen. Unter Umständen noch nach der Kinderzahl differenziert, wird die Stimmabgabe von Wahlberechtigten mit Kindern höher gewichtet. Eine weitere Alternative zur Senkung des Me dianalters, die mit schwerwiegenden Akzeptanzproblemen zu kämpfen hätte, wäre eine obere Altersgrenze für das aktive wie das passive Wahlrecht. Das maximale Alter, bis zu welchem das Wahlrecht ausgeübt werden dürfte, könnte in regelmäßigen Abständen so neu bestimmt werden, daß das Medianalter der Wahlberechtigten einen vorher festgelegten Wert beibehält. Parlamentsabgeordnete und Inhaber politischer Ämter müßten bei Erreichen der Altergrenze ihre Mandate niederlegen.

---

38 Eine gewichtige Differenz zum Schutz der natürlichen Lebensgrundlagen besteht: Wie bereits erläutert verfügen in der Frage budgtärer Ressourcen zukünftige Generationen über ein Drohpotential bezüglich der Nichtrückzahlung öffentlicher Schulden. Damit liegt der vorgeschlagene Verfassungszusatz auch im Interesse der heute lebenden Mehrheitsgenerationen, was die Chancen zu einem entsprechenden Beschluß verbessern müßte.
Was das deutsche Grundgesetz betrifft würde ein Verfassungszusatz zum Schutz der budgetpolitischen Grundlagen an bestehende Normen anknüpfen. Die grundgesetzlich hervorgehobene Stellung der Familie (Art. 6 Abs. 1 Grundgesetz) und der daraus abgeleitete Familienleistungsausgleich berühren ja ebenfalls einen intergenerationellen Aspekt.

7. Koordinierungskonzepte in föderalen Systemen

Dieses Kapitel wirft zunächst einen Blick auf Koordinierungskonzepte in etablierten föderalen Systemen. Die Vereinigten Staaten von Amerika zeichnen sich dadurch aus, daß die Sicherung von Fiskaldisziplin die alleinige Angelegenheit der föderalen Einheiten ist und koordinierende Institutionen völlig fehlen. Die Bundesstaaten haben im Verlauf ihrer Geschichte jeweils Regeln implementiert, die den fiskalpolitischen Handlungsspielraum der Regierungen stark beschneiden. Hingegen lassen sich eine Reihe von Elementen fiskalischer Koordinierung in der deutschen und der australischen Föderation finden, die im zweiten bzw. dritten Abschnitt behandelt werden.

Es folgt im vierten Abschnitt die ausführliche Analyse der Normen zur Koordinierung von Fiskaldisziplin in der Europäischen Union, wie sie im Maastricht-Vertrag und vor allem im sogenannten Stabilitätspakt zu identifizieren sind. Koordinierungsobjekte, Koordinierungsverfahren und Koordinierungsträger werden getrennt behandelt. Eine kritische Diskussion der zu erwartenden Wirksamkeit (hinsichtlich des Ziels der Vermeidung übermäßiger öffentlicher Defizite) des europäischen Koordinierungskonzepts beschließt diesen Abschnitt.

Der fünfte und letzte Abschnitt stellt Konzepte zur Reform des geltenden Koordinierungsregelung in der EU vor. Darunter finden sich Vorschläge, die Defizit- und Schuldenkriterien durch konjunkturelle Komponenten zu erweitern, die Kompetenz zur Festlegung von Defizitgrenzen einer unabhängigen Behörde nach dem Muster der Deutschen Bundesbank zu übertragen sowie die Idee, auf zentraler Ebene eine Einigung über gewisse Budgetierungsregeln zu erreichen, die dann jeweils in nationales Recht umgesetzt werden müssen.

7.1. Dezentrale Disziplinierung in den USA

Die größte bislang existierende Währungsunion, die Vereinigten Staaten von Amerika, stellen ein föderales Gebilde dar mit der hinsichtlich fiskalischer Disziplin bemerkenswerten Eigenschaft, daß in der Vergangenheit alle Körperschaften unterhalb der Bundesregierung zusammengenommen (Bundesstaaten, Landkreise, Städte und Gemeinden) meist positive Finanzierungssalden aufwiesen. Kam es zu einem Defizit, waren diese sehr klein im Vergleich zum Finanzierungsdefizit der zentralen Ebene (Vesper 1994, S. 192). In manchen Jahren lag die Verschuldung der Bundesregierung sogar über der des Gesamtstaates. Gleichzeitig gibt es im Gegensatz zu anderen Föderationen wie Australien oder Deutschland keinerlei koordinierende Institutionen zwischen Bundesstaaten und Bundesregierung. Dies wird gelegentlich als Beleg für die These angeführt, daß in der EU keine zentrale Koordinierung der Fiskaldisziplin notwendig sei (siehe oben Kapitel 4).

Wie bereits in Abschnitt 3.4.2. erwähnt, gibt es heute in allen Bundesstaaten der USA mit Ausnahme von Vermont sowie für die meisten Kommunen und Landkreise mehr oder weniger restriktive konstitutionelle oder einfachgesetzliche Regeln zur Vorlage bzw. Einhaltung eines ausgeglichen Haushalts und zur Begrenzung der Verschuldung, sogenannte „balanced budget requirements“ (BBR). Zusätzlich gibt es in den Verfassungen einiger Staaten Beschränkungen bei der Steuererhebung. Gesetzliche Vorschriften sind bekanntlich nur dann wirksam, wenn auch Mechanismen zu ihrer Durchsetzung existieren. Hier gibt es für die US-Bundesstaaten kein klares Bild. Es wurde nie versucht, über Gerichtsverfahren die Einhaltung der Vorschriften einzuklagen. Anscheinend ist eine lange Tradition nicht kreditfinanzierter Haushalte der primäre Faktor, der die verantwortlichen Politiker beeinflußt, einen ausgeglichenen Haushalt anzustreben (Poterba 1996a, S. 397).

Die Wurzeln der Verschuldungsbeschränkungen liegen in der Mitte des 19. Jahrhunderts, als es auf der Ebene der Bundesstaaten mehrfach zu Schuldenkrisen und Zahlungsausfällen kam (English 1996):

> *„In 1841 several of the states defaulted on their loan payments. First Florida, Mississippi, Arkansas, and Indiana defaulted in 1841, and then Illinois, Maryland, Michigan, Pennsylvania, and Louisiana joined their ranks in 1842. Alabama, New York, and Ohio were in a condition of near default.“* Savage (1988, S. 114)

Im Jahr 1860 war die Verschuldung der Bundesstaaten viermal so hoch wie die der Bundesregierung in Washington. Eine Initiative im Kongreß zur Übernahme der Länderschulden durch die Bundesregierung scheiterte. Steuererhöhungen und Umschuldungsverhandlungen waren die Folge. Zwischen 1842 und 1895 wurde in 37 Staaten positiv über Verfassungszusätze entschieden, welche die Möglichkeiten zur Kreditaufnahme beschränkten.

In der Typologie der „Advisory Commission on Intergovernmental Relations“ (ACIR, 1987) lassen sich fünf verschiedene Versionen von BBR unterscheiden. Die schwächste Form verlangt lediglich, daß der Gouverneur zu Beginn der Haushaltsberatungen einen ausgeglichenen Haushalt ohne Kreditfinanzierungsbedarf vorlegt. Die zweite Beschränkung sieht vor, daß das Parlament des Bundesstaates einen ausgeglichenen Haushalt verabschiedet. In beiden Versionen ist das Auftreten eines tatsächlichen, aber ungeplanten Defizits zum Ende des Haushaltsjahres legal. Eine etwas schärfere Beschränkung fordert, daß ein eventuell auftretendes Defizit durch die Reservierung von Mitteln im Budget-

Tabelle 11: Gesetzliche Regeln der Fiskaldisziplin für U.S.-Bundesstaaten

	CDL	Regel für ausgegl. Haushalt					ACIR -Index
		A	*B*	*C*	*D*	*E*	
Alabama	Ja					C	10
Alaska	Ja	S		C			6
Arizona	Ja					C	10
Arkansas						S	9
Kalifornien	Ja	C		C			6
Colorado	Ja					C	10
Connectic.		S	S	S		S	5
Delaware						C	10
Florida						S, C	10
Georgia	Ja					C	10
Hawaii		S, C			C	C	10
Idaho						C	10
Illinois		C	C				4
Indiana	Ja					C	10
Iowa	Ja					C	10
Kansas	Ja					C	10
Kentucky	Ja				C	S	10
Louisiana			C				4
Maine	Ja					S	9
Maryland		C	C	C			6
Mass.		C					3
Michigan				C			6
Minnesota	Ja				S, C		8
Mississippi	Ja					S	9
Missouri	Ja					C	10
Montana			C		C	C	10
Nebraska	Ja					C	10
New Hampshire		S					2

	CDL	Regel für ausgegl. Haushalt					ACIR -Index
		A	*B*	*C*	*D*	*E*	
Nevada		S	C				4
New Jersey	Ja					C	10
New Mexico	Ja					C	10
New York		C					3
North Carolina						S, C	10
N. Dakota	Ja				C		8
Ohio	Ja					S, C	10
Oklahoma						C	10
Oregon	Ja				C		8
Pennsyl-vania			S	S, C			6
Rhode Island	Ja					C	10
South Carolina	Ja			S, C		C	10
South Dakota	Ja					S, C	10
Tennessee		S		C		C	10
Texas	Ja	S, C	C		C		8
Utah	Ja					S, C	10
Virginia	Ja				S, C		8
Washington	Ja				S, C		8
W. Virgin.	Ja					C	10
Wisconsin	Ja			C			6
Wyoming	Ja				C		8

CDL: Begrenzung der Kreditaufnahme in der Staatsverfassung.

A: Gouverneur muß ausgeglichenen Haushalt vorlegen (1 Punkt); ***B***: Parlament muß ausgegl. Haushalt beschließen (2 Punkte); ***C***: Eventuelles Defizit ist im nächsten Haushaltsjahr auszugleichen (4 Punkte); ***D***: Nachträglicher Defizitausgleich muß innerhalb von zwei Jahren erfolgen (6 Punkte); ***E***: Defizit darf nicht ins nächste Haushaltsjahr übertragen werden (8 Punkte).

ACIR-Index: Punktzahl der jeweils strengsten Vorschrift eines Staates plus 2 Punkte, wenn diese Vorschrift Verfassungsrang hat („C") bzw. plus 1 Punkt, wenn es nur eine einfachgesetzliche Vorschrift ist („S").

plan des nächsten Haushaltsjahres ausgeglichen wird, d.h. daß die aufgenommen Schulden getilgt werden. Prinzipiell ist es damit möglich, ein Defizit beliebig oft in folgende Haushaltsjahre „zu verschieben". Eine tatsächlich wirksame Vorschrift zur Sicherung eines ausgeglichenen Haushalts liegt nur in solchen Staaten vor, in denen die Übertragung von Defiziten zwischen Budgetperioden verboten ist. Bleiben hier im Verlauf eines Haushaltsjahres die erwarteten Einnahmen hinter den erwarteten Ausgaben zurück, darf die Deckungslücke nicht durch Verschuldung ausgefüllt, sondern muß mit Steuererhöhungen und Ausgabenkürzungen bewältigt werden. Unterschiede bestehen darin, daß einzelne Bundesstaaten mit einer zweijährigen Budgetperiode etwas länger Zeit haben, die Anpassungsmaßnahmen durchzuführen. Tabelle 11 zeigt die Ausprägungen der fiskalischen Beschränkungen, wobei die beschriebenen fünf Versionen mit den Buchstaben *A* bis *E* bezeichnet sind. Der sogenannte ACIR-Index, der die Grundlage für die meisten empirischen Studien auf diesem Gebiet bildet, wird durch die Bewertung mit Punkten je nach der Strenge der Defizitvorschrift gebildet. Ein Wert von 10 stellt dabei den höchsten („strengsten") Wert dar. Die erste Spalte von Tabelle 11 gibt an, ob in den Verfassungen der Bundesstaaten zusätzlich Beschränkungen der Art und Höhe von Instrumenten der Kreditfinanzierung existieren.

Das Bild ist damit noch keineswegs vollständig. Zu unterscheiden ist, ob sich die Vorschriften für einen ausgeglichenen Haushalt nur auf den „general fund" beziehen, der im wesentlichen nur laufende Ausgaben umfaßt, sondern auch auf andere Teile des Gesamtbudgets.[1] Oft existieren auch sogenannte „rainy days funds", aus denen im Bedarfsfall Fehlbeträge gedeckt werden. Selbst unter den strengsten Beschränkungen sind Möglichkeiten nicht auszuschließen, Defizite durch rechentechnische Operationen zu decken. Nach Poterba (1996b, S. 6) sind solche kosmetischen Umbuchungen und verzögerten Auszahlungen allerdings quantitativ wenig bedeutend.

Zusätzlich haben viele Bundesstaaten Restriktionen für die Steuererhebung und die Entwicklung der öffentlichen Ausgaben institutionalisiert.[2] Eine gewisse Prominenz erlangte die kalifornische „Proposition 13": Im Juni 1978 beschieden die Wähler in Kalifornien dieses Referendum mit nahezu Zweidrittelmehrheit positiv. Damit wurde in der kalifornischen Staatsverfassung festgeschrieben, daß der Satz der „property tax" 1% des Marktwertes einer Immobilie nicht überschreiten darf, und daß die Bemessungsgrundlage pro Jahr nicht stärker als

---

1 Oft wird ein separates „capital budget" für Investitionsprojekte geführt.

2 Steuerrevolten haben in den USA eine lange Tradition. Bekanntlich erwuchs die amerikanische Revolution auch aus dem Widerstand gegen die Besteuerung durch das britische Mutterland („no taxation without representation").

die Inflationsrate, höchstens jedoch um 2% steigen darf.[3] In einem weiteren Volksentscheid wurde festgelegt, daß die Staatsausgaben von Jahr zu Jahr (mit Ausnahme näher bezeichneter Notsituationen) nur noch mit der Höhe der Inflationsrate und der Rate des Bevölkerungszuwachses steigen dürfen. Die Annahme von „Proposition 13“ war das Signal für ähnliche Initiativen in vielen anderen Bundesstaaten, die in ihrer Vielgestaltigkeit an dieser Stelle nicht vorgestellt werden können. Für den interessierten Leser sind in Anhang 5 entsprechende Auszüge aus den Verfassungen einiger US-Bundesstaaten zusammengestellt.[4]

Die unterschiedliche Ausgestaltung der Vorschriften zu Haushaltsdefiziten sowie zu Einnahmen- und Ausgabengrenzen in den Bundesstaaten macht eine empirische Analyse der effektiven Wirkung gesetzlicher Restriktionen schwierig. Die Beurteilung wird dadurch erschwert, daß Budgetinstitutionen nicht uneingeschränkt als exogen betrachtet und zur Erklärung fiskalischer Performance herangezogen werden können. Budgetinstitutionen können auch Ausdruck von Wählerpräferenzen sein und am Ende, nicht am Anfang einer Wirkungskette stehen. Trotzdem sind in den letzten Jahren eine Reihe von empirischen Arbeiten entstanden,[5] aus denen sich – vorbehaltlich gewisser methodischer Bedenken – das vorherrschende Ergebnis ziehen läßt, daß „strengere“ BBR mit einer effektiveren Defizitkontrolle verbunden sind. Nach Bohn/ Inman (1996) sind die BBR vor allem dann erfolgreich hinsichtlich fiskalischer Disziplin, wenn sie in der Verfassung verankert sind – d.h. eine Parlamentsmehrheit von mindestens 2/3 der Abgeordneten ist notwendig, um die Regel temporär außer Kraft zu setzen –, wenn sie sich auf das tatsächliche und nicht auf das geplante Budgetergebnis beziehen, wenn Defizite nicht in das nächste Haushaltsjahr über-

---

3 Vgl. Reis (1986, S. 12). Die „property tax“ ist in ihrer Ausprägung als Grundsteuer die wichtigste Einnahmequelle lokaler Gebietskörperschaften in den USA. Sie greift für das Empfinden des Steuerzahlers besonders stark in das verfügbare Einkommen ein, da sie auf nicht liquides Vermögen erhoben wird und aus anderen Quellen getragen werden muß.

4 Zwei Beispiele aus jüngerer Zeit seien genannt: In Florida stimmten die Wähler 1992 einem Verfassungszusatz zu, der das jährliche Wachstum der Bemessungsgrundlage für die „property tax“ auf 3% bzw. auf den Anstieg des Index der Konsumentenpreise begrenzt, falls letzterer niedriger ist als 3% (MacManus 1995, S. 203). Ein Beispiel für Ausgabenlimits ist die 1992 in Connecticut gesetzlich verankerte Vorschrift, daß die gesamten Staatsausgaben prozentual nicht stärker steigen dürfen als der größere der beiden Werte prozentualer Anstieg der durchschnittlichen persönlichen Einkommen oder Inflationsrate; vgl. Lewis (1995, S. 161). Zwar kam es zu gewissen buchungstechnischen Manipulationen, um das Ausgabenlimit zu umgehen. Insgesamt ist aber festzustellen, daß „*...the cap has slowed spending growth and fundamentally changed budgetary decision making by reframing the terms of the budget debate*“ (ebd. S. 166).

5 Vgl. Abrams/ Dougan (1986), ACIR (1987), von Hagen (1991), Eichengreen/ Bayoumi (1994), Bohn/ Inman (1996), Inman (1996), Poterba (1993), Poterba (1996b, c).

tragbar sind und wenn die Mitglieder der Kontrollinstanz Verfassungsgerichtshof direkt vom Volk gewählt und nicht vom Gouverneur ernannt werden.

In seltenen Fällen versagen die konstitutionellen Budgetbeschränkungen. Wohl am bekanntesten ist die Schuldenkrise der Stadt New York im Jahre 1975.[6] In einem der hochentwickeltsten Finanzzentren der Welt kam es zu einer Situation, in der ein staatlicher Schuldner in einem solchen Maße Verbindlichkeiten akkumulierte, daß ab einem bestimmten Zeitpunkt neue Anleihen zur Revolvierung der Staatsschuld zu keinem Zinssatz am Markt abgesetzt werden konnten und ein Tilgungsmoratorium verkündet werden mußte. Die Kapitalmärkte und insbesondere die Rating-Agenturen, deren Aufgabe ja in der regelmäßigen Bonitätsprüfung besteht, übten ihre Kontrollfunktion nicht rechtzeitig aus. Die amerikanische Bundesregierung hat sich stets geweigert, in solchen Fällen helfend einzuspringen, d.h. der Haftungsausschluß gegenüber anderen Gebietskörperschaften ist hier vollständig und glaubwürdig. Bedenkt man die angesichts des Fehlens koordinierender Institutionen geringe Zahl an Forderungsausfällen öffentlicher Schuldner, stärkt das deutlich die disziplinierende Wirkung durch die Kapitalmärkte und das Verhalten der subnationalen Regierungen bzw. Parlamente. Auf die EU ist das amerikanische (Nicht-)Koordinierungskonzept jedoch nur bedingt übertragbar. Wie in dieser Arbeit gezeigt wurde, gibt es gewichtige Gründe, warum hier das „no bail out" nicht glaubwürdig sein wird.

Trotz der Schwierigkeiten einer direkten Analogiebildung können aus der New Yorker Schuldenkrise interessante Einsichten gewonnen werden (Bishop/ Damrau/ Miller 1989). Transparenz der Budgets ist eine Grundvoraussetzung, damit die Kapitalmärkte ihren disziplinierenden Einfluß entfalten können. Die Stadt New York hatte einen beträchtlichen Teil ihrer Schulden in Nebenhaushalten versteckt. Selbst die Option strikter Dezentralität bzw. Subsidiarität im Bereich der Budgetkoordinierung würde von der Setzung gemeinsamer Regeln für vergleichbare und aussagekräftige Budgetinformationen profitieren.

Vor allen den außenstehenden europäischen Beobachter muß es erstaunen, mit welcher Vehemenz in den USA zahlreiche Politiker und ihnen sekundierende Wissenschaftler nach wie vor die Verabschiedung eines Verfassungszusatzes

---

6 Eines der jüngsten Beispiele ist die Finanzkrise des Landkreises Orange County in Kalifornien. Nach ungünstig verlaufenen Finanztransaktionen mußte der Kreis Ende 1994 einen Konkursantrag stellen, da Gläubigerbanken die Verlängerung von Kreditlinien versagten und Wertpapiere, die sie als Sicherheit hielten, pfändeten. Weder die Bundesregierung noch die Landesregierung waren zu einem „bail out" bereit. Orange County mußte durch Gebühren- und Steuererhöhungen, drastische Einsparungen und Entlassungen von Angestellten seine Finanzprobleme alleine bewältigen. Vgl. Eichengreen/ von Hagen (1995, S. 22).

anstreben, welcher die Bundesregierung auf einen ausgeglichenen Haushalt verpflichten würde. Im Vergleich mit den Mitgliedstaaten der EU ist die finanzielle Situation des US-Bundes nach den Turbulenzen der Reagan-Administrationen heute angesichts hoher realer Wachstumsraten und rückläufiger Defizite keineswegs beunruhigend – die Maastricht-Kriterien zur fiskalischen Disziplin würden ohne weiteres erfüllt. Eine Antwort findet sich in folgender Aussage von Milton Friedman (1995).

> *„A balanced-budget amendment is a means to an end. The end is holding down the growth of (or better sharply reducing) government spending."* [7]

Unabhängig von der Bewertung dieser Zielvorstellung tritt hier fiskalische Disziplin im Sinne dauerhafter Solvenz und politischer Handlungsfähigkeit des Staates in ihrer Bedeutung zurück gegenüber Präferenzen bezüglich der Größe und der Aufgaben des öffentlichen Sektors.

Warum waren dann die Versuche seit Anfang der 80er Jahre erfolglos, einen Verfassungszusatz durchzusetzen, der einen ausgeglichenen Bundeshaushalt bzw. bestimmte Ausgabengrenzen vorgeschrieben hätte.[8] Es zeigt sich, daß neben der ideologischen Komponente die Form der Budgetinstitutionen und die Interessenlage der beteiligten Akteure, besonders der auf Wiederwahl bedachten Abgeordneten, ihre Rollen spielen. Weder wurde der fragmentierte Budgetprozeß (mit Delegation der Entscheidungen über Teilhaushalte an zahlreiche Ausschüsse des Kongresses) reformiert, noch wurde die Möglichkeit einer Manipulation der Budgetplanung durch Buchungstricks und geschönte volkswirtschaftliche Prognosen ausgeschlossen.[9]

7.2. Deutschland: Koordinierungsprobleme im kooperativen Föderalismus

Das föderale System der Bundesrepublik Deutschland im allgemeinen und das seiner föderalen Finanzbeziehungen im besonderen ist gekennzeichnet durch einheitliche Gesetzgebung in fast allen Politikbereichen, ausgeglichene öffentliche Leistungen und Transfers in sämtlichen Teilen des Landes und eine gemeinsame Nutzung der bedeutenden Steuerquellen durch Bund und Bundesländer bei gleichzeitiger Beteiligung der Länderebene an allen wichtigen Geset-

---

7 Wall Street Journal, 4. Januar 1995, S. 12, zitiert nach Corsetti/ Roubini (1996, S. 413).

8 Das bekannteste Projekt war der Gramm-Rudman-Hollings-Act aus der Mitte der 80er Jahre, der innerhalb weniger Jahre einen vollständigen Abbau des Haushaltsdefizits vorsah; vgl. Kauffmann (1990) und Kleist (1991). Zuletzt scheiterte im März 1995 ein Versuch der Republikaner im Kongreß. Im Senat fehlte für die erforderliche Zweidrittelmehrheit nur eine Stimme.

9 Vgl. auch die Diskussion zur politischen Ökonomie von Defizitkonzepten unter 6.2.6.

zesvorhaben durch die zweite Kammer des Parlaments, den Bundesrat (Spahn/ Föttinger/ Steinmetz 1996). Im Gegensatz zum vertikalen Modell der angelsächsischen Welt ist diese Art der Funktionsaufteilung – zentrale Entscheidungsfindung bei dezentraler Ausführung – deshalb auch als horizontales Föderalismusmodell bezeichnet worden (Spahn 1978).

Ende der 60er Jahre war Deutschland ein Pionier auf dem Feld der makroökonomischen Wirtschaftssteuerung. Das Stabilitäts- und Wachstumsgesetz (StWG) verpflichtete die Bundesregierung zur Verfolgung bestimmter makroökonomischer Ziele und schuf verschiedene Instrumente zur Durchführung einer nachfrageorientierten Wirtschaftspolitik, die auch Restriktionen der öffentlichen Verschuldung einschließen.[10] Als die Bundesregierung erstmals für die Jahre 1967 bis 1971 einen fünfjährigen Finanzplan aufstellte, erkannte sie, daß die bloße gegenseitige Auskunftspflicht von Bund und Ländern des StWG für die konjunkturpolitische Koordinierung der von ihnen aufzustellenden mittelfristigen Finanzpläne nicht ausreichte. Ein Finanzplanungsrat, der sich aus den Bundesministern für Finanzen und für Wirtschaft, den für die Finanzen zuständigen Ministern der Ländern sowie Vertretern der Gemeinden zusammensetzt, wurde deshalb initiiert und im Haushaltsgrundsätzegesetz institutionell verankert. Zusätzlich wurde ein Konjunkturrat gegründet, um über die Erreichung der Ziele des StWG erforderlichen konjunkturpolitischen Maßnahmen zu beraten, sowie diesem zugeordnet einen „Ausschuß für Kreditfragen der öffentlichen Hand" zur Koordinierung der Kreditaufnahmen von Bund und Ländern insbesondere bezüglich der Reihenfolge und des Zeitpunkts ihrer Anleiheemissionen.

Bis auf die ersten Jahre ihrer Existenz blieben die genannten Koordinierungsgremien weitgehend wirkungslos.[11] Daran hatte sicherlich die Erkenntnis mit Schuld, daß Strukturkrisen der Ökonomie nicht mit den Instrumenten der klassischen Konjunkturpolitik begegnet werden konnte. Zudem weist das Instrument der mittelfristigen Finanzplanung, das im Finanzplanungsrat koordiniert werden soll, grundsätzliche Mängel auf. Während der inneren Logik nach die

---

10 Im Rahmen des StWG kann der Finanzminister zur Abwehr einer Störung des gesamtwirtschaftlichen Gleichgewichts die Kreditaufnahme aller Gebietskörperschaften durch Rechtsverordnung direkt beschränken (Schuldendeckel).

11 Bei den Schuldendeckeln der Jahre 1971 und 1972 stand die Schonung des Kapitalmarktes durch eine Begrenzung der Neuverschuldung von Bund und Ländern im Vordergrund. Im Jahr 1973 ging es um die Begrenzung der Übernachfrage der Gebietskörperschaften zur Inflationsbekämpfung; vgl. Smekal (1987, S. 80f). Für Patzig (1981, S. 204) sind die Ausführungen in den jeweiligen Finanzberichten des BMF bezeichnend: Wurden in den Finanzberichten der Jahre 1969 bis 1971 jeweils fünf Seiten und in den folgenden Jahren immerhin noch 2,5 bis 3,5 Seiten benötigt, so reichte in den letzten beiden Jahrzehnten meist eine Seite aus.

jährliche Budgetplanung aus der mittelfristigen Finanzplanung abgeleitet werden müßte, ist *de facto* die mittelfristige, unverbindliche Finanzplanung eine Fortsetzung der kurzfristig ausgerichteten Budgetplanung.[12]

Eine effektive Koordinierung kam aber auch deshalb nicht zustande, weil Verteilungskonflikte zwischen Bund und Ländern einerseits sowie zwischen den Bundesländern andererseits eine Verständigung in Finanzfragen verhinderten. Mehrfach wurden Entscheidungen an eine Instanz delegiert, die dafür keine demokratische Legitimation besitzt: das Bundesverfassungsgericht. Dazu kommt die spezifisch deutsche Version des „divided government".[13] Da Bundestag und Bundestag oft von unterschiedlichen Mehrheiten beherrscht werden, kommt es häufig zu einer Blockade bei wichtigen Gesetzesvorhaben, die, wenn überhaupt, nur durch komplizierte Kompensationsgeschäfte beendet werden kann. Auch die Finanzpolitik mußte sich dem stets unterordnen. Zwar kann der Finanzplanungsrat nur Empfehlungen aussprechen. Er hätte aber in Fragen der Konsolidierung der öffentlichen Haushalte aufeinander abgestimmte Strategien entwickeln können. Statt dessen beschränkte man sich auf sehr allgemein gehaltene Aussagen. Symptomatisch für das Beharren auf dem *status quo* ist folgendes Zitat aus der offiziellen Verlautbarung nach der 83. Sitzung des Finanzplanungsrates im Juni 1996.

> *„Eine Senkung der Gesamtabgabenbelastung ist eine weitere notwendige Maßnahme zur Sicherung der Wettbewerbsfähigkeit des Standortes Deutschland. Steuerrechtsänderungen dürfen nach Auffassung aller Länder nicht ohne finanziellen Ausgleich für die Haushalte von Ländern und Gemeinden erfolgen."* Bundesministerium der Finanzen (1996b, S. 2)

Das Versagen der finanzpolitischen Koordinierung im deutschen Bundesstaat soll an zwei Beispielen kurz deutlich gemacht werden. Das erste Beispiel betrifft den mit der Wiedervereinigung entstandenen, außerordentlich hohen Finanzbedarf der öffentlichen Hände. Obwohl dieses historische Ereignis als Herausforderung an alle staatlichen Ebenen hätte begriffen werden können, mußte

---

12 Vgl. Sachverständigenrat (1993, S. 210): *„In die fünfjährige Finanzplanung werden das laufende, vollzugsverbindliche Budget und der Budgetentwurf für das nächste Jahr eingesetzt. Die Ausgabenentwicklung für die dann folgenden drei Jahre, für die sich die Exekutive nicht rechtlich verbindlich festlegen muß, wird offenbar grundsätzlich zu niedrig angesetzt, womit Konsolidierungserfolge signalisiert werden. Abweichungen der tatsächlichen Steigerungsraten der Ausgaben von den früheren Planungen werden nicht aufgezeigt oder sogar begründet."*

13 Alesina/ Roenthal haben dieses Konzept theoretisch ausgeführt, vor allem, um die Machtbalance zwischen US-Kongreß und Präsidenten zu analysieren.

der Bund die Hauptlast der Finanztransfers tragen.[14] Die notwendige Integration der Neuen Bundesländer in das System des Finanzausgleichs wäre eine Gelegenheit gewesen, durch eine grundlegende Reform die bekannten Mängel zu beheben. Zahlreiche Vorschläge von wissenschaftlicher Seite, diese Situation zu der überfälligen Reform des Länderfinanzausgleichs zu nutzen, blieben jedoch folgenlos.[15] Mit dem Föderalen Konsolidierungsprogramm wurde die Intransparenz der Finanzbeziehungen noch erhöht und die „perversen" Anreize verstärkt, die einer gezielten Stärkung der eigenen Finanzkraft zuwiderlaufen. Das zeigt sich daran, daß die Neuen Bundesländer im Rahmen des dreistufig aufgebauten Finanzausgleichsystems – Umsatzsteuerverteilung, horizontaler Länderfinanzausgleich und Bundesergänzungszuweisungen – mit einer Finanzausstattung versorgt werden, die weit über dem Durchschnitt aller Länder liegt, während die finanzstarken Länder Hessen und Baden-Württemberg nach Finanzausgleich hinter den Durchschnitt zurückfallen.[16]

Das zweite Beispiel bezieht sich auf die Verpflichtung der Bundesregierung aus dem Maastricht Vertrag, auf Ebene der EU Verantwortung für die Defizite des gesamten deutschen Staatssektors zu tragen. Eine Reihe von Vorschlägen liegen vor, wie zuerst die Defizitgrenze des Maastricht-Vertrages auf die föderalen Ebenen Bund, Länder und Gemeinden aufgeteilt wird und wie sodann der „Defizitanteil" der Bundesländer insgesamt auf die einzelnen Länder aufgeschlüsselt wird.[17] Sie reichen von der Anwendung verschiedenster Schlüsselgrößen (Einwohnerzahl, Sozialprodukt, öffentliche Einnahmen oder Ausgaben, aktuelles Niveau der Kreditaufnahme etc.) bis zu einem Modell der Versteige-

---

14 Vgl. Föttinger/ Spahn (1994, S. 45). Am Anstieg der deutschen Bruttoschuldenquote von 18,5 Prozentpunkten des BIP zwischen 1989 und 1996 (von 41,8% auf 60,3% des BIP) waren die Länder und Gemeinden nur mit 2 Prozentpunkten beteiligt. Ein weiteres Indiz ist die Entwicklung der Zinsausgabenquote, die sich beim Bund von 11% der Gesamtausgaben im Jahre 1989 auf 16,5% im Jahre 1996 erhöhte, während sie bei den westdeutschen Ländern (einschließlich ihrer Gemeinden) lediglich von 11% auf 11,5% stieg; vgl. Deutsche Bundesbank (1997a, S. 26).

15 Darunter befand sich auch der Vorschlag von Föttinger/ Spahn (1993), bei der Berechnung der Finanzausgleichsbeiträge verstärkt Kostenaspekte bei der Produktion öffentlicher Dienstleistungen zu berücksichtigen. Argumentiert wurde unter anderem damit, daß die Nichtberücksichtigung von Kostenvorteilen der ostdeutschen Länder (z.B. auf Jahre hinaus niedrigere Tariflöhne) zu einer finanziellen Überversorgung und damit zur Konservierung ineffizienter Strukturen beitragen würde.

16 Vgl. Spahn/ Föttinger (1997b, Chart 1). Des weiteren haben die anfänglich schuldenfreien Neuen Bundesländer bis Ende 1995 Spitzenpositionen bei den auf das regionale BIP bezogenen Schuldenstandsquoten erreicht; vgl. Sachverständigenrat (1996, Tabelle 51, S. 192).

17 Vgl. Wissenschaftlicher Beirat beim Bundesministerium der Finanzen (1994) und ausführlich Fürst (1997).

rung von Verschuldungszertifikaten.[18] Eine überzeugende Lösung, die gleichzeitig durchführbar ist, d.h. nicht zu weit entfernt vom *status quo*, und Anreize zu mehr fiskalischer Disziplin schafft, ist bislang nicht in Sicht.[19] Auf der Ebene der Politik existieren zwar Vorstellungen des Finanzministers; ernsthafte Bemühungen, zu einer Einigung zu gelangen, sind bisher aber nicht bekannt geworden.

Eine Auflösung der gegenseitigen finanzpolitischen Blockade von Bund und Ländern könnte grundsätzlich auf zwei Wegen erfolgen. Der erste würde im Aufbau einer klaren Hierarchie zwischen den föderalen Ebenen bestehen. So fordert Hartmann (1994, S. 209) eine Änderung des Grundgesetzes dahingehend, daß eine Grundlage für Eingriffsbefugnisse des Bundes in kriterienuntreue Länderhaushalte geschaffen wird. Das wäre aber ein Angriff auf das föderale System der Bundesrepublik und gegen den zu erwartenden Widerstand der Länder gar nicht zu verwirklichen. Der andere Weg bestünde darin, die Asymmetrie zwischen der grundgesetzlich garantierten Budgetautonomie der Bundesländer, die eine autonome Kreditaufnahme mit einschließt, einerseits und einheitlichen Steuergesetze sowie nivellierenden föderalen Transfers andererseits zu verringern. Ein Finanzausgleich auf der Basis objektiver Bedarfskriterien, die von den Empfängern nicht manipuliert werden könnten, sowie eine glaubhafte Verpflichtung, in Zukunft kein „bail out" zugunsten hochverschuldeter Gebietskörperschaften durchzuführen, wären Schritte in diese Richtung und würden der einseitigen Fixierung auf die verteilungspolitischen Aufgaben im Spannungsverhältnis zwischen allokativen und distributiven Zielen entgegenwirken. Damit eine solche Verpflichtung glaubhaft wäre, müßten Länder

---

18 Versteigerung ist für den Ökonomen ein attraktives Verfahren der Ressourcenallokation. Besondere Prominenz hat es im Bereich der Umweltökonomik erlangt. Die zu vernachlässigende Bedeutung, die der Versteigerung in der umweltpolitischen Praxis zukommt, zeigt aber, daß Rechtstraditionen den Handlungsraum beschneiden. Ungeeignet ist die Versteigerung zur Koordinierung zwischen Regierungen, da die Nachfrage in den meisten Fällen preisunelastisch sein dürfte.

19 Legt man die Anteile von Bund und Länder an den öffentlichen Ausgaben als Maßstab der Aufteilung des dreiprozentigen Defizitkriteriums zugrunde, dann hätte im Jahre 1995 der Bund die Verantwortung für das gesamtstaatliche Überschreiten der Defizitgrenze zu tragen; vgl. Spahn/ Föttinger/ Steinmetz (1996, S. 18). Die Schlüsselgröße öffentliche Ausgaben kann hier allerdings kritisiert werden, weil der Bund fast alleine den Zinsendienst für die im Zusammenhang mit der Wiedervereinigung entstandenen Staatsschulden leistet. Die Aufteilung des „Defizitanteils" der Länder nach dem Schlüssel regionaler Sozialproduktsdaten zeigt für 1995 extreme Differenzen: Während für die „diszipliniertesten" Länder die hypothetische Defizitgrenze bis zum Dreieinhalbfachen über dem tatsächlichen Haushaltsdefizit liegt, verschulden sich die notorisch in Finanznöten befindlichen neuen Bundesländer bis zu viermal mehr als es ihrer hypothetischen Defizitgrenze entspricht.

und Gemeinden Kontrolle über substantielle eigene Ressourcen haben. Dazu sind autonome Einnahmekompetenzen für die Gebietskörperschaften oder die gemeinsame Nutzung der gleichen Bemessungsgrundlagen mit Gestaltungsfreiheit bei den Steuersätzen denkbar.

Ein typisches Beispiel für eine Rahmenordnung innerhalb eines föderalen Systems ist das deutsche Haushaltsgrundsätzegesetz, das die Basis für die haushaltrechtlichen Gesetzgebungen des Bundes (in Form der Bundeshaushaltsordnung) und der Länder bildet. Es definiert Budgetgrundsätze[20] für die Aufstellung, die Ausführung, die Rechnungslegung und die Prüfung öffentliche Haushalte. Dadurch wird die Voraussetzung für die vergleichende Interpretation der Budgets der deutschen Gebietskörperschaften geschaffen. Inzwischen wird erkannt, daß das Haushaltsgrundsätzegesetz in Teilen nicht mehr zeitgemäß ist, da seine Bestimmungen an privatwirtschaftlichen Rechnungssystemen orientierten Budgetreformen entgegenstehen, die beispielsweise wechselseitige Deckungsfähigkeit von Haushaltspositionen und Übertragbarkeit der Mittel zwischen Haushaltsjahren erfordern.[21]

Die Bundesrepublik Deutschland verfügt auf allen Ebenen über Beschränkungen der Kreditaufnahme, und zwar im Art. 115 Grundgesetz bzw. in vergleichbaren Artikeln in den Verfassungen der Länder. Eine Kreditfinanzierung des Haushalts ist danach nur insoweit zulässig, als die im Haushaltsplan veranschlagten Ausgaben für Investitionen nicht überschritten werden. Dieses Instrument der finanzpolitischen Disziplinierung stellte jedoch keinen effektiven Schutz vor chronischer Defizit- und Schuldenausweitung dar. Ursächlich dafür ist der 1969 geschaffene Ausnahmetatbestand einer „Störung des gesamtwirtschaftlichen Gleichgewichts" als auch die fragwürdige Definition des Investitionsbegriffs (siehe dazu mehr bei der Diskussion der vergleichbaren Regelung des Maastricht-Vertrages im Abschnitt 7.4.3.).

---

20 Vgl. dazu Andel (1992, S. 54-62).

21 Die von der Bundesregierung geplante Flexibilisierung des Haushaltsrechts sieht nur kleinere Änderungen vor, die beim Bund lediglich 6% der Ausgaben betreffen würden. Trotzdem regt sich bereits heftiger Widerstand von Seiten der Länderparlamente, die ihre Budgethoheit gefährdet sehen; vgl. o. V. (1997c).

7.3. Australien: Koordinierungskonzept im Wandel

Die australische Föderation, die das Commonwealth als zentrale Ebene, vergleichbar einer Bundesregierung, und heute acht Bundesstaaten umfaßt, verfügt über mehrere interessante Institutionen im Bereich der Koordinierung von Fiskaldisziplin. Das wesentliche Merkmal ist ein komplexes Nebeneinander von Institutionen der gemeinschaftlichen Entscheidungsfindung und hierarchischen fiskalischen Beziehungen.

Die Kreditaufnahme des öffentlichem Sektors in Australien wird koordiniert vom „Loan Council", einem ministerielles Gremium von Commonwealth und Bundesstaaten. Dies geschieht im Gegensatz zu früheren Zeiten heute auf der Basis freiwilliger Vereinbarungen. Es besteht aus dem Finanzminister als Vorsitzendem und dessen Kollegen aus den Staaten und findet in der Regel in Verbindung mit dem jährlichen Treffen der Premierminister, der „Premiers' Conference", statt.[22] Das „Loan Council" wurde 1927 gegründet (James 1992, S. 45). In den 20er Jahren konkurrierten Commonwealth und Staaten um Ressourcen auf den damals noch sehr engen nationalen und internationalen Kapitalmärkten. Eine Koordinierung der Kreditaufnahme, insbesondere Zeitpunkte und Konditionen der Anleihen, erfolgte zunächst informell auf freiwilliger Basis und wurde durch das „Loan Council" formell und obligatorisch etabliert.

War ursprünglich das Schuldenmanagement Hauptzweck des „Council", so trat nach dem II. Weltkrieg eine Verschiebung ein: Vereinbarungen zur Berichterstattung und Überwachung der öffentlichen Kreditnahmen sollten sicherstellen, daß diese konsistent waren zu den makroökonomischen Zielen des Commonwealth und daß die Kreditaufnahmen jeweils konsistent waren mit dauerhaft verfolgbaren fiskalischen Strategien.[23] Das vertikale fiskalische Ungleichgewicht in Australien – die Staaten müssen weit über ein Drittel ihrer Ausgaben durch Zuschüsse der Zentralregierung finanzieren – verschaffte dem Commonwealth trotz des im Prinzip kooperativen Ansatzes des „Loan Council" durch seine finanzielle Potenz, die sich in der Kontrolle der wichtigsten Steuerarten ausdrückt, einen dominierenden Einfluß auf die Ressourcenausstattung der nachgelagerten föderalen Ebenen (Groenewegen 1979, S. 160-163).

---

22 Die „Premiers' Conference" diskutiert das gesamte Spektrum der föderalen Finanzbeziehungen. Zur Vorbereitung wird jeweils von den Finanzministerien ein ausführlicher, der Öffentlichkeit zugänglicher Bericht, der „National Fiscal Outlook" vorgelegt (Commonwealth of Australia 1997a).

23 Insbesondere sollte die Belastbarkeit des australischen Kapitalmarktes nicht überstrapaziert werden, d.h. die öffentliche Kreditaufnahme insgesamt sollte die Zinsätze nicht in die Höhe treiben und private Kapitalnachfrage verdrängen; vgl. Scott (1983, S. 12).

Die einzelnen Staaten suchten und fanden Mittel und Wege, die bindenden Verschuldungsvorgaben des Council zu umgehen, so durch die Ausgliederung der Kreditaufnahme in formal eigenständige Unternehmen und durch die Leasingfinanzierung von Infrastrukturinvestitionen (Commonwealth of Australia 1992, S. 61). Das „Loan Council" akzeptierte faktisch die zunehmende Eigenständigkeit der Bundesstaaten bei der Kreditaufnahme, reformierte aber zugleich die Regeln zur Berichterstattung, um weiterhin den Überblick über die Verschuldungssituation des öffentlichen Sektors zu behalten.

In den späten 80er Jahren wurde den Staaten mehr Verantwortung im Umgang mit dem Finanzierungsinstrument Verschuldung zugestanden. Die „New Loan Council Arrangements" von 1993 bestätigten die Transformation des Loan Council von einer Kontrollinstanz zu einem Gremium der Beratung und Information (Commonwealth of Australia 1994). Unter den neuen Regelungen macht jede Jurisdiktion einen Vorschlag bezüglich ihres geschätzten Finanzierungsdefizits und dem daraus folgenden Kreditbedarf. Die Vorschläge geben so eine recht zuverlässige Angabe der zu erwartenden Nachfrage des öffentlichen Sektors auf dem Kapitalmarkt. Voraussichtliche Überschreitungen der angekündigten Kreditaufnahmen nach oben oder nach unten müssen, wenn sie außerhalb einer bestimmten Toleranzgrenze liegen, dem Loan Council mitgeteilt und begründet werden; der Bericht wird jeweils der Öffentlichkeit zugänglich gemacht. Man folgte nicht dem unter anderem von Mathews (1984) befürworteten Vorschlag, die Institution zu einem „Federal Fiscal Council" mit Kompetenzen für weite Bereiche der Geld- und Fiskalpolitik auszubauen. Das gewählte Arrangement betont die Transparenz der öffentlichen Finanzen anstatt an bindenden Verschuldungsgrenzen festzuhalten und setzt auf die Überwachung durch die Kapitalmärkte als Disziplinierung der Kreditaufnahme des öffentlichen Sektors.

Die Arbeit des „Loan Council" wird unterstützt durch eine einheitliche, umfassende Darstellungsweise der Finanzlage aller Körperschaften des öffentlichen Sektors und soll Parlamente, die Öffentlichkeit sowie die Kapitalmärkte dabei unterstützen, sich ein eigenes, fundiertes Urteil über die fiskalische Performance jeder einzelnen Regierung zu bilden. Im März 1997 wurde ein revidiertes und deutlich verbessertes Berichtssystem vereinbart. Insbesondere wird eine Art von mittelfristiger Finanzplanung verlangt sowie Zwischenberichte während des Haushaltsjahres mit auf den neuesten Stand gebrachten Finanzinformationen. Ab dem Haushaltsjahr 1999/2000 muß ein Rahmen für ein umfassendes Rechnungs- und Berichtswesen auf Accrual-Basis zur Verfügung stehen.

Trotz, oder vielleicht gerade weil das Commonwealth gerade in den letzten Jahren seine fiskalische Dominanz zum Nachteil der Bundesstaaten ausnutzte und die Finanzzuweisungen kürzte, gelang es fast allen von ihnen, durch umfangreiche Strukturreformen die fiskalische Disziplin deutlich zu stärken und eine Entwicklung der Schuldenreduktion einzuleiten. Die Reformen sollen sowohl die Angebotsbedingungen der heimischen Wirtschaft stärken als auch eine prinzipielle Neuorientierung der Aufgaben des öffentlichen Sektors einleiten, bei der Dezentralisierung und Eigenverantwortlichkeit von Verwaltungseinheiten, eine effiziente Bewirtschaftung öffentlichen Vermögens sowie Kundenorientierung bei der Produktion öffentlicher Leistungen eine Rolle spielen.

Abbildung 8: Öffentlicher Schuldenstand der Bundesstaaten in Australien
(in Prozent des BSP 1994-1997)

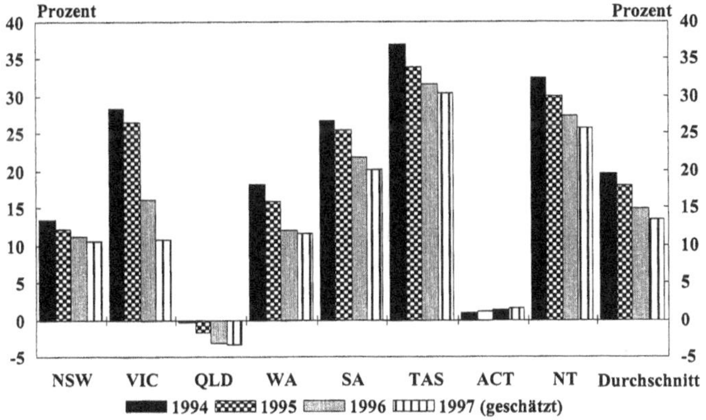

Quelle: Commonwealth of Australia (1997b, S. 8).

Öffentliche Verschuldung ist definiert als Bruttoverschuldung abzüglich finanzieller Aktiva.

Die Abkürzungen für die Staaten bedeuten: NSW = New South Wales, VIC = Victoria, QLD = Queensland, WA = Western Australia, SA = South Australia, TAS = Tasmanien, ACT = Australian Capital Territory, NT = Northern Territory.

Abbildung 8 zeigt den öffentlicher Schuldenstand (in Prozent des Bruttosozialprodukts - BSP) der Bundesstaaten in Australien 1994-1997. Queensland ist der Staat mit der stärksten finanziellen Position und verfügt als einziger Staat über ein positives, finanzielles Nettovermögen. Darin spiegelt sich unter anderem eine Finanzpolitik wider, welche nicht nur die Kreditaufnahme auf Infrastrukturprojekte beschränkt, sondern nur für solche zuläßt, die aufgrund von laufenden Erträgen – z. B. aus der Mautpflicht für Straßen – die Kredite zu ihrer Finanzierung bedienen können.

Budgetreformen werden teilweise auch institutionell verankert, z.B. mit dem Übergang von einem zahlungsorientierten Rechnungswesen zur kaufmännischen Buchführung des „accrual accounting".[24] Der Bundesstaat New South Wales hat 1995 einen „General Government Debt Elimination Act" verabschiedet, der mittelfristig ein Rückführen der Verschuldung auf ein dauerhaft niedriges Niveau, das ohne größere Korrekturen auf der Ausgaben- oder Einnahmenseite des Budgets über einen Konjunkturzyklus gehalten werden kann, und langfristig eine völlige Rückzahlung der Staatsschuld bis zum Jahr 2020 vorsieht.[25] Um den fortgeschrittenen Stand der Implementierung von Fiskaldisziplin in der australischen Föderation zu dokumentieren, sind Auszüge des Gesetzes in Anhang 4 wiedergegeben. Ein dominantes Thema ist in diesem Gesetz die Betonung der Rechenschaft und Publizität der finanziellen Situation des Staates gegenüber dem Bürger und den Finanzmärkten. Von allen Bundesstaaten wird eine möglichst hohe Einstufung ihrer Bonität durch die internationalen Rating-Agenturen angestrebt.[26] Das australische Beispiel zeigt, wie trotz der schwachen Stellung der unteren Ebene gegenüber der Zentralebene wirksame dezentrale Initiativen zur Fiskaldisziplin entstehen können.

In Australien setzt man als Koordinierungsinstitutionen auch unabhängige Expertengremien ein, die im internationalen Vergleich über relativ starke Kompetenzen und über klar definierte Aufgaben verfügen. Die „National Commission of Audit" wurde im März 1996 von der australischen Bundesregierung eingesetzt — vielleicht auch als Reflex auf ähnlich gelagerte, dezentrale Initiativen der Bundesstaaten. Die Kommission analysiert und berichtet über die finanzielle Situation der Bundesregierung mit der Absicht, diese über ihre zukünftige Haushaltspolitik dahingehend zu beraten, daß das mittel- bis langfristige Ziel einer Verbesserung der finanziellen Situation des Staates erreicht wird. Sie berichtet insbesondere über finanzielle Verpflichtungen, die sich in der ausgewiesenen fundierten Staatsschuld nicht wiederfinden, wie die Auswirkungen demographischer Änderungen, Pensionsverpflichtungen sowie der zukünftige Er-

---

24 International ist Neuseeland der Vorreiter in diesem Bereich.

25 In diesem Zusammenhang ist von Interesse, daß im kanadischen Bundesstaat ähnliche Entwicklungen wie in der australischen Föderation zu beobachten sind: Fast alle Provinzen streben Budgets ohne Defizite an bzw. haben dies bereits erreicht. Die Provinz Alberta beschloß 1995 einen „Balanced Budget and Debt Retirement Act", der die Tilgung der Staatsschuld innerhalb von 25 Jahren vorschrieb; 1996 wurde die Frist auf das Jahr 2010 verkürzt und ein genauer Tilgungsplan aufgestellt. 1994 betrug die Nettoschuldenquote zum BIP in Alberta noch ca. 25 %; vgl. Toronto Dominion Bank (1995). Das ist ein Wert, der über der durchschnittlichen Bruttoschuldenquote der deutschen Bundesländer (inklusive Gemeinden) liegt. Wie in Australien hat in Kanada die Kürzung von Transfers der Zentralregierung zum Konsolidierungsdruck und zum Konsolidierungserfolg beigetragen.

26 Vgl. z. B. Government of Western Australia (1997).

haltungsaufwand für die öffentliche Infrastruktur. Weitere Aufgaben der Kommission sind die Analyse der zwischenstaatlichen Finanzbeziehungen sowie die Entwicklung einer Methodologie zur Entwicklung und Implementierung von Performance-Indikatoren für Behörden und Ministerien. Hier geht es vor allem darum, Potentiale zur Effizienzsteigerung bei der Produktion öffentlicher Dienstleistungen zu identifizieren.

Australien verfügt ähnlich wie die Bundesrepublik Deutschland über ein Finanzausgleichsystem, das in quantitativer Hinsicht für die Bundesstaaten noch bedeutsamer ist als für die deutschen Bundesländer. Die Verteilung der Finanzmittel erfolgt nach sehr detaillierten Kriterien- und Bedarfskatalogen. Diese werden von der unabhängigen „Commonwealth Grants Commission" entwickelt und regelmäßig inhaltlich sowie methodisch überprüft. Die Kommission wurde 1933 gegründet. Sie definiert ihre Rolle als „.. *ein unabhängiger, unparteiischer und autoritativer Schiedsrichter bezüglich der Verteilungsaspekte des fiskalischen Föderalismus in Australien*" (Commonwealth Grants Commission, 1983, S. 160, Übersetzung des Verfassers).

7.4. Koordinierung von Fiskaldisziplin in der Europäischen Union

7.4.1. Fiskalische Koordinierung im Werner-Plan

Das erste Projekt zur Errichtung einer Europäischen Währungsunion liegt fast drei Jahrzehnte zurück.[27] Nach einem Beschluß der Staats- und Regierungschefs der EG im Dezember 1969 über die schrittweise Verwirklichung der Wirtschafts- und Währungsunion innerhalb eines Jahrzehnts, wurde ein Ausschuß zur Ausarbeitung eines Stufenplans unter dem Vorsitz des luxemburgischen Ministerpräsidenten Pierre Werner eingesetzt, der im Herbst 1970 seine Ergebnisse vorlegte.[28]

Der Werner-Plan sah vor, daß im Bereich der Haushaltspolitik bereits in der ersten von drei Stufen mit der Koordinierung und Harmonisierung begonnen werden sollte. Nach Maßgabe der Wirtschaftspolitik jedes Landes seien quantitative Orientierungsdaten für die Eckwerte der öffentlichen Gesamthaushalte anzugeben, zum Beispiel für die Gesamteinnahmen- und ausgaben, die Verteilung der Ausgaben auf Investitionen und Verbrauch sowie die Entwicklung und

---

27 Bereits 1962 wurde unter dem deutschen Kommissionspräsidenten Hallstein eine Europäische Währungsunion mit fest fixierten Wechselkursen vorgeschlagen.

28 Der genaue Titel lautet: „Bericht an Rat und Kommission über die stufenweise Verwirklichung der Wirtschafts- und Währungsunion in der Gemeinschaft". Dieses und alle weiteren relevanten Dokumente zu diesem Komplex sind abgedruckt in Hellmann (1972).

Größe des Haushaltssaldos. Besondere Aufmerksamkeit müsse der Art der Finanzierung der Defizite bzw. der Verwendung der Überschüsse gewidmet werden. Zur Erleichterung der haushaltspolitischen Harmonisierung wurde die Notwendigkeit der quantitativen und qualitativen Vergleichbarkeit der Haushalte der Gebietskörperschaften betont. Außerdem sollte ein Berechnungsverfahren entwickelt werden, das eine Bestimmung der Impulse ermöglichen würde, die die öffentlichen Einnahmen und Ausgaben auf die inländische Gesamtnachfrage und die Geldwertstabilität ausüben. Anstrengungen zur Entwicklung gleichartiger Instrumente in den Mitgliedstaaten mit dem Ziel von „Konjunkturbudgets" sollten den gezielten Einsatz der automatischen Stabilisatoren ermöglichen. Vorgeschlagen wurde auch eine Abstimmung der Termine für die Aufstellung und Verabschiedung der Haushaltsentwürfe. Über die Koordinierung auf den weiteren Stufen zur Währungsunion gab es nur diffuse Vorstellungen. Es wurde lediglich gefordert, daß Normen für die Änderung des Volumens sowie für die Entwicklung und Größe der Salden der öffentlichen Haushalte verbindlich werden müßten und Instrumente der Haushaltspolitik gemeinsam eingesetzt werden sollten.

In der Entschließung des Europäischen Rates vom 22. März 1971 über die stufenweise Verwirklichung der Wirtschafts- und Währungsunion heißt es ausdrücklich, daß die wichtigsten wirtschaftspolitischen Entscheidungen auf Gemeinschaftsebene getroffen werden müßten und daß infolgedessen die erforderlichen Befugnisse von nationaler Ebene auf die Ebene der Gemeinschaft zu übertragen seien. Hinsichtlich der Haushaltspolitik im engeren Sinne sollten auf Gemeinschaftsebene Margen für die Eckwerte der öffentlichen Gesamthaushalte festgelegt werden, insbesondere für die Änderung ihres Volumens, die Größe sowie die Finanzierungs- und Verwendungsart der Salden. Tatsächlich kam es aber zu keinen konkreten Beschlüssen und Aktionen, die diese weitreichenden Deklamationen umgesetzt hätten. Mehr als ein Austausch der einzelstaatlichen Projektionen makroökonomischer Größen fand nicht statt.

Die währungspolitischen und anderen Gründe für das Scheitern des Werner-Plans brauchen hier nicht diskutiert zu werden. Vielleicht war auch das Mißverhältnis zwischen der ambitionierten Vorstellung einer Globalsteuerung auf europäischer Ebene einerseits und der tatsächlichen Weigerung, auf nationale haushaltspolitische Kompetenzen zu verzichten, andererseits dafür mitverantwortlich. Für den Maastricht-Vertrag wurde daraus die Konsequenz gezogen, mit dem Subsidiaritätsprinzip die nationale Verantwortung für zentrale Politikfelder festzuschreiben und bei der Koordinierung der Wirtschaftspolitik bescheidenere Maßstäbe anzulegen.[29] Sicherung von Fiskaldisziplin statt gemeinsamer Konjunktursteuerung wurde nun als Ziel formuliert, eine Entwicklung, die sowohl von der tiefen, aus der wirtschaftspraktischen Erfahrung gespeisten Skepsis in Politik und Wissenschaft gegenüber dem „demand management" als auch durch die harten Fakten der von erdrückenden Zinslasten strangulierten Haushalte hervorgerufen wurde. Der Wandel war so tiefgreifend, daß die ursprünglichen Vorschriften zur Fiskaldisziplin im Maastricht-Vertrag die sich quasi automatisch einstellenden konjunkturelle Effekte auf öffentliche Haushalte überhaupt nicht berücksichtigten und erst in deren Weiterentwicklung im „Stabilitätspakt" eine rezessionsbedingte Flexibilität der Defizitschranken eingebaut wurde. Ein Aspekt des Werner-Plans wurde bedauerlicherweise nicht aufgegriffen: Die Harmonisierung in der Präsentationsform öffentlicher Haushalte zur Herstellung von Transparenz und Vergleichbarkeit, ist, wenn auch aus anderen Gründen, heute so notwendig wie damals.

Während zu Beginn der 70er Jahre eine Änderung der Römischen Verträge für das Erreichen der Währungsunion in Teilen als nötig, aber nicht als vordringlich bezeichnet wurde, hat das laufende Projekt zur Währungsunion eine umfassende institutionelle Verankerung im Maastricht-Vertrag gefunden. So trat an die Stelle von Ratsentschließungen, die letztlich Erklärungen unverbindlichen Charakters blieben und nur wenig Koordinierungsanstrengungen in der Wirtschafts und Währungspolitik auslösten, die Eigendynamik eines rechtlich verbindlichen Zeitplans.

7.4.2. Der Vertrag von Maastricht und der Stabilitätspakt

Das Koordinierungskonzept zur Fiskaldisziplin in der Europäischen Wirtschafts- und Währungsunion wird durch eine Reihe gesetzlicher Normen definiert: Der Art. 104c EGV enthält neben der Verpflichtung, übermäßige öffentliche Defizite zu vermeiden, mehrere Kriterien, anhand derer die Einhaltung dieser Vorschrift geprüft werden soll. Die Feststellung eines Verstoßes dagegen sowie dann möglicherweise folgende Maßnahmen gegen einen Mitgliedstaat werden in einem komplexen Interaktionsprozeß zwischen Europäischer Kommission und Europäischem Rat bzw. Ministerrat unter beratender Einbeziehung anderer Institutionen wie dem Europäischen Parlament bestimmt. Ein „Protokoll über das Verfahren bei einem übermäßigen Defizit" definiert als Bestandteil des Maastricht-Vertrages einige Begriffe des Art. 104c wie öffentliches Defizit und Schuldenstand, gibt für die Kriterien zur Prüfung eines über-

---

29 Entsprechend betreiben die Mitgliedstaaten nach Art. 103 Abs. 1 EGV ihre Wirtschaftspolitiken nur als „Angelegenheit von gemeinsamem Interesse".

mäßigen Defizits numerische Werte vor und stellt die Verantwortung der jeweiligen nationalen Regierungen für die Verbindlichkeiten aller Gebietskörperschaften und der Sozialversicherungen eines Mitgliedstaates fest. Eine Verordnung des Rates aus dem Jahre 1993 gibt weitere Konkretisierungen, welche die im Vertrag genannten makroökonomischen Aggregate in den Kontext des Europäischen Systems Volkswirtschaftlicher Gesamtrechnungen stellen, und beschreibt die Berichtspflichten der Mitgliedstaaten gegenüber der Kommission im Überwachungsverfahren.

Der „Stabilitäts- und Wachstumspakt", kurz Stabilitätspakt, der in der Öffentlichkeit mit dem Namen des deutschen Finanzministers Waigel verbunden ist, stellt kein neues Konzept zur Koordinierung von Fiskaldisziplin dar, sondern bezeichnet die im Maastricht-Vertrag vorgesehenen sekundärrechtlichen Präzisierungen der zeitlich und materiell unbestimmten Elemente des Art. 104c. Er besteht aus einer

- „Entschließung des Europäischen Rates über den Stabilitäts- und Wachstumspakt", die Leitlinien für die Durchführung der Verfahren zur Überwachung der Haushaltssituation und zur Behandlung übermäßiger Defizite vorgibt und die politische, also rechtlich nicht verbindliche Verpflichtung der Mitgliedstaaten auf das mittelfristige Haushaltsziel eines nahezu ausgeglichenen oder überschüssigen Haushalts enthält,

- einer „Verordnung über die verstärkte Überwachung der öffentlichen Haushalte und die Überwachung und Koordinierung der Wirtschaftspolitiken", die ein sogenanntes „Frühwarnsystem" für eine drohende Abweichung des öffentlichen Defizits vom mittelfristigen Haushaltsziel etabliert sowie die Vorlage von Stabilitäts- oder Konvergenzprogrammen verlangt,

- und einer „Verordnung über die Beschleunigung und Klärung des Verfahrens bei einem übermäßigen Defizit", die den Zeitplan zur Durchführung des Verfahrens zur Feststellung übermäßiger Haushaltsdefizite umfaßt, die Bedingungen definiert, unter denen ein Überschreiten der 3%-Grenze als Ausnahmetatbestand angesehen wird, und die die Voraussetzungen festlegt, unter denen ein Mitgliedstaat mit Sanktionen belegt werden kann.

Die Entschließung wurde vom Europäischen Rat auf seiner Tagung im Juni 1997 in Amsterdam angenommen, nachdem sie inhaltlich bereits im Dezember 1996 auf der Tagung in Dublin vereinbart worden war. Der Rat der Wirtschafts- und Finanzminister verabschiedete die beiden Verordnungen, nachdem das Verfahren der Zusammenarbeit mit dem Europäischen Parlament gemäß Art. 189c EGV in bezug auf die Verordnung über das Haushaltsüberwachungsverfahren und die gemäß Art. 104c Abs. 14 erforderliche Anhörung von Europäischem

Parlament und Europäischem Währungsinstitut zu dem Verfahren bei einem übermäßigen Haushaltsdefizit abgeschlossen war.

Aus der Reihe von Gesetzes- und Verordnungstexten wird im folgenden in kondensierter Form und ohne die Aufzählung einzelner Paragraphen das Koordinierungskonzept der Europäischen Union zur Fiskaldisziplin anhand der klassifizierenden Merkmale Objekte, Verfahren und Träger herausgearbeitet. Die wichtigsten relevanten Dokumente sind – teilweise in Auszügen – für den interessierten Leser in Anhang 5 wiedergegeben.

7.4.3. Koordinierungsobjekte

Gegenstand einer Koordinierung von Fiskaldisziplin ist in der EU ein „übermäßiges öffentliches Defizit“. Dieser unbestimmte Rechtsbegriff wird hilfsweise durch ausgewählte Indikatoren der Fiskaldisziplin näher umschrieben: Das öffentliche Haushaltsdefizit, der öffentliche Schuldenstand sowie – mit minderem Rang –die öffentlichen Ausgaben für Investitionen, jeweils ausgedrückt als Quote des BIP.[30] Aufgrund der Art und Weise, wie diese Größen definiert und interpretiert werden, sind sie nur sehr eingeschränkt in der Lage, ein annähernd zutreffendes Bild der finanziellen Situation des Staates in intertemporaler Perspektive zu zeichnen. Die Erfahrungen, die im Zuge der Aufstellung der Haushaltspläne für das Jahr 1997, dem Stichjahr zur Qualifizierung der Mitgliedstaaten für die Währungsunion, gemacht wurden, zeigen, daß die gewählten Indikatoren in ihrer bestehenden Formulierung gegenüber – systemkonformen – Manipulationen nicht geschützt sind bzw. geschützt sein werden. Dies soll im folgenden demonstriert werden, wobei die Liste der aufgeführten Beispiele keinesfalls als vollständig zu betrachten ist.

Das öffentliche Haushaltsdefizit

Das öffentliche Haushaltsdefizit wird in der entsprechenden Ratsverordnung mit dem Finanzierungssaldo (Defizit oder Überschuß) des öffentlichen Sektors gleichgesetzt, also mit einer Saldengröße aus der volkswirtschaftlichen Gesamtrechnung (VGR). Der Rückgriff auf die Systematik der volkswirtschaftlichen Gesamtrechnung war notwendig, da die nationalen Finanzstatistiken, d. h. die statistische Verdichtung der öffentlichen Gesamthaushalte, divergieren. Anstatt eine Harmonisierung der öffentlichen Rechnungssysteme in der EU anzustre-

30 Die zur Berechnung der Referenzwerte notwendige Nennergröße „Bruttoinlandsprodukt zu Marktpreisen“ wurde bereits im Zuge der Schaffung zusätzlicher Eigenmittel der Gemeinschaften geklärt, die auf dem Bruttosozialprodukt der Mitgliedstaaten basieren, vgl. Artikel 2 der Richtlinie des Rates Nr. 89/130/EWG, Euratom vom 13. Februar 1989.

ben, wird bislang nur die Angleichung der nationalen VGR-Systeme auf Basis des Europäischen Systems Volkswirtschaftlicher Gesamtrechnungen (ESVG) vorangetrieben.

Auf den ersten Blick scheint damit ein Vorteil verknüpft zu sein, denn die Finanzstatistik berücksichtigt als reines Cash-Accounting-Konzept nur kassenwirksame Vorgänge, während die VGR als modifiziertes Accrual-Accounting-Konzept Leistungen und Ausgaben im gesamtwirtschaftlichen Sinne erfaßt. Tatsächlich muß die VGR in der Hauptsache aber auf Sekundärstatistiken zurückgreifen.[31] Die VGR ist für den Staatssektor auf die von dem öffentlichen Rechnungswesen bereitgestellten Daten angewiesen.

Die Abgrenzung des Staatssektors in der VGR ist relativ eng.[32] Alle institutionellen Einheiten, die mehr als die Hälfte ihrer Einnahmen aus Verkäufen außerhalb des Staatssektors erzielen, werden nach ESVG dem Privatsektor zugeordnet (Eurostat 1984, S. 46). Das ist konsequent, da das Sozialprodukt als wichtigste Meßgröße der VGR möglichst durchgehend anhand von Marktpreisen berechnet werden soll (Cordes 1996, S. 54). Die Beschränkung auf den Kernbereich hoheitlicher Funktionen verzerrt aber die Gesamtbetrachtung der finanziellen Lage des öffentlichen Sektors, zu der auch die Vermögens- und Ertragssituation in Staatsbesitz befindlicher und vom Staat kontrollierter Unternehmen gehören muß.[33]

Ein zu geringer Ausweis aktueller und zukünftiger finanzieller Belastungen bei der angewandten Methodik zeigt sich an folgenden ausgewählten Fällen, die sämtlich nach dem Urteil von Eurostat, dem Statistischen Amt der Europäischen Gemeinschaften, in Einklang mit den Regeln des ESVG sind.

- Das Disagio bei der Emission festverzinslicher Wertpapiere wird nicht periodengerecht als Zinszahlung über die Laufzeit des Wertpapiers verteilt, son-

---

31 Vgl. Stobbe (1984, S. 286). Die Volkswirtschaftliche Gesamtrechnung arbeitet nach dem Accrual-Prinzip nur bei den Posten, die statistisch auch nach diesem Prinzip erfaßt werden können, und verzichtet ansonsten auf die Durchführung von notwendigerweise vagen Schätzungen. In der Regel werden keine Steuerforderungen verbucht, wie sie sich aus den Steuerschulden der Steuerpflichtigen aufgrund ihrer in einer Periode verdienten Einnahmen und realisierten Umsätze ergeben würden.

32 Vgl. Eurostat (1994, S. VIII): *„Der Sektor Staat umfaßt alle institutionellen Einheiten, die in ihrer Hauptfunktion nichtmarktbestimmte Dienstleistungen für die Allgemeinheit erbringen und/ oder Transaktionen zur Umverteilung des Volkseinkommens und -Vermögens vornehmen. Die Hauptmittel des Sektors stammen aus direkt oder indirekt empfangenen Zwangsabgaben, die von Einheiten, die anderen Sektoren angehören, geleistet werden."*

33 Zu Fragen der Abgrenzung des öffentlichen Sektor siehe Lane (1995, Chapter 1).

dern erst bei Endfälligkeit verbucht (Eurostat 1997a). Durch die Refinanzierung von Staatsschulden über Nullkuponanleihen könnte ein Aufschub der Zinszahlungen bis zum Ende der Laufzeit erreicht werden.

- Leasinggeschäfte: Verkauft die Regierung Güter des Anlagevermögens (z. B. ein Bürogebäude) an einen Privaten, der es an die Regierung zurückverpachtet und nach Ende der Pachtzeit zurückverkauft, dann wird der Erlös aus dem Verkauf an den Privaten als defizitmindernde Einnahme gebucht, die schwebende Verbindlichkeit aus dem zukünftigen Rückkauf erscheint jedoch nicht in der Buchführung (Eurostat 1997a).

- Die italienischen Unternehmen mußten 1997 eine Sonderabgabe auf ihre Pensionsrückstellungen an den Staat entrichten. Normalerweise wird dort für die aus dem Betrieb ausscheidenden Arbeitnehmer bei Auszahlung der Betriebsrenten eine spezielle Steuerzahlung fällig. Im vorliegenden Fall handelte es sich also um eine Vorauszahlung auf zukünftige Steuereinnahmen. Als Finanztransaktion hat diese Vorauszahlung den Charakter einer Kreditbeziehung und verhält sich neutral hinsichtlich des Finanzierungssaldos nach VGR, die, wo möglich, Steuern bei Fälligkeit und nicht bei Zahlungseingang registriert. Dennoch legitimierte Eurostat offiziell diesen defizitmindernden Buchungstrick indem die Steuervorauszahlung als neue Steuer deklariert wurde.[34] Das Staatsbudget in Italien wird auch dadurch – scheinbar – entlastet, daß die Begleichung von Rechnungen für öffentliche Aufträge unter Umständen jahrelang hinausgezögert wird. Da nicht die im Haushalt bewilligten sondern die tatsächlich kassenwirksamen Ausgaben defizitwirksam sind, werden so weitere „unsichtbare“ Schulden angehäuft.[35]Offensichtlich ist die amtliche Statistik nicht gegen politische Beeinflussung immun.

- Ein weiterer „Erfolg“ bei der Bilanzkosmetik im Stichjahr 1997 gelang der italienischen Regierung durch die Umklassifizierung von Schulden der staatlichen Eisenbahnen. Die italienischen Eisenbahnen werden von der VGR nicht dem Staatssektor zugeordnet, da sie sich überwiegend durch den Verkauf von Dienstleistungen finanzieren. Ihre Kreditschulden wurden zunächst dem privaten Sektor zugeordnet, obwohl die Kreditaufnahme durch den Staat verbürgt und die Zins- und Tilgungszahlungen aus dem Staatshaushalt begli-

34 Vgl. Eurostat /1997b, S. 2): *„In this case, Eurostat considers that the Italian government, by modifying the tax on wage funds, has introduced a new tax which is calculated on a new basis, with a new due date and to be paid by the enterprises instead of the employees. Therefore the receipt from this tax which is due in 1997 is not a financial advance but a tax which reduces the deficit in 1997. The estimated amounts to be collected are 3,500 bn ITL, which represents 0.19% of GDP.“*

35 Vgl. o. V. (1997c).

chen wurden. Begrüßenswert war die Entscheidung von Eurostat, diese Schulden dem italienischen Staat zuzurechnen. Damit sind die Tilgungsleistungen aber nicht länger ein defizitwirksamer Transfer an den Privatsektor sondern als Finanztransaktion nach VGR nicht vom Finanzierungssaldo erfaßt.[36]

- Die französische Regierung ließ sich von der staatseigenen Telephongesellschaft France Télécom einen Betrag von 37,5 Milliarden Franc (ca. 0,4% des für 1997 erwarteten BIP) überweisen, der schuldenmindernd verbucht wurde. Die Verbindlichkeit aus den im Gegenzug vom Staat übernommenen Pensionsverpflichtungen gegenüber den Beschäftigten von France Télécom erscheint nicht in den Büchern.

Der staatliche Schuldenstand

Der öffentliche Schuldenstand wird im Zusammenhang des Maastricht-Vertrages als Summe der Verbindlichkeiten des Sektors Staat zum Nominalwert in den Rubriken Bargeld und Einlagen, Geldmarktpapiere, festverzinliche Wertpapiere sowie sonstige kurz-, mittel- und langfristige Kredite definiert. Als Nominalwert gilt der Nennwert einer Verbindlichkeit, bei indexgebundenen Verbindlichkeiten gilt der Nennwert, korrigiert um den zum Stichtag festgestellten indexbezogenen Kapitalzuwachs. Verbindlichkeiten in ausländischer Währung werden in Landeswährung umgerechnet, unter Verwendung des am letzten Arbeitstag des jeweiligen Jahres festgestellten repräsentativen Marktwechselkurses.

Der Charakter dieser Definition als eng abgegrenzter Katalog macht deutlich, daß die Verschuldung nicht, wie bei Unternehmen üblich, in den Zusammenhang einer Vermögensrechnung gestellt wird. Aus der fehlenden Verküpfung mit den Stromrechnungen der Finanzstatistik bzw. der VGR erklärt sich, warum der Finanzierungssaldo in der Regel nicht mit der Änderung des Schuldenstandes übereinstimmt.[37] Die Differenzen sind nach Holzmann/ Hervé/ Demmel (1996, S. 59) nicht zu vernachlässigen. Das Fehlen einer systematischen Vermögensrechnung hat zur Folge, daß wesentliche Verbindlichkeiten des Staates unberücksichtigt bleiben. Schwebende Risiken aus Krediten und Bürgschaften

---

36 Vgl. Eurostat (1997b): „*[..] the amount of 3,687 bn ITL which was before to be treated as a capital transfer can now be treated as a financial transaction and taken out of the Government deficit. This reclassification effect will reduce the deficit by 0.2% of GDP, as compared to the previous accounting treatment.*"

37 Verkäufe staatlichen Vermögens mindern, die Übernahme von Verbindlichkeiten aus dem Privatsektor (Beispiel: Übernahme der Schulden der Treuhand durch den Bund) erhöht den öffentlichen Schuldenstand, ohne daß jeweils das öffentliche Defizit berührt wird.

werden mit der Definition des Maastricht-Vertrages nicht erfaßt.[38] Zu nennen sind vor allem Verbindlichkeiten aus Pensionsverpflichtungen für Beamte und nicht durch Beiträge gedeckte Verpflichtungen der gesetzlichen Rentenversicherungen. Tabelle 12 zeigt für eine Reihe von Staaten fiktive Passiva der staatlichen Rentenversicherungen bei einem *status quo*-Szenario und stellt sie dem Bruttoschuldenstand, der nur verbriefte finanzielle Passiva erfaßt, gegenüber.[39]

Tabelle 12: Gegenwartswert der Rentenversicherungen

Angaben in Prozent des BIP von 1994

	Fiktive Passiva der Rentenversicherung1)	Sonstige Finanzielle Passiva2)		Fiktive Passiva der Rentenversicherung1)	Sonstige Finanzielle Passiva2)
Deutschland	*62*	*52*	Portugal	*109*	*70*
Frankreich	*102*	*56*	Spanien	*109*	*67*
Italien	*60*	*122*	Schweden	*150*	*82*
Großbritannien	*24*	*54*	Finnland	*65*	*62*
Österreich	*93*	*65*	Norwegen	*124*	*40*
Belgien	*153*	*135*	Japan	*70*	*73*
Dänemark	*235*	*80*	USA	*23*	*64*
Irland	*18*	*91*	Kanada	*101*	*97*
Niederlande	*53*	*78*	Australien	*97*	*43*

1) Barwert der bis 2070 gezahlten Renten und Pensionen aus staatlichen Versorgungssystemen abzüglich dem Barwert der Beiträge (Arbeitnehmer und Arbeitgeber) und zuzüglich bestehender Aktiva. Bei den Simulationen wurden konstante Beitrags- und Transferregeln, ein Produktivitätswachstum von 1,5% und ein Diskontierungsfaktor von 5% unterstellt.

2) Öffentlicher Bruttoschuldenstand.

Quelle: Roseveare/ Leibfritz/ Fore/ Wurzel (1996).

38 Gewährleistungen (Bürgschaften und Garantien) sind ein wichtiges Instrument der Wirtschaftspolitik. Nach offizieller Aussage (Bundesministerium der Finanzen 1993, S. 291) bieten sie „*..in geeigneten Fällen die Möglichkeit, den Förderungszweck ohne Einsatz von Haushaltsmitteln zu erreichen.*"

39 Vgl. mit teilweise abweichenden Ergebnissen Van den Noord/ Herd (1995).

Eine Möglichkeit Verbindlichkeiten einzugehen, ohne daß diese sofort in den heute üblichen staatlichen Rechenwerken erscheinen, bietet sich mit der sogenannte „Privatfinanzierung" öffentlicher Infrastruktur, die sich zunehmender Beliebtheit erfreut. In der Regel handelt es sich nicht um Projekte, bei denen private Unternehmen beim Bau und bei der Finanzierung Investitionsrisiken übernehmen (Föttinger/ Guihéry 1997, S. 315). In einem aus einer Reihe praktizierter Verfahren erstellt beispielsweise eine Bauunternehmung ein Bauwerk (z.B. Straße oder Brücke) und hat nach Fertigstellung eine Forderung an den öffentlichen Auftraggeber zur Zahlung einer Miete über einen festgelegten Zeitraum. Diese Forderung wird an eine Bank verkauft, welche sie wiederum ratenweise bei der Staatskasse einlöst. Faktisch werden mit einem solchen Verfahren verdeckt Ausgaben getätigt und die Neuverschuldung erhöht, indem die Kreditfinanzierung den Umweg über Dritte nimmt (Borell 1994, S. 10). Regierungspolitiker, wie der Wirtschaftsminister eines deutschen Bundeslandes sprechen in diesem Zusammenhang ausdrücklich vom „Kaufen von Zeit" (Brüderle 1993). In der heutigen Haushaltsrechnung nicht erkennbare Belastungen in kommenden Jahren schränken die zukünftige fiskalische Handlungsfähigkeit ein. Auch dieser Verschleierung der tatsächlichen Finanzlage des Staates erteilte Eurostat (1997c, d) seinen Segen.

Die Berücksichtigung der Aktiva des Staates wäre zur korrekten Beurteilung fiskalischer Disziplin vor allem deshalb erforderlich, um zu verhindern, daß der Verkauf von Unternehmen und Unternehmensanteilen in Staatsbesitz nur zum Zwecke der Senkung des Bruttoschuldenstandes erfolgt. Die Nettovermögensposition ändert sich durch derartige Transaktionen nicht, in bilanzieller Betrachtung findet (bei marktnaher Bewertung) lediglich eine Bilanzverkürzung statt.

Öffentlichen Ausgaben für Investitionen

Zu den weiteren Faktoren bei der Beurteilung, ob für einen Mitgliedstaat ein übermäßiges Defizit vorliegt, zählt nach Art. 104c Abs. 3 Satz 2 EGV die Feststellung, ob das öffentliche Defizit die öffentlichen Ausgaben für Investitionen übertrifft. Diese Formulierung, die eng angelehnt ist an Art. 115 Abs. 1 Satz 2 Grundgesetz, kann als Berücksichtigung eines intergenerationellen Gerechtigkeitsgedankens verstanden werden. Solange mit der Kreditaufnahme Investitionsprojekte finanziert werden, die einen langfristigen Nutzenstrom abwerfen, erhalten zukünftige Generationen ein Wertäquivalent zu den Steuern, mit denen sie die Kreditaufnahme bedienen müssen.

Die Analogie zwischen dem einzelwirtschaftlichen Kapitalwertkalkül und der Gegenüberstellung makrökonomischer Kategorien ist für sich schon nicht unproblematisch, da auch bei einer offensichtlich positiven Leistungsabgabe eine numerisch quantifizierbare Rendite der einzelnen öffentlichen Investitionen in der Regel nicht bekannt ist und sich vor allem nicht budgetär niederschlägt – ganz im Gegensatz zu den Zinszahlungen für die Finanzierung der Investition. Die Umsetzung des „pay as you use“-Prinzips, im Grundgesetz wie im Maastricht-Vertrag, ist insbesondere deshalb mangelhaft, weil unter den Investitionen die Bruttoanlageinvestitionen des Sektors Staat verstanden werden. Es ist ökonomisch bedenklich, mit den Bruttoinvestitionen die Nettokreditaufnahme begrenzen zu wollen, weil der Bestand an öffentlichem Vermögen nur um die Nettoinvestitionen wächst, während der Schuldenstand durch Kumulierung der Nettokreditaufnahmen viel stärker zunimmt (Schlesinger 1989, S. 251). Gerade in hoch entwickelten Industrieländern mit einer bereits sehr gut ausgebauten Infrastruktur ist der Anteil der Ersatzinvestitionen sehr hoch. Ein Ausgleich der Bruttoinvestitionen mit dem Budgetdefizit impliziert dann konsumtive Ausgaben zu Lasten zukünftiger Generationen. Die sogenannte „goldene Regel“ würde richtig angewandt wahrscheinlich eine schärfere Restriktion der Finanzpolitik bedeuten als ein Defizitkriterium von 3% des BIP.

Scheinbar bietet die volkswirtschaftliche Gesamtrechnung eine Lösung, da sie ja Abschreibungen verbucht. In der gängigen Praxis wird aber ein wichtiger Teilbereich der Investitionen, der Tiefbau (Brücken, Straßen, Kanalnetze), davon ausgeklammert. Da die VGR makroökonomische Abschreibungen auf das fiktive Aggregat eines volkswirtschaftlichen Kapitalstocks berechnet, der wiederum als Kumulation der makroökonomischen Investitionsbeträge ermittelt wurde, ist sie nicht unbedingt nahe am tatsächlichen, einzelwirtschaftlichen Werteverzehr. Eine mikroökonomisch fundierte Erfassung der Abschreibungen auf den öffentlichen Kapitalstock würde es ermöglichen, produktivitätssteigernde Infrastrukturprojekte von ökonomisch sinnlosen Baumaßnahmen zu unterscheiden.

Die Investitionsregel des Maastricht-Vertrages wie des Grundgesetzes ist ökonomisch-theoretisch orientiert.[40] Dagegen beruhte die Regelung des Art. 115 Grundgesetz alter Fassung, die Kreditaufnahme nur bei außerordentlichem Bedarf und für „werbende Zwecke“ zuließ, auf den finanzpolitischen Idealen des 19. Jahrhunderts, wonach Staatsverschuldung auf öffentliche Investitionen begrenzt werden sollte, die im privatwirtschaftlichen Sinne rentierlich sind (Bach 1993, S. 16).

40 Daß zum einen die Abgrenzung der volkswirtschaftlichen Gesamtrechnung und zum anderen tatsächliche Haushaltsgrößen zugrunde gelegt werden, ist in diesem Zusammenhang von untergeordneter Bedeutung.

7.4.4. Koordinierungsverfahren

Das Koordinierungsverfahren des Maastricht-Vertrages hat das Ziel übermäßige Defizite in den öffentlichen Haushalten der Mitgliedstaaten zu vermeiden. Dazu gehört die präventive Überwachung und die Androhung von Sanktionen. Die Mitgliedstaaten verpflichten sich zu dem mittelfristigen Ziel eines nahezu ausgeglichenen oder einen Überschuß aufweisenden Haushalt und zu haushaltspolitischen Korrekturmaßnahmen, wenn deutlich wird, daß eine merkliche Abweichung von diesen Zielen besteht oder absehbar ist. Sie haben jährlich Stabilitätsprogramme vorzulegen, die darüber Aufschluß geben, wie das mittelfristige Haushaltsziel erreicht werden soll,[41] diese im Jahresrhythmus zu aktualisieren und zu veröffentlichen.

Der ECOFIN-Rat prüft die Programme hinsichtlich der Plausibilität der zugrunde gelegten ökonomischen Annahmen sowie bezüglich ihrer Wirksamkeit zur Erreichung des Anpassungspfades in Richtung auf das mittelfristige Haushaltsziel bzw. zur Vermeidung eines übermäßiges Defizits. Die Umsetzung der Programme wird vom Rat überwacht. Die Rolle eines Frühwarnsystems soll die Überwachung dadurch einnehmen, daß Empfehlungen für Haushaltsanpassungsmaßnahmen an einen Mitgliedstaat gerichtet werden, wenn ein erhebliches Abweichen der Haushaltslage von dem mittelfristigen Haushaltsziel oder vom entsprechenden Anpassungspfad zu beobachten ist. Stellt der Rat aufgrund der Beobachtung der weiteren Entwicklung fest, daß die kritische Haushaltslage anhält, richtet er eine weitere Empfehlung, die veröffentlicht werden kann, an diesen Mitgliedstaat.

Die Definition des Begriffs „übermäßiges Defizit" ist prinzipiell nicht an bestimmte Indikatoren gebunden. Sowohl öffentlicher Schuldenstand und öffentliche Investitionsausgaben eines Landes als auch weitere Haushaltskennziffern können dazu herangezogen werden. Die Texte des Maastricht-Vertrages und des Stabilitätspaktes lassen aber keinen Zweifel daran, daß der Defizitquote und deren Referenzwert von 3% des BIP eine herausragende Rolle zukommt. Eine Überschreitung des Referenzwertes muß nicht zur Feststellung eines übermäßi-

41 Dazu gehören eine Beschreibung des Anpassungspfads in Richtung auf dieses Ziel und die voraussichtliche Entwicklung der öffentlichen Schuldenquote; eine Erläuterung der Hauptannahmen über die voraussichtliche Entwicklung und über wichtige ökonomische Variablen, die für die Umsetzung der Programme von Bedeutung sind, wie zum Beispiel reales Wirtschaftswachstum, Beschäftigung und Inflation; eine Darstellung der haushaltspolitischen und sonstigen wirtschaftspolitischen Maßnahmen, die zur Erreichung der Programmziele unternommen und/oder vorgeschlagen werden, sowie eine Einschätzung der quantitativen Auswirkungen der wichtigsten Maßnahmen auf den Haushalt; eine Untersuchung der Auswirkungen von Änderungen bei den wichtigsten ökonomischen Annahmen auf die Haushalts- und Verschuldungssituation.

gen Defizits führen, wenn sie nur ausnahmsweise auftritt. Dies ist bei „außergewöhnlichen Ereignissen" anzunehmen, die sich der Kontrolle eines Mitgliedstaates entzogen und die gesamtstaatliche Finanzlage schwerwiegend beeinträchtigt haben sowie bei einem schweren Wirtschaftsrückgang. Eine solche Rezession gilt bei einem realen Rückgang des BIP auf Jahresbasis um mindestens 2% als eingetreten. Aber auch ein geringerer Produktionsrückgang kann als Ausnahmetatbestand akzeptiert werden. Die Mitgliedstaaten sind aufgefordert, sich aber nur darauf zu berufen, wenn der reale Rückgang des BIP mindestens 0,75% betragen hat.

Das Verfahren von der Prüfung eines übermäßigen Defizits anhand der Daten für ein abgeschlossenes Haushaltsjahr bis zu einer Verhängung von Sanktionen soll jeweils innerhalb von zehn Monaten abgeschlossen sein:

- Der ECOFIN-Rat entscheidet innerhalb von drei Monaten nachdem die Kommission eine Stellungnahme und eine Entscheidungsempfehlung vorgelegt hat, ob ein übermäßiges Defizit vorliegt.
- Ist das der Fall, gibt er in einer Empfehlung an den betreffenden Mitgliedstaat einen Zeitraum von vier Monaten für das Einleiten wirksamer Maßnahmen vor.
- Wenn keine geeigneten Maßnahmen, d.h. Regierungsbeschlüsse, in dem Mitgliedstaat zum Abbau des Defizits getroffen werden, veröffentlicht der Rat unmittelbar nach Ablauf der Viermonatsfrist seine Empfehlungen. Bei weiterer Untätigkeit wird ein Mitgliedstaat binnen Monatsfrist in Verzug gesetzt.

Ergreift er auch jetzt noch keine finanzpolitischen Sanierungsmaßnahmen, so verhängt der Rat innerhalb von zwei Monaten Sanktionen.[42]

---

42 Das Verfahren wird unterbrochen, falls die Regierung eines Mitgliedstaates als Reaktion geeignete Abhilfemaßnahmen verabschiedet. Die Kommission und der Rat überwachen so lange die Fortschritte des Mitgliedstaates bei der Umsetzung der Maßnahmen, bis der Rat entscheidet, daß das übermäßige Defizit korrigiert worden ist. Sollten die Maßnahmen nicht durchgeführt werden oder sich als unzureichend erweisen, oder die Daten über die tatsächliche Entwicklung zeigen, daß ein übermäßiges Defizit nicht innerhalb der vorgegebenen Frist korrigiert worden ist, so wird das Verfahren unverzüglich an der Stelle wieder aufgenommen, an der es zuvor angehalten wurde.

Abbildung 9: Höhe der Sanktionen bei einem übermäßigen öffentlichen Defizit

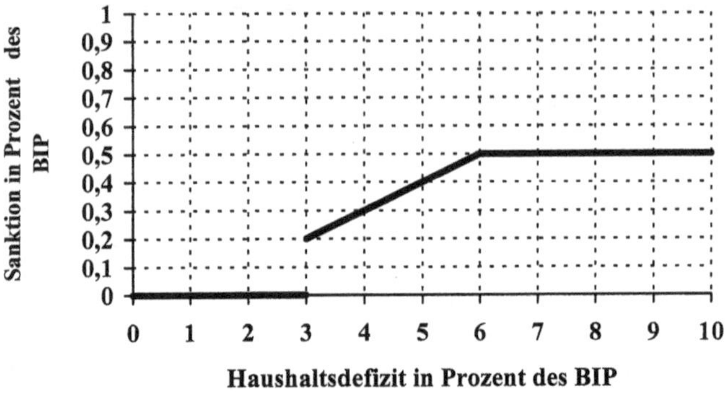

Sanktionen haben die Form einer unverzinslichen Einlage, die bei Fortbestehen des übermäßigen Haushaltsdefizits nach zwei Jahren in der Regel in eine Geldbuße umgewandelt wird. Die Sanktionserlöse (Zinsen auf Einlagen sowie Geldbußen) kommen den Mitgliedstaaten des Euro-Währungsgebiets zugute, die kein übermäßiges Defizit aufweisen. Der Betrag der Einlage bzw. Geldbuße setzt sich zusammen aus einer fixen Komponente von 0,2 % des BIP und einem variablen Teil von einem Zehntel der Prozentpunkte zusammen, um die das Defizit den Referenzwert von 3% des BIP übersteigt. Die Obergrenze für die Summe beider Teile liegt bei 0,5% des BIP – siehe dazu Abbildung 9.[43]

7.4.5. Koordinierungsträger

Auf allen Stufen des Verfahrens der präventiven Überwachung und der Androhung und Verhängung von Sanktionen ist der ECOFIN-Rat Träger der Koordinierung. Er verfügt trotz der festgeschriebenen Indikatoren und Referenzwerte über große Ermessensspielräume. Eine unmittelbare, zwingende Bindung an vorliegende Wirtschafts- bzw. Haushaltsdaten besteht nicht. Der Rat entscheidet aufgrund einer Empfehlung der Kommission. Damit haben die Signatare der

---

43 In dem ursprünglichen Vorschlag zum Stabilitätspakt des deutschen Finanzministers Waigel betrug die Sanktion 0,25 % des BIP pro angefangenem Prozentpunkt, um den die Defizitgrenze überschritten wird.

Maastrichter Vereinbarung auf die Möglichkeit verzichtet, der Kommission das Recht einzuräumen, dem ECOFIN-Rat Vorschläge zu unterbreiten, von denen dieser nur unter Einschränkungen abweichen kann. So haben sie die endgültige Entscheidung über das Vorliegen eines „übermäßigen Defizits" in den alleinigen Zuständigkeitsbereich des Rates gestellt. Die Ergebnisse, zu denen die Kommission im Rahmen ihrer Funktion als Überwachungsorgan aufgrund ihres Berichtes und in ihrer Stellungnahme kommt, fließen folglich zwar in den Entscheidungsprozeß des ECOFIN-Rates ein, binden ihn jedoch rechtlich nicht.

Das Europäischen Parlament ist nur insoweit beteiligt, als ihm regelmäßig vom Ratspräsidenten und der Kommission über die Ergebnisse der multilateralen Überwachung der Haushaltslage zu berichten ist.

7.4.6. Kritik des Stabilitätspakts

Kann der Stabilitätspakt seinen Anspruch erfüllen, die Glaubwürdigkeit und Wirksamkeit des Verfahrens bei einem übermäßigen Defizit zu stärken? Zweifel daran ergeben sich zunächst daraus, daß der gewählte Defizitbegriff den Stand der tatsächlichen finanziellen Situation öffentlicher Haushalte nur sehr eingeschränkt widerspiegeln kann und wie gezeigt durch politische Eingriffe in gewissen Grenzen manipulierbar ist.

Grundsätzlich positiv ist am beschlossenen Konzept zur Koordinierung von Fiskaldisziplin in der EU zu werten, daß mit dem sehr ambitionierten Ziel eines mittelfristig nahezu ausgeglichenen oder einen Überschuß aufweisenden öffentlichen Haushalts eine strenge Form von Fiskaldisziplin zur Leitlinie erhoben wurde. Der ursprünglichen negativen Norm des Verbots übermäßiger öffentlicher Defizite ist im Rahmen des Stabilitätspakts eine positive, allerdings nur sekundärrechtliche verankerte Norm zur Seite gestellt worden. Darin spiegelt sich – so ist zu hoffen – die Erkenntnis wieder, daß die Kreditfinanzierung öffentlicher Haushalte als dauerhaftes Finanzierungsinstrument beträchtliche Risiken birgt.[44] Ausgeglichene Budgets führen wegen der damit verbundenen Primärüberschüsse zu einem Rückgang der Schuldenquote, der durch die sinkende Zinsbelastung automatisch verstärkt wird.[45] Langfristig wird so die Staatsschuld völlig eliminiert. Diese langfristige Perspektive, die wie geschil-

44 Auch die Finanzierung öffentlicher Investitionen, die in der Regel keine monetären Erträge abwerfen, sollte vornehmlich aus laufenden Einnahmen bestritten werden. Dies gilt um so mehr, wenn keine integrierte Vermögensrechnung des öffentlichen Sektors existiert.

45 Man bemerke, daß dies asymmetrische Konsolidierungslasten für die Mitgliedstaaten impliziert. Je höher das Niveau der Staatsverschuldung, desto größer ist der mit einem ausgeglichenen Budget verknüpfte Primärüberschuß.

dert in Teilen der australischen und der kanadischen Föderation besteht, ist für die Europäische Union wohl kein Thema. Primär geht es um die Wiedergewinnung fiskalischer Handlungsfähigkeit, für die niedrige Schuldenquoten unverzichtbar sind.

Das mittelfristige Haushaltsziel ist eingebettet in eine Art von mittelfristiger Finanzplanung. Das sogenannte Überwachungsverfahren hat nur den Charakter eines Informationsaustausches. Hier gilt die gleiche Kritik wie an der relativ bedeutungslosen deutschen mittelfristigen Finanzplanung: Es findet keine Integration zu den politisch-rechtlich verbindlichen Haushaltsplänen und den Budgetprozessen statt. Bedauerlicherweise enthält der Stabilitätspakt keine weitere Koordinierung über Instrumente und Verfahren, um das Ziel eines ausgeglichenen Haushalts zu erreichen, von dem die Mitgliedstaaten ja weit entfernt sind (siehe dazu noch einmal Anlage 1).

Die Feststellung eines übermäßigen Defizits orientiert sich am Referenzwert von 3% des BIP. Ein Spielraum bei der Auslegung dieses unbestimmten Rechtsbegriffs ist rein ökonomisch gedacht sicher sinnvoll. Die Defizit- und Schuldengrenzen werden nicht als statisches Korsett verstanden, in das jeder Mitgliedstaat der EU bedingungslos gezwängt werden soll, ohne dessen individuelle Ausgangslage in die Beurteilung einfließen zu lassen. Das Beurteilungsverfahren ist auch Teil seiner normativen Gestaltung (Kees 1994, S. 65). Vielmehr sind die Formulierungen des Vertrages so gewählt, daß sie auf einen Prozeß der Haushaltskonsolidierung abheben. Der Schuldendynamik wird ein größeres Gewicht beigemessen als den Niveaus, die letztlich nie in befriedigender Weise analytisch begründet werden können.[46] Wie die Interpretationsspielräume nun aber tatsächlich genutzt werden, bleibt offen. Die Möglichkeit politischer Manipulationen ist gegeben, was allein schon ausreicht, das Vertrauen der Öffentlichkeit und der ökonomischen Akteure in das Koordinierungskonzept zur Fiskaldisziplin zu untergraben.

Der Stabilitätspakt weist hinsichtlich der Verkündung seiner numerischen Zielwerte für die öffentlichen Defizite einen Widerspruch auf. Das mittelfristige Haushaltsziel eines nahezu ausgeglichenen oder überschüssigen Haushalts soll gewährleisten, daß auch in konjunkturell schwierigen Zeiten mit stagnierendem oder leicht rückläufigem realen Sozialprodukt die Obergrenze für das jährliche

---

46 Die Budgetsituationen, insbesondere der Stand der öffentlichen Verschuldung, im Zeitraum der Verhandlung und Unterzeichnung der Maastrichter Vertrages sind für die Ermittlung der rechtlichen Tragweite des Art. 104c von Bedeutung. Es ist nämlich nicht anzunehmen, daß die Signatare Bedingungen verankern wollten, deren faktische Unerfüllbarkeit durch einzelne Mitgliedstaaten bereits im Zeitpunkt der Unterzeichnung offenkundig war.

Haushaltsdefizit von 3% des BIP nicht überschritten wird. Diese Obergrenze für Schwankungen des Defizits kann im Verfahren über das übermäßige Defizit aber wiederum aus konjunkturellen Gründen außer Kraft gesetzt werden. Bedenkt man, daß durch Buchungstricks noch einmal eine Aufweichung der 3%-Grenze stattfindet und es im Einzelfall, wie in der Phase vor der Entscheidung über den Teilnehmerkreis an der Währungsunion demonstriert, problemlos gelingen sollte einige Zehntel Prozentpunkte oberhalb der Grenze herunterzurechnen, ergibt sich eine inkonsistente Diskrepanz zwischen der Empfehlung und der Sanktionsdrohung. Die relativ schwache Sanktionsdrohung setzt *de facto* so weit entfernt von einem ausgeglichenen Budget an, daß sie noch keinen Anreiz bietet, das mittelfristige Haushaltsziel zu erreichen.

Die Sanktionsdrohung bezieht sich auf das Budgetergebnis eines Jahres und ist somit sehr kurzfristig ausgerichtet. Die Nutzen-Kosten-Erwägungen der Regierungen könnten zu einem wahlzyklischen Defizitverhalten führen. Es könnte sich für sie als rational herausstellen, eine Wahl mit fiskalischen Geschenken an die Wähler zu gewinnen, die über exzessive Verschuldung finanziert werden, und das Risiko eventueller Sanktionen zu einem späteren Zeitpunkt zu tragen. Eine Vermeidungsstrategie zur Umgehung der Sanktion könnte darin bestehen, das öffentliche Haushaltsdefizit und die Nettokreditaufnahme auch dann bis zum zulässigen Limit von 3% des BIP auszudehnen, wenn kein Finanzierungsbedarf gegeben ist, um bei einer kritischen Defizitsituation finanzielle Reserven einbringen zu können. Zudem ist das Mittel der Sanktionsdrohung unwirksam gegen disziplinlose fiskalische Strategien, die bewußt auf ein „bail out" durch die anderen Mitgliedstaaten abzielen.

Was die Sanktionsdrohung selbst betrifft, zeugt die Vorstellung, daß ein solches Land sich freiwillig finanziellen Bestrafungen unterwerfen würde, nach weit verbreiteter Auffassung von wenig Realitätssinn; für Krause-Junk (1993, S. 67) entbehrt sie nicht einer gewissen „unfreiwilligen Komik". Caesar (1993, S. 19) bezeichnet die Sanktionen des Maastricht-Vertrages als „symbolische Drohungen", um den Versprechungen zur Fiskaldisziplin den Anschein der Ernsthaftigkeit zu geben, obwohl ihre Durchsetzung im Konfliktfall mehr als fraglich wäre. Die Funktion der Androhung von Strafmaßnahmen kann zwar als Verstärkung wirken – auch gegenüber der eigenen Wählerschaft –, um Reformen von Budgetinstitutionen zu initiieren, so daß der Tatbestand zur Auslösung einer Sanktion erst gar nicht eintritt. Dazu wären aber weitere Anreize und unterstützende Maßnahmen nötig, die im Konzept des Stabilitätspakts weitgehend fehlen.

Die Kritik des Sachverständigenrats (1996, S. 218), der statt diskretionärer Entscheidungen des Rates einen Automatismus bei der Feststellung eines übermäßigen Defizits und bei der Verhängung von Sanktionen fordert, geht jedoch fehl. Eine Norm, für deren Durchsetzung wie bei den gleichberechtigten Mitgliedstaaten der WWU keine Instanz existiert, kann unabhängig von der jeweils gewählten vertraglichen Formulierung nicht absolut verbindlich etabliert werden. Eine institutionelle Regelung zur Einhaltung von Fiskaldisziplin, welche die gegenseitige Verhängung von Geldbußen als Kernpunkt beinhaltet, ist nicht sehr glaubwürdig. Bestrafungen nach Buchhalterart sind in einer Währungsunion zwischen selbständig bleibenden Nationalstaaten kaum denkbar. Auch die Aussicht, die gegen einen Mitgliedstaat ausgesprochene Geldbuße unter sich aufzuteilen, dürfte keinen Anreiz darstellen, dieses Instrument zu gebrauchen. Ganz im Gegenteil sind erhebliche politische Spannungen zu befürchten, deren Kosten, z.B. in Form einer Stärkung von populistischen, integrationsfeindlichen Strömungen, erheblich sein würden. Der Rat der Europäischen Union bzw. der Rat in seiner Zusammensetzung der Wirtschafts- und Finanzminister dient der Konsenssuche zwischen den Mitgliedstaaten. Trotz der im Prinzip vorhandenen Möglichkeit zur Abstimmung mit qualifizierter Mehrheit überwiegt in der praktischen Arbeit auf allen Ebenen des Rates die Konsenssuche. Dem Wesen der Entscheidungsfindung im Rat widerspricht es diametral, einzelne Mitglieder „abzustrafen". Da Interessenskoalitionen schnell wechseln, ist auf die Zustimmung aller zu achten. Es liegt im gemeinsamen Interesse der Entscheider (der Mitglieder des ECOFIN-Rates), Mitgliedstaaten nicht vorschnell zu isolieren, da die Vertreter der Mehrheitsmeinung wissen, daß sie selber in anderen Fragen eine Minderheitsposition einnehmen, bei denen sie auf eine Rücksichtnahme der Partner angewiesen sind.

Die Beschlüsse des Ministerrats zur Feststellung eines übermäßigen Defizits und zur Verhängung von Sanktionen werden mit einer Mehrheit von zwei Dritteln mit Ausnahme der Stimmen des Vertreters des betroffenen Mitgliedstaats gefaßt. Wäre beispielsweise Italien von einer solchen Entscheidung bedroht, betrüge das erforderliche Quorum 52 Stimmen, d. h. das bedeutet gleichzeitig, daß eine Minderheit von 25 Stimmen diesen Beschluß verhindern könnte.[47] Je größer die Zahl der Mitgliedstaaten, die in absehbarer Zeit ebenfalls mit der Feststellung eines übermäßigen Defizits durch den Rat rechnen müßte, desto größer wäre dann die Wahrscheinlichkeit, daß eine Koalition zur Verhinderung dieser Beschlüsse zustande kommt. Letztlich ist dieser Aspekt aber von nachrangiger Bedeutung, denn es wäre aus politökonomischer Sicht naiv, auf die Wirksamkeit „strengerer" Indikatoren übermäßiger Haushaltsdefizite zu setzen und präzisere, schneller wirksam werdende Sanktionsmechanismen zu for-

47 Bei Abstimmungen mit qualifizierter Mehrheit werden die Stimmen der Mitgliedstaaten gemäß den Bestimmungen des Art. 148 Abs. 2 EGV wie folgt gewichtet: Deutschland, Frankreich, Großbritannien, Italien je 10, Spanien 8, Belgien, Griechenland, Niederlande und Portugal je 5, Österreich und Schweden je 4, Dänemark, Finnland und Irland je 3 und Luxemburg 2 Stimmen. Die Summe der gewichteten Stimmen beträgt 87.

dern. In diesem Zusammenhang sei noch einmal Wicksell (1896, S. 107f) zitiert:

> *„Es scheint aber ein gemeinsames Merkmal aller Verfassungen in ihrer ersten Redaktion zu sein, dass gerade die wichtigsten Punkte unbestimmt gehalten werden, offenbar, weil jeder der Kontrahenten hofft, in der Zukunft den schwebenden Wortlaut zu seinem Vorteil deuten zu können, zur Zeit aber sich scheut, durch allzu grosse Hartnäckigkeit vielleicht soeben geschlichtete Streitigkeiten aufs neue aufleben zu lassen. Uebrigens darf natürlich nicht vergessen werden, dass weder eine Regierung noch eine Volksvertretung durch noch so klare konstitutionelle Bestimmungen in ihrer Machtausübung geschützt ist, wenn sie nicht in der allgemeinen Meinung des Volkes selbst den hinreichenden Rückhalt besitzt, oder denselben nicht in Anspruch zu nehmen wagt."*

Ein letzter Punkt betrifft die Relevanz von institutionellen Änderungskosten. Der Stabilitätspakt kann als sekundärrechtliche Institution auf dem Verordnungswege zu relativ geringen Kosten neu gefaßt werden. Eine Implementierung der Bestimmungen des Stabilitätspaktes im EG-Vertrag hätte die Verbindlichkeit und Dauerhaftigkeit der Regeln gestärkt, hätte aber andererseits einen zusätzlichen, eventuell langwierigen Ratifizierungsprozeß in den nationalen Parlamenten der Mitgliedstaaten erfordert, der mit Sicherheit von sachfremden Integrationsdebatten überlagert worden wäre. Je nach den Anreizstrukturen der Akteure ist die tatsächlich gewählte Konstruktion der Einhaltung von Fiskaldisziplin förderlich oder nicht. Sind die Mitglieder des ECOFIN-Rates vor allem an Instrumenten zur Stärkung ihrer Position in den nationalen Haushaltsverhandlungen interessiert und haben sie die Rückendeckung ihrer jeweiligen Premierminister oder Kanzler (und damit im Europäischen Rat), ist die sekundärrechtliche Lösung der primärrechtlichen nicht unbedingt unterlegen und das Legitimationsdefizit wäre vertretbar. Hat sich die EWWU erst einmal etabliert und steht als solche nicht mehr zur Disposition, ergeben sich neue Voraussetzungen. Wenn die wirtschaftliche Integration als Katalysator der politischen Integration wirkt, dann könnte der Grundrechtskatalog einer zukünftigen europäischen Verfassung Schutzvorkehrungen für die Rechte kommender Generationen beinhalten, die dann auch handlungsleitend für die Budgetpolitik der Gebietskörperschaften in der EU sein würden.

Zusammenfassend ist das Urteil geboten, daß eine glaubwürdige und wirkungsvolle Strategie zur Koordinierung von Fiskaldisziplin im Stabilitätspakt nicht erkennbar ist. Die in der zweiten Stufe der Wirtschafts- und Währungsunion erzielten beachtlichen Fortschritte fiskalischer Konvergenz dürfen nicht darüber hinwegtäuschen, daß die drohende Nichtteilnahme an der Währungsunion hinreichende Anreize schaffte, Fiskaldisziplin einzuhalten und gegenüber der eigenen Wählerschaft zu vertreten. Diese Anreize sind nach Einführung der Währungsunion nicht mehr vorhanden.

7.5. Reformvorschläge

Es ist bemerkenswert, daß die – in den meisten Fällen deutlich negative – Kritik der ökonomischen Zunft am Koordinierungskonzept des Maastricht-Vertrag weitaus häufiger zu hören ist als konstruktive Änderungs- und Verbesserungsvorschläge. Drei davon werden in diesem Abschnitt behandelt: Die Erweiterung der fiskalischen Indikatoren zur Feststellung eines übermäßigen Defizits, die Errichtung nationaler Schuldenbehörden und die Einführung bindender Regeln für den Budgetprozeß.

Ein weiterer Reformvorschlag von Gros (1995) fordert als Sanktionsmaßnahme den Ausschluß von der gemeinsamen Währung,[48] wobei er die Ausnahmeregelung des Art. 109k EGV als Anknüpfungspunkt wählt. Diese Ausnahmeregelung bezieht sich aber nicht auf den möglichen Austritt eines Mitglieds aus der Währungsunion, sondern auf Mitgliedstaaten, die nicht von Beginn an die einheitliche Währung Euro einführen und für die deshalb die Rechte und Pflichten im Rahmen des ESZB nicht gelten. Für beide Seiten wäre ein Austritt bzw. ein Ausschluß mit unvertretbar hohen Kosten verbunden, die mehr als die Kosten der Währungsumstellung betreffen. [49]

7.5.1. Erweiterte Kriterien der Fiskaldisziplin

Die Kriterien zur Fiskaldisziplin des Maastricht-Vertrages weisen, wie gezeigt, erhebliche Mängel auf und sind zueinander nicht konsistent. Insofern ist es naheliegend, in diesem Bereich Verbesserungsvorschläge zu unterbreiten. Holzmann/ Hervé/ Demmel (1996), die sich im Prinzip am Koordinierungsverfahren des Maastricht-Vertrages orientieren, regen an, anstelle des tatsächlichen Finanzierungsdefizits das (fiktive) Kriterium des strukturellen Haushaltsdefizits zu etablieren. Damit würden bei der Feststellung eines übermäßigen Defizits die Wirkungen der automatischen Stabilisatoren im Konjunkturzyklus sofort berücksichtigt und müßten nicht, wie im Stabilitätspakt vorgesehen, durch Ausnahmeregeln Berücksichtigung finden.

Auch das Verfahren der Verhängung von Geldbußen soll modifiziert werden. Sanktionen treten nur ein, wenn die über drei aufeinanderfolgenden Perioden akkumulierten öffentlichen Defizite übermäßig sind. Die Betrachtung eines Zeitraums von drei Jahren hat den Vorteil, kurzfristige Manipulationen, z.B.

---

48 Ähnlich auch Heinemann (1994, S. 19).

49 Vgl. zum Problem eines Austritts aus der Währungsunion Courchene (1993, S. 152).

vorgezogene Kreditaufnahmen zur „Bereinigung" kritischer Haushaltslagen, zu verhindern.

Die Strafe F_t^a, die bei Überschreiten des Schwellenwertes einer Quote des strukturellen Defizits s_t in einem abgeschlossenen Haushaltsjahr t verhängt werden soll, berechnet sich nach folgender Formel:

$$\textbf{(7-1)}\quad F_t^d = \phi/3\; Max\left[\sum_{\tau=t-3}^{t-1}(s_\tau - \tilde{s}_\tau);0\right]Y_{t-1}$$

Der Parameter ϕ, $0 < \phi \leq 1$, gibt die „Härte" der Sanktion an und wird politisch bestimmt. Der Schwellenwert $\tilde{s}_t$ orientiert sich dabei an dem vertrauten Wert von 3% des BIP (hier mit Y bezeichnet), nimmt aber Modifikationen vor, ausgedrückt in dem Korrekturposten R, die dafür sorgen, daß nicht das Finanzierungsdefizit sondern die Änderung der Bruttoverschuldung berücksichtigt wird.

$$\textbf{(7-2)}\quad \tilde{s}_t = 0{,}03 - \frac{R_t}{Y_t}$$

Die Strafe wird als verzinsliche Einlage bei der EZB hinterlegt und dann zurückgezahlt, wenn vom Jahr t an in drei Jahren zu Beginn der Periode t+3 folgende Bedingung erfüllt ist:

$$\textbf{(7-3)}\quad \sum_{\tau=t}^{t+2}(\tilde{s}_\tau - s_\tau) \geq \sum_{\tau=t-3}^{t-1}(s_\tau - \tilde{s}_\tau).$$

Ansonsten wird die Strafe endgültig fällig und den übrigen Mitgliedstaaten nach dem Schlüssel für die Verteilung der Gewinne der EZB zugewiesen.

Des weiteren schlagen Holzmann/ Hervé/ Demmel (1996) vor, auch die Verletzung eines maximalen Wertes der Staatsverschuldung mit Sanktionen zu belegen. Die „Bemessungsgrundlage" für die Bestimmung der Geldbuße F_t^D ist die Abweichung der Schuldenquote D/Y im Vorjahr vom Schwellenwert von 60% des BIP. Angewandt wird darauf ein Satz, der sich aus dem Produkt eines wiederum politisch zu bestimmenden Parameters λ der Bestrafungsintensität und einem Indikator der Kreditwürdigkeit des betreffenden Staates zusammensetzt:

$$\textbf{(7-4)}\quad F_t^D = \lambda\Delta\rho_{t-1}\left[\frac{D_{t-1}}{Y_{t-1}} - 0{,}6\right]Y_{t-1}, \qquad \mathbf{0 < \lambda < \lambda_{max}}.$$

Dabei ist das „Risikoprämiendifferential" $\Delta\rho_{i,t-1}$ eines Staates nur dann von Null verschieden, wenn die Differenz zwischen der standardisierten Rendite r_j auf Anleihen des Mitgliedstaates und dem Zinssatz des Mitgliedstaates, dessen Anleihen in der Gemeinschaft am niedrigsten rentieren, einen festzulegenden Wert ρ_{max} nicht übersteigt:

$$\text{(7-5)} \quad \Delta\rho_{i,t-1} = \underset{j}{Max}\left[(r_{i,t-1} - \underset{j}{Min}\ r_{j,t-1}) - \rho_{\max};0\right], \qquad j = 1..15.$$

Zur Verhängung einer Geldbuße gegen einen Mitgliedstaat kommt es also nur dann, wenn dessen Schuldenquote höher ist als 60% des BIP und wenn gleichzeitig die (relative) Risikoprämie auf dessen Anleihen über einen bestimmten Referenzwert liegt. Dieser Ansatz zieht zur Beurteilung eines übermäßigen Niveaus der Verschuldung demnach die Einschätzung der Kapitalmärkte hinsichtlich der Bonität öffentlicher Schuldner hinzu.[50] So soll eine Ermutigung für die Implementierung von Maßnahmen zur Fiskaldisziplin geschaffen werden, denn auch ein relativ hoher Schuldenstand mag dann als unproblematisch betrachtet werden – widergespiegelt durch einen niedrigen Zinsspread–, wenn glaubhafte institutionelle Reformen eine fiskalische Konsolidierung mit einer Stabilisierung bzw. Rückführung der Schuldenquote erwarten lassen.

Alternativ zum Vorschlag der genannten Autoren könnten Defizitgrenzen endogenisiert und zum Beispiel an das Wachstum des Sozialprodukts gekoppelt werden. Bei starkem BIP-Wachstum müßte ein Haushaltsüberschuß erzielt werden, bei moderatem Wachstum müßte der Haushalt ohne Kreditfinanzierung auskommen und nur bei schwachem Wachstum (bzw. Stagnation oder Rückgang) wären Haushaltsdefizite erlaubt.[51] Auch damit würde dem Umstand Rechnung getragen, daß bei unerwartet ungünstiger konjunktureller Entwicklung durch das Wirken der automatischen Stabilisatoren die Defizitquote ungeplant in die Höhe schnellen kann. Prognosefehler würden dann nicht zu Situationen führen, in denen unter starkem politischem Druck diskretionäre Entscheidungen über Ausnahmen von einer starren Defizitregel getroffen werden müßten. Gleichzeitig würden asymmetrische wirtschaftliche Entwicklungen in den Mitgliedstaaten berücksichtigt. Es bestünde kein strategischer Anreiz für zu optimistische Prognosen des BIP.

Es ist das Verdienst von Holzmann/ Hervé/ Demmel (1996), einen Weg aufzuzeigen, die Koordinierungsobjekte Defizitquote und Schuldenquote konsistent zu verknüpfen, und die sehr kurzfristige Perspektive des Stabilitätspakts bei der Sanktionsdrohung zu verlassen. Die Sanktion aufgrund eines übermäßigen Schuldenstandes scheint noch nicht ausgereift, da die Konstruktion keinen Hinweis auf die beabsichtigte absolute Höhe der Bestrafung gibt. Die Autoren offenbaren den Widerspruch einer rationalen Ableitung von Sanktionsmaßnah-

---

50 Bayoumi/ Goldstein/ Woglom (1995) schlagen ebenfalls eine Sanktionierung staatlicher Schuldner anhand von Marktbewertungen vor. Eine Geldstrafe sollte ihrer Ansicht nach erhoben werden, wenn ein bestimmter Zinsspread erreicht wird.

51 Dieses Verfahren wurde für die Schweiz von einer Kommission, besetzt mit Vertretern der Bundesregierung und der Kantone, vorgeschlagen. Der Hinweis ist Gandenberger (1996, S. 55) entnommen.

men, die von den zu disziplinierenden Regierungen selbst umgesetzt werden müssen, wenn in ihren Formeln die Festlegung der Bestrafungsintensität sowie des Referenzwertes ρ_{max} zunächst offen bleibt. Für die Ermittlung struktureller Haushaltsdefizite, die in theoretischer Betrachtung hinsichtlich ihrer Indikatorfunktion für fiskalische Disziplin(losigkeit) einem reinen Kassendefizit überlegen sind, gibt es bekanntlich eine Reihe von Verfahren, die jeweils bestimmte Annahmen treffen müssen.[52] Gerade bezüglich der automatischen Stabilisatoren Sozialtransfers und Steuereinnahmen ist die Trennung konjunktureller und struktureller Komponenten zu einem guten Teil spekulativ mit länderspezifischen Elementen. Hier gibt es ein weites Feld für gezielte Manipulationen (Gruber 1996, S. 50). Deshalb gibt Corsetti (1996, S. 79) zu bedenken:

„While it is definitely desirable that fiscal discipline be judged based on appropriate solvency indicators, we must be aware of the conceptual and technical difficulties in quantifying and assessing them. The logical problem in using these measures is that they may generate more accounting alchemy and more strategic use of information than what is implied by the current (in other respects non-sense) criteria."

Die Konzentration auf Koordinierungsobjekte von Fiskaldisziplin ohne Berücksichtigung der Koordinierungsträger und des Koordinierungsverfahrens führt nicht zu befriedigenden Ergebnissen. Mit diesen beiden befaßt sich eine radikale Alternative zu den Regelungen des Maastricht-Vertrages, die nun behandelt wird.

7.5.2. Nationale Schuldenbehörden

Insbesondere der Name von Hagen ist mit der auf den ersten Blick attraktiven Idee verbunden, für Institutionen, die sich bei der Sicherung monetärer Disziplin bewährt haben, ein Äquivalent auf dem Feld der Fiskaldisziplin zu finden. Vorgeschlagen wird die Errichtung von „Nationalen Schuldenbehörden" („National Debt Board"-NDB)[53] nach dem Muster unabhängiger Zentralbanken.[54] Im Gegensatz zu einer unionsweiten Geldpolitik der EZB würde aber

52 Vgl. Giorno/ Richardson/ Roseveare/ Van den Noord (1995), Sachverständigenrat (1996, S. 306-309), Deutsche Bundesbank (1997b). Ein Beispiel zeigt die unterschiedlichen Ergebnisse der einzelnen Verfahren: Für Deutschland und das Jahr 1994 ermittelt der Sachverständigenrat (1994, S. 157) ein strukturelles Defizit von 1,7% des BIP, während Giorno et. al. (1995, S. 33) je nach Methode 2,1% bis 2,9% des BIP berechnen; das tatsächliche Finanzierungsdefizit nach VGR betrug 2,4% des BIP.

53 Die sprachliche Analogie zum Federal Reserve Board ist augenfällig.

54 Vgl. von Hagen/ Harden (1994) und Eichengreen/ von Hagen (1996). Die grundsätzliche Idee einer unabhängigen Institution, die den Budgetausgleich kontrollieren soll, findet sich bereits bei von Weizsäcker (1992, S. 64).

nach einer prinzipiellen Vereinbarung zur Einrichtung solcher Institutionen die Umsetzung in nationaler Verantwortung verbleiben. Damit wird für die Währungsunion ein Koordinierungskonzept vorgestellt, daß sich klar am Subsidiaritätsprinzip orientiert, internationale „spillovers" der Finanzpolitik hingegen nicht in den Blick nimmt.

Die entsprechenden Gesetze würde als Auftrag des NDB festschreiben, daß es die Disziplin und Stabilität der Staatsfinanzen zu hüten habe, und soweit das nicht diesem Auftrag entgegenstehe, die allgemeine Wirtschaftspolitik der Regierung unterstützen werde. Das Statut des jeweiligen NDB würde vorschreiben, daß seine Mitglieder unabhängig von der politischen Sphäre sind, d.h. insbesondere nicht Teil der Exekutive oder der Legislative sind. Eine Ernennung soll auf 8 Jahre erfolgen, um unabhängig von gängigen parlamentarischen Legislaturperioden zu sein; eine Wiederwahl ist nicht vorgesehen. Die Ernennung erfolgte durch die Regierung nach Anhörung und Zustimmung des Parlaments. Mit der gesetzlich verankerten Unabhängigkeit könne von dem NDB erwartet werden, eine langfristige Perspektive einzunehmen.

Das NDB würde die Entwicklung der öffentlichen Verschuldung beobachten und jährlich einen maximal zulässigen Anstieg der Verschuldung festlegen: das „debt change limit" (DCL). Das DCL könnte von Exekutive oder Legislative nicht geändert werden, mit Ausnahmen für die Fälle von Kriegen oder Naturkatastrophen. Im Verlauf des Haushaltsjahres müßte die Regierung nach der Feststellung einer drohenden Überschreitung des DCL durch das NDB innerhalb von zwei Monaten Maßnahmen zur Ausgabeneinsparung bzw. zur Einnahmenerhöhung ergreifen; andernfalls verhängte das NDB einheitliche Ausgabengrenzen für alle Teile des Budgets, um das Einhalten des DCL zu sichern.[55]

Der wesentliche Mangel am Koordinierungskonzept des NDB liegt in seiner kaum vorhanden demokratischen Verantwortlichkeit. Die öffentlich gemachte Begründung seiner Entscheidungen, wie von Hagen/ Harden (1994, S. 360) vorgeschlagen, ist angesichts der Machtfülle in diesem Zusammenhang recht bescheiden. Die paternalistische Diktatur der Fiskalexperten, die stark an die platonischen Philosophenkönige erinnert, bestimmt über das DCL ja nicht nur die Finanzierungsstruktur der Staatsausgaben sondern beeinflußt indirekt auch das Volumen des Staatshaushalts.[56] Dies konzedieren die Autoren (ebd. S. 359), wenn sie sagen, daß „*..the NDB's decision would have to be based on a*

55 Leider wird bei diesem Vorschlag nicht berücksichtigt, daß sich Auszahlungen aufgrund rechtlich verbindlicher Grundlagen (Tarifverträge, Lieferantenbeziehungen mit Privatunternehmen, internationale Abkommen) nicht beliebig kürzen lassen.

56 Wenn Steuerwiderstand und Steuervermeidung die Steuererträge limitieren, ist mit dem DCL das Niveau der Staatsausgaben vorgegeben.

view of the correct size of the public sector". Gesellschaftliche Konflikte der Interessengruppen über die Aufgaben und die Rolle des Staates können aber nicht durch Delegation der Entscheidungsbefugnis an einen „Rat der Weisen" wegdefiniert werden.

Was die Unabhängigkeit der Mitglieder des NDB betrifft, trägt die Analogie zu einer unabhängigen Zentralbank nicht weit. Bei letzterer wird ein gesellschaftlich gewünschtes Ziel, Preisstabilität, vorgegeben und zur Vermeidung von Zeitkonsistenzproblemen der Verantwortung einer autonom agierenden Instanz übertragen. Diese verfügt über einen Katalog von Instrumenten, den sie pragmatisch im Hinblick auf die Zielerfüllung handhabt. Von geringer Bedeutung ist dabei, daß die genauen Kausalbeziehungen zwischen Instrument und Ziel wissenschaftlich umstritten sind. Der Auftrag an die Zentralbank ist hinreichend deutlich definiert, der Grad der Zielerreichung ist leicht und schnell zu kontrollieren, sieht man einmal von Diskussionen um Zehntelprozentpunkte der Inflationsrate an. Nach ihm bestimmen sich die Reputation und damit die Anreize für die in dieser Institution Handelnden, und sogar die Entlohnung der Zentralbanker kann, wie in Neuseeland geschehen, daran gekoppelt werden. Dagegen wäre bei einem NDB das Ziel fiskalische Disziplin unscharf, weil die Auffassungen darüber, welches öffentliche Defizit in welcher ökonomischen Situation zu wählen ist, und, damit zusammenhängend, welches Niveau der Staatsverschuldung langfristig angestrebt werden sollte, weit auseinandergehen. Zu dem schwer zu definierenden Ziel wird dem NDB mit der Verhängung des DCL, ein machtvolles, unmittelbar staatliches Handeln bestimmendes Instrument an die Hand gegeben.[57] Diese Kombination macht Versuche der Regierungen und der Politik wahrscheinlich, durch Wahl der Mitglieder des NDB Einfluß auf dessen Beschlüsse zu erhalten.

Die Entscheidungen über den Umfang und die Finanzierung öffentlicher Haushalte sollte dem demokratischen Souverän vorbehalten bleiben. Die von ihm durch allgemeine Wahlen dazu bestimmten Vertreter können für ex post fehlerhafte Entscheidungen zur Verantwortung gezogen werden. Das institutionelle Design muß dabei so gewählt werden, daß Überwachung und Kontrolle gewährleistet sind und daß die konfligierenden Ansprüche der vielen „Teile" des Souveräns an das Staatsbudget nicht durch fiskalische Disziplinlosigkeit zu Lasten zukünftiger Generationen gelöst werden. Falls in der Gesellschaft recht deutliche und mehrheitsfähige Vorstellungen darüber bestehen, was unter Fiskaldisziplin zu verstehen ist, bzw. was als vereinfachende Richtschnur dafür

57 Folgendes Zitat zeugt von einer gewissen Naivität bezüglich der Kompetenz des „Debt Board": *„Neither economic theory nor empirical research yield uncontested criteria for what is an optimal level of public debt or an optimal government deficit. [..].. the national debt board will solve this problem."* von Hagen/ Harden (1994, S. 358)

angelegt werden könnte, so ist die Implementierung von Budgetrestriktionen als Selbstbindungsmechanismus der Legislative in der Form von Verfassungsnormen nach dem Vorbild der US-Bundesstaaten möglich und sinnvoll. Einer neuen Instanz, die außerhalb demokratischer Prozesse steht, bedarf es dazu dann nicht.

Nicht berücksichtigt ist die Situation föderaler Staaten. Fehlt es dort bislang schon an Koordinierungsmechanismen, welche die Verantwortung der Zentralregierung für die Defizite aller Gebietskörperschaften und Sozialversicherungen eines Landes innerstaatlich umsetzt[58], so wäre ein NDB wohl mit der Aufgabe überfordert, ein gesamtstaatliches DCL in Neuverschuldungsgrenzen für alle föderalen Ebenen aufzuteilen. Ein föderal aufgebautes System von lokalen und regionalen „Debt Boards" wäre denkbar. Allerdings führte eine entsprechende, komplexe Organisation mit den damit verbundenen Befugnissen nun endgültig zur Schaffung einer „vierten Staatsgewalt", ein Fremdkörper, der in die vertrauten politischen Systeme nicht zu integrieren sein dürfte. Vor allem müßte auch geregelt werden, mit welchen Zwangsmitteln das NDB die Durchsetzung seiner Entscheidungen herbeiführen könnte.

Zusammenfassend ist festzuhalten, daß unabhängige nationale Schuldenbehörden kein überzeugendes Koordinierungskonzept darstellen. Der Hauptkritikpunkt richtet sich darauf, daß die vorgeschlagene Institution eine unkontrollierbare Machtfülle in sich vereinigen würde, die nicht kompatibel ist mit den bestehenden demokratischen Verfassungen. Als Koordinierung von Fiskaldisziplin in der Europäischen Union sind die NDB ungeeignet, weil nicht sichergestellt ist, daß sich in den Mitgliedstaaten in den jeweiligen „Debt Boards" eine einigermaßen homogene Sicht von Fiskaldisziplin etabliert. Stark unterschiedliche Vorgaben der Neuverschuldungsgrenzen könnten deshalb zu politischen Spannungen innerhalb der Union führen.

7.5.3. Regeln für den Budgetprozeß

Eine Alternative zur Etablierung unabhängiger Überwachungsbehörden würde darin bestehen, eine Einigung über fundamentale Regeln zur Sicherung von Fiskaldisziplin zu erreichen, die dann in den nationalen Budgetprozessen institutionell verankert werden müßten. Die Verpflichtung zu einer Überprüfung und gegebenenfalls Anpassung der nationalen Budgetprozeduren – seien sie nun supranational koordiniert oder nicht – ist Bestandteil des Maastricht-

58 Art. 3 Satz 1 des Protokolls über das Verfahren bei einem übermäßigen Defizit.

Vertrages. Im Protokoll über das Verfahren bei einem übermäßigen Defizit heißt es in Art. 3 Satz 2:

„Die Mitgliedstaaten gewährleisten, daß die innerstaatlichen Verfahren im Haushaltsbereich sie in die Lage versetzen, ihre sich aus diesem Vertrag ergebenden Verpflichtungen in diesem Bereich zu erfüllen."

Wildavsky (1993) hat für die EWWU einen Satz solcher Regeln vorgeschlagen und begründet, die nun vorgestellt und vom Verfasser ergänzt werden. Leitmotiv ist die Auffassung, daß Ausgabenkontrolle der Schlüssel zur Defizit- und Schuldenkontrolle ist.

Regel 1: Zur Ausgabenkontrolle wird ein „Deckel" für das Gesamtbudget festgelegt.

Der Ausgabendeckel kann sich orientieren an den Gesamtausgaben der Vorperiode, die mit der Wachstumsrate des nominalen BIP multipliziert werden. Dazu muß zwar das BIP geschätzt werden, dies ist aber genauer möglich als eine fiktive Größe wie ein „Potential-BIP". Werden Rationalisierungspotentiale im öffentlichen Sektor vermutet, kann der Ausgabendeckel mit geringeren Wachstumsraten fortgeschrieben oder sogar eingefroren werden, um einen Druck zur Realisierung von Produktivitätsgewinnen zu schaffen. Die frühzeitige Festlegung der Exekutive auf ein Ausgabenziel impliziert, daß für den Budgetentwurf ein „top-down"-Ansatz propagiert wird. Dies soll die Verantwortlichkeit gegenüber den Bürgern stärken. Zwar sind Konflikte über Ausgabenprioritäten im Budgetprozeß endemisch. In einem „bottom-up"-Ansatz ähnelt der Budgetprozeß aber einem politischen Marktplatz, in dem das Ziel der Ausgaben- und Defizitbegrenzung nur eine Position unter vielen ist, und dessen sich aus dem Konkurrenzkampf der Interessen ergebende Resultate für den Bürger intransparent und nicht zurechenbar sind (Harden 1993, S. 80). Die Entscheidung gegen einen „bottom-up"-Ansatz bedeutet nicht eine Entscheidung gegen Dezentralisierung und Delegation. Um einen möglichst effizienten Ressourceneinsatz zu sichern (das Schlagwort „value for money"), könnten die Entscheidungen über die Art der zielgerechten Mittelverwendung, z.B. ob Leistungen selbst erstellt oder am Markt erworben werden, einem Management übertragen werden, für das auch in weiten Teilen des öffentlichen Sektors erfolgsabhängige Vergütungsstrukturen möglich sind. Die zentrale Steuerung aller Verwaltungsabläufe hingegen ist auf die Anmeldungen von Ausgabenbedürfnissen von unten nach oben geradezu angewiesen.

Regel 2: Entsprechende Ausgabendeckel gelten für alle Ausgabenkategorien.

Die Ausgabenkategorien kann man sich z.B. als Einzelpläne für ein Ministerium vorstellen. Die dahinter steckende Idee ist, die Verantwortlichkeiten für

Budgetentwicklungen weiter zu stärken. Globale Haushaltsziele lassen sich leicht beschließen, aber nur schwer verwirklichen, wenn nicht gleichzeitig persönliche Zuständigkeiten definiert werden.

Regel 3: Ausgaben oberhalb des Deckels sind für eine Kategorie nur dann möglich, wenn Kürzungen in gleicher Höhe bei einer anderen Kategorie vorgenommen werden.

Hier wird die empfohlene Zweiteilung des Budgetprozesses deutlich: Die Verhandlungen zwischen den Ministern beginnen bei einem vorher festgesetzten Ausgabenvolumen. Der Einfluß von Lobbies und Interessengruppen wird gegeneinander gelenkt und so in Grenzen gehalten. Für Wildavsky (1993, S. 150) würde die Einhaltung der Regeln 1 bis 3 die „Rationalität des Budgetierens" wiederherstellen. Diese Rationalität verortet er in der ökonomischen Doktrin der Opportunitätskosten. Daß die Präferenz für eine spezifische öffentliche Ausgabe in der Regel nur durch den Verzicht auf eine andere wünschenswerte Ausgabe befriedigt werden kann, ist keine neue Erfahrung in Budgetverhandlungen. Die Idee, dies formell zu institutionalisieren, ist jedoch innovativ.

Regel 4: Die Regierung wird ermächtigt, die Transferausgaben jährlich um maximal 5% zu senken.

Politiker sollten nicht nur stärker in die Verantwortung genommen werden, sondern ihnen sollte auch wieder mehr Handlungsspielraum gegeben werden. Die Transferausgaben als bedeutendster Posten des öffentlichen Gesamthaushalt sind gleichzeitig am wenigsten zu kontrollieren. Transfers werden meist aufgrund individueller, gesetzlicher Ansprüche gewährt. Die Gesamtsumme der Ansprüche ist eine endogene Größe. In beitragsfinanzierten Sozialversicherungssystemen lassen sich zwar die Beitragssätze anpassen, doch ist deren Variabilität in der Praxis beschränkt, so daß allgemeine Steuermittel stets als Puffer bei Ausgabenschwankungen dienen müssen. Unerwartete Änderungen bei der Zahl der Anspruchsberechtigten lassen globale Budgetziele oft in unerreichbare Ferne entschwinden. In diesem Bereich diskretionäre Vollmachten der Regierung zu etablieren, wäre ein entscheidender Beitrag zur Wiedergewinnung fiskalischer Handlungsfähigkeit.

Eine Weiterentwicklung der Regel bestünde darin, für bestimmte Bereiche (Gesundheitswesen, Sozialhilfe, Renten, Subventionen) feste Budgets vorzugeben. Die Leistungen an die Transferempfänger wären dann endogen. Heute läuft der Prozeß von der gesetzlichen Definition individueller Leistungsansprüche zur Addition sämtlicher Ansprüche zu einem *ex ante* unbekannten Betrag, der aus den Steuereinnahmen finanziert werden muß, bzw. zur Variation von Sozialbeiträgen führt. Eine Alternative bestünde darin, die Endsummen vorzugeben und die individuellen Zahlungen zu endogenisieren. Die Aufteilung der einmal festgelegten Beträge wäre sicherlich eine nicht leicht zu lösende Aufgabe. Sie würde aber zu einer Rückbesinnung auf die ursprünglichen Wurzeln sozialstaatlicher Leistungen führen, nämlich der Versicherung existentieller Risiken bzw. der Unterstützung bei gravierenden, nicht selbstverschuldeten Notlagen und nicht die Garantie eines einmal erlangten Lebensstandards. Die demokratische Gesellschaft könnte - und müßte - somit entscheiden, welchen Anteil des Volkseinkommens sie für solidarische Umverteilung zu ihren schwächsten Gliedern zur Verfügung stellen möchte.

Wildavsky (1993) gibt keine Hinweise, wie und auf welcher Ebene die vorgeschlagenen Regeln in das jeweilige nationale Haushaltsrecht implementiert werden könnten. Im Dunkeln bleibt auch, ob die Umsetzung der Regeln jedem Mitgliedstaat selbst überlassen bleiben sollte, oder ob dafür supranationales Recht zu schaffen wäre. Ein an deutschen Vorbildern orientiertes „Europäisches Haushaltsgrundsätzegesetz" könnte als Rahmen für die genannten und mögliche weitere Regeln, die den Budgetprozeß strukturieren, dienen. Bedenkt man jedoch die – insbesondere bei von Hagen (1992, 1993) dokumentierte – Vielgestaltigkeit der nationalen Prozeduren, der Entscheidungsstrukturen in Legislative und Exekutive, der Klassifikationen der Budgets, der Integration der Sozialsysteme etc., scheinen grundlegenden Voraussetzungen für ein solches Projekt nicht gegeben. Auch die Anknüpfungspunkte für konstitutionelle Regeln sind sehr unterschiedlich: Teilweise finden sich Budgetgrundsätze bereits in den nationalen Verfassungen,[59] in Frankreich wird lediglich auf ein Organgesetz verwiesen. Die Rechtstradition in Großbritannien ohne geschriebene Verfassung im üblichen Sinne mit einer starken Bedeutung von Gewohnheitsrecht und Konventionen läßt sich, soweit dies ein juristischer Laie beurteilen kann, wohl nur schwer mit kontinentaleuropäischen Gepflogenheiten vereinbaren. Für ein endgültiges Urteil ist es aber zu früh. Wildavskys Vorschlag, bei dem das Desinteresse gegenüber konjunkturellen Einflüssen einen wesentlichen Angriffspunkt bietet, sollte dessen ungeachtet auf gemeinschaftlicher Ebene aufgegriffen und weiterentwickelt werden. Angesichts der Defizite des Stabilitätspakts, Strategien zur Umsetzung der Ziele fiskalischer Disziplin auf der Ebene der Budgetprozesse zu liefern, wäre allein die Diskussion außerhalb akademischer Zirkel zu begrüßen.

59 In Art. 31 der spanischen Verfassung werden die Grundsätze der Effizienz und Wirtschaftlichkeit sowie die Progressivität des Steuersystems genannt.

8. Ausblick: Die Europäische Union als Problemlösungsgemeinschaft

Thema dieser Arbeit waren die unterschiedlichen Problemstellungen, die aus der Norm des Maastricht-Vertrages erwachsen, welche die Mitgliedstaaten der Europäischen Union dazu verpflichtet, übermäßige öffentliche Defizite zu vermeiden. Es konnte gezeigt werden, daß der mit dieser Norm zur Fiskaldisziplin implizit unterstellte supranationale Koordinierungsbedarf tatsächlich existiert. Er ist insbesondere darin begründet, daß die vertragliche Verpflichtung zum gegenseitigen Haftungsausschluß („no bail-out" Klausel) für Verbindlichkeiten von Gebietskörperschaften in anderen Ländern dynamisch inkonsistent ist. Die Ankündigung ist deshalb nicht glaubhaft, weil politische wie ökonomische Interessen und Interdependenzen dazu führen, daß die Schuldenkrise eines Mitgliedstaates mit der drohenden Einstellung der Bedienung der Staatsschuld die Partnerländer zur Hilfeleistung veranlassen wird. Diese Erwartung erzeugt wiederum strategische Anreize, die finanzielle Solidarität der Gemeinschaft auszubeuten. Gerade die Bundesrepublik Deutschland hat in Folge der Haushaltsnotlagen der Bundesländer Saarland und Bremen erfahren, daß Möglichkeiten bestehen, eigene Anstrengungen zur Konsolidierung der öffentlichen Finanzen durch Inanspruchnahme der föderalen Gemeinschaft zu substituieren. Der aus politökonomischer Perspektive durchaus legitimen Skepsis gegenüber jeder Form der unter Kartellverdacht stehenden Zusammenarbeit nationaler Regierungen wurde die Sichtweise entgegengestellt, die internationale Initiativen zur Beschränkung nationaler Haushaltsdefizite auch als Versuch begreift, den heimischen Konsolidierungsdruck zu verstärken.

Die Beiträge, die mit der Methodik der Neuen Politischen Ökonomie für die Erklärung des Phänomens mangelnder Fiskaldisziplin gewonnen werden konnten, weisen einen sehr heterogenen Charakter auf. Sie erlauben es nicht, unmittelbare Empfehlungen oder Konsequenzen für das institutionelle Design derjenigen Prozesse abzuleiten, die zu Entscheidungen über Allokation und Verteilung staatlich kontrollierter Ressourcen führen. Es fehlt bislang ein überzeugender und umfassender Erklärungsansatz, der eine Integration abstrakter und institutionell armer Modelle mit den ermittelten stilisierten Fakten, deren Gültigkeit meist zeitlich und räumlich beschränkt ist, ermöglichen würde. Normative Aussagen zur institutionellen Stärkung von Fiskaldisziplin sind schwer zu treffen, wenn fiskalische Entwicklungen Resultate von Verteilungskonflikten sind, die über demokratische Prozesse geregelt werden. Hier sind nur relativ allgemeine Schlußfolgerungen möglich, die auf einen funktionsfähigen politischen Wettbewerb der Interessengruppen abzielen. Transparenz in allen Phasen staatlicher Budgetierung und der Ausweis der langfristigen Kosten gegenwärtiger Politiken könnten zu der Erkenntnis beitragen, daß das individuell rationale Streben nach staatlichen Leistungen oder Steuerprivilegien im Aggregat dauerhaft nicht erfolgreich sein kann. Vor allem aber ist zu überlegen, ob die mangelnde Interessenvertretung der zukünftigen Generationen durch wirksame gesetzliche Restriktionen des Finanzierungsinstrumentes Staatsverschuldung kompensiert werden müßte. Nicht vergessen werden darf, daß der Erfolg von Konsolidierungsbemühungen auch abhängig ist von der Existenz einer „ideologischen" Unterstützung in der Gesellschaft, die Partikularinteressen überlagern kann.

Das im Maastricht-Vertrag und im Stabilitätspakt verankerte Koordinierungskonzept weist oberen Schranken für die öffentlichen Finanzierungsdefizite eine Schlüsselrolle zu. Dem Nachteil, daß für alle Mitgliedstaaten einheitliche Grenzwerte eine unmittelbare ökonomische Rationalität vermissen lassen, steht der Vorteil gegenüber, ein leicht anzuwendendes und verständliches Kontrollinstrument zur Verfügung zu haben. Wie gezeigt, ist der gewählte, relativ einfache Indikator von Fiskaldisziplin jedoch strategieanfällig und politisch manipulierbar. Es wurde des weiteren kritisiert, daß keine überzeugenden institutionellen Vorkehrungen getroffen wurden, das mittelfristige Ziel eines ausgeglichenen Haushalts zu erreichen. Die mit der Sanktionsdrohung belegte Schwelle des öffentlichen Defizits von drei Prozent des Bruttoinlandsprodukts läßt sich mit Hilfe von Ausnahmeregelungen, über deren Anwendung vom ECOFIN-Rat beschlossen wird, nach oben ausweiten. Die Forderung, eine automatische Verhängung von Sanktionen nach Überschreiten des Grenzwertes zu implementieren, verkennt, daß Geldstrafen zwischen souveränen Staaten mangels einer entsprechenden Instanz zu ihrer Durchsetzung kein geeignetes Koordinierungsinstrument darstellen.

Die in dieser Arbeit vorgestellten Reformkonzepte greifen lediglich Einzelaspekte des Stabilitätspaktes heraus. Der Vorschlag der Errichtung einer unabhängigen Nationalen Schuldenbehörde berücksichtigt nicht, daß Kernkompetenzen und kurzfristige diskretionäre Entscheidungen nicht aus den Händen des demokratischen Souveräns bzw. der nationalen Regierungen gegeben werden können.

Angesichts der in der Einleitung genannten strukturellen Gemeinsamkeiten der finanziellen Situation öffentlicher Haushalte und der mit der Währungsunion zunehmenden politischen und wirtschaftlichen Integration, liegt es nahe die EU für den Bereich der Fiskaldisziplin als „Problemlösungsgemeinschaft" zu konstituieren. Diese könnte beispielsweise mit der Verwirklichung der im folgenden skizzierten drei Optionen zur Koordinierung von Fiskaldisziplin Gestalt annehmen. Es handelt sich dabei um die Vorschläge eines Stabilitätsfonds als Alternative zur Verhängung von Geldbußen, einer Charta der finanzpolitischen Verantwortung und eines Europäischen Beirats zur Fiskaldisziplin.

Der Stabilitätsfonds als Alternative zur Verhängung von Geldbußen

Der Stabilitätsfonds wurde von Spahn/ Föttinger (1997a) vorgeschlagen. Er ist als kurz- bis mittelfristige Option gedacht, um einen Defekt des Stabilitätspakts zu „heilen", nämlich die Sanktionsdrohung, die auf systemfremden Bestrafungen aufbaut. Nach dieser Idee sollen die Mitgliedstaaten der EU zu Beginn eines Haushaltsjahres Beiträge in einen Fonds leisten, die als Sicherheit dafür dienen, daß die Defizitgrenzen eingehalten werden. Geeignet wäre dazu ein bestimmter Prozentsatz des nationalen Umsatzsteueraufkommens, da hier die Bemessungsgrundlage harmonisiert ist. Nach Abschluß eines (oder mehrerer) Haushaltsjahre(s) und Bekanntgabe der Rechnungsergebnisse, entscheidet der ECOFIN-Rat unter Berücksichtigung der wirtschaftlichen Gesamtlage, ob die Einlagen zurückgezahlt werden.

Der Stabilitätsfonds würde den Vorteil aufweisen, daß die Abführung an den Stabilitätsfonds bei der Haushaltsplanung eine zusätzliche Restriktion auf die Ausgaben ausübt, weil sie wie eine globale Minderausgabe wirkt. Eine Nichtrückzahlung der Einlage hätte in der Öffentlichkeit nicht die diskreditierende Wirkung wie eine Geldbuße.

Denkbar wäre auch, daß der Stabilitätsfonds Einlagen über mehrere Jahre akkumuliert. So stünden Mittel zur Verfügung, um in konjunkturellen Schwächephasen extreme Budgetreaktionen hinsichtlich prozyklisch wirkender Steuererhöhungen und/ oder Ausgabenkürzungen zu vermeiden. Ein vergleichbares Instrument besteht in sogenannten „rainy days funds" einiger amerikanischer Bundesstaaten. Zu überlegen ist ferner, ob der ECOFIN-Rat – in Anlehnung an das australische „Loan Council" – Kompetenzen hinsichtlich eines Schuldenmanagements erhalten sollte, das insbesondere die Beanspruchung des unionsweiten Kapitalmarktes durch die aggregierte öffentliche Kreditaufnahme in den Blick nimmt.

Schwierig bleibt die Frage, was mit nicht zurückerstatteten Fondsbeiträgen geschehen soll. Eine Ausschüttung dieser Mittel an die übrigen Mitgliedstaaten, die ja auch für die Geldbußen des Stabilitätspakts vorgesehen ist, birgt die Gefahr politischer Spannungen und wäre schädlich für den inneren Zusammenhalt der Union. Schon aus Gründen der Wahrung nationaler Souveränität muß das Eigentumsrecht beim Zahlerland bleiben. Möglich ist aber, Verwendungsauflagen zu erteilen und die Fondsbeiträge zur Schuldentilgung zu verwenden.

Der Stabilitätsfonds könnte gleichzeitig als Muster für einen Mechanismus dienen, der in Deutschland die gesamtstaatliche Einhaltung des Defizitkriteriums zwischen den föderalen Ebenen koordiniert. Zwar würde so nicht das Problem gelöst, einen Schlüssel für die Aufteilung der deutschen Verschuldungsquote auf den Bund und die Ländergesamtheit sowie zwischen den einzelnen Bundesländern zu finden. Die Einhaltung der Quoten könnte aber durch einen Fonds gefördert werden, der aus dem Anteil der Länder und Gemeinden am Aufkommen der Gemeinschaftsteuern gespeist würde. Die Kompetenzverteilung wäre im Gegensatz zur Ebene der EU nicht symmetrisch. Da die Bundesregierung für die Einhaltung der Grenzwerte des Gesamtstaates allein verantwortlich ist, muß ihr die Möglichkeit eingeräumt werden, über den deutschen Stabilitätsfonds zu verfügen. Er würde als Puffer vom Bundesfinanzminister eingesetzt, um einen Ausgleich für übermäßige Defizite einzelner Bundesländer herbeiführen zu können.

Charta der finanzpolitischen Verantwortung

Die hauptverantwortlichen Träger der Koordinierung werden in der EU der Ministerrat bzw. der Europäische Rat bleiben. Auf dieser Ebene wäre die Beschlußfassung über ein europäisches Haushaltsgrundsätzegesetz nach dem Prinzip der zwischen Bund und Ländern in Deutschland bestehenden Rahmenordnung möglich. Damit würde die Vergleichbarkeit der Budgets und ihre Koordinierung unterstützt. Soweit der Budgetprozeß betroffen ist, stößt eine weitgehende Angleichung in den Mitgliedstaaten aber auf Schwierigkeiten. Berührt man Aufstellung, Beschlußverfahren und Durchführung der jährlichen Haushaltsgesetze, so ist sofort das administrative, parlamentarische und juristische System insgesamt angesprochen. Bei den erheblichen Unterschieden, die in diesem Bereich noch bestehen, scheint ein derart ambitioniertes Projekt für die nähere Zukunft nicht realistisch. Als Alternative wird eine supranationale Verpflichtung vorgeschlagen, innerhalb eines Zeitraums von fünf bis zehn Jahren dezentrale Initiativen zur Fiskaldisziplin in den unten genannten Bereichen durchzuführen. In einer Charta der finanzpolitischen Verantwortung wäre ein zeitlich differenziertes Arbeitsprogramm festzuschreiben sowie die Verpflichtung, die eigene, nationale, wie die europäische Öffentlichkeit über den Fortgang der Arbeiten zu informieren und Abweichungen vom Zeitplan zu begründen. Dadurch daß die konkrete Ausgestaltung der in relativ allgemeiner Form gemeinsam vereinbarten Budgetreformen den Mitgliedstaaten überlassen bleibt, wird dem Subsidiaritätsprinzip Rechnung getragen und ein innovationsfördernder Wettbewerb der Budgetinstitutionen nicht ausgeschlossen. Die wichtigsten Elemente einer Charta der finanzpolitischen Verantwortung sind die folgenden:

- Der Anspruch der Bürger und der Gläubiger der Staatsschuld auf regelmäßige, konsistente und umfassende Informationen über den Stand und die voraussichtliche Entwicklung der öffentlichen Finanzen ist gesetzlich zu fixieren. Eine mehrjährige Finanzplanung ist mit jährlichen Budget zu verknüpfen; Abweichungen *ex post* sind zu begründen.

- Das öffentliche Rechnungswesen dahingehend zu reformieren, daß eine periodengerechte Verbuchung aller Forderungen und Verbindlichkeiten im Rahmen eines Accrual-Konzepts möglich ist. Eine Integration mit einer Vermögensrechnung des öffentlichen Sektors ist anzustreben.

- Der öffentliche Sektor und der Finanzsektor sind institutionell und personell zu entflechten, um die verdeckte Kreditfinanzierung über staatseigene Banken zu unterbinden.

- Ein Bericht zur Gerechtigkeit zwischen den Generationen bewertet die gegenwärtige Finanzpolitik hinsichtlich ihrer langfristigen Tragfähigkeit und berücksichtigt dabei die Auswirkungen demographischer Entwicklungen. Nicht verbriefte Verbindlichkeiten des Staates sind möglichst genau abzuschätzen.

- Es wird geprüft, inwiefern die Zielvorgaben des Maastricht-Vertrages durch bindende Haushaltsregeln dauerhaft gesichert werden können.

Europäischer Beirat zur Fiskaldisziplin

Mit der wissenschaftlichen Begleitung und Unterstützung des eben genannten Programms der Charta sowie mit der Entwicklung tiefgreifenderer Reformkonzepte könnte ein unabhängiger Träger der Koordinierung betraut werden. Ein Europäischer Beirat zur Fiskaldisziplin würde sich zusammensetzen aus Wissenschaftlern und ausgewiesenen Experten in Wirtschaft und Verwaltung. Seine Mitglieder würden von den nationalen Parlamenten entsandt werden. Vergleicht man die unabhängigen Expertengremien in Australien, die zum Teil über beachtenswerte Gestaltungsmöglichkeiten verfügen, mit dem nahezu wirkungslosen Sachverständigenrat in Deutschland, wird deutlich, daß ein solcher Beirat eines genau spezifizierten Beratungsauftrages bedarf, um politische Wirksamkeit zu entfalten.

Der Beirat könnte Richtlinien ausarbeiten hinsichtlich der Reform der Rechnungslegungssysteme in der EU. Auch bei der Verbuchung zukünftig kassenwirksamer Verbindlichkeiten (Pensionen) und bei der einzelwirtschaftlichen Erfassung von Abschreibungen auf den Kapitalstock des Staates besteht Innovationsbedarf. Ein weiterer Auftrag an den Beirat wäre, die Anwendung des Konzepts der Generationenkonten als ergänzende Haushaltsdokumente zu prüfen. Wie gezeigt wurde, macht die Vielzahl der zur Berechnung notwendigen Projektionen dieses Konzept anfällig für politische Manipulationen.

Eine Aufgabe des Beirats könnte darin bestehen, solche Fragen aufzugreifen, die von der quantitativen zu einer qualitativen Konsolidierung öffentlicher Haushalte übergehen. Damit ist das gesamte Spektrum des „Public Management" angesprochen. Zu denken ist hier an Evaluierungssysteme für alle Bereiche öffentlicher Leistungserstellung, die eine outputorientierte Prüfung der Wirtschaftlichkeit des Ressourceneinsatzes ermöglichen.

Teile dieses so skizzierten Katalogs könnten prinzipiell auch von der Europäischen Kommission übernommen werden. Die entsprechenden personellen und fachlichen Kapazitäten sind dort vorhanden bzw. könnten über die Vergabe von Gutachten ergänzt werden. Eine Richtlinienkompetenz der Europäischen Kommission für die Koordinierung von Budgetinstitutionen ist aber abzulehnen, da die Ergebnisse ihrer Arbeit einer politischen Kontrolle durch die Regierungen der Mitgliedstaaten unterliegen. Die in dieser Arbeit geschilderten Beschlüsse des Statistischen Amtes der Europäischen Gemeinschaften, die das „creative accounting" einiger europäischer Finanzminister legitimierten, unterstreichen diese Skepsis.

Verzeichnis der Anhänge

ANHANG 1: Defizit- und Schuldenentwicklung 1980-1996

Auf der linken Achse sind die Primärdefizite (untere Reihe) und die totalen Finanzierungsdefizite des Gesamtstaates (obere Reihe) abgetragen. Negative Werte stellen Überschüsse dar. Die Datenpunkte sind jeweils durch Querstriche markiert. Die Verbindungslinien zwischen beiden Reihen zeigen die Höhe der Nettozinszahlungen auf die Staatsschuld. Auf der rechten Achse ist der Bruttoschuldenstand Gesamtstaates abgetragen. Die Datenpunkte sind mit Sternchen markiert. Alle Werte sind Quotienten zum nominalen BIP. Quelle: OECD.

Belgien

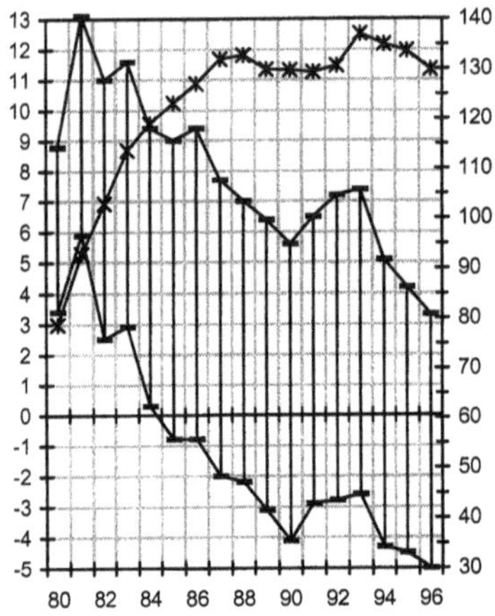

Dänemark

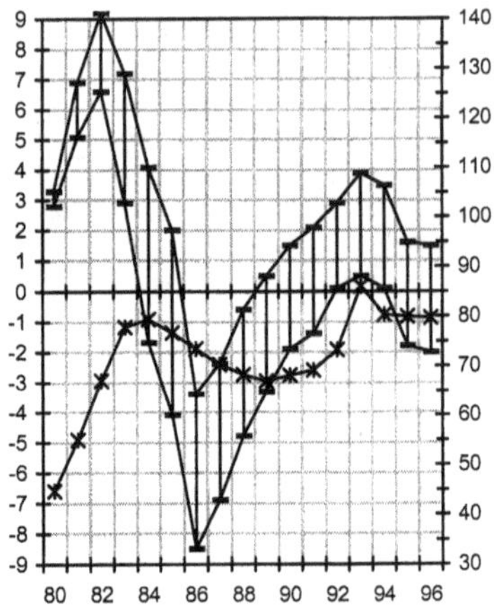

Deutschland

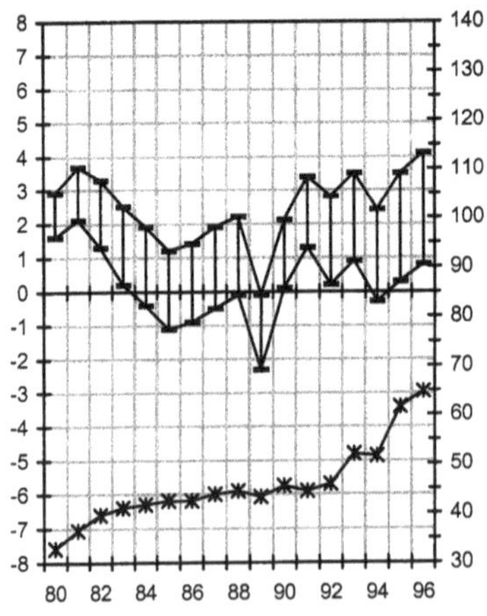

Frankreich

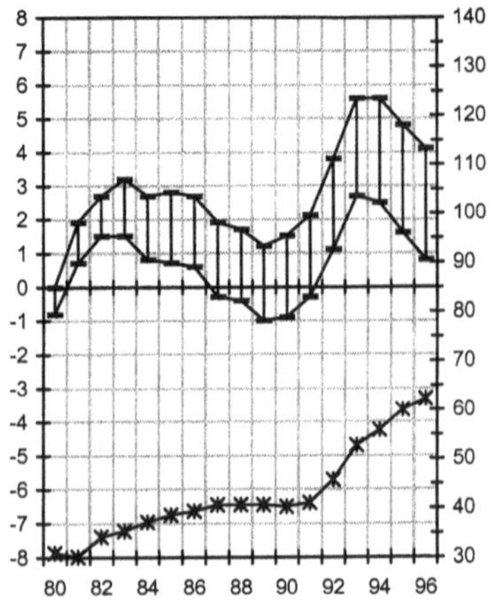

Auf der linken Achse sind die Primärdefizite (untere Reihe) und die totalen Finanzierungsdefizite des Gesamtstaates (obere Reihe) abgetragen. Negative Werte stellen Überschüsse dar. Die Datenpunkte sind jeweils durch Querstriche markiert. Die Verbindungslinien zwischen beiden Reihen zeigen die Höhe der Nettozinszahlungen auf die Staatsschuld. Auf der rechten Achse ist der Bruttoschuldenstand Gesamtstaates abgetragen. Die Datenpunkte sind mit Sternchen markiert. Alle Werte sind Quotienten zum nominalen BIP. Quelle: OECD.

Griechenland

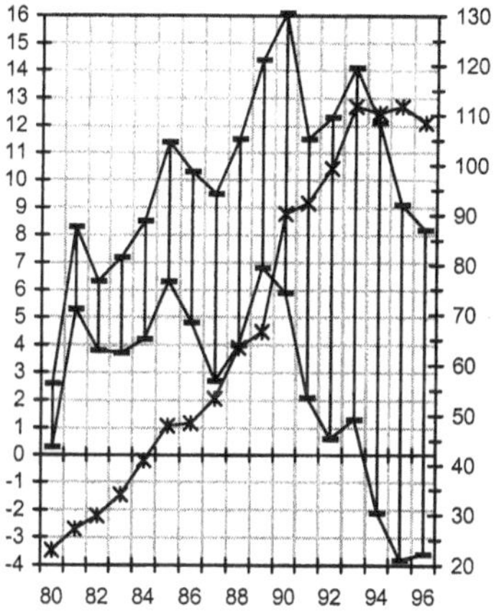

Großbritannien

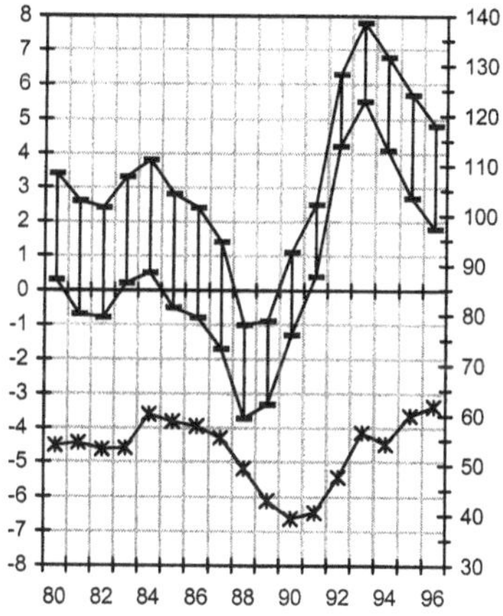

Irland

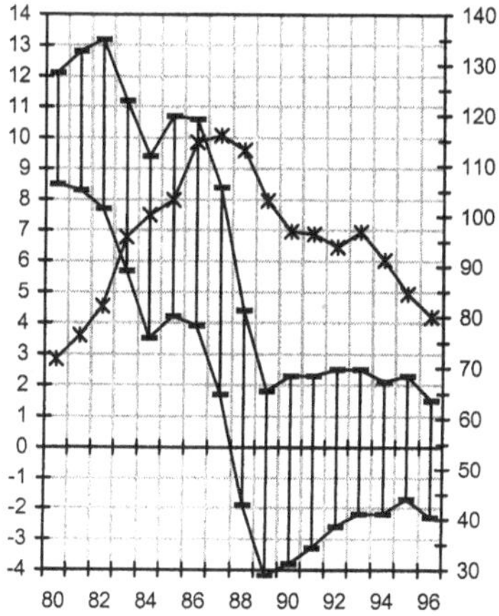

Italien

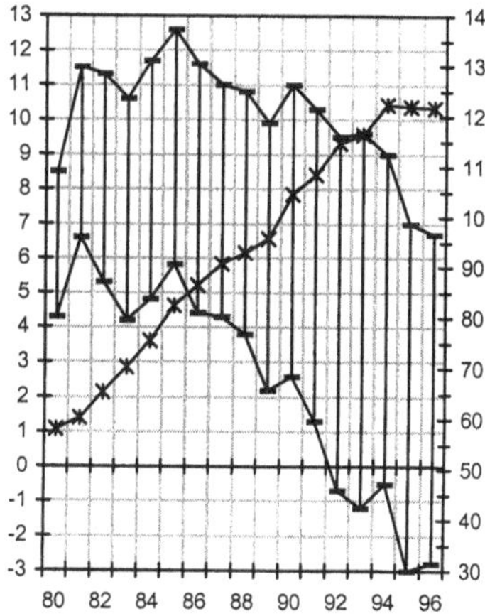

Auf der linken Achse sind die Primärdefizite (untere Reihe) und die totalen Finanzierungsdefizite des Gesamtstaates (obere Reihe) abgetragen. Negative Werte stellen Überschüsse dar. Die Datenpunkte sind jeweils durch Querstriche markiert. Die Verbindungslinien zwischen beiden Reihen zeigen die Höhe der Nettozinszahlungen auf die Staatsschuld. Auf der rechten Achse ist der Bruttoschuldenstand Gesamtstaates abgetragen. Die Datenpunkte sind mit Sternchen markiert. Alle Werte sind Quotienten zum nominalen BIP. Quelle: OECD.

Kanada

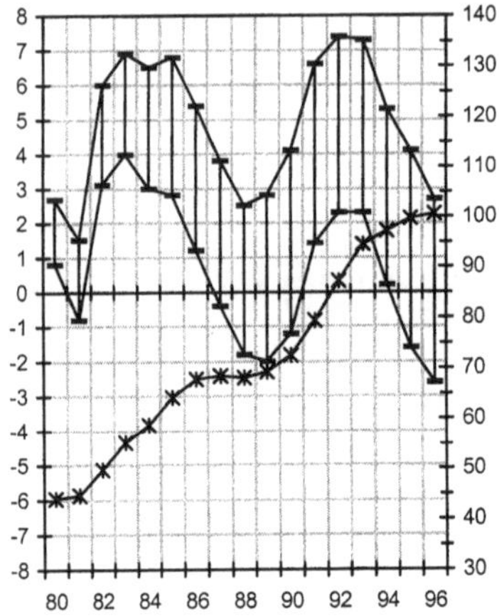

Niederlande

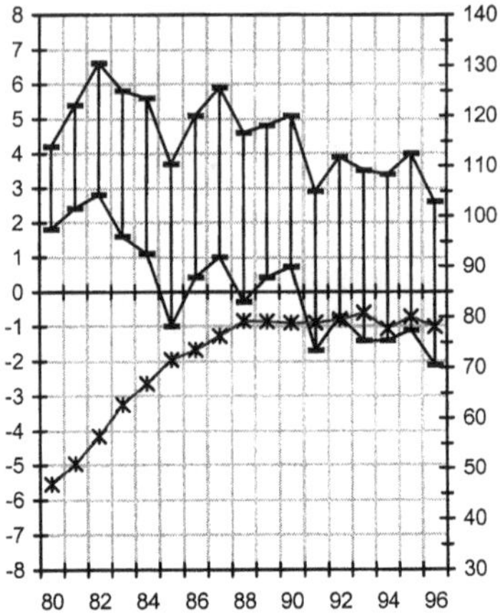

Österreich

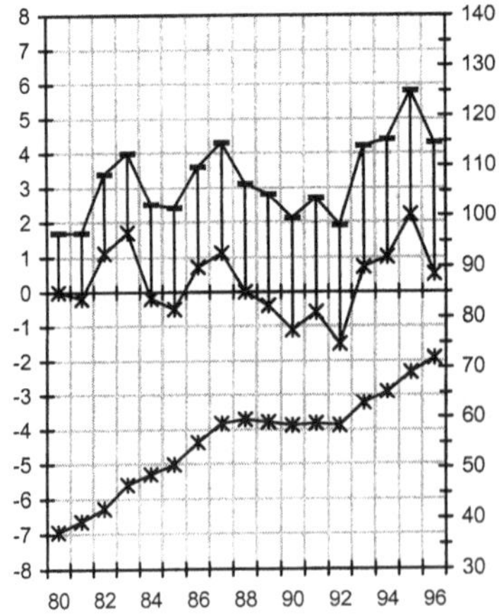

USA

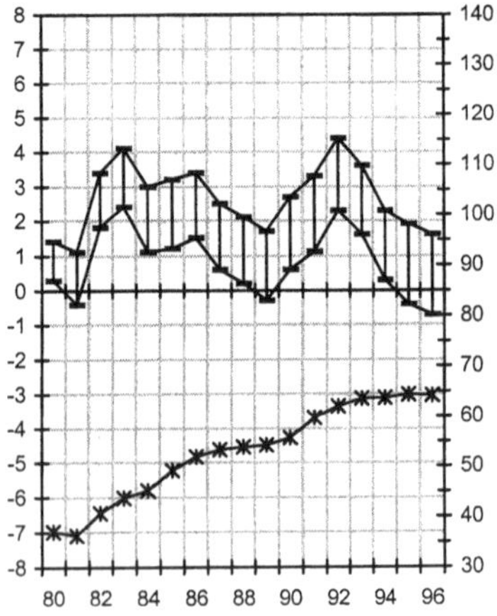

ANHANG 2: Komponenten der Beurteilung staatlicher Schuldner bei der Agentur Standard&Poor´s

Politisches Risiko • Regierungsform und Anpassungsfähigkeit der politischen Institutionen • Öffentliche Teilhabe an der Politik • Ordentlichkeit beim Wechsel der politischen Führung • Gesellschaftlicher Konsens über die Ziele der Wirtschaftspolitik • Integration in Welthandel- und Finanzsysteme • Innere und äußere Sicherheitsrisiken *Einkommen und Struktur der Ökonomie* • Lebensstandard, Einkommens- und Vermögensverteilung • Marktwirtschaft oder Planwirtschaft • Ressourcenausstattung, Diversifizierung der Produktionsstruktur *Aussichten für Wirtschaftswachstum* • Höhe und Zusammensetzung von Investitionen und Ersparnissen • Rate und Art des wirtschaftlichen Wachstums *Fiskalische Flexibilität* • Einnahmen, Ausgaben und Defizite der öffentlichen Haushalte • Wettbewerbsfähigkeit und Flexibilität des Steuersystems • Ausgabenzwänge	*Schuldenlast* • Finanzaktiva der Gebietskörperschaften • Niveau der Staatsverschuldung und Zinsbelastung • Zusammensetzung der Staatsschuld (Laufzeiten, Währungen) • Verpflichtungen aus Pensionszahlungen • Eventualverbindlichkeiten *Preisstabilität* • Preisentwicklungen • Geldmengen- und Kreditexpansion • Wechselkurspolitik • Grad der Autonomie der Zentralbank *Flexibilität der Zahlungsbilanz* • Wirkung von Geld- und Fiskalpolitik auf die Komponenten der Zahlungsbilanz • Struktur der Leistungsbilanz • Zusammensetzung der Kapitalströme *Auslandsschulden und Liquidität* • Höhe und Zusammensetzung der öffentlichen Auslandsschulden • Einstehen des Staates für Verbindlichkeiten von Banken und anderen privaten und öffentlichen Einrichtungen • Laufzeitstruktur und Belastung aus dem Schuldendienst • Regelmäßigkeit des Schuldendienstes in der Vergangenheit • Währungs- und Devisenreserven

Zur Vorbereitung eines Ratingurteils wird einer Regierung für jede der acht Kategorien eine Rangziffer von eins (höchste Wertung) bis fünf (niedrigste Wertung) zugeteilt, die in Relation zur Gesamtheit der staatlichen Schuldner zu sehen ist. Eine eindeutige Formel, um die Rangziffern zu einem Ratingurtei zu kombinieren, existiert allerdings nicht. Quelle: Beers/Cavanaugh (1997).

ANHANG 3: Gesetz zur Beseitigung der Staatsverschuldung des australischen Bundesstaates New South Wales (Auszug)

New South Wales General Government Debt Elimination Act 1995

Part 2 Fiscal targets

Section 5. Fiscal targets
(1) For the purposes of this Act, the fiscal targets are as set out in this Part.
(2) The fiscal targets comprise: (a) the short term fiscal target, (b) the medium term fiscal target, and (c) the long term fiscal target.
(3) The fiscal targets are to be achieved in the context of maintaining prudent, commercially sound debt levels for the agencies or activities comprising the public trading enterprises.

Section 6. Short term fiscal target
The short term fiscal target is to achieve a sustainable surplus budget, defined in accordance with government finance statistics principles, for the general government sector within 3 years after the end of the financial year in which this Act commences.

Section 7. Medium term fiscal target
The medium term fiscal target is to reduce, by 30 June 2005, the level of general government sector net debt to a sustainable level (that is, a level at which the budget can absorb the full impact of an economic cycle without the need for significant corrective action on the revenue or expenditure side) having regard to the following:
(a) the structure of expenditure and revenue of the budget,
(b) the outlook for the State's credit rating, keeping as an objective the achievement of the highest rating possible as judged by internationally recognised rating authorities,
(c) exposure to budget risks,
(d) demographic and social trends that will impact on the budget.

Section 8. Long term fiscal target
The long term fiscal target is to eliminate net debt for the general government sector by 30 June 2020.

Part 3 Fiscal principles

Section 10. Application of fiscal principles
(1) The fiscal principles relate to sound financial management, and accordingly the Government should aim to pursue its policy objectives in accordance with those principles.
(2) Those principles may be departed from in the presentation and implementation of the budget, but any departure should be temporary.
(3) The Treasurer is to include in the budget papers a statement containing the following: (a) the reasons for the departure, (b) the approach to be taken to enable a return to the principles, and (c) the time frame within which a return to the principles should occur.
(4) Within 3 months of the commencement of this section, the Treasurer is to table in each House of Parliament a comprehensive financial management framework for the State's finances prepared in accordance with international public sector best practice.

Section 11. Fiscal principle No 1 adherence to fiscal targets
Fiscal principle No 1 is that the budget should be framed so as to achieve a fiscal result for the general government sector consistent with the fiscal targets.

Section 12. Fiscal principle No 2 maintaining or increasing general government sector net worth

Fiscal principle No 2 is that general government sector net worth should at least be maintained in real terms.

Section 13. Fiscal principle No 3 funding employer superannuation liabilities

(1) Fiscal principle No 3 is that:

(a) accruing employer superannuation liabilities of both the general government sector and the public trading enterprise sector should be fully funded, and

(b) the funding of any accrued unfunded employer superannuation liabilities for those sectors should be phased in so as eventually to eliminate any unfunded liabilities.

(2) The Treasurer is to identify in the budget papers for the 1996 1997 financial year:

(a) the period during which the funding of any accrued unfunded employer superannuation liabilities is to be phased in as referred to in subsection (1) (b), and

(b) the year by which it is intended that all employer superannuation liabilities of the general government and public trading enterprise sectors will be fully funded.

(3) In this section, accruing employer superannuation liabilities means employer superannuation liabilities relating to services after the commencement of the financial year to which the relevant budget papers relate.

Section 14. Fiscal principle No 4 asset maintenance

Fiscal principle No 4 is that the long-lived physical assets of general government sector agencies should be properly maintained. Each general government sector agency is to produce, and keep up to date, in accordance with the directions of the Treasurer an asset maintenance plan that:

(a) identifies all its long-lived physical assets, and

(b) sets out a program for the maintenance of each long-lived physical asset or grouping of long-lived physical assets, and

(c) identifies any deferred maintenance requirements, and

(d) establishes a funding program for the maintenance of those assets.

Section 15. Fiscal principle No 5 constrained growth in net cost of services and outlays

Fiscal principle No 5 is that growth in net cost of services and in budget outlays (both current and capital) should be kept at or below the growth in inflation and population, but within a 3 to 5 year time frame for capital outlays so as to allow for the potential impact from year to year of large capital projects.

Section 16. Fiscal principle No 6 prudent risk management

Fiscal principle No 6 is that management of net debt should be on the basis of sound risk management principles and a prudent limit should be placed on the level of financial risk for overall financial assets and liabilities. Each general government sector agency is to produce, and keep up to date, in accordance with the directions of the Treasurer a risk management plan that identifies all significant financial and other risks and develops strategies for dealing with them.

Section 17. Fiscal principle No 7 tax restraint

Fiscal principle No 7 is that the level of taxes should be restrained to the maximum possible extent and policies should be pursued that are consistent with a reasonable degree of predictability about the level and stability of tax rates for future years.

ANHANG 5: Vorschriften zur Fiskaldisziplin in Verfassungen von U.S.-Bundesstaaten

Auszug aus der Verfassung des Staates Kalifornien

ARTICLE 13A (TAX LIMITATION)

Section 1. (a) The maximum amount of any ad valorem tax on real property shall not exceed 1 percent of the full cash value of such property. [..]

Section 2. (a) The full cash value means the county assessor's valuation of real property as shown on the 1975-76 tax bill under „full cash value“ or, thereafter, the appraised value of real property when purchased, newly constructed, or a change in ownership has occurred after the 1975 assessment. All real property not already assessed up to the 1975-76 full cash value may be reassessed to reflect that valuation. [..]

(b) The full cash value base may reflect from year to year the inflationary rate not to exceed 2 percent for any given year or reduction as shown in the consumer price index or comparable data for the area under taxing jurisdiction, or may be reduced to reflect substantial damage, destruction or other factors causing a decline in value.

Section 3. From and after the effective date of this article, any changes in state taxes enacted for the purpose of increasing revenues collected pursuant thereto whether by increased rates or changes in methods of computation must be imposed by an Act passed by not less than two-thirds of all members elected to each of the two houses of the Legislature, except that no new ad valorem taxes on real property, or sales or transaction taxes on the sales of real property may be imposed.

ARTICLE 13B (GOVERNMENT SPENDING LIMITATION)

Section 1. The total annual appropriations subject to limitation of the State and of each local government shall not exceed the appropriations limit of the entity of government for the prior year adjusted for the change in the cost of living and the change in population, except as otherwise provided in this article.

Section 1.5. The annual calculation of the appropriations limit under this article for each entity of local government shall be reviewed as part of an annual financial audit.

Section 3. The appropriations limit for any fiscal year pursuant to Section 1 shall be adjusted as follows:

[..] (c) (1) In the event an emergency is declared by the legislative body of an entity of government, the appropriations limit of the affected entity of government may be exceeded provided that the appropriations limits in the following three years are reduced accordingly to prevent an aggregate increase in appropriations resulting from the emergency.

(2) In the event an emergency is declared by the Governor, appropriations approved by a two-thirds vote of the legislative body of an affected entity of government to an emergency account for expenditures relating to that emergency shall not constitute appropriations subject to limitation. As used in this paragraph, „emergency“ means the existence, as declared by the Governor, of conditions of disaster or of extreme peril to the safety of persons and property within the State, or parts thereof, caused by such conditions as attack or probable or imminent attack by an enemy of the United States, fire, flood, drought, storm, civil disorder, earthquake, or volcanic eruption. [..]

Auszug aus der Verfassung des Staates Michigan

ARTICLE IX. FINANCE AND TAXATION

Section 3. The legislature shall provide for the uniform general ad valorem taxation of real and tangible personal property not exempt by law except for taxes levied for school operating purposes. [..] For taxes levied in 1995 and each year thereafter, the legislature shall provide that the taxable value of each parcel of property adjusted for additions and losses, shall not increase each year by more than the increase in the immediately preceding year in the general price level or 5 percent, whichever is less until ownership of the parcel of property is transferred. When ownership of the parcel of property is transferred as defined by law, the parcel shall be assessed at the applicable proportion of current true cash value. [..] A law that increases the statutory limits in effect as of February 1, 1994 on the maximum amount of ad valorem property taxes that may be levied for school district operating purposes requires the approval of 3/4 of the members elected to and serving in the Senate and in the House of Representatives.

Section 6. Except as otherwise provided in this constitution, the total amount of general ad valorem taxes imposed upon real and tangible personal property for all purposes in any one year shall not exceed 15 mills on each dollar of the assessed valuation of property as finally equalized.

Under procedures provided by law, which shall guarantee the right of initiative, separate tax limitations for any county and for the townships and for school districts therein, the aggregate of which shall not exceed 18 mills on each dollar of such valuation, may be adopted and thereafter altered by the vote of a majority of the qualified electors of such county voting thereon, in lieu of the limitation herein before established. These limitations may be increased to an aggregate of not to exceed 50 mills on each dollar of valuation, for a period of not to exceed 20 years at any one time, if approved by a majority of the electors, qualified under Section 6 of Article II of this constitution, voting on the question.

The foregoing limitations shall not apply to taxes imposed for the payment of principal and interest on bonds approved by the electors or other evidences of indebtedness approved by the electors or for the payment of assessments or contract obligations in anticipation of which bonds are issued approved by the electors, which taxes may be imposed without limitation as to rate or amount; or, subject to the provisions of Section 25 through 34 of this article, to taxes imposed for any other purpose by any city, village, charter county, charter township, charter authority or other authority, the tax limitations of which are provided by charter or by general law.

Section 12. No evidence of state indebtedness shall be issued except for debts authorized pursuant to this constitution.

Section 14. To meet obligations incurred pursuant to appropriations for any fiscal year, the legislature may by law authorize the state to issue its full faith and credit notes in which case it shall pledge undedicated revenues to be received within the same fiscal year for the repayment thereof. Such indebtedness in any fiscal year shall not exceed 15 percent of undedicated revenues received by the state during the preceding fiscal year and such debts shall be repaid at the time the revenues so pledged are received, but not later than the end of the same fiscal year.

Section 15. The state may borrow money for specific purposes in amounts as may be provided by acts of the legislature adopted by a vote of two-thirds of the members elected to and serving in each house, and approved by a majority of the electors voting thereon at any general election. The question submitted to the electors shall state the amount to be borrowed, the specific purpose to which the funds shall be devoted, and the method of repayment.

Section 25. Property taxes and other local taxes and state taxation and spending may not be increased above the limitations specified herein without direct voter approval. The state is prohibited from requiring any new or expanded activities by local governments without full state financing, from reducing the proportion of state spending in the form of aid to local governments, or from shifting the tax burden to local government. A provision for emergency conditions is established and the repayment of voter approved bonded indebtedness is guaranteed.

Section 26. There is hereby established a limit on the total amount of taxes which may be imposed by the legislature in any fiscal year on the taxpayers of this state. This limit shall not be changed without approval of the majority of the qualified electors voting thereon, as provided for in Article 12 of the Constitution. Effective with fiscal year 1979-1980, and for each fiscal year thereafter, the legislature shall not impose taxes of any kind which, together with all other revenues of the state, federal aid excluded, exceed the revenue limit established in this section. The revenue limit shall be equal to the product of the ratio of Total State Revenues in fiscal year 1978-79 divided by the Personal Income of Michigan in calendar year 1977 multiplied by the Personal Income of Michigan in either the prior calendar year or the average of Personal Income of Michigan in the previous three calendar years, whichever is greater.

For any fiscal year in the event that Total State Revenues exceed the revenue limit established in this section by 1% or more, the excess revenues shall be refunded pro rata based on the liability reported on the Michigan income tax and single business tax annual returns filed following the close of such fiscal year. If the excess is less than 1%, this excess may be transferred to the State Budget Stabilization Fund.

The revenue limitation established in this section shall not apply to taxes imposed for the payment of principal and interest on bonds, approved by the voters and authorized under Section 15 of this Article, and loans to school districts authorized under Section 16 of this Article.

If responsibility for funding a program or programs is transferred from one level of government to another, as a consequence of constitutional amendment, the state revenue and spending limits may be adjusted to accommodate such change, provided that the total revenue authorized for collection by both state and local governments does not exceed that amount which would have been authorized without such change.

Section 27. The revenue limit of Section 26 of this Article may be exceeded only if all of the following conditions are met: (1) The governor requests the legislature to declare an emergency; (2) the request is specific as to the nature of the emergency, the dollar amount of the emergency, and the method by which the emergency will be funded; and (3) the legislature thereafter declares an emergency in accordance with the specific of the governor's request by a two-thirds vote of the members elected to and serving in each house. The emergency must be declared in accordance with this section prior to incurring any of the expenses which constitute the emergency request. The revenue limit may be exceeded only during the fiscal year for which the emergency is declared.

In no event shall any part of the amount representing a refund under Section 26 of this Article be the subject of an emergency request.

Section 28. No expenses of state government shall be incurred in any fiscal year which exceed the sum of the revenue limit established in Sections 26 and 27 of this Article plus federal aid and any surplus from a previous fiscal year.

Section 29. The state is hereby prohibited from reducing the state financed proportion of the necessary costs of any existing activity or service required of units of Local Government by state law. A new activity or service or an increase in the level of any activity or service beyond that required by existing law shall not be required by the legislature or any state agency of units of Local Government, unless a state appropriation is made and disbursed to pay the unit of Local Government for any necessary increased costs.

Section 32. Any taxpayer of the state shall have standing to bring suit in the Michigan State Court of Appeals to enforce the provisions of Sections 25 through 31, inclusive, of this Article and, if the suit is sustained, shall receive from the applicable unit of government his costs incurred in maintaining such suit.

Auszug aus der Verfassung des Staates Georgia

ARTICLE VII. TAXATION AND FINANCE

Section I. Power of Taxation

Paragraph II. Taxing power limited.

(a) The annual levy of state ad valorem taxes on tangible property for all purposes, except for defending the state in an emergency, shall not exceed one-fourth mill on each dollar of the assessed value of the property. [..]

Section IV. State Debt

Paragraph I. Purposes for which debt may be incurred.

The state may incur:

(a) Public debt without limit to repel invasion, suppress insurrection, and defend the state in time of war.

(b) Public debt to supply a temporary deficit in the state treasury in any fiscal year created by a delay in collecting the taxes of that year. Such debt shall not exceed, in the aggregate, 5 percent of the total revenue receipts, less refunds, of the state treasury in the fiscal year immediately preceding the year in which such debt is incurred. The debt incurred shall be repaid on or before the last day of the fiscal year in which it is incurred out of taxes levied for that fiscal year. No such debt may be incurred in any fiscal year under the provisions of this subparagraph (b) if there is then outstanding unpaid debt from any previous fiscal year which was incurred to supply a temporary deficit in the state treasury.

(c) General obligation debt to acquire, construct, develop, extend, enlarge, or improve land, waters, property, highways, buildings, structures, equipment, or facilities of the state, its agencies, departments, institutions.

(d) General obligation debt to provide educational facilities for county and independent school systems and to provide public library facilities for county and independent school systems, counties, municipalities, and boards of trustees of public libraries or boards of trustees of public library systems [..].

(e) General obligation debt in order to make loans to counties, municipal corporations, political subdivisions, local authorities, and other local government entities for water or sewerage facilities or systems or for regional or multijurisdictional solid waste recycling or solid waste facilities or systems. [..]

Paragraph II. State general obligation debt; limitations.

(a) As used in this Paragraph, „annual debt service requirements"' means the total principal and interest coming due in any state fiscal year. With regard to any issue of debt incurred wholly or in part on a term basis, „annual debt service requirements" means an amount equal to the total principal and interest payments required to retire such issue in full divided by the number of years from its issue date to its maturity date.

(b) No debt may be incurred under subparagraphs (c), (d), and (e) of Paragraph I of this section or Paragraph V of this section at any time when the highest aggregate annual debt service requirements for the then current year or any subsequent year for outstanding general obligation debt and guaranteed revenue debt, including the proposed debt, and the highest aggregate annual payments for the then current year or any subsequent fiscal year of the state under all contracts then in force, exceed 10 percent of the total revenue receipts, less refunds of the state treasury in the fiscal year immediately preceding the year in which any such debt is to be incurred.

(c) No debt may be incurred under subparagraphs (c) and (d) of Paragraph I of this section at any time when the term of the debt is in excess of 25 years.

Paragraph VII. Georgia State Financing and Investment Commission; duties. There shall be a Georgia State Financing and Investment Commission. The commission shall consist of the Governor, the President of the Senate, the Speaker of the House of Representatives, the State Auditor, the Attorney General, the director, Fiscal Division, Department of Administrative Services, or such other officer as may be designated by law, and the Commissioner of Agriculture. The commission shall be responsible for the issuance of all public debt and for the proper application, as provided by law, of the proceeds of such debt to the purposes for which it is incurred [..]

Paragraph VIII. State aid forbidden. Except as provided in this Constitution, the credit of the state shall not be pledged or loaned to any individual, company, corporation, or association. The state shall not become a joint owner or stockholder in or with any individual, company, association, or corporation.

Paragraph X. Assumption of debts forbidden; exceptions. The state shall not assume the debt, or any part thereof, of any county, municipality, or other political subdivision of the state, unless such debt be contracted to enable the state to repel invasion, suppress civil disorders or insurrection, or defend itself in time of war.

Auszug aus der Verfassung des Staates Connecticut

ARTICLE THIRD: OF THE LEGISLATIVE DEPARTMENT.

Section 18.

a. The amount of general budget expenditures authorized for any fiscal year shall not exceed the estimated amount of revenue for such fiscal year.

b. The general assembly shall not authorize an increase in general budget expenditures for any fiscal year above the amount of general budget expenditures authorized for the previous fiscal year by a percentage which exceeds the greater of the percentage increase in personal income or the percentage increase in inflation, unless the governor declares an emergency or the existence of extraordinary circumstances and at least three-fifths of the members of each house of the general assembly vote to exceed such limit for the purposes of such emergency or extraordinary circumstances. The general assembly shall by law define „increase in personal income", „increase in inflation" and „general budget expenditures" for the purposes of this section and may amend such definitions, from time to time, provided general budget expenditures shall not include expenditures for the payment of bonds, notes or other evidences of indebtedness. The enactment or amendment of such definitions shall require the vote of three-fifths of the members of each house of the general assembly.

c. Any unappropriated surplus shall be used to fund a budget reserve fund or for the reduction of bonded indebtedness; or for any other purpose authorized by at least three-fifths of the members of each house of the general assembly.

Auszug aus der Verfassung des Staates South Carolina

ARTICLE X: FINANCE, TAXATION AND BONDED DEBT

Section 7. Limitation on annual expenditures of state government and number of state employees; annual budgets and expenses of political subdivisions and school districts.

(a) The General Assembly shall provide by law for a budget process to insure that annual expenditures of state government may not exceed annual state revenue.

(b) Each political subdivision of the State and each school district of this State shall prepare and maintain annual budgets which provide for sufficient income to meet its estimated expenses for each year. Whenever it shall happen that the ordinary expenses of a political subdivision for any year shall exceed the income of such political subdivision, the governing body of such political subdivision shall provide for levying a tax in the ensuing year sufficient, with other sources of income, to pay the deficiency of the preceding year together with the estimated expenses for such ensuing year. The General Assembly shall establish procedures to insure that the provisions of this section are enforced.

(c) The General Assembly shall prescribe by law a spending limitation on appropriations for the operation of state government which shall provide that annual increases in such appropriations may not exceed the average growth rate of the economy of the State as measured by a process provided for by the law which prescribes the limitations on appropriations; provided, however, the limitation may be suspended for any one fiscal year by a special vote as provided in this subsection.

During the regular session of the General Assembly in 1990 and during every fifth annual regular session thereafter, the General Assembly shall conduct and complete a review of the law implementing this subsection. During such session, only a vote of two-thirds of the members of each branch present and voting shall be required to change the existing limitation on appropriation. Unless that is done, the existing limitations shall remain unchanged.

Upon implementation of the provisions of this subsection by law, such law may not be amended or repealed except by the special vote as provided in this subsection.

The special vote referred to in this subsection means an affirmative vote in each branch of the General Assembly by two-thirds of the members present and voting, but not less than three-fifths of the total membership in each branch.

(d) The General Assembly shall prescribe by law a limitation on the number of state employees which shall provide that the annual increase in such number may not exceed the average growth rate in the population of the State measured by a process provided for in the law which prescribes that employment limitation; provided, however, the limitation may be suspended for any one fiscal year by a special vote as provided in this subsection.

Upon implementation of the provisions of this subsection by law, such law may not be amended or repealed except by the special vote provided in this subsection.

The special vote referred to in this subsection means an affirmative vote in each branch of the General Assembly by two-thirds of the members present and voting, but not less than three-fifths of the total membership in each branch.

Auszug aus der Verfassung des Staates Florida

ARTICLE I - DECLARATION OF RIGHTS

Section 25. Taxpayers' Bill of Rights

By general law the legislature shall prescribe and adopt a Taxpayers' Bill of Rights that, in clear and concise language, sets forth taxpayers' rights and responsibilities and government's responsibilities to deal fairly with taxpayers under the laws of this state.

ARTICLE III - LEGISLATURE

Section 19. State Budgeting, Planning and Appropriations Processes

g) BUDGET STABILIZATION FUND.

Beginning with the 1994-1995 fiscal year, at least 1% of an amount equal to the last completed fiscal year's net revenue collections for the general revenue fund shall be retained in a budget stabilization fund. The budget stabilization fund shall be increased to at least 2% of said amount for the 1995-1996 fiscal year, at least 3% of said amount for the 1996-1997 fiscal year, at least 4% of said amount for the 1997-1998 fiscal year, and at least 5% of said amount for the 1998-1999 fiscal year. Subject to the provisions of this subsection, the budget stabilization fund shall be maintained at an amount equal to at least 5% of the last completed fiscal year's net revenue collections for the general revenue fund. The budget stabilization fund's principal balance shall not exceed an amount equal to 10% of the last completed fiscal year's net revenue collections for the general revenue fund. The legislature shall provide criteria for withdrawing funds from the budget stabilization fund in a separate bill for that purpose only and only for the purpose of covering revenue shortfalls of the general revenue fund or for the purpose of providing funding for an emergency, as defined by general law. General law shall provide for the restoration of this fund.

ARTICLE IV - EXECUTIVE

Section 13. Revenue Shortfalls.

In the event of revenue shortfalls, as defined by general law, the governor and cabinet may establish all necessary reductions in the state budget in order to comply with the provisions of Article VII, Section 1(d). The governor and cabinet shall implement all necessary reductions for the executive budget, the chief justice of the supreme court shall implement all necessary reductions for the judicial budget, and the speaker of the house of representatives and the president of the senate shall implement all necessary reductions for the legislative budget.

ARTICLE VII - FINANCE AND TAXATION

Section 1. Taxation; appropriations; state expenses; state revenue limitation.

d) Provision shall be made by law for raising sufficient revenue to defray the expenses of the state for each fiscal period.

(e) Except as provided herein, state revenues collected for any fiscal year shall be limited to state revenues allowed under this subsection for the prior fiscal year plus an adjustment for growth. As used in this subsection, „growth“ means an amount equal to the average annual rate of growth in Florida personal income over the most recent twenty quarters times the state revenues allowed under this subsection for the prior fiscal year. Florida personal income shall be determined by the legislature, from information available from the United States Department of Commerce or its successor on the first day of February prior to the beginning of the fiscal year.

State revenues collected for any fiscal year in excess of this limitation shall be transferred to the budget stabilization fund until the fund reaches the maximum balance specified in Section 19(g) of Article III, and thereafter shall be refunded to taxpayers as provided by general law. State revenues allowed under this subsection for any fiscal year may be increased by a two-thirds vote of the membership of each house of the legislature in a separate bill that contains no other subject and that sets forth the dollar amount by which the state revenues allowed will be increased.

For purposes of this subsection, „state revenues“ means taxes, fees, licenses, and charges for services imposed by the legislature on individuals, businesses, or agencies outside state government. However, „state revenues“ does not include: revenues that are necessary to meet the requirements set forth in documents authorizing the issuance of bonds by the state; revenues that are used to provide matching funds for the federal Medicaid; proceeds from the state lottery returned as prizes; receipts of the Florida Hurricane Catastrophe Fund; balances carried forward from prior fiscal years; [..].

Section 2. Taxes; rate. All ad valorem taxation shall be at a uniform rate within each taxing unit, except the taxes on intangible personal property may be at different rates but shall never exceed two mills on the dollar of assessed value; provided, as to any obligations secured by mortgage, deed of trust, or other lien on real estate wherever located, an intangible tax of not more than two mills on the dollar may be levied by law to be in lieu of all other intangible assessments on such obligations.

Section 4. Taxation; assessments. (c) All persons entitled to a homestead exemption under

Section 6 of this Article shall have their homestead assessed at just value as of January 1 of the year following the effective date of this amendment. This assessment shall change only as provided herein. Assessments subject to this provision shall be changed annually on January 1st of each year; but those changes in assessments shall not exceed the lower of the following: (A) 3 percent of the assessment for the prior year, (B) the percent change in the Consumer Price Index for all urban consumers, U.S. City Average, all items 1967=100, or successor reports for the preceding calendar year as initially reported by the United States Department of Labor, Bureau of Labor Statistics.

Section 11. State bonds.

(a) State bonds pledging the full faith and credit of the state may be issued only to finance or refinance the cost of state fixed capital outlay projects authorized by law, and purposes incidental thereto, upon approval by a vote of the electors; provided state bonds issued pursuant to this subsection may be refunded without a vote of the electors at a lower net average interest cost rate. The total outstanding principal of state bonds shall never exceed fifty percent of the total tax revenues of the state for the two preceding fiscal years, excluding any tax revenues held in trust under the provisions of this constitution.

(d) Revenue bonds may be issued by the state or its agencies without a vote of the electors to finance or refinance the cost of state fixed capital outlay projects authorized by law, and purposes incidental thereto, and shall be payable solely from funds derived directly from sources other than state tax revenues.

ANHANG 6: Amtliche Dokumente zur Koordinierung von Fiskaldisziplin in der Europäischen Union

Seite

Vertrag zur Gründung der Europäischen Gemeinschaft vom 25. März 1957 in der Fassung des Vertrages über die Europäische Union vom 7. Februar 1992

Artikel 104c [Vermeidung übermäßiger Defizite; Haushaltsdisziplin]

(1) Die Mitgliedstaaten vermeiden übermäßige öffentliche Defizite.

(2) Die Kommissionen überwacht die Entwicklung der Haushaltslage und des öffentlichen Schuldenstandes der Mitgliedstaaten im Hinblick auf die Feststellung schwerwiegender Fehler. Insbesondere überprüft sie die Einhaltung der Haushaltsdisziplin anhand von zwei Kriterien, nämlich daran,

a) ob das Verhältnis des geplanten oder tatsächlichen öffentlichen Defizits zum Brutoinlandsprodukt einen bestimmten Referenzwert überschreitet, es sei denn, daß
   - entweder das Verhältnis erheblich und laufend zurückgegangen ist und einen Wert in der Nähe des Referenzwertes erreicht hat
   - oder der Referenzwert nur ausnahmsweise und vorübergehend überschritten wird und das Verhältnis in der Nähe des Referenzwertes bleibt,

b) ob das Verhältnis des öffentlichen Schuldenstandes zum Bruttoinlandsprodukt einen bestimmten Referenzwert überschreitet, es sei denn, daß das Verhältnis hinreichend rückläufig ist und sich rasch genug dem Referenzwert nähert.

Die Referenzwerte werden in einem diesem Vertrag beigefügten Protokoll über das Verfahren bei einem übermäßigen Defizit festgelegt.

(3) Erfüllt ein Mitgliedstaat keines oder nur eines dieser Kriterien, so erstellt die Kommission einen Bericht. In diesem Bericht wird berücksichtigt, ob das öffentliche Defizit die öffentlichen Ausgaben für Investitionen übertrifft; berücksichtigt werden ferner alle sonstigen einschlägigen Faktoren, einschließlich der mittelfristigen Wirtschafts- und Haushaltslage des Mitgliedstaates.
Die Kommission kann ferner einen Bericht erstellen, wenn sie ungeachtet der Erfüllung der Kriterien der Auffassung ist, daß in einem Mitgliedstaat die Gefahr eines übermäßigen Defizits besteht.

(4) Der Ausschuß nach Artikel 109c gibt eine Stellungnahme zu dem Bericht der Kommission ab.

(5) Ist die Kommission der Auffassung, daß in einem Mitgliedstaat ein übermäßiges Defizit besteht oder sich ergeben könnte, so legt sie dem Rat eine Stellungnahme vor.

(6) Der Rat entscheidet mit qualifizierter Mehrheit auf Empfehlung der Kommission und unter Berücksichtigung der Bemerkungen, die der betreffende Mitgliedstaat gegebenenfalls abzugeben wünscht, nach Prüfung der Gesamtlage, ob ein übermäßiges Defizit besteht.

(7) Wird nach Absatz 6 ein übermäßiges Defizit festgestellt, so richtet der Rat an den betreffenden Mitgliedstaat Empfehlungen mit dem Ziel, dieser Lage innerhalb einer bestimmten Frist abzuhelfen. Vorbehaltlich des Absatzes 8 werden diese Empfehlungen nicht veröffentlicht.

(8) Stellt der Rat fest, daß seine Empfehlungen innerhalb der gesetzten Frist keine wirksamen Maßnahmen ausgelöst haben, so kann er seine Empfehlungen veröffentlichen.

(9) Falls ein Mitgliedstaat den Empfehlungen des Rates weiterhin nicht Folge leistet, kann der Rat beschließen, den Mitgliedstaat in Verzug zu setzen, innerhalb einer bestimmten Frist Maßnahmen für den nach Auffassung des Rates zur Sanierung erforderlichen Defizitabbau zu treffen. Der Rat kann in diesem Fall den betreffenden Mitgliedsstaat ersuchen, nach einem konkreten Zeitplan Berichte vorzulegen, um die Anpassungsbemühungen des Mitgliedstaates überprüfen zu können.

(10) Das Recht auf Klageerhebung nach den Artikeln 169 und 170 kann im Rahmen der Absätze 1 bis 9 dieses Artikels nicht ausgeübt werden.

(11) Solange ein Mitgliedstaat einen Beschluß nach Absatz 9 nicht befolgt, kann der Rat beschließen, eine oder mehrere der nachstehenden Maßnahmen anzuwenden oder gegebenenfalls zu verschärfen, nämlich

- von dem betreffenden Mitgliedstaat verlangen, vor der Emission von Schuldverschreibungen und sonstigen Wertpapieren vom Rat näher zu bezeichnende zusätzlicher Angaben zu veröffentlichen,
- die Europäische Investitionsbank ersuchen, ihre Darlehenspolitik gegenüber dem Mitgliedstaat zu überprüfen,
- von dem Mitgliedstaat verlangen, eine unverzinsliche Einlage in angemessener Höhe bei der Gemeinschaft zu hinterlegen, bis das übermäßige Defizit nach Ansicht des Rates korrigiert worden ist,
- Geldbußen in angemessener Höhe zu verhängen.

Der Präsident des Rates unterrichtet das Europäische Parlament von den Beschlüssen.

(12) Der Rat hebt einige oder sämtliche Entscheidungen nach den Absätzen 6 bis 9 und 11 so weit auf, wie das übermäßige Defizit in dem betreffenden Mitgliedstaat nach Ansicht des Rates korrigiert worden ist. Hat der Rat zuvor Empfehlungen veröffentlicht, so stellt er, sobald die Entscheidung nach Absatz 8 aufgehoben worden ist, in einer öffentlichen Erklärung fest, daß in dem betreffenden Mitgliedstaat kein übermäßiges Defizit mehr besteht.

(13) Die Beschlußfassung des Rates nach den Absätzen 7 bis 9 sowie 11 und 12 erfolgt auf Empfehlung der Kommission mit einer Mehrheit von zwei Dritteln der gemäß Artikel 148 Absatz 2 gewogenen Stimmen der Mitgliedstaaten mit Ausnahme der Stimmen des Vertreters des betroffenen Mitgliedstaates.

(14) Weitere Bestimmungen über die Durchführung des in diesem Artikel beschriebenen Verfahrens sind in dem diesem Vertrag beigefügten Protokoll über das Verfahren bei einem übermäßigen Defizit enthalten.
Der Rat verabschiedet einstimmig auf Vorschlag der Kommission und nach Anhörung des Europäischen Parlaments sowie der EZB die geeigneten Bestimmungen, die sodann das genannte Protokoll ablösen.
Der Rat beschließt vorbehaltlich der sonstigen Bestimmungen dieses Absatzes vor dem 1. Januar 1994 mit qualifizierter Mehrheit auf Vorschlag der Kommission und nach Anhörung des Europäischen Parlaments nähere Einzelheiten und Begriffsbestimmungen für die Durchführung des genannten Protokolls.

Protokoll Nr. 5 zum Vertrag über die Europäische Union vom 7. Februar 1992 (Protokoll über das Verfahren bei einem übermäßigen Defizit)

Artikel 1

Die in Artikel 104c Absatz 2 dieses Vertrages genannten Referenzwerte sind:

- 3% für das Verhältnis zwischen dem geplanten oder tatsächlichen Defizit und dem Bruttoinlandsprodukt zu Marktpreisen,
- 60% für das Verhältnis zwischen dem öffentlichen Schuldenstand und dem Bruttoinlandsprodukt zu Marktpreisen

Artikel 2

In Artikel 104c dieses Vertrages und in diesem Protokoll bedeutet

- „öffentlich" zum Staat, d. h. zum Zentralstaat (Zentralregierung), zu regionalen oder lokalen Gebietskörperschaften oder Sozialversicherungseinrichtungen gehörig, mit Ausnahme von kommerziellen Transaktionen, im Sinne des Europäischen Systems volkswirtschaftlicher Gesamtrechnungen;
- „Defizit" das Finanzierungsdefizit im Sinne des Europäischen Systems volkswirtschaftlicher Gesamtrechnungen;
- „Investitionen" die Bruttoanlageinvestitionen im Sinne des Europäischen Systems volkswirtschaftlicher Gesamtrechnungen;
- „Schuldenstand" den Bruttogesamtschuldenstand zum Nominalwert am Jahresende nach Konsolidierung innerhalb und zwischen den einzelnen Bereichen des Staatssektors im Sinn des ersten Gedankenstrichs.

Artikel 3

Um die Wirksamkeit des Verfahrens bei einem übermäßigen Defizit zu gewährleisten, sind die Regierungen der Mitgliedstaaten im Rahmen dieses Verfahrens für die Defizite des Staatssektors im Sinne von Artikel 2 erster Gedankenstrich verantwortlich. Die Mitgliedstaaten gewährleisten, daß die innerstaatlichen Verfahren im Haushaltsbereich sie in die Lage versetzen, ihre sich aus diesem Vertrag ergebenden Verpflichtungen in diesem Bereich zu erfüllen. Die Mitgliedstaaten müssen ihre geplanten und tatsächlichen Defizite und die Höhe ihres Schuldenstandes der Kommission unverzüglich und regelmäßig mitteilen.

Artikel 4

Die zur Anwendung dieses Protokolls erforderlichen statistischen Daten werden von der Kommission zur Verfügung gestellt.

Verordnung Nr. 3605/93 des Rates vom 22. November 1993 (Auszüge)

ABSCHNITT 1: Definitionen

Artikel 1

(1) Für die Zwecke des Protokolls über das Verfahren bei einem übermäßigen Defizit und dieser Verordnung sind die in den folgenden Absätzen genannten Begriffe gemäß dem Europäischen System Volkswirtschaftlicher Gesamtrechnungen (ESVG) definiert. [..].

(2) „Öffentlich" bedeutet die Zugehörigkeit zum Sektor Staat, untergliedert in die Teilsektoren Zentralstaat, lokale Gebietskörperschaften und Sozialversicherung, unter Ausschluß von kommerziellen Transaktionen, gemäß der Definition des ESVG. Der Ausschluß von kommerziellen Transaktionen bedeutet, daß der Sektor Staat nur diejenigen institutionellen Einheiten umfaßt, die in ihrer Hauptfunktion nicht marktbestimmte Dienstleistungen erbringen.

(3) Das öffentliche Defizit ist das Finanzierungsdefizit des Sektors Staat gemäß der Definition des ESVG.

(4) Die öffentlichen Investitionen sind die Bruttoanlageinvestitionen des Sektors Staat gemäß der Definition des ESVG.

(5) Als öffentlicher Schuldenstand gilt der Nominalwert aller am Jahresende ausstehenden Bruttoverbindlichkeiten des Sektors Staat, mit Ausnahme derjenigen Verbindlichkeiten, für die vom Sektor Staat entsprechende finanzielle Gegenwerte gehalten werden. Der öffentliche Schuldenstand besteht aus den Verbindlichkeiten des Sektors Staat in folgenden Rubriken: Bargeld und Einlagen, Geldmarktpapiere, festverzinsliche Wertpapiere, sonstige kurzfristige Kredite sowie mittel- und langfristige Kredite gemäß den Definitionen des ESVG. Als Nominalwert einer am Jahresende ausstehenden Verbindlichkeit gilt ihr Nennwert. Als Nominalwert einer indexgebundenen Verbindlichkeit gilt ihr Nennwert, korrigiert um den zum Jahresende festgestellten indexbezogenen Kapitalzuwachs.

Artikel 2

Das Bruttoinlandsprodukt ist das Bruttoinlandsprodukt zu Marktpreisen gemäß der Definition der Richtlinie 89/130/EWG, Euratom.

ABSCHNITT 2: Regeln und Anwendungsbereich für die Mitteilungen

Artikel 4

(1) Ab Anfang 1994 teilen die Mitgliedstaaten der Kommission zweimal jährlich die Höhe ihrer geplanten und tatsächlichen öffentlichen Defizite sowie die Höhe ihre tatsächlichen öffentlichen Schuldenstandes mit, und zwar das erste Mal vor dem 1. März des laufenden Jahres (Jahr *n*) und das zweite Mal vor dem 1. September des Jahres *n*.

(2) Vor dem 1. März des Jahres *n*

- teilen die Mitgliedstaaten der Kommission ihr geplantes öffentliches Defizit für das Jahr *n*, eine aktualisierte Schätzung ihres tatsächlichen öffentlichen Defizits für das Jahr *n*–1 und ihre tatsächlichen öffentlichen Defizite für die Jahre *n*–2, *n*–3 und *n*–4 mit;
- übermitteln die Mitgliedstaaten der Kommission gleichzeitig für die Jahre *n*, *n*–1 und *n*–2 die entsprechenden Haushaltsdefizite des öffentlichen Sektors unter Zugrundelegung der in den jeweiligen Mitgliedstaaten gebräuchlichsten Definition sowie die Zahlen, die die Umrechnung des betreffenden Haushaltsdefizits in das öffentliche Defizit erklären. Die diese

Umrechnung erklärenden Zahlen, die der Kommission übermittelt werden, umfassen insbesondere die Zahlen über das Finanzierungsdefizit der Teilsektoren;
- teilen die Mitgliedstaaten der Kommission ihre Schätzungen der tatsächlichen Höhe des öffentlichen Schuldenstandes zum Ende des Jahres *n*–1 und die tatsächliche Höhe ihres öffentlichen Schuldenstandes in den Jahren *n*–2, *n*–3 und *n*–4 mit;
- stellen die Mitgliedstaaten der Kommission gleichzeitig die Zahlen für die Jahre *n*–1 und *n*–2 zur Verfügung, die die Beiträge des öffentlichen Defizits und anderer einschlägiger Einflußfaktoren zur Veränderung der Höhe des öffentlichen Schuldenstandes erklären.

(3) Vor dem 1. September des Jahres *n*

- teilen die Mitgliedstaaten der Kommission das aktualisierte geplante öffentliche Defizit des Jahres *n* und die tatsächlichen öffentlichen Defizite der Jahre *n*–1, *n*–2, *n*–3 und *n*–4 mit und erfüllen die Anforderungen nach Absatz 2 zweiter Gedankenstrich;
- teilen die Mitgliedstaaten der Kommission die tatsächliche Höhe des öffentlichen Schuldenstandes zum Ende der Jahre *n*–1, *n*–2, *n*–3 und *n*–4 mit und erfüllen die Anforderungen nach Absatz 2 vierter Gedankenstrich.

Artikel 5

Die Mitgliedstaaten übermitteln der Kommission gemäß den Modalitäten des Artikels 4, Absätze 1, 2, und 3 die Zahlen betreffend ihre Ausgaben für öffentliche Investitionen und für Zinszahlungen.

Artikel 6

Die Mitgliedstaaten übermitteln der Kommission zu den in Artikel 4, Absatz 1 genannten Terminen eine Schätzung ihres Bruttoinlandsproduktes für das Jahr *n* und die Höhe ihres tatsächlichen Bruttoinlandsproduktes für die Jahre *n*–1, *n*–2, *n*–3 und *n*–4.

Verordnung Nr. 1467/97 des Rates vom 7. Juli 1997

ABSCHNITT 1: Begriffsbestimmungen und Bewertungen

Artikel 1

(1) Diese Verordnung enthält die Bestimmungen zur Beschleunigung und Klärung des Verfahrens bei einem übermäßigen Defizit, womit das Ziel verfolgt wird, übermäßige öffentliche Defizite möglichst zu vermeiden und gegebenenfalls auftretende Defizite unverzüglich zu korrigieren.

(2) Im Sinne dieser Verordnung sind „teilnehmende Mitgliedstaaten diejenigen Mitgliedstaaten, die die einheitliche Währung nach dem Vertrag einführen und „nichtteilnehmende Mitgliedstaaten“ diejenigen Mitgliedstaaten, die die einheitliche Währung nicht eingeführt haben.

Artikel 2

(1) Überschreitet ein öffentliches Defizit den Referenzwert, so gilt der Referenzwert als ausnahmsweise und vorübergehend überschritten im Sinne von Artikel 104c Absatz 2 Buchstabe a) zweiter Gedankenstrich, wenn dies auf ein außergewöhnliches Ereignis, das sich der

Kontrolle des betreffenden Mitgliedstaates entzieht und die staatliche Finanzlage erheblich beeinträchtigt, oder auf einen schwerwiegenden Wirtschaftsabschwung zurückzuführen ist.

Darüber hinaus gilt der Referenzwert dann als vorübergehend überschritten, wenn die Haushaltsvorausschätzungen der Kommission darauf hindeuten, daß das Defizit unter den Referenzwert sinken wird, wenn das außergewöhnliche Ereignis nicht mehr vorliegt oder der schwerwiegende Wirtschaftsabschwung beendet ist.

(2) Erstellt die Kommission einen Bericht im Sinne von Artikel 104c Absatz 3, so betrachtet sie den Referenzwert in der Regel nur dann aufgrund eines schweren Wirtschaftsabschwungs als ausnahmsweise überschritten, wenn das reale BIP innerhalb eines Jahres um mindestens 2% zurückgegangen ist.

(3) Wenn der Rat gemäß Artikel 104c Absatz 6 entscheidet, ob ein übermäßiges Defizit besteht, so berücksichtigt er bei seiner Prüfung der Gesamtlage sämtliche Bemerkungen des betreffenden Mitgliedstaats, aus denen hervorgeht, daß ein innerhalb eines Jahres eingetretener Rückgang des realen BIP um weniger als 2% angesichts weiterer relevanter Umstände, insbesondere bei einem jähen Abschwung oder einem gegenüber den vorangegangenen Trends insgesamt sehr starken Rückgang der Produktion, gleichwohl außergewöhnlich ist.

ABSCHNITT 2: Beschleunigung des Verfahrens bei einem übermäßigen Defizit

Artikel 3

(1) Hat die Kommission einen Bericht gemäß Artikel 104c Absatz 3 angenommen, so gibt der Wirtschafts- und Finanzausschuß gemäß Artikel 104c Absatz 4 innerhalb von zwei Wochen eine Stellungnahme ab.

(2) Ist die Kommission der Auffassung, daß ein übermäßiges Defizit besteht, so legt sie unter uneingeschränkter Berücksichtigung der Stellungnahme nach Absatz 1 dem Rat gemäß Artikel 104c Absätze 5 und 6 eine Stellungnahme und Empfehlung zur Entscheidung vor.

(3) Der Rat entscheidet gemäß Artikel 104c Absatz 6 innerhalb von drei Monaten nach den in Artikel 4 Absätze 2 und 3 der Verordnung (EG) Nr. 3605/93 genannten Meldeterminen, ob ein übermäßiges Defizit besteht. Stellt der Rat gemäß Artikel 104c Absatz 6 fest, daß ein übermäßiges Defizit besteht, so spricht er gleichzeitig gemäß Artikel 104c Absatz 7 Empfehlungen an den betreffenden Mitgliedstaat aus.

(4) In der Empfehlung, die der Rat gemäß Artikel 104c Absatz 7 ausspricht, wird dem betreffenden Mitgliedstaat eine Frist von höchstens vier Monaten für das Ergreifen wirksamer Maßnahmen gesetzt. In der Empfehlung des Rates wir ferner eine Frist für die Korrektur des übermäßigen Defizits gesetzt; diese Korrektur sollte in dem Jahr erreicht werden, das auf die Feststellung eines übermäßigen Defizits folgt, sofern keine besonderen Umstände vorliegen.

Artikel 4

(1) Wurde festgestellt, daß keine wirksamen Maßnahmen im Sinne von Artikel 104c Absatz 8 getroffen wurden, und beschließt der Rat aufgrund dessen, seine Empfehlungen zu veröffentlichen, so ergeht diese Beschluß unmittelbar nach Ablauf der gemäß Artikel 3 Absatz 4 dieser Verordnung gesetzten Frist.

(2) Bei der Entscheidung darüber, ob aufgrund seiner Empfehlungen nach Artikel 104c Absatz 7 wirksame Maßnahmen getroffen wurden, stützt sich der Rat auf öffentlich bekanntgegebene Beschlüsse der Regierung des betreffenden Mitgliedstaats.

Artikel 5

Beschließt der Rat, den betreffenden Mitgliedstaat mit der Maßgabe in Verzug zu setzen, Maßnahmen zum Defizitabbau gemäß Artikel 104c Absatz 9 zu treffen, so ergeht dieser Beschluß innerhalb eines Monats, nachdem der Rat gemäß Artikel 104c Absatz 8 festgestellt hat, daß keine wirksamen Maßnahmen ergriffen wurden.

Artikel 6

Sind diese Voraussetzungen für eine Anwendung des Artikel 104c Absatz 11 erfüllt, so verhängt der Rat Sanktionen gemäß Artikel 104c Absatz 11. Ein entsprechender Beschluß ergeht innerhalb von zwei Monaten nach dem Beschluß des Rates, den betreffenden teilnehmenden Mitgliedstaat gemäß Artikel 104c Absatz 9 mit der Maßgabe in Verzug zu setzen, Maßnahmen zum Defizitabbau zu treffen.

Artikel 7

Kommt ein teilnehmender Mitgliedstaat den nacheinander getroffenen Beschlüssen des Rates gemäß Artikel 104c Absätze 7 und 9 nicht nach, so trifft der Rat den Beschluß, gemäß Artikel 104c Absatz 11 Sanktionen zu verhängen, innerhalb von zehn Monaten nach den in der Verordnung (EG) Nr. 3605/93 genannten Meldeterminen, auf die in Artikel 3 Absatz 3 der vorliegenden Verordnung Bezug genommen wird. Bei einem bewußt geplanten Defizit, das nach Feststellung des Rates übermäßig ist, wird ein Eilverfahren angewandt.

Artikel 8

Beschließt der Rat, Sanktionen gemäß Artikel 104c Absatz 11 zu verschärfen, die nicht in einer Umwandlung von Einlagen in Geldbußen nach Artikel 14 dieser Verordnung bestehen, so ergeht dieser Beschluß innerhalb von zwei Monaten nach Meldeterminen gemäß Beschließt der Rat, einige oder sämtliche seiner Beschlüsse gemäß Artikel 104c Absatz 12 aufzuheben, so ergeht dieser Beschluß so bald wie möglich und auf jeden Fall spätestens zwei Monaten nach Meldeterminen gemäß der Verordnung (EG) Nr. 3605/93.

ABSCHNITT 3: Ruhen des Verfahrens und Überwachung

Artikel 9

(1) Das Verfahren bei einem übermäßigen Verfahren ruht,

— wenn der betreffende Mitgliedstaat gemäß den Empfehlungen nach Artikel 104c Absatz 7 tätig wird;

— wenn der betreffende Mitgliedstaat aufgrund einer Inverzugsetzung nach Artikel 104c Absatz 9 tätig wird.

(2) Der Zeitraum des Ruhens des Verfahrens wird weder in die Artikel 7 dieser Verordnung genannte Frist von zehn Monaten noch in die in Artikel 6 dieser Verordnung genannte Frist von zwei Monaten einbezogen.

Artikel 10

(1) Die Kommission und der Rat überwachen die Durchführung der Maßnahmen,

— die der betreffende Mitgliedstaat aufgrund der Empfehlungen nach Artikel 104c Absatz 7 ergreift;

— die der betreffende Mitgliedstaat aufgrund einer Inverzugsetzung nach Artikel 104c Absatz 9 ergreift.

(2) Werden von einem teilnehmenden Mitgliedstaat keine Maßnahmen durchgeführt oder erweisen sie sich nach Auffassung des Rates als unangemessen, so trifft der Rat unverzüglich einen Beschluß nach Artikel 104c Absatz 9 bzw. Artikel 104c Absatz 11.

(3) Geht aus den gemäß der Verordnung (EG) Nr. 3605/93 ermittelten Daten über die tatsächliche Entwicklung hervor, daß ein übermäßiges Defizit von einem teilnehmenden Mitgliedstaat nicht innerhalb der in den Empfehlungen nach Artikel 104c Absatz 7 oder der in einer Inverzugsetzung nach Artikel 104c Absatz 9 festgestellten Frist korrigiert worden ist, so trifft der Rat unverzüglich einen Beschluß nach Artikel 104c Absatz 9 bzw. Artikel 104c Absatz 11.

ABSCHNITT 4: Sanktionen

Artikel 11

Beschließt der Rat Sanktionen gegen einen teilnehmenden Mitgliedstaat gemäß Artikel 104c Absatz 11, so wird in der Regel eine unverzinsliche Einlage verlangt. Der Rat kann beschließen, diese Einlage durch die in Artikel 104c Absatz 11 erster und zweiter Gedankenstrich vorgesehenen Maßnahmen zu ergänzen.

Artikel 12

(1) Geht das übermäßige Defizit auf eine Nichteinhaltung des Kriteriums des Verhältnisses des öffentlichen Defizits zum Bruttoinlandsprodukt gemäß Artikel 104c Absatz 2 Buchstabe a) zurück, so setzt sich der Betrag der ersten Einlage aus einer festen Komponente in Höhe von 2% des BIP und einer variablen Komponente in Höhe von einem Zehntel der Differenz zwischen dem als Prozentsatz des BIP des Vorjahre ausgedrückten Defizit und dem Referenzwert in Höhe von 3% des BIP zusammen.

(2) In jedem Folgejahr bis zur Aufhebung des Beschlusses über das Vorliegen eines übermäßigen Defizits beurteilt der Rat, ob der betreffende teilnehmende Mitgliedstaat aufgrund einer Inverzugsetzung durch den rat nach Artikel 104c Absatz 9 wirksame Maßnahmen getroffen hat. Im Rahmen dieser jährlichen Beurteilung beschließt der Rat nach Artikel 104c Absatz 11 unbeschadet des Artikel 13 dieser Verordnung, die Sanktionen zu verschärfen, es sei denn, der teilnehmende Mitgliedstaat ist der Inverzugversetzung durch den Rat nachgekommen. Wir deine zusätzliche Einlage beschlossen, so muß sie einem Zehntel der Differenz zwischen dem Als Prozentsatz des BIP des Vorjahres ausgedrückten Defizit und dem Referenzwert in Höhe von 3% des BIP entsprechen.

(3) Eine Einlage im Sinne der Absätze 1 und 2 darf die Obergrenze von 0,5% des BIP nicht überschreiten.

Artikel 13

Eine Einlage wird vom Rat in der Regel nach Artikel 104c Absatz 11 in eine Geldbuße umgewandelt, wenn das übermäßige Defizit zwei Jahre nach dem Beschluß, von dem teilnehmenden Mitgliedstaat eine Einlage zu verlangen, nach Auffassung des Rates nicht korrigiert wurde.

Artikel 14

Gemäß Artikel 104c Absatz 12 hebt der Rat die in Artikel 104c Absatz 11 erster und zweiter Gedankenstrich genannten Sanktionen in dem Maße auf, wie der betreffende teilnehmende Mitgliedstaat bei der Korrektur des übermäßigen Defizits Fortschritt erzielt.

Artikel 15

Nach Artikel 104c Absatz 12 hebt der Rat sämtliche Sanktionen auf, wenn der Beschluß über das Vorliegen eines übermäßigen Defizits aufgehoben worden ist. Sind nach Artikel 13 dieser Verordnung Sanktionen verhängt worden, so werden die entsprechenden Beträge nicht an den betreffenden teilnehmenden Mitgliedstaat rücküberwiesen.

Artikel 16

Einlagen im Sinne der Artikel 11 und 12 dieser Verordnung werden bei der Kommission hinterlegt. Zinsen auf solche Einlagen sowie die Geldbußen im Sinn des Artikel 13 dieser Verordnung stellen sonstige Einnahmen gemäß Artikel 201 des Vertrages dar und werden unter den teilnehmenden Mitgliedstaaten, die kein übermäßiges Defizit im Sinne des Artikel 104c Absatz 6 aufweisen, im Verhältnis zu ihrem Anteil am gesamten BSP der in Betracht kommenden Mitgliedstaaten aufgeteilt.

Tagung des Europäischen Rates in Amsterdam im Juni 1997

Schlußfolgerungen der Präsidentschaft

Entschließung des Europäischen Rates über den Stabilitäts- und Wachstumspakt

I. Auf seiner Tagung in Madrid im Dezember 1995 hat der Europäische Rat bekräftigt, daß die Wahrung der Haushaltsdisziplin in der dritten Stufe der Wirtschafts- und Währungsunion (WWU) von entscheidender Bedeutung ist. Sechs Monate später hat der Europäische Rat in Florenz diese Auffassung erneut geäußert, und in Dublin hat er sich im Dezember 1996 über die Hauptbestandteile des Stabilitäts- und Wachstumspaktes geeinigt. In der dritten Stufe der WWU müssen die Mitgliedstaaten übermäßige öffentliche Defizite vermeiden: Dies ist eine eindeutige Verpflichtung nach dem Vertrag. Der Europäische Rat unterstreicht die Bedeutung der Gewährleistung gesunder Staatsfinanzen als Mittel zur Verbesserung der Voraussetzungen für Preisstabilität und für ein starkes, nachhaltiges Wachstum, das zur Schaffung von Arbeitsplätzen beiträgt. Ferner ist sicherzustellen, daß die nationalen Haushaltspolitiken stabilitätsorientierte Geldpolitiken unterstützen. Das Festhalten an dem Ziel eines soliden, nahezu ausgeglichenen oder einen Überschuß aufweisenden Haushalts wird es allen Mitgliedstaaten ermöglichen, die normalen Konjunkturschwankungen zu bewältigen und dabei das öffentliche Defizit im Rahmen des Referenzwerts von 3 % des BIP zu halten.

II. Auf seiner Tagung in Dublin im Dezember 1996 hat der Europäische Rat gefordert, daß ein Stabilitäts- und Wachstumspakt ausgearbeitet wird, der im Einklang mit den Grundsätzen und Verfahren des Vertrags zu verwirklichen ist. Dieser Stabilitäts- und Wachstumspakt ändert in keiner Weise die Voraussetzungen für die Teilnahme an der dritten Stufe der WWU, und zwar weder für die erste Gruppe noch zu einem späteren Zeitpunkt. Die Mitgliedstaaten sind vorbehaltlich der Bestimmungen des Vertrags weiterhin für ihre nationalen Haushaltspolitiken verantwortlich; sie ergreifen die erforderlichen Maßnahmen, damit sie ihrer Verantwortung entsprechend diesen Bestimmungen nachkommen können.

III. Der Stabilitäts- und Wachstumspakt, der sowohl vorbeugende als auch abschreckende Maßnahmen vorsieht, umfaßt diese Entschließung sowie zwei Verordnungen des Rates: eine Verordnung über die verstärkte Überwachung der öffentlichen Haushalte und die Überwachung und Koordinierung der Wirtschaftspolitiken sowie eine Verordnung über die Beschleunigung und Klärung des Verfahrens bei einem übermäßigen Defizit.

IV. Der Europäische Rat fordert alle Parteien, nämlich die Mitgliedstaaten, den Rat und die Kommission, nachdrücklich auf, den Vertrag und den Stabilitäts- und Wachstumspakt strikt und fristgerecht umzusetzen. Diese Entschließung gibt den Parteien, die den Stabilitäts- und Wachstumspakt umsetzen werden, feste politische Leitlinien an die Hand. Zu diesem Zweck hat der Europäische Rat sich auf folgende Leitlinien verständigt:

Die Mitgliedstaaten

1. verpflichten sich, an dem in ihren Stabilitäts- oder Konvergenzprogrammen festgelegten mittelfristigen Haushaltsziel eines nahezu ausgeglichenen oder einen Überschuß aufweisenden Haushalts festzuhalten und die haushaltspolitischen Korrekturmaßnahmen, die ihres Erachtens zur Erreichung der Ziele ihrer Stabilitäts- oder Konvergenzprogramme erforderlich sind, zu

ergreifen, wenn deutlich wird, daß eine merkliche Abweichung von diesen Zielen besteht oder absehbar ist;

2. werden aufgefordert, die gemäß Artikel 103 Absatz 4 an sie gerichteten Empfehlungen des Rates von sich aus zu veröffentlichen;

3. verpflichten sich, die von ihnen zur Erreichung der Ziele ihrer Stabilitäts- oder Konvergenzprogramme für erforderlich erachteten haushaltspolitischen Korrekturmaßnahmen zu ergreifen, sobald sie eine Frühwarnung in Form einer Empfehlung des Rates gemäß Artikel 103 Absatz 4 erhalten;

4. ergreifen unverzüglich die von ihnen für erforderlich erachteten haushaltspolitischen Korrekturmaßnahmen, sobald deutlich wird, daß ein übermäßiges Defizit droht;

5. beseitigen übermäßige Defizite nach ihrem Auftreten so rasch wie möglich; die Korrektur des übermäßigen Defizits sollte in dem Jahr, das auf dessen Feststellung folgt, abgeschlossen werden, sofern nicht besondere Umstände vorliegen;

6. werden aufgefordert, die gemäß Artikel 104 c Absatz 7 gegebenen Empfehlungen von sich aus zu veröffentlichen;

7. verpflichten sich, sich nur dann auf Artikel 2 Absatz 3 der Verordnung des Rates über die Beschleunigung und Klärung des Verfahrens bei einem übermäßigen Defizit zu berufen, wenn sie sich in einer schweren Rezession befinden; die Mitgliedstaaten legen bei der Prüfung der Frage, ob der Wirtschaftsrückgang schwerwiegend ist, in der Regel als Referenzpunkt einen Rückgang des realen BIP um mindestens 0,75 % auf Jahresbasis zugrunde.

Die Kommission

1. übt ihr Initiativrecht nach dem Vertrag in einer Weise aus, die das strikte, fristgerechte und wirksame Funktionieren des Stabilitäts- und Wachstumspaktes erleichtert;

2. legt unverzüglich die erforderlichen Berichte, Stellungnahmen und Empfehlungen vor, damit Beschlüsse des Rates gemäß den Artikeln 103 und 104 c angenommen werden können; dies wird das wirksame Funktionieren des Frühwarnsystems und die rasche Einleitung und strikte Anwendung des Verfahrens bei einem übermäßigen Defizit erleichtern;

3. verpflichtet sich, einen Bericht gemäß Artikel 104 c Absatz 3 auszuarbeiten, wenn ein übermäßiges Defizit droht oder das geplante oder tatsächliche öffentliche Defizit den Referenzwert von 3 % des BIP übersteigt, wodurch das Verfahren des Artikels 104 c Absatz 3 ausgelöst wird;

4. verpflichtet sich, dem Rat ihren Standpunkt schriftlich zu begründen, wenn sie abweichend von der Auffassung des Wirtschafts- und Finanzausschusses der Ansicht ist, daß ein Defizit von mehr als 3 % des BIP nicht übermäßig ist;

5. verpflichtet sich, in der Regel eine Empfehlung für einen Beschluß des Rates über die Frage abzugeben, ob ein übermäßiges Defizit gemäß Artikel 104 c Absatz 6 besteht, wenn der Rat sie gemäß Artikel 109 d darum ersucht.

Der Rat

1. ist einer strikten und fristgerechten Durchführung aller in seinen Zuständigkeitsbereich fallenden Bestandteile des Stabilitäts- und Wachstumspaktes verpflichtet; er erläßt die erforderlichen Beschlüsse gemäß den Artikeln 103 und 104 c so rasch wie möglich;

2. wird aufgefordert, die Fristen für die Anwendung des Verfahrens bei einem übermäßigen Defizit als Höchstfristen zu betrachten; insbesondere empfiehlt der Rat gemäß Artikel 104 c Absatz 7, ein übermäßiges Defizit so rasch wie möglich nach seinem Auftreten, spätestens aber innerhalb eines Jahres nach seiner Feststellung, zu beseitigen, es sei denn, es liegen besondere Umstände vor;

3. wird aufgefordert, stets Sanktionen zu verhängen, wenn ein teilnehmender Mitgliedstaat nicht, wie vom Rat empfohlen, die zur Behebung des übermäßigen Defizits erforderlichen Schritte unternimmt;

4. wird aufgefordert, jeweils die Hinterlegung einer unverzinslichen Einlage zu verlangen, wenn der Rat beschließt, gemäß Artikel 104 c Absatz 11 Sanktionen gegen einen teilnehmenden Mitgliedstaat zu verhängen;

5. wird aufgefordert, eine Einlage zwei Jahre nach dem Beschluß, Sanktionen gemäß Artikel 104 c Absatz 11 zu verhängen, stets in eine Geldbuße umzuwandeln, es sei denn, das übermäßige Defizit ist nach Ansicht des Rates beseitigt worden;

6. wird ersucht, für den Fall, daß er in einem Stadium des Verfahrens bei einem übermäßigen Defizit oder des Verfahrens zur Überwachung des Haushalts nicht auf eine Empfehlung der Kommission hin tätig werden sollte, stets die Gründe dafür, daß er nicht tätig wird, schriftlich darzulegen und das Votum eines jeden Mitgliedstaats zu veröffentlichen.

LITERATURVERZEICHNIS

Anmerkung: Quellen, auf die über Internet/ World Wide Web zugegriffen wurde, sind mit ihrer Internetadresse und dem Datum des Zugriffs aufgeführt. Auf die Wiedergabe der Internetadresse wurde verzichtet bei Quellen, bei denen die elekronische Form eine reine Kopie der gedruckten Version darstellt und die in der gedruckten Version problemlos zugänglich sind (z.B. Monatsberichte der Deutschen Bundesbank).

Abel, Andrew B. (1992), „Can the government roll over its debt forever?", Business Review, Federal Reserve Bank of Philadelphia, November/ December, S. 3–18.

Abrams, Burton A. und William R. Dougan (1986), „The effects of constitutional restraints on government spending", Public Choice, Vol. 49, S. 101-116.

Advisory Commission on Intergovernmental Relations (1987), Fiscal discipline in the federal system: National reform and the experience of the States, Washington.

Aglietta, Michel und Merih Uctum (1995), Fiscal consolidation in Europe, Research Paper, No. 9519, Federal Reserve Bank of New York.

Aizenman, Joshua und Ricardo Hausmann (1995), The impact of inflation on budgetary discipline, NBER Working Paper, No. 5338.

Akerlof, G. (1970), „The market for lemons", Quarterly Journal of Economics, Vol. 84, S. 488-500.

Akerman, Johann (1947), „Political economic cycles", Kyklos, Vol. 1, Fasc. 2, S. 107-117.

Alesina, Alberto (1989), „Politics and business cycles in industrial democracies", Economic Policy, Vol. 8, S. 57-98.

Alesina, Alberto und Allan Drazen (1991), „Why are stabilizations delayed?", American Economic Review, Vol. 81, S. 1170-1188.

Alesina, Alberto und Guido Tabellini (1990), „A positive theory of fiscal deficits and government debt", Review of Economic Studies, Vol. 57, S. 403-414.

Alesina, Alberto und Howard Rosenthal (1995), Partisan politics, divided government and the economy, Cambridge.

Alesina, Alberto und Jeffrey Sachs (1988), „Political parties and the business cycle in the United States, 1948-1984", Journal of Money, Credit and Banking, Vol. 20, S. 63-82.

Alesina, Alberto und Lawrence H. Summers (1993), „Central bank independence and macroeconomic performance: Some comparative evidence", Journal of Money, Credit, and Banking, Vol. 25, S. 151-162.

Alesina, Alberto und Roberto Perotti (1995a), „The political economy of budget deficits“, IMF Staff Papers, Vol. 42, S. 1-31.

Alesina, Alberto und Roberto Perotti (1995b), Fiscal expansions and fiscal adjustments in OECD Countries, NBER Working Paper, No. 5214.

Alesina, Alberto und Vittorio Grilli (1992), „The European Central Bank: Reshaping monetary politics in Europe“, in: Establishing a central bank. Issues in Europe and lessons from the US, hrsgg. von M. Canzoneri, V. Grilli und P. Masson, Cambridge.

Alesina, Alberto, Gerald D. Cohen und Nouriel Roubini (1993), „Electoral business cycles in industrial democracies“, European Journal of Political Economy, Vol. 9, S. 1-23.

Andel, Norbert (1986), „Changing concepts of public debt in the history of economic thought“, in: Public finance and public debt, Proceedings of the 40th Congress of the International Institute of Public Finance. Innsbruck 1984, hrsgg. von Bernard P. Herber, Detroit, S. 1-13.

Andel, Norbert (1992), Finanzwissenschaft, 3. Auflage, Tübingen.

Anderson, Gary M. (1987), „The US federal deficit and national debt: A political and economic history“, in: *Deficits*, hrsgg. von James M. Buchanan, C. K. Rowley und R. D. Tollison, Oxford, S. 9-46.

Anouilh, Jean (1959), Becket oder die Ehre Gottes, aus dem Französischen von F. Geiger, München.

Arlt, Ursula (1994), Zur Messung staatlicher Defizite, Frankfurt u.a., zugl. Diss. München 1993.

Auerbach, Alan J., Bruce Baker, Laurence J. Kotlikoff und Jan Walliser (1997), „Generational accounting in New Zealand. Is there generational balance?“, International Tax and Public Finance, Vol. 4, S. 201-228.

Auerbach, Alan J., Jagadeesh Gokhale und Laurence J. Kotlikoff (1994), „Generational accounting: A meaningful way to evaluate fiscal policy“, Journal of Economic Perspectives, Vol. 8, S. 73-93.

Auerbach, Alan J., Jagadeesh Gokhale und Laurence J. Kotlikoff (1992), „Generational accounting: A new approach to understanding the effects of fiscal policy on saving“, Scandinavian Journal of Economics, Vol. 94 S. 303-318.

Baber, William und Pradyot K. Sen (1986), „The political process and the use of debt financing by state governments“, Public Choice, Vol. 48, S. 201-215.

Bacchetto, Philippe und María Paz Espinosa (1995), „Information sharing and tax competition among governments“, Journal of International Economics, Vol. 39, S. 103-121.

Bach, Stefan (1993), „Institutionelle Beschränkungen der Staatsverschuldung vor dem Hintergrund der Auseinandersetzungen um das 'Balanced Budget Amendment' in den USA, der Maastrichter Verträge und der Rechtsprechung des Bundesverfassungsgerichts“, Konjunkturpolitik, 39. Jg., S. 1-27.

Balkan, Erol M. und Kenneth V. Greene (1990), „On democracy and debt“, Public Choice, Vol. 67, S. 201-211.

Baneth, Jean (1986), „Government policies in developing countries: Was capital wasted?“, in: The international debt problem. Lessons for the future. Symposium 1985, Institut für Weltwirtschaft, Kiel, hrsgg. von Herbert Giersch, Tübingen, S. 79-94.

Bank for International Settlements (1997a), The maturity, sectoral and nationality distribution of international bank lending First half 1996, Basel.

Bank for International Settlements (1997b), International banking and financial market developments, Basel.

Barbier, Hans D.(1996), „Der große Rutsch in den Leviathan“, in: Vorträge gehalten anläßlich der Verleihung des Karl-Bräuer-Preises, hrsgg. vom Bund der Steuerzahler, Wiesbaden.

Baum, Barbara (1987), Rating-Systeme und ihre Methoden, Mitteilungen aus dem Institut für das Spar-, Giro- und Kreditwesen an der Universität Bonn, Nr. 26, Bonn.

Baumol, W.J. (1967), „Macroeconomics of unbalanced growth: The anatomy of urban crisis“, American Economic Review, Vol. 57, S. 415-426.

Bayoumi, Tamim, Morris Goldstein und Geoffrey Woglom (1995), „Do credit markets discipline sovereign borrowers? Evidence from U.S. States“, Journal of Money, Credit and Banking, Vol. 27, S. 1046-1059.

Beck, Morris (1979), „Public sector growth: A real perspective“, Public Finance, Vol. 34, S. 313–356

Beck, Morris (1985), „Public expenditure, relative prices, and resource allocation“, Public Finance, Vol. 40, S. 17-34.

Becker, Gary S. (1983), „A theory of competition among pressure groups for political influence“, Quarterly Journal of Economics, Vol. 98, S. 371-400.

Beers, David T. und Marie Cavanaugh (1997), Sovereign credit ratings: A primer, http://www.ratings.standardpoor.com/criteria/sovereigns /primer.htm, 25.5.1997.

Beetsma, Roel M.W.J. und A. Lans Bovenberg (1995), Monetary union without fiscal coordination may discipline policymakers, Universität Tilburg, http://kubax9.kub.nl:2080/greyfiles/center/ctr_ca.html, 1.7.1997.

Belke, Ansgar (1996), Politische Konjunkturzyklen in Theorie und Empirie, Tübingen, zugl. Diss. Bochum 1995.

Bénassy, Agnès und Jean Pisani-Ferry (1994), Indépendance de la banque centrale et politique budgétaire, document de travail n° 94-02, Centre d'études prospectives et d'informations internationales, Paris.

Bernholz, Peter und Friedrich Breyer (1994), Grundlagen der Politischen Ökonomie, Band 2: Ökonomische Theorie der Politik, 3. Auflage, Tübingen.

Bhagwati, Jagdish (1990), Geschützte Märkte: Protektionismus und Welthandel, Frankfurt 1990 (engl. Erstausgabe Cambridge, Mass., 1988).

Bird, R. M. (1971), „Wagner's law of expanding state activity", Public Finance, Vol. 26, S. 1-26.

Bishop, Graham (1992), „The EC's public debt disease, discipline with credit spreads and cure with price stability", in: Fiscal policy, taxation and the financial system in an increasingly integrated Europe, hrsgg. von Donald E. Flair und Christian de Boissieu, Dordrecht, S. 207-234.

Bishop, Graham, Dirk Damrau und Michelle Miller (1989), 1992 and beyond: Market. discipline CAN work in the EC Monetary Union, Salomon Brothers, November.

Blais, André und Richard Nadeau (1992), „The electoral budget cycle", Public Choice, Vol. 74, S. 389-403.

Blanchard, Olivier J. (1985), „Debt, deficits and finite horizons", Journal of Political Economy, Vol. 93, S. 223-247.

Blanchard, Olivier J. (1993), „Suggestions for a new set of fiscal indicators", in The political economy of government debt, hrsgg. von Harrie A.A. Verbon und Frans A.A.M. van Winden, Amsterdam, S. 307-325.

Blanchard, Olivier J. und Stanley Fischer (1990), Lectures on macroeconomics, Cambridge, Mass.

Blankart, Charles B. (1994), „'Neue Finanzwissenschaft' - Eine alternative Sicht", Zeitschrift für Wirtschafts- und Sozialwissenschaften, 114. Jg., S. 245-254.

Blejer, Mario I. und Adrienne Cheasty (1991), „The measurement of fiscal deficits: Analytical and methodological issues", Journal of Economic Literature, Vol. 29, S. 1644-1678.

Blinder, Alan S. und Douglas Holtz-Eakin (1984), „Public opinion and the balanced budget, American Economic Review, Vol. 74, S. 144-149.

Bohn, Henning und Robert P. Inman (1996), Balanced budget rules and public deficits: Evidence from the U.S. States, NBER Working Paper, No. 5533.

Bohnet-Joschko, Sabine (1996), Leviathan Europa? Föderalistische und institutionelle Aspekte der Staatswerdung Europas, Marburg, zugl. Diss. Witten/ Herdecke 1996.

Boll, Stephan (1994), Intergenerationale Umverteilungswirkungen der Fiskalpolitik in der Bundesrepublik Deutschland, Frankfurt u.a.

Boll, Stephan, Bernd Raffelhüschen und Jan Walliser (1994), „Social security and intergenerational redistribution: A generational accounting perspective", Public Choice, Vol. 81, S. 79-100.

Borell, Rolf (1994), Privatfinanzierung öffentlicher Infrastrukturinvestitionen nach dem Konzessionsmodell. Das Beispiel der 12 Straßenprojekte des Bundes, Karl-Bräuer-Institut des Bundes der Steuerzahler, Wiesbaden.

Born, Erich (1986), „Erfahrungen aus internationalen Finanzkrisen der Vergangenheit", in: Die internationale Schuldenkrise. Ursachen-Konsequenzen-Historische Erfahrungen, hrsgg. von Armin Gutowski, Schriften des Vereins für Socialpolitik, N.F., Bd. 155, Berlin, S. 9-29.

Bovenberg, Lans A., Jeroen J. M. Kremers und Paul R. Masson (1991), „Economic and monetary union in Europe and constraints on national budgetary policies", IMF Staff Papers, Vol. 38, 2, S. 374-398.

Brennan, Geoffrey und James M. Buchanan (1977), „Towards a tax consti-tution for Leviathan", Journal of Political Economy, Vol. 85, S. 255-273.

Brennan, Geoffrey und James M. Buchanan (1980), The power to tax: Analytical foundations of a fiscal constitution, Cambridge.

Breton, Albert und Ronald Wintrobe (1975), „The equilibrium size of a budget-maximizing bureau: A note on Niskanen´s theory of bureaucracy", Journal of Political Economy, Vol. 83, S. 195-207.

Bröcheler, Thomas (1995), Weltwirtschaftliche Interdependenz und internationale Koordinierung der Wirtschaftspolitik, Bergisch Gladbach und Köln, zugl. Diss. Münster.

Bronfenbrenner, M. (1957), „The appeal of confiscation in economic development", Economic Development and Cultural Change, Vol. 3, S. 201-218.

Brown, E. Cary (1990), „Episodes in the public debt history of the United States", in: Public debt management. Theory and history, hrsgg. von Rudiger Dornbusch und Mario Draghi, Cambridge, S. 229-254.

Brüderle, Rainer (1993), „Privatfinanzierung 'Mogendorfer Modell'", Rheinland-Pfalz Aktuell im Gespräch, Ausgabe 5, November, Ministerium für Wirtschaft und Verkehr, Mainz.

Bryant, Ralph C. (1995), „International cooperation in the making of national macroeconomic policies: Where do we stand?", in: Understanding interdependence. The macroeconomics of the open economy, hrsgg. von Peter B. Kenen, Princeton, S. 391-447.

Buchanan, James M. (1958), Public principles of public debt, Homewood.

Buchanan, James M. (1960), „La scienza delle finanze: The italian tradition in fiscal theory", in: Fiscal theory and political economy: Selected essays, hrsgg. von James M. Buchanan, Chapel Hill, S. 24-74.

Buchanan, James M. (1977), „Political equality and private property: The distributional paradox", in: Markets and morals, hrsgg. von G. Dworkin, G. Bermant, und P.G. Brown, Washington und London.

Buchanan, James M. (1985), „The moral dimension of deficit financing", Economic Inquiry, Vol. 23, S. 1-6.

Buchanan, James M. (1987), „Budgetary bias in post-Keynesian politics: the erosion and potential replacement of fiscal norms", in: *Deficits*, hrsgg. von J. M. Buchanan, C. K. Rowley und R. D. Tollison, Oxford, S. 180-195.

Buchanan, James M. (1993), „Public choice after socialism", Public Choice, Vol. 77, S. 67-74.

Buchanan, James M. und Gordon Tullock (1962), The calculus of consent, Ann Arbor.

Buchanan, James M. und Richard E. Wagner (1967), Public debt in democratic society, Washington.

Buchanan, James M. und Richard E. Wagner (1977), Democracy in deficit: the political legacy of Lord Keynes, London.

Buchanan, James M., Richard E. Wagner, und John Burton (1978), The consequences of Mr. Keynes, London.

Budge, Ian und Dennis J. Farlie (1988), Explaining and predicting elections: Issue effects and party strategies in twenty-three democracies, London.

Buiter, Willem H. (1985), „A guide to public sector debt and deficits", Economic Policy, Vol. 1, S. 14-79.

Buiter, Willem H. (1992), Should we worry about the fiscal numerology of Maastricht?, Centre for Economic Policy Research Discussion Paper, No. 668, London.

Buiter, Willem H. (1993), Public debt in the USA: How much, how bad and who pays?, NBER Working Paper, No. 4362.

Buiter, Willem H. (1995), Generational accounts, aggregate saving and intergenerational redistribution, NBER Working Paper, No. 5087.

Buiter, Willem H. und Kenneth M. Kletzer (1992), „Reflections on the fiscal implications of a common currency", in: European financial integration, hrsgg. von Alberto Giovannini und Colin Mayer, Cambridge, S. 221-258.

Bulow, Jeremy und Kenneth Rogoff (1989), „Sovereign debt: Is to forgive to forget?", American Economic Review, Vol. 79, S. 43-50.

Bundesministerium der Finanzen (1993), Finanzbericht 1994, Bonn.

Bundesministerium der Finanzen (1996a), Finanzbericht 1997, Bonn.

Bundesministerium der Finanzen (1996b), Finanznachrichten, Nr. 15/96, Bonn.

Bundesverfassungsgericht (1987), Entscheidungen, 72. Band, Tübingen.

Bundesverfassungsgericht (1993), Entscheidungen, 86. Band, Tübingen.

Burmeister, Edwin (1980), Capital theory and dynamics, Cambridge.

Büschgen, Hans E. (1985), Länderrisiken und ihre bankgeschäftliche Bedeutung, in: Öffentliche Finanzen und monetäre Okonomie, Festschrift für Karl Häuser zur Vollendung des 65. Lebensjahres, hrsgg. v. Wolfgang Gebauer, Frankfurt, S. 333-351.

Buschor, Ernst, und Kuno Schedler, Hrsg. (1994), Perspectives on performance measurement and public sector accounting, Bern, Stuttgart und Wien.

Bush, Winston C.und Arthur T. Denzau (1977), „The voting behaviour of bureaucrats and public sector growth", in: Budgets and bureaucrats: the sources of government growth, hrsgg. von Thomas E. Borcherding, Durham, S. 90-99.

Caesar, Rolf (1993), Koordinierung der nationalen Finanzpolitiken in der Wirtschafts- und Währungsunion, Diskussionsbeiträge aus dem Institut für Volkswirtschaftslehre der Universität Hohenheim, Nr. 90.

Calvo, Guillermo A. und Enrique G. Mendoza (1996), Mexico´s balance-of-payments crisis: A chronicle of death foretold, International Finance Discussion Papers, Federal Reserve Board, No. 1996-545.

Cameron, David R. (1978), „The expansion of the public economy: A comparative analysis", American Political Science Review, Vol. 72, S. 1243-1261.

Cantor, Richard und Frank Packer (1996), „Determinants and impacts of sovereign credit ratings", Federal Reserve Bank of New York Research Paper, No. 9608.

Cezanne, W. (1987), „Begriffe und Optionen der wirtschaftlichen Koordinierung in der EG“, in: Stabilität durch das EWS, hrsgg. von H.-E. Scharrer und W. Wessels, Bonn, S. 13-46.

Chang, Roberto (1988), Does international coordination of fiscal deficits matter?, C.V Starr Center for Applied Economics research report, No. 88-36, New York University.

Chang, Roberto (1989), Financial integration with and without international policy coordination, C.V Starr Center for Applied Economics research report, No. 89-29, New York University.

Chang, Roberto (1990), „International coordination of fiscal deficits“, Journal of Monetary Economics, Vol. 25, S. 347-366.

Charemza, Wojciech W. und Derek F. Deadman (1992), New directions in econometric practice, Aldershot.

Cheung, Stella (1996), Provincial credit ratings in Canada: An ordered probit analysis, Bank of Canada Working Paper, No. 96-6.

Clark, Terry Nichols (1977), „Fiscal management of American cities: funds flow indicators“, Journal of Accounting Research, Vol. 15, S. 54-94.

Cloes, Roger (1988), Das Länderrisiko bei internationalen Kapitalbewegungen: Analysekonzept und Bewältigungsstrategien, Köln.

Cole, G.D.H. (1917), Self-government in industry, London.

Cole, Harold L. und Timothy J. Kehoe (1996), „ A self-fulfilling model of Mexico´s 1994-1995 debt crises“, Journal of International Economics, Vol. 41, S. 309-330.

Commons, John R. (1950), The economics of collective action, New York.

Commonwealth Grants Commission (1983), Equality in diversity: Fifty years of the Commonwealth Grants Commission, Canberra.

Commonwealth of Australia (1992), Budget Paper No. 4: Commonwealth financial relations with other levels of government 1992-93, Canberra.

Commonwealth of Australia (1994), Budget Paper No. 3: Commonwealth financial relations with other levels of government 1994-95, Canberra.

Commonwealth of Australia (1996), Commonwealth competitive neutrality policy statement, Canberra.

Commonwealth of Australia (1997a), National Fiscal Outlook. Report to the 1997 Premiers' Conference, Canberra.

Commonwealth of Australia (1997b), Budget Paper No. 3: Federal financial relations 1997-98, Canberra.

Congressional Budget Office (1987), The economic and budget outlook: Fiscal years 1988-1992, Washington.

Cooper, Richard N. (1987), „International economic co-operation. Overview and a glimpse to the future", in: Interdependence and co-operation in tomorrow's world, hrsgg. von der OECD, Paris, S. 180-194.

Cordes, Ulrich (1996), Das öffentliche Rechnungswesen - Datenquelle für den Staatssektor der Volkswirtschaftlichen Gesamtrechnung, Wiesbaden.

Corneo, Giacomo und Olivier Jeanne (1993), Adam Smith's second invisible hand, Discussion Paper A-492, Universität Bonn, Sonderforschungsbereich 303.

Corsetti, Giancarlo (1996), „Comment on the paper by Holzmann, Hervé and Demmel", in: Maastricht: monetary constitution without a fiscal constitution, hrsgg. von Robert Holzmann, Baden-Baden, S. 77-80.

Corsetti, Giancarlo und Nouriel Roubini (1992), Tax smoothing discretion versus balanced budget rules in the presence of politically motivated fiscal deficits: The design of optimal fiscal rules for Europe after 1992, Centre for Economic Policy Research Discussion Paper, No. 682, London.

Corsetti, Giancarlo und Nouriel Roubini (1996), „European versus American perspectives on balanced-budget rules", American Economic Review, Vol. 86, S. 408-413.

Coughlin, Peter J., Dennis C. Mueller und Peter Murrell (1990), „Electoral politics, interest groups, and the size of government", Economic Inquiry, Vol. 28, S. 682-705.

Cour, Philippine, Eric Dubois, Selma Mahfouz und Jean Pisani-Ferry (1996), The cost of fiscal retrenchment revisited: How strong is the evidence?, document de travail n°96-16, Centre d'études prospectives et d'informations internationales, Paris.

Courchene, T. J. (1993), „Reflections on Canadian federalism: Are there implications for European economic and monetary union?", in: The economics of Community public finance, European Economy, Reports and Studies, No. 5, S. 123-166.

Craig, F. W. S. (1989), British electoral facts 1832-1987, 5. Auflage, Hants.

Cukierman, Alex und Allan H. Meltzer (1986), „A positive theory of discretionary policy, the cost of a democratic government and the benefits of a constitution", Economic Inquiry, Vol. 24, S. 367-388.

Cukierman, Alex und Allan H. Meltzer (1989), „A political theory of government debt and deficits in a Neo-Ricardian framework", American Economic Review, Vol. 79, S. 713-732.

Cutler, David M. (1994), „Book review: Generational accounting: Knowing who pays, and when, for what we spend“, National Tax Journal, Vol. 46, S. 61-67.

Cutler, Tony und Barbara Waine (1994), Managing the welfare state. The politics of public sector management, Oxford.

Dahlby, Bev (1996), „Fiscal externalities and the design of intergovernmental grants“, International Tax and Public Finance, Vol. 3, S. 397-412.

Davidson, Lawrence S., Michele Fratianni und Jürgen von Hagen (1992), „Testing the satisfiscing version of the political business cycle 1905-1984“, Public Choice, Vol. 73, S. 21-35.

Daxhammer, Rolf (1995), Special interest groups and economic policy in democratic societies, Frankfurt, zugl. Diss. Hohenheim 1993.

De Cecco, Marcello (1989), „The European Monetary System and national interests“, in: The political economy of European integration, hrsgg. von Paolo Guerrieri und Pier Carlo Padoan, Hemel Hempstead, S. 85-99.

De Grauwe, Paul (1992), „Fiscal discipline in monetary unions“, International Economic Journal, Vol. 6, S. 101-120.

De Grauwe, Paul (1996), „The economics of convergence: Towards monetary union in Europe“, Weltwirtschaftliches Archiv, Bd. 132, S. 1-27.

De Long, Bradford, Christopher De Long and Sherman Robinson (1996), The Mexican peso crisis. In defense of U.S. policy toward Mexico, Working Paper, University of California at Berkeley, http://econ161.berkeley.edu /Econ_Articles/themexicanpesocrisis.html, 13.5.1997.

Della Posta, Pompeo (1993), „Fiscal policy implications of the European Union“, in: Foundations of European central bank policy, hrsgg. von Wolfgang Gebauer, Heidelberg, S. 135-163.

Deutsche Bank Research (1997), „The euro – no ´soft´ currency“, EMU Watch, No. 34, Frankfurt.

Deutsche Bundesbank (1997a), „Die Entwicklung der Staatsverschuldung seit der deutschen Vereinigung“, Monatsbericht, März, S. 17-32.

Deutsche Bundesbank (1997b), „Zur Problematik der Berechnung ‘struktureller’ Budgetdefizite“, Monatsbericht, April, S. 31-46.

Deutsche Bundesbank (1997c), „Wichtige Elemente des Stabilitäts- und Wachstumspakts“, Informationsbrief zur Europäischen Wirtschafts- und Währungsunion, Nr. 6, Mai, S. 3-10.

Deutsches Institut für Wirtschaftsforschung (1989), „Regionales Gefälle in der öffentlichen Finanzkraft verlangt nach umfassenden Lösungen“, DIW Wochenbericht, Jg. 56, Nr. 3, S. 27-34.

Deutsches Institut für Wirtschaftsforschung (1996), DIW Wochenbericht, Jg. 63, Nr. 1-2.

Devereux, Michael B. (1991), „The terms of trade and the international coordination of fiscal policy“, Economic Inquiry, Vol. 29, S. 720-736.

Dicke, Detlev, Hrsg. (1986), Foreign debt in the present and a new international economic order, Fribourg.

Ditfurth, Hoimar von (1994), Die Einbeziehung subjektiv-öffentlicher Berechtigungen, insbesondere sozialversicherungsrechtlicher Positionen, in den Schutz der Eigentumsgarantie, Frankfurt, zugl. Diss. Freiburg 1993.

Dluhosch, Barbara (1993), Strategische Fiskalpolitik in offenen Volkswirtschaften, Diss. Köln.

Dooley, Michael P. (1995), „A retrospective on the debt crisis“, in: Understanding interdependence. The macroeconomics of the open economy, hrsgg. von Peter B. Kenen, Princeton, S. 262-287.

Dornbusch, Rudiger (1988), „Our LDC debts“, in: The United States in the world economy, hrsgg. von Martin Feldstein, Chicago, S. 161-195.

Dornbusch, Rudiger and Alejandro Werner (1994), „Mexico: stabilization, reform, and no growth“, Brookings Papers on Economic Activity, 1994:1.

Downs, Anthony (1957), An economic theory of democracy, New York.

Downs, Anthony (1965), „Non-market decision making. A theory of bureauracy“, American Economic Review, Vol. 55, S. 439-446.

Downs, Anthony (1967), Inside bureaucracy, Boston.

Drazen, Allan (1978), „Government debt, human capital, and bequests in a lifecycle model“, Journal of Political Economy, Vol. 86, S. 505-516.

Duwendag, Dieter (1991), „Zur Frage eines tragfähigen Policy mix: Sind adäquate Regeln für die Fiskalpolitik unentbehrlich?“, in: Europa auf dem Weg zur Währungsunion, hrsgg. von M. Weber, Darmstadt, S. 220-248.

Easterly, William und Klaus Schmidt-Hebbel (1994), „Fiscal adjustment and macroeconomic performance: a synthesis“, in: Public sector deficits and macroeconomic performance, hrsgg. im Auftrag der Weltbank von William Easterly, Carlos Alfredo Rodríguez und Klaus Schmidt-Hebbel, Washington, S. 13-78.

Edin, Per-Anders und Henry Ohlsson (1991), „Political determinants of budget deficits: Coalition effects versus minority effects“, European Economic Review, Vol. 35, S. 1597-1603.

Edwards, Sebastian (1986), „The pricing of bonds and bank loans in international markets: An empirical analysis of developing countries' foreign borrowing“, European Economic Review, Vol. 30, S. 565-589.

Eichengreen, Barry (1992), Golden fetters: The gold standard and the great depression, New York.

Eichengreen, Barry und Jürgen von Hagen (1995), Fiscal policy and monetary union: federalism, fiscal restrictions and the no-bailout rule, Centre for Economic Policy Research Discussion Paper, No. 1247, London.

Eichengreen, Barry und Jürgen von Hagen (1996), „Fiscal restrictions and monetary union: rationales, repercussions, reforms“, in: Maastricht: monetary constitution without a fiscal constitution, hrsgg. von Robert Holzmann, Baden-Baden, S. 13-44.

Eichengreen, Barry und Jürgen von Hagen (1996), Fiscal policy and monetary union: Is there a trade off between federalism and budgetary restrictions?, NBER Working Paper, No. 5517.

Eichengreen, Barry und Tamim Bayoumi (1994), „The political economy of fiscal restrictions: Implications for Europe from the United States“, European Economic Review, Vol. 38, S. 783-791.

Eijffinger, Sylvester, Eric Schaling und Marco Hoeberichts (1995), Central bank independence: a sensitivity analysis, Universität Tilburg, http://kubax9.kub.nl:2080/greyfiles/center/ctr_ca.html, 1.7.1997.

Emerson, Michael (1991), „Aspects of the economics of EMU“, European Economic Review, Vol. 35, S. 467-473.

Emerson, Michael et. al. (1991), Ein Markt - Eine Währung. Potentielle Nutzen und Kosten der Errichtung einer Wirtschafts- und Währungsunion, Bonn, Heidelberg und Brüssel.

Engelen, Klaus C. (1996), „Auftraglose Ratings bleiben rechtlich bedenklich“, Handelsblatt, Nr. 97 vom 21.5., S. B11

Engelhardt, Gunter, Horst Hegmann und Stephan Panther (1994), „Fiskalillusion aus der Sicht der Neuen Institutionenökonomik“, in: Stand und Entwicklung der Finanzpsychologie: Clemens-August Andreae zum Gedenken, hrsgg. von Ch. Smekal und E. Theurl, Baden-Baden, S. 121-152.

English, William B. (1996), „Understanding the costs of sovereign default: American State debts in the 1840´s“, American Economic Review, Vol. 86, No 1, S. 259-75.

Espinosa, Marc und Steven Russell (1996), „The Mexican economic crisis: alternative views“, Economic Review, Federal Reserve Bank of Atlanta, Vol. 81.

Europäisches Währungsinstitut (1996), Fortschritte auf dem Weg zur Konvergenz 1996, Frankfurt.

Europäisches Währungsinstitut (1997), Die Einheitliche Geldpolitik in Stufe 3, Frankfurt.

Eurostat (1984), Europäisches System Volkswirtschaftlicher Gesamtrechnungen, 2. Aufl., Luxemburg,

Eurostat (1994), Konten und Statistiken des Staates 1981-1992, Luxemburg.

Eurostat (1997a), „Deficit and debt - Eurostat rules on accounting issues", News Release, No. 10/97, Luxemburg.

Eurostat (1997b), „Accounting rules - Eurostat takes further decisions on deficit and debt", News Release, No. 16/97, Luxemburg.

Eurostat (1997c), „Accounting rules - complementary decisions of Eurostat on deficit and debt", News Release, No. 24/97, Luxemburg.

Eurostat (1997d), „Deficit and debt - three complementary decisions by Eurostat on accounting rules", News Release, No. 33/97, Luxemburg.

Eurostat (1997e), „EU annual inflation remains at 1.5%", News Release, No. 48/97, Luxemburg.

Everling, Oliver (1991), „Ratings im Recht nationaler Finanzmärkte", Zeitschrift für das gesamte Kreditwesen, 44. Jg., S. 349-354.

Everling, Oliver (1992), „Credit Rating für Geldmarktpapiere", Die Bank - Zeitschrift für Bankpolitik und Bankpraxis, o. Jg., S. 78-82.

Ewijk, Casper van und Theo van de Klunert (1993), „Endogeneous technology, budgetary regimes and public debt", in: The political economy of government debt, hrsgg. von H.A.A. Verbon und F.A.A.M. van Winden, Amsterdam, S. 113-135.

Fabeck, Rudolf (1995), Fiskalpolitische Koordination in der EG, Frankfurt.

Färber, Gisela (1993), „Reform des Länderfinanzausgleichs", Wirtschaftsdienst, 73. Jg, Nr. 6, S. 305-313.

Fehr, Hans (1995), Vom Deficit Accounting zum Generational Accounting: Ein neues Konzept zur Messung intergenerativer Belastungsverschiebungen, Tübinger Diskussionsbeiträge, Nr. 43.

Fehr, Hans und Laurence J. Kotlikoff (1995), Generational accounting in general equilibrium, NBER Working Paper, No. 5090.

Feiwel, George R. (1974), „Reflections on Kalecki´s theory of political business cycles", Kyklos, Vol. 27, Fasc. 1, S. 21-48.

Felderer, Bernhard und Stefan Homburg (1987), Makroökonomik und neue Makroökonomik, 3. Aufl., Berlin, Heidelberg usw.

Fink, Gerhard (1995), „Kreditrationierung mittels Länderrisikoanalyse", Bankarchiv - Zeitschrift für das gesamte Bank- und Börsenwesen, 43. Jg., S. 455-464.

Fischer, Stanley (1980), „Dynamic inconsistency, cooperation and the benevolent dissembling government", Journal of Economic Dynamics and Control, Vol. 2, S. 93-107.

Föttinger, Wolfgang und Laurent Guihéry (1997), „Les grandes infrastructures de transport pour l'unité allemande: défis et orientations", in: Infrastructures de transport et territoires, hrsgg. von A. Burmeister und G. Joignaux, Paris.

Föttinger, Wolfgang und Paul Bernd Spahn (1993), „Für einen kostenorientierten Länderfinanzausgleich", Wirtschaftsdienst, 73. Jg., S. 237-246.

Föttinger, Wolfgang und Paul Bernd Spahn (1994), „German unification and its consequences for intergovernmental financial relations", Current Politics and Economics of Europe, Vol. 4, S. 37-49.

Franco, D., J. Gokhale, L. Guiso, L.J. Kotlikoff und N. Sartor (1992), Generational accounting: The case of Italy, Banca d'Italia, Temi di discussione del Servizio Studi, Numero 171.

Franz, Gerhard (1985), „Staatsverschuldung in der Konkurrenzdemokratie aus der Sicht von Wählern und Gewählten", Kölner Zeitschrift für Soziologie und Sozialpsychologie, 37. Jg., S. 478-502.

Fratianni, Michele und Jürgen von Hagen (1992), The European Monetary System and European Monetary Union, Boulder, Colorado.

Frenkel, Jacob A. und Assaf Razin (1987), „The Mundell-Fleming model a quarter century later", IMF Staff Papers, Vol. 34, S. 567-620.

Frenkel, Jacob A., Assaf Razin und Efraim Sadka (1991), International taxation in an integrated world, Cambridge.

Frey, Bruno S. (1976), Theorie und Empirik Politischer Konjunkturzyklen, Konstanz.

Frey, Bruno S. (1978), Modern political economy, Oxford.

Frey, Bruno S. (1988), „Explaining the growth of governments: International perspectives", in: Explaining the growth of government, hrsgg. von J.A. Lybeck und M. Henrekson, Amsterdam u.a., S. 21-28.

Frey, Bruno S. und Friedrich Schneider (1978a), „An empirical study of politico-economic interaction in the United States", Review of Economics and Statistics, Vol. 60, S. 174-183.

Frey, Bruno S. und Friedrich Schneider (1978b), „A politico-economic model of the United Kingdom“, Economic Journal, Vol. 88, S. 243-253.

Frey, Bruno S. und Friedrich Schneider (1979), „An econometric model with an endogenous government sector“, Public Choice, Vol. 34, S. 29-43.

Frey, Bruno S. und Friedrich Schneider (1981), „Recent research on empirical politico-economic models“, in: Contemporary political economy, hrsgg. von Douglas A. Hibbs et. al., Amsterdam, S. 11-27.

Frey, Bruno S. und Lawrence J. Lau (1968), „Towards a mathematical model of government behavior“, Zeitschrift für Nationalökonomie, Vol. 186, S. 355-380.

Frey, Bruno S. und Lawrence J. Lau (1971), „Ideology, public approval and government behavior“, Public Choice, Vol. 10, Spring, S. 21-40.

Fricke, Eberhard (1990), „Kreditbegrenzung im Staatshaushalt. Eine vertane Chance des Bundesgesetzgebers“, Finanzarchiv, N. F. Bd. 48, S. 222-243.

Frisch, Ragnar (1965), „Monopol - Polypol - der Begriff der Kraft in der Wirtschaft“, in: Preistheorie, hrsgg. von Alfred E. Ott, Köln, S. 17-32 (Originalaufsatz in französischer Sprache 1933).

Fürst, Berthold (1997), Die Maastrichter Budgetkriterien und ihre Implikationen für die Verschuldungskompetenzen der bundesdeutschen Gebietskörperschaften, Diss. Frankfurt.

Galbraith, Jenneth K. (1958), The affluent society, Boston.

Gandenberger, Otto (1990), „Verfassungsgrenzen der Staatsverschuldung“, Finanzarchiv, N. F. Bd. 48, S. 28-49.

Gandenberger, Otto (1996), Coordination of macroeconomic policy and fiscal decentralization - A european perspective, Bericht für Comisión Económica para América Latina y Caribe (CEPAL), Santiago de Chile, und Gesellschaft für Technische Zusammenarbeit (GTZ), Eschborn.

Gärtner, Manfred (1994), „Democracy, elections and macroeconomic policy: Two decades of progress“, European Journal of Political Economy, Vol. 10, S. 85-109.

Gawel, Erich und Michael Thöne (1996), „Zur Neuen Politischen Ökonomie der deutsch-deutschen Währungsunion, Kredit und Kapital, 29. Jg., S. 1-31.

Gemmell, Norman (1993a), „The public sector: definition and measurement issues“, in: The growth of the public sector - Theories and international evidence, hrsgg. von Norman Gemmell, Aldershot, S. 1–14.

Gemmell, Norman (1993b), „Wagner's law and Musgrave's hypotheses", in: The growth of the public sector - Theories and international evidence, hrsgg. von Norman Gemmell, Aldershot, S. 103-120.

Giavazzi, Francesco und Alberto Giovannini (1989), Limiting exchange rate flexiblity: The European Monetary System, Cambridge, Mass.

Giavazzi, Francesco und Marco Pagano (1989), „The advantage of tying one's hands, EMS discipline and central-bank credibility", European Economic Review, Vol. 32, S. 1055-1082.

Giavazzi, Francesco und Marco Pagano (1995), Non-Keynesian effects of fiscal policy changes: international evidence and the Swedish experience, NBER Working Paper, No. 5322.

Giersch, Herbert, Hrsg. (1986), The international debt problem. Lessons for the future. Symposium 1985. Institut für Weltwirtschaft Kiel, Tübingen.

Giorno, Claude, Pete Richardson, Deborah Roseveare und Paul van den Noord (1995), Estimating potential output, output gaps and structural balances, OECD Economics Department Working Paper, No. 152, Paris.

Giovannini, Alberto (1990), „International capital mobility and capital income taxation", European Economic Review, Vol. 34, S. 480-488.

Gokhale, Jagadeesh, Bernd Raffelhüschen und Jan Walliser (1994), Fiskalpolitik im vereinten Deutschland – Droht zukünftigen Generationen der Leviathan?, Diskussionsbeiträge aus dem Institut für Finanzwissenschaft und Sozialpolitik der Christian-Albrechts-Universität, Nr. 46, Kiel.

Gokhale, Jagadeesh, Bernd Raffelhüschen und Jan Walliser (1995): „The burden of German unification: A generational accounting approach", Finanzarchiv, N. F., Bd. 52, S. 141-165.

Goldstein, Morris und Geoffrey Woglom (1992), „Market-based fiscal discipline in monetary unions: evidence from the US municipal bond market", in Establishing a central bank: issues in Europe and lessons from the USA, hrsgg. von Matthew B. Canzoneri, Vittorio Grilli und Paul R. Masson, Cambridge.

Goodhart, C. A. E. (1995), „The political economy of monetary union", in: Understanding interdependence. The macroeconomics of the open economy, hrsgg. von Peter B. Kenen, Princeton, wiederabgedruckt in C. A. E. Goodhart, The central bank and the financial system, London, S. 156-202.

Gordon, Roger H. und A. Lans Bovenberg (1996), „Why is capital so immobile internationally? Possible explanations and implications for capital income taxation", American Economic Review, Vol. 86, S. 1057-175.

Görres, Peter Anselm (1985), „Die Ausschüttung der Notenbankgewinne an den Bund–weder 'free lunch' noch unsittlicher Griff in die Ladenkasse“, Jahrbücher für Nationalökonomie und Statistik, Bd. 200/4, S. 381–400.

Government of Western Australia (1997), „Western Australia's credit rating upgraded“, Treasury News, Vol. 5, No. 1, Perth.

Gramlich, Edward (1976), „New York: ripple or tidal wave; The New York City fiscal crisis: What happened and what is to be done?“, American Economic Review, Vol. 66, S. 415-429.

Grilli, Vittorio, Donato Masciandaro und Guido Tabellini (1991), „Political monetary institutions and public financial policies in the industrial countries“, Economic Policy, Vol. 13, S. 342-392.

Groenewegen, Peter (1979), Public finance in Australia, Sydney

Gros, Daniel (1995), Zur Sicherung der Währungsunion vor exzessiven Defiziten. Ein Reformvorschlag zum 'Verfahren bei einem übermäßigen Defizit', Geld-Währung-Kapitalmarkt Working Papers, hrsgg. von Wolfgang Gebauer, No. 43, Frankfurt.

Gros, Daniel und Guy Vandille (1994), „Seignorage and EMU: The fiscal implications of price stability and financial market integration“, Geld-Währung-Kapitalmarkt Working Papers, hrsgg. von Wolfgang Gebauer, No. 36, Frankfurt.

Gruber, Thomas (1996), Rechtliche Schranken für staatliche Haushaltsdefizite, Frankfurt, zugl. Diss. München 1995.

Gündling, Heike und Oliver Everling (1993), „Verfahren zur Länderrisikobeurteilung“, Die Bank - Zeitschrift für Bankpolitik und Bankpraxis, o.Jg., S. 590-595.

Gündling, Heike und Oliver Everling(1994), „Rating als Methode der Finanzanalyse“, Die Bank - Zeitschrift für Bankpolitik und Bankpraxis, o.Jg., S. 727-731.

Gupta, Kanhaya L. und Bakhtiar Moazzami (1996), Interest rates and budget deficits. A study of the advanced economies, London und New York.

Gutowski, Armin, Hrsg. (1986), Die internationale Schuldenkrise. Ursachen - Konsequenzen - Historische Erfahrungen, Schriften des Vereins für Socialpolitik, N.F., Bd. 155, Berlin.

Guttentag, Jack und Richard Herring (1983), „What happens when countries cannot pay their bank loans? The renegotiation process“, Journal of Comparative Business and Capital Market Law, S. 209-231.

Haan, Jakob de und Dick Zelhorst (1993), „Positive theories of public debt: Some evidence for Germany“, in: The Political economy of government debt, hrsgg. von Harrie A.A. Verbon und Frans A.A.M. van Winden, Amsterdam, S. 295-306.

Haan, Jakob de, C.G.M. Sterks und C.A. de Kam (1992), Towards budget discipline: an economic assessment of the possibilities for reducing national deficits in the run-up to EMU, Economic Papers, No. 99, Commission of the European Communities, Brüssel.

Haan, Jakob de, C.G.M. Sterks und Flip de Kam (1993), „Budget flexibility of EC member states in the run-up to Economic and Monetary Union“, in: National budgeting for Economic and Monetary Union, hrsgg. von Aaron Wildavsky und Eduardo Zapico-Goñi, European Institute of Public Administration, Maastricht, S. 87-117.

Haan, Jakob de, und Jan-Egbert Sturm (1994), „Political and institutional determinants of fiscal policy in the European Community“, Public Choice, Vol. 80, S. 157-172.

Hagemann, Robert P. und Christoph John (1995), The fiscal stance in Sweden: A generational accounting perspective, IMF Working Paper, No. WP/95/105.

Hagen, Jürgen von (1991), „A note on the empirical effectiveness on formal fiscal restraints“, Journal of Public Economics, Vol. 44, S. 199-210.

Hagen, Jürgen von (1992), „Fiscal arrangements in a monetary union“, in: Fiscal policy, taxation and the financial system in an increasingly integrated Europe, hrsgg. von Donald E. Fair und Christian de Boissieu, Dordrecht.

Hagen, Jürgen von (1992), Budgeting procedures and fiscal performance in the European Communities, Economic Papers, No. 96, Commission of the European Communities, Brüssel.

Hagen, Jürgen von (1993), „The role of budgeting procedures for improving the fiscal performance of the member states of the EC“, in: National budgeting for Economic and Monetary Union, hrsgg. von Aaron Wildavsky und Eduardo Zapico-Goñi, European Institute of Public Administration, Maastricht, S. 33-63.

Hagen, Jürgen von (1997), „Internationale Wirtschaftsbeziehungen“, in: Springers Handbuch der Volkswirtschaftslehre, Bd. 2: Wirtschaftspolitik und Weltwirtschaft, hrsgg. von Jürgen von Hagen, Paul. J. J. Welfens und Axel Börsch-Supan, Berlin u.a., S. 235-280.

Hagen, Jürgen von und Ian J. Harden (1994), „National budget processes and fiscal performance“, European Economy - Towards greater fiscal discipline, No. 3/1994, S. 311-418.

Hagen, Jürgen von und Michele Fratianni (1994), „Monetary and fiscal policy in a European monetary union: Some public choice considerations", in: European monetary integration, hrsgg. von Paul J.J. Welfens, 2. Aufl., Berlin, S. 275-302.

Hansen, Alvin H. (1941), Fiscal policy and business cycles, London.

Harden, Ian J. (1993), „Budget: objectives, norms and procedures", in: National budgeting for Economic and Monetary Union, hrsgg. von Aaron Wildavsky und Eduardo Zapico-Goñi, European Institute of Public Administration, Maastricht, S. 65-85.

Hartmann, Uwe (1994), Europäische Union und die Budgetautonomie der deutschen Länder. Haushaltsdisziplin im Rahmen der EWWU nach Art. 104 c EGV und deren interstaatliche Umsetzung im Geltungsbereich des Grundgesetzes, Baden-Baden.

Hasse, Rolf H. (1995), „Analysis of the convergence criteria in the Maastricht treaty. Are they able to create credibility?", in: EMU after Maastricht. Transition or revaluation?, hrsgg. von David Currie und John D. Whitley, London, S. 43–60.

Hauptmann, Karlheinz (1987), Internationale Verschuldung und Kreditrisiken, Frankfurt und New York.

Haveman, Robert (1994), „Should generational accounts replace public budgets and deficits", Journal of Economic Perspectives, Vol. 8, S. 95-111.

Hayek, F.A. (1979), Law, legislation, and liberty: The political order of a free people, Vol. III, Chicago.

Hayo, Bernd und Matthias Wrede (1996), „Fiscal policy in a federation: considering dynamic budget constraints", Jahrbuch für Wirtschaftswissenschaften, Bd. 47, S. 103-129.

Heinemann, Friedrich (1993), „Europäische Investitionsbank - Subsidiärer Finanzintermediär oder Umverteilungsinstrument?", Wirtschaftsdienst, 73. Jg., S. 98-103.

Heinemann, Friedrich (1994), Verschuldungsanreize in der Wirtschafts- und Währungsunion, Zentrum für Europäische Wirtschaftsforschung, Mannheim, Discussion Paper No. 94-02.

Heinemann, Friedrich (1995), „Bailout- und Bonitätseffekte in der Wirtschafts- und Währungsunion", Zeitschrift für Wirtschafts- und Sozialwissenschaften, 115. Jg., S. 606-622.

Helbling, Thomas und Robert Wescott (1995), „The global real interest rate", in: Staff Studies for the World Economic Outlook, Research Department of the International Monetary Fund, Washington, S. 28-51.

Hellmann, Rainer (1972), Europäische Währungsunion. Eine Dokumentation, Baden-Baden.

Hemming, Richard und Paul Bernd Spahn (1994), Federal fiscal structures and operations, unveröffentlichtes Manuskript, International Monetary Fund, Washington.

Herder-Dorneich, Philipp (1957), Theorie der Bestimmungsfaktoren finanzwirtschaftlicher Staatstätigkeit, Diss. Freiburg.

Hibbs, Douglas A. (1977), „Political parties and macroeconomic policy", American Political Science Review, Vol. 71, S. 1467-1487.

Hibbs, Douglas A. (1979), „The mass public and macroeconomic performance: The dynamics of public opinion toward unemployment and inflation", American Journal of Political Science, Vol. 23, S. 705- 731.

Hochschild, Jennifer L. (1979), „Redistributing wealth: positions, payments, and attitudes", in: Public Policy and Public Choice, SAGE Yearbooks in Politics and Public Policy, hrsgg. von Douglas W. Rae und Theodore J. Eismeier, S. 35-92.

Hoeller, Peter, Marie-Odile Louppe und Patrice Vergriete (1996), Fiscal relations within the European Union, OECD Economics Department Working Paper, No. 163, Paris.

Holler, Manfred (1979), „Wahlen und Verteilung", in: Ökonomische Theorie der Politik, hrsgg. von Claude Hillinger und Manfred Holler, München, S. 61-74.

Holzmann, Robert, Yves Hervé und Roland Demmel (1996), „The Maastricht fiscal criteria: required but ineffective?", in: Maastricht: monetary constitution without a fiscal constitution, hrsgg. von Robert Holzmann, Baden-Baden, S. 45-76.

Homburg, Stefan (1994), „Anreizwirkungen des deutschen Finanzausgleichs", Finanzarchiv, N. F., Bd. 51, S. 312-330.

House of Representatives Budget Committee (1996), The Clinton crunch. Americans anxiety about their economic future, http://www.house.gov/br/crunch.html, 15.6.1996.

Hunter, John S. H. (1996), „Fiscal federalism in Australia: characteristics, problems and reform proposals in comparison to Germany", in: Finanzverfassung im Spannungsfeld zwischen Zentralstaat und Gliedstaaten, hrsgg. von Werner W. Pommerehne und Georg Ress, Baden-Baden, S. 77-93.

Hutchinson, Michael M. und Kenneth M. Kletzer (1995), „Fiscal convergence criteria, factor mobility, and credibility in transition to monetary union in Europe", in: Monetary and fiscal policy in an integrated Europe, hrsgg. von B. Eichengreen, J. Frieden und J. von Hagen, Berlin u.a., S. 138-165.

Illing, Gerhard (1997), Theorie der Geldpolitik, Berlin u.a.

Ingram, Robert W., Leroy D. Brooks und Ronald M. Copeland (1983), „The information content of municipal bond rating changes: A note“, Journal of Finance, Vol. 38, S. 997-1003.

Inman, Robert P. (1987), „Markets, governments, and the 'new' political economy“, in: Handbook of Public Economics, Vol. II, hrsgg. von Alan J. Auerbach und Martin Feldstein, Amsterdam u.a., S. 647-777.

Inman, Robert P. (1996), Do balanced budget rules work? U.S. experience and possible lessons for the EMU, NBER Working Paper, No. 5838.

International Monetary Fund (1995), „The spillover effects of government debt“, World Economic Outlook, May, S. 93-97.

International Monetary Fund (1996), „Saving in a growing world economy“, World Economic Outlook, May, S. 67-89.

Italianer, Alexander (1993), „Mastering Maastricht: EMU issues and how they were settled“, in: Economic and Monetary Union: Implications for national policy-makers, hrsgg. von Klaus Gretschmann, Maastricht, S. 51-113.

Jahn, Eckart (1995), „Ratings als Bonitätsindikator - eine Analyse“, Zeitschrift für das gesamte Kreditwesen, Vol. 48, S. 510-513.

James, Denis W. (1992), Intergovernmental financial relations in Australia, Sydney.

Kalecki, Michael (1943) „Political aspects of full employment“, The Political Quarterly, Vol. 14, S. 322-331.

Kaserer, Christoph (1995), „Die Ankündigung von Ratingänderungen und die Kurseffekte auf dem Markt für DM-Auslandsanleihen“, Bankarchiv, Zeitschrift für das gesamte Bank- und Börsenwesen, 43. Jg., S. 263-273.

Kauffmann, Barbara (1990), The Gramm-Rudman-Hollings Act: More revisions?, Kiel Working Paper No. 415, Institut für Weltwirtschaft, Kiel.

Keech, William R. (1995), Economic politics. The costs of democracy, Cambridge, Mass.

Kees, Andreas (1994), „Die Konvergenzkriterien als wirtschaftspolitische Imperative des Maastricht-Vertrages“, in Das Konvergenzproblem - Wirtschaftspolitik im Europa von Maastricht, hrsgg. von Fritz Franzmeyer, DIW Sonderheft, Nr. 151, Berlin, S. 52-72.

Kehoe, Patrick J. (1987), „Coordination of fiscal policies in a world economy“, Journal of Monetary Economics, Vol. 19, S. 349-376.

Kehoe, Patrick J. (1991), „Policy co-operation among benevolent governments may be undesirable“, in: International policy co-ordination, hrsgg. von C. Carraro, D. Laussel, M. Salmon und A. Soubeyran, Oxford, S. 166-183.

Keller, Berndt (1991), „Beamtenverbände und Interessenpolitik. Aktuelle Probleme in der Bundesrepublik Deutschland“, in: Beamtensyndikalismus in Frankreich, Deutschland und Italien, hrsgg. von Erk Volkmar Heyen (Jahrbuch für europäische Verwaltungsgeschichte, Bd. 3), S. 271-295.

Keynes, John Maynard (1936), The General Theory of employment, interest and money, London.

Kinder, D. R. und D. R. Kiewiet (1979), „Economic discontent and political behavior: The role of personal grievances and collective economic judgements in congressional voting“, American Journal of Political Science, Vol. 23, S. 495-527.

Kinder, D. R. und D. R. Kiewiet (1981), „Sociotropic politics: The American case“, British Journal of Political Science, Vol. 11, S. 129-161.

Kirchgässner, Gerhard und Werner W. Pommerehne (1988), „Government spending in federal systems: A comparison between Switzerland and Germany“, in: Explaining the growth of government, hrsgg. von J.A. Lybeck und M. Henrekson, Amsterdam u.a., S. 327-356.

Kitterer, Wolfgang (1995), Intergenerative Belastungsrechnungen (‘General Accounting’) - Ein Maßstab für die Belastung zukünftiger Generationen?, Finanzwissenschaftliche Diskussionsbeiträge, Nr. 95-2, Finanzwissenschaftliches Forschungsinstitut an der Universität zu Köln.

Kleist, Rüdiger von (1991), Das Gramm-Rudman-Hollings-Gesetz. Ein gescheiterter Versuch der Haushaltskonsolidierung, Frankfurt.

Knappe, Eckhard (1980), Einkommensverteilung in der Demokratie, Habil. Freiburg.

Köglmayr, Hans-Georg (1986), „Erfassung und Handhabung von Länderrisiken“, Wirtschaftswissenschaftliches Studium, 15. Jg., S. 211-214.

Konrad, Kai A. (1995), „Fiscal federalism and intergenerational redistribution“, Finanzarchiv, N.F., Bd. 52, S. 166-181.

Kotlikoff, Laurence J. (1992), Generational accounting: knowing who pays, and when, for what we spend, New York.

Kotlikoff, Laurence J. (1993), „From deficit delusion to the fiscal balance rule: looking for an economically meaningful way to assess fiscal policy“, Journal of Economics, Supplement, S. 17-41.

Kraan, Dirk-Jan (1996), Budgetary Decisions. A Public Choice Approach, Cambridge.

Kramer, G. H. (1971), „Short-term fluctuations in U.S. voting behavior, 1896-1964“, American Political Science Review, Vol. 65, S. 131-143.

Krause, Ralf (1992), Die Bewertung von Länderrisiken, Stuttgart.

Krause-Junk, G. (1993), Finanzpolitische Aspekte der Europäischen Wirtschafts- und Währungsunion, Hefte zur Internationalen Besteuerung, Nr. 84, hrsgg. vom Institut für Ausländisches und Internationales Finanz- und Steuerwesen der Universität Hamburg,.

Kurz, Heinz D. (1996), „Franz Oppenheimer und das Problem der 'Bodensperrung'“, in: Franz Oppenheimer und Adolph Lowe. Zwei Wirtschaftswissenschaftler der Frankfurter Universität, hrsgg. von Volker Caspari und Bertram Schefold, Marburg, S. 65-120.

Kydland, Finn E. und Edward C. Prescott (1977), „Rules rather than discretion: The inconsistency of optimal plans“, Journal of Political Economy, Vol. 85, S. 191-205.

Laffont, J.-J. (1989), „Externalities“, in: The New Palgrave: Allocation, Information and markets, hrsgg. von J. Eatwell, M. Milgate und P. Newman, London und Basingstoke, S. 112-116.

Laffont, J.-J. und Jean Tirole (1993), A theory of incentives in regulation and procurement, Cambridge.

Lane, Jan-Erik (1995), The public sector. Concepts, models and approaches, 2. Aufl., London, Newbury Park und Neu Delhi.

Lane, Jan-Erik und Svante Ersson (1990), Comparative political economy, London und New York.

Lane, Jan-Erik und Svante Ersson. (1994), Politics and society in Western Europe, 3. Aufl., London.

Laney, Leroy O. und Thomas D. Willett (1983), „Presidential politics, budget deficits, and monetary policy in the United States: 1960-1976“, Public Choice, Vol. 40, S. 53-69.

Leibenstein, H. (1966), „Allocative efficiency vs. X-inefficiency“, American Economic Review, Vol. 56, S. 392-415.

Leibfritz, Willi, Deborah Roseveare, Douglas Fore und Eckhard Wurzel (1995), Ageing populations, pension systems and government budgets: How do they affect saving?, OECD Economics Department Working Paper, No. 156, Paris.

Lejour, Arjan M. und Harrie A.A. Verbon (1996), Fiscal policies and endogenous growth in integrated capital markets, Working Paper, Tilburg University, Department of Economics.

Lessmann, Sabine (1987), Budgetary politics and elections: An investigation of public expenditures in West Germany, Berlin und New York.

Levin, Jonathan (1996), „Government in the 1993 system of national accounts", in: The new system of national accounts, hrsgg. von John W. Kendrick, Boston, Dordrecht und London, S. 191-208.

Lewin, Leif (1991), Self interest and public interest in western politics, Oxford.

Lewis, Carol W. (1995), „Connecticut: Surviving tax reform", in: The fiscal crisis of the States, hrsgg. von Steven D. Gold, Washington, S. 141-196.

Lincoln, Abraham (1864), „Annual Message to Congress", zitiert nach James D. Savage (1988), Balanced budgets and American politics, Ithaca und London, S. 128.

Littmann, Konrad (1990), „Haushaltsnotlagen als Anspruchsgrundlage für Bundesergänzungszuweisungen", in: Finanzwissenschaft im Dienste der Wirtschaftspolitik, hrsgg. von Franz Xaver Bea und Wolfgang Kitterer, Tübingen, S. 307-321.

Liu, Pu und Anjan V. Thakor (1984), „Interest yields, credit ratings, and economic characteristics of State bonds: an empirical analysis", Journal of Money, Credit, and Banking, Vol. 16, S. 344-351.

Lovell, M. C. (1981), „Data mining", Review of Economics and Statistics, Vol. 65, S. 1-12.

Lüder, Klaus (1995), Konturen eines neuen kommunalen Haushalts- und Rechnungsmodells, Speyerer Arbeitshefte, Nr. 103, Speyer.

Lüder, Klaus und Brigitte Kampmann (1993), Harmonisierung des öffentlichen Rechnungswesens in der Europäischen Gemeinschaft, Speyrer Forschungsberichte, Nr. 83, Speyer.

Lybeck, J. A. (1988), „Comparing government growth rates: The non-institutional vs. the institutional approach", in: Explaining the growth of government, hrsgg. von J. A. Lybeck und M. Henrekson, Amsterdam u.a., S. 29-47.

MacManus, Susan A. (1995), „Florida: Reinvention derailed", in: The fiscal crisis of the States, hrsgg. von Steven D. Gold, Washington, S. 197-251.

MacRae, Duncan C. (1977), „A political model of the business cycle", Journal of Political Economy, Vol. 85, S. 239-264.

Magee, S. P., W.A. Brock und L. Young (1989), Black hole tariffs and endogeneous policy theory, Cambridge.

Malinvaud, Edmond (1991), „Comment on Vittorio Grilli, Donato Masciandaro, Guido Tabellini, 'Political monetary institutions and public financial policies in the industrial countries'", Economic Policy, Vol. 13, S. 376-379.

Mans, Angela (1996), „Steuerpolitik in der Europäischen Union zwischen Wettbewerb und Harmonisierung", Vierteljahreshefte zur Wirtschaftsforschung, 65. Jg., S. 331-353.

Mantel, Sophie (1994), „The prospects for labour mobility under EMU", Economie et Statistique, Special Issue 'Economic and Monetary Union', INSEE, Paris, S. 137–147.

Marshall Alfred (1920), Principles of economics, 8. Auflage (erste Auflage 1890), London.

Martin, Paul (1996), „The Canadian experience in reducing deficits and debt", Economic Review, Federal Reserve Bank of Kansas City, First Quarter 1996, S. 11-25.

Martin, Philippe (1997), The exchange rate policy of the euro: A matter of size?, document de travail n° 97-06, Centre d'études prospectives et d'informations internationales, Paris.

März, Eduard (1982), „Comment to Moggridge", in: Financial crises. Theory, history and policy, hrsgg. von Carles P. Kindleberger und Jean-Pierre Laffargue, Cambridge, S. 187-194.

Mathews, Russell (1984), „The Australian Loan Council: Co-ordination of public debt policies in a federation", in: Public finance and public debt - proceedings of the 40th congress of the International Institute of Public Finance, Innsbruck, S. 307-319.

McCauley, Robert N. und William R. White (1997), The Euro and european financial markets, Working Paper No. 41, Bank for International Settlements, Basel.

McKinnon, Ronald I. (1997), „EMU as a devise for collective fiscal retrenchment", American Economic Review, Vol. 87, S. 227-229.

Melick, William R. (1996), Estimation of speculative attack models: Mexico yet again, Working Paper No. 36, Bank for International Settlements, Basel.

Meltzer, Allan H. und Scott F. Richard (1981), „A rational theory of the size of government", Journal of Political Economy, Vol. 89, S. 914-927.

Meltzer, Allan H. und Scott F. Richard (1983), „Tests of a rational theory of the size of government", Public Choice, Vol. 41, S. 403-418.

Meyer, Marshall W., William Stevenson und Stephen Webster (1985), Limits to bureaucratic growth, Berlin und New York.

Migue, Jean-Luc und Gerard Belanger (1974), „Toward a general theory of managerial discretion, Public Choice, Vol. 17, S. 27-47.

Mises, Ludwig von (1944), Bureaucracy, New Haven und London.

Moggridge, D. E. (1982), „Policy in the crises of 1920 and 1929“, in: Financial crises. Theory, history and policy, hrsgg. von Carles P. Kindleberger und Jean-Pierre Laffargue, Cambridge, S. 171-187.

Molle, Willem, Olaf Sleijpen und Marc Vanheukelen (1993), „The impact of an economic and monetary union on social and economic cohesion: analysis and ensuing policy implications“, in: Economic and Monetary Union: Implications for national policy-makers, hrsgg. von Klaus Gretschmann, Maastricht, S. 217-243.

Moody's Investors Service, Inc. (1995a), Moody's credit ratings and research, New York.

Moody's Investors Service, Inc. (1995b), Sovereign risk, bank deposits vs. bonds, New York.

Moody's Investors Service, Inc. (1996), Sovereigns supranationals credit opinion, New York.

Muellbauer, John (1992), „Comment on A.J. Auerbach, J. Gokhale and L.J. Kotlikoff, 'Generational accounting: A new approach to understanding the effects of fiscal policy on saving'“, Scandinavian Journal of Economics, Vol. 94, S. 319-322.

Mueller, Dennis C. (1976), „Public choice: A survey“, Journal of Economic Literature, Vol. 14, S. 395-433.

Mueller, Dennis C. (1985), „The 'Virginia School' and public choice, lecture sponsored by the Center for Study of Public Choice at George Mason University“, in: The public choice approach to politics, hrsgg. von Dennis C. Mueller, Aldershot, S. 431-444.

Mueller, Dennis C. (1989), Public Choice II, Cambridge.

Mueller, Dennis C. und Peter Murrell (1986), „Interest groups and the size of government“, Public Choice, Vol. 48, S. 125-145.

Müller, Emil Peter (1991), Soziale Strukturen im XII. Deutschen Bundestag, Köln.

Mueller, J. E. (1970), „Presidential popularity from Truman to Johnson“, American Political Science Review, Vol. 64, S. 18-23.

Muris, Timothy J. (1994), „The uses and abuses of budget baselines“, in: The budget puzzle. Understanding federal spending, hrsgg. von John F. Cogan, Timothy J. Muris und Allen Schick, Stanford, S. 41-78.

Musgrave, Richard A. (1959), The theory of public finance, New York.

Musgrave, Richard A. (1981), „Leviathan cometh - or does He?“, in: Tax and expenditure limitations, hrsgg. von H. Ladd und T. Tideman, Washington, wiederabgedruckt in Musgrave (1986), S. 200-232.

Musgrave, Richard A. (1986), Collected papers. Public finance in a democratic society, Volume II: Fiscal doctrine, growth and institutions, Brighton.

Musgrave, Richard A. (1996), „The role of the state in fiscal theory“, International Tax and Public Finance, Vol. 3, S. 247-258.

Mussgnug, Reinhard (1996), „Staatsüberschuldung und Verfassungsrecht“, in: Staatsüberschuldung, hrsgg. von Erhard Kantzenbach, Göttingen, S. 59-78.

Nalewaik, Jeremy und Lori L. Taylor (1996), „Texas-Mexico trade after NAFTA“, The Southwest Economy, Federal Reserve Bank of Dallas, No. 5/6 (September/ October).

Nannestad, Peter und Martin Paldam (1994), „The VP-function: A survey of the literature on vote and popularity functions after 25 years“, Public Choice, Vol. 79, S. 213-245.

Neumann, Manfred J. M. (1997), „Geldpolitik und Stabilisierung“, in: Springers Handbuch der Volkswirtschaftslehre, Bd. 2: Wirtschaftspolitik und Weltwirtschaft, hrsgg. von Jürgen von Hagen, Paul. J. J. Welfens und Axel Börsch-Supan, Berlin u.a., S. 81-121.

Nicolaysen, Gert (1995), „Funktionalität und Kontrolle der Subsidiarität“, in: Reform der Europäischen Union. Materialien zur Revision des Maastrichter Vertrages, hrsgg. von Werner Weidenfeld, Gütersloh, S. 156-165.

Niehans, J. (1986), „Internationale Kredite mit undurchsetzbaren Forderungen“, in: Die internationale Schuldenkrise. Ursachen - Konsequenzen - Historische Erfahrungen, hrsgg. von Armin Gutowski, Schriften des Vereins für Socialpolitik, N.F., Bd. 155, Berlin, S. 151-179.

Niskanen, William (1968), „Nonmarket decision making. The peculiar economics of bureaucracy“, American Economic Review, Vol. 58, S. 293- 305.

Niskanen, William (1971), Bureaucracy and representative government, Chicago.

Niskanen, William (1973), Bureaucracy: servant or master?, Wolverhampton.

Niskanen, William (1978), „Deficits, government spending, and inflation: What is the evidence?“, Journal of Monetary Economics, Vol. 4, S. 591-602.

Nordhaus, William D. (1975), „The political business cycle“, Review of Economic Studies, Vol. 42, S. 169-190.

Nöth, Markus (1995), „Untersuchung der Renditestruktur im Markt der DM Euroanleihen“, Kredit und Kapital, 28. Jg., S. 535-568.

Nunnenkamp, Peter (1986), „Bank lending and government intervention in capital markets: Has recycling gone too far?“, in: The international debt problem. Lessons for the future. Symposium 1985, Institut für Weltwirtschaft, Kiel, hrsgg. von Herbert Giersch, Tübingen, S. 42-65.

o. V. (1995a), „Clinton rettet Mexiko aus Finanzkrise“, Die Tageszeitung, Nr. 4535 vom 2. Februar 1995, S. 6.

o. V. (1995b), „Die Amerikaner müssen ohne festen Anspruch auf Fürsorge auskommen“, Frankfurter Allgemeine Zeitung, Nr. 218 vom 19. September, S. 16.

o. V. (1996) „Duisenberg ruft zu strenger Auslegung der Maastrichter Kriterien auf“, Frankfurter Allgemeine Zeitung vom 31.10.

o. V. (1997a), „New Labour - New Bank“, Centralbanking, Vol. VII, No. 4, http://www.centralbanking.co.uk/cbv7n41.html, 6.7.1997.

o. V. (1997b), „Bundesbank could lose $10.5 billion over first 5 years of EMU“, Centralbanking, Vol. VII, No. 4, http://www.centralbanking.co.uk/cbv7n42.html, 6.7.1997.

o. V. (1997c), „Die kreativen Buchführer und ihre kleineren oder größeren Tricks“, Frankfurter Allgemeine Zeitung, Nr. 133 vom 12. Juni, S. 14.

o. V. (1997d), „Länder haben Verfassungsbedenken gegen Reform des Haushaltsrechts“, Frankfurter Allgemeine Zeitung, Nr. 223 vom 29. September, S. 19.

O'Connell, Stephen A. und Stephen P. Zeldes (1992), „Ponzi games“, in: The New Palgrave Dictionary of Money and Finance.

Oates, Wallace E. (1972), Fiscal federalism, New York.

Oates, Wallace E. (1988), „On the nature and measurement of fiscal illusion: A survey“, in: Taxation and fiscal federalism, hrsgg. von B. S. Grewal und P. Groenewegen, Sydney, S. 65-82.

Obstfeld, Maurice (1995a), „International currency experience: new lessons and lessons relearned“, Brookings Papers on Economic Activity, Vol. 25, S. 119-220.

Obstfeld, Maurice (1995b), „International capital mobility in the 1990s“, in: Understanding interdependence. The macroeconomics of the open economy, hrsgg. von Peter B. Kenen, Princeton, S. 201-261.

Office of Management and Budget (1996), Historical budget tables, Washington.

Ohr, Renate (1996), „Zur Fiskaldisziplin in der Europäischen Währungsunion“, in: Staatsüberschuldung, hrsgg. von Erhard Kantzenbach, Göttingen, S. 103-114.

Olson, Mancur (1969), „Strategic theory and its applications. The principle of fiscal equivalence: The division of responsibilities among different levels of government“, American Economic Review, Vol. 59, S. 479-487.

Olson, Mancur (1971), The logic of collective action, 2. Aufl., Cambridge.

Oppenheimer, Franz (1910), Theorie der reinen und der politischen Ökonomie, Berlin.

Orlowski, Lucjan T. (1996), „Spillover effects of the Mexican liquidity crisis on world financial markets“, http://www.sacredheart.edu/publicat/mexlo.htm, 3.4.1997.

Ott, Attiat F. (1993), Public sector budgets. A comparative study, Aldershot.

Padoa-Schioppa, Tommaso (1994), „Fiscal compability and monetary constitution“, in: The road to monetary union in Europe, hrsgg. von Tommaso Padoa-Schioppa, Oxford, S. 165-184.

Pareto, Vilfredo (1927), Manual of political economy, Paris.

Patzig, Werner (1981), Haushaltsrecht des Bundes und der Länder, Baden-Baden.

Peacock, Alan (1979), The economic analysis of government and related themes, New York.

Peacock, Alan und J. Wiseman (1961), The growth of public expenditure in the United Kingdom, Princeton.

Peltzman, S. (1980), „The growth of government“, Journal of Law and Economics, Vol. 23, S. 209-287.

Perotti, Roberto (1996), „Fiscal consolidation in Europe: composition matters“, American Economic Review, Vol. 80, S. 105-110.

Persson, Torsten und Guido Tabellini (1994), „Introduction“, in: Monetary and fiscal policy. Volume 1: Credibility, hrsgg. von Torsten Persson und Guido Tabellini, Cambridge, Mass., S. 1-31.

Persson, Torsten und Lars Svensson (1989), „Why a stubborn conservative would run a deficit: policy with time-inconsistent preferences“, Quarterly Journal of Economics, Vol. 104, S. 325-345.

Pfadt, Rainer und Jürgen Schröder (1994), „Die Bonität hoch verschuldeter Länder und die europäische Währungsunion“, in: Perspektiven der Europäischen Integration, hrsgg. von Gerhard Rübel, Heidelberg, S. 177-208.

Pichler, Eva (1990), „Adam Smith′ Beitrag zur Staatsbegründung und zur Finanzwissenschaft“, in: Adam Smith (1723-1790) - Ein Werk und seine Wirkungsgeschichte, hrsgg. von Heinz D. Kurz, Marburg, S. 261-286.

Piduch, Erwin Adolf (1996), Bundeshaushaltsrecht, 33. Lieferung der 1. Auflage, Stuttgart, Berlin und Köln.

Pommerehne, Werner W. und Bruno S. Frey (1978), „Bureaucratic behavior in democracy: A case study“, Public Finance, Vol. 33, S. 98-112.

Posner, Michael V. (1987), „A survey of the debate“, in: Private saving and public debt, hrsgg. von Michael J. Boskin, John S. Flemming und Stefano Gorini, Oxford und New York, S. 395-414.

Poterba, James M. (1993), State responses to fiscal crises: The effects of budgetary institutions and politics, NBER Working Paper, No. 4375.

Poterba, James M. (1996a), „Budget institutions and fiscal policy in the U.S. States“, American Economic Review, Vol. 86, S. 395-400.

Poterba, James M. (1996), Budget institutions and fiscal policy in the U.S. States, NBER Working Paper, No. 5449.

Poterba, James M. (1996c), Do budget rules work?, NBER Working Paper, No. 5550.

Premchand, A. (1993), Public expenditure management, International Monetary Fund, Washington.

Putnam, Robert D. und C. Randall Henning (1989), „The Bonn summit of 1978: A case study in coordination“, in: Can nations agree? Issues in international economic cooperation, hrsgg. von Richard N. Cooper et.al., Washington, S. 12-140

Razin, Assaf und Efraim Sadka (1990), „Capital market integration: Issues of international taxation“, in: Reforming capital income taxation, hrsgg. von Horst Siebert, Tübingen, S. 155-165.

Reinhardt, Horst (1990), Internationale Kreditvergabe, Verschuldung und Restrukturierung: Kredittheorie und Marktpraxis, Berlin.

Reis, Karl Eugen (1986), Fesseln für den Leviathan. Die Steuerrevolte in den Vereinigten Staaten und die Problematik budgetärer Schranken, Diss. Mainz.

Richter, Rudolf (1994), Institutionen ökonomisch analysiert, Tübingen.

Richter, Wolfram F. und Wolfgang Wiegard (1993), „Zwanzig Jahre ‘Neue Finanzwissenschaft’“, Zeitschrift für Wirtschafts- und Sozialwissenschaften, 113. Jg., I. Teil S. 169-224 und II. Teil S. 337-400.

Richter, Wolfram F. und Wolfgang Wiegard (1994), „Erwiderung zu den Kommentaren von Charles B. Blankart und Fritz Söllner", Zeitschrift für Wirtschafts- und Sozialwissenschaften, 114. Jg., S. 255-266.

Rizzo, Ilde (1990), The 'hidden' debt, Dordrecht.

Rogoff, Kenneth (1990), „Equlibrium political budget cycles", American Economic Review, Vol. 80, S. 21-36.

Rogoff, Kenneth und Anne Sibert (1988), „Elections and macroeconomic policy cycles", Review of Economic Studies, Vol. 55, S. 1-16.

Roseveare, Deborah, Willi Leibfritz, Douglas Fore und Eckhard Wurzel (1996), Ageing populations, pension systems and government budgets: simulations for 20 OECD countries, OECD Economics Department Working Paper, No. 168, Paris.

Roubini, Nouriel und Jeffrey Sachs (1989a), „Political and economic determinants of budget deficits in industrial democracies", European Economic Review, Vol. 33, S. 903-933.

Roubini, Nouriel und Jeffrey Sachs (1989b), „Government spending and budget deficits in industrial democracies", Economic Policy, Vol. 8, S. 100-132.

Rowlands, Dane (1993), „Constitutional rules, reputation, and sovereign debt", Journal of International Economics, Vol. 35, S. 335-350.

Rowley, Charles K. (1987), „John Maynard Keynes and the attack on classical political economy", in: Deficits, hrsgg. von James M. Buchanan, C. K. Rowley und R. D. Tollison, Oxford, S. 114-142.

Rowley, Charles K. und Robert Elgin (1988), „Government and its bureaucracy: A bilateral bargaining versus a principal-agent approach", in: The political economy of rent-seeking, hrsgg. von Charles K. Rowley, Robert D. Tollison und Gordon Tullock, Boston, S. 267-290.

Rubinfeld, Daniel (1973), „Credit ratings and the market for general obligation municipal bonds", National Tax Journal, Vol. 26, S. 17-27.

Rudder, Helmut de und Heinz Sahner (1988), Herrschaft der Verbände?, Berlin.

Sachs, Jeffrey, Aarón Tornell und Andrés Velasco (1996), „The Mexican Peso crisis: sudden death or death foretold?", Journal of International Economics, Vol. 41, S. 265-283.

Sachverständigenrat zur Begutachtung der gesamtwirtschaftlichen Entwicklung (1993), Jahresgutachten 1993/94, Stuttgart.

Sachverständigenrat zur Begutachtung der gesamtwirtschaftlichen Entwicklung (1994), Jahresgutachten 1994/95, Stuttgart.

Sachverständigenrat zur Begutachtung der gesamtwirtschaftlichen Entwicklung (1995), Jahresgutachten 1995/96, Stuttgart.

Sachverständigenrat zur Begutachtung der gesamtwirtschaftlichen Entwicklung (1996), Jahresgutachten 1996/97, Stuttgart.

Sargent, Thomas J. und Neil Wallace (1975), „Some unpleasant monetarist arithmetic“, Federal Reserve Bank of Minneapolis Quarterly Review, Vol. 5, No. 3, S. 1-17.

Savage, James D. (1988), Balanced budgets and American politics, Ithaca und London.

Scharpf, Fritz, Bernd Reissert und F. Schnabel (1976), Politikverflechtung: Theorie und Empirie des kooperativen Föderalismus in der BRD, Kronberg.

Schechinger, Helmut Peter (1973), Konjunkturrat und Finanzplanungsrat. Föderative Bundesorgane im Bereich der Konjunkturpolitik, Diss. München.

Schick, Allen (1990), The capacity to budget, Washington.

Schick, Allen (1994), „Why study microbudgeting“, in: The budget puzzle. Understanding federal spending, hrsgg. von John F. Cogan, Timothy J. Muris und Allen Schick, Stanford, S. 1-15.

Schick, Allen (1995), The Federal Budget, Washington.

Schieler, Max (1991), Der Spread als Länderrisikomaß: Eine Analyse der Bestimmungsfaktoren des Spreads unter besonderer Berücksichtigung der Länderrisiko-Komponente, Publikation der Swiss Banking School, Nr. 29, Bern.

Schlesinger, Helmut (1989), „Möglichkeiten und Grenzen der Kreditfinanzierung des Staatshaushalts“, in: Die Kontrolle der Staatsfinanzen: Geschichte und Gegenwart, 1714-1989, Festschrift zur 275. Wiederkehr der Errichtung der Preußischen General-Rechen-Kammer, hrsgg. von Heinz Günter Zavelberg, Berlin, S. 241-257.

Schmidt, K. (1966), „Entwicklungstendenzen der öffentlichen Ausgaben im demokratischen Gruppenstaat“, Finanzarchiv, N.F., Bd. 25, S. 213-241.

Schultze, Charles L. (1992), „Is there a bias towards excess in U.S. govern-ment budgets or deficits?“, Journal of Economic Perspectives, Vol. 6, S. 25-43.

Schumpeter, Joseph A. (1950), Kapitalismus, Sozialismus und Demokratie, Tübingen, zitiert nach der 6. Auflage 1987.

Scott, R. H. (1983), The Australian Loan Council and public investment, Occasional Paper No. 31, Centre for Research on Federal Financial Relations, Australian National University, Canberra.

Shaw, G. K. (1994), „Fiscal policy: The third Thatcher administration 1987-1990 and the Thatcher legacy 1990-1993“, Finanzarchiv, N.F., Bd. 51, S. 75-94.

Sherman, Heidemarie C., Erich Langmantel und Eugen Schuhmair (1985), Der Einfluß staatlicher Budgetdefizite auf die Zinsentwicklung in der Bundesrepublik Deutschland und den Vereinigten Staaten, ifo-Studien zur Finanzpolitik, Nr. 39, München.

Shughart, William F. und Robert D. Tollison (1985), „Legislation and political business cycles“, Kyklos, Vol. 38, Fasc. 1, S. 43-59.

Sinn, Hans-Werner (1995), „Implikationen der vier Grundfreiheiten für eine nationale Fiskalpolitik“, Wirtschaftsdienst, 75. Jg., S. 240-249.

Smekal, Christian (1987), „Verschuldungsbeschränkungen und Verschuldungsverhalten der Gebietskörperschaften. Ein Vergleich zwischen der Bundesrepublik Deutschland und Österreich“, in: Beiträge zu ökonomischen Problemen des Föderalismus, hrsgg. von Kurt Schmidt, Schriften des Vereins für Socialpolitik, N.F., Bd. 166, Berlin, S. 71-147.

Smith, Adam (1776), An inquiry into the nature and causes of the wealth of nations, 5. Aufl., London 1789, hier in der Übersetzung von Horst Claus Recktenwald, Der Wohlstand der Nationen, 4. Aufl., München 1988.

Spahn, Paul Bernd (1978), „The German model of horizontal federal decentralisation“, in: Principles of federal policy co-ordination in West Germany: Basic issues and annotated legislation, hrsgg. von Paul Bernd Spahn, Research Monograph, Centre for Research on Federal Financial Relations, The Australian National University, Canberra.

Spahn, Paul Bernd (1992), „The case for EMU: A European view“, Konjunkturpolitik, 38. Jg., S. 291-315.

Spahn, Paul Bernd (1993a), The Community budget for an economic and monetary union, London.

Spahn, Paul Bernd (1993b), „The consequences of economic and monetary union for fiscal federal relations in the Community and the financing of the Community budget“, in: The economics of Community public finance, European Economy, Reports and Studies, No. 5, S. 541-584.

Spahn, Paul Bernd (1996), Coordination, cooperation and control within decentralized fiscal systems, Bericht für Comisión Económica para América Latina y Caribe (CEPAL), Santiago de Chile, und Gesellschaft für Technische Zusammenarbeit (GTZ), Eschborn.

Spahn, Paul Bernd (1997), Dezentralisierte Haushaltspolitik und makroökonomische Steuerung, unveröffentlichtes Manuskript, Frankfurt.

Spahn, Paul Bernd und Helmut Kaiser (1991), „Tax harmonization and tax competition“, Konjunkturpolitik, 37. Jg., S. 1-44.

Spahn, Paul Bernd und Wolfgang Föttinger (1997a), „Fiskalische Disziplin und institutionelle Koordinierung - Internationale Erfahrungen und ihre Bedeutung für die Europäische Union“, in: Mannheimer Jahrbuch für Europäische Sozialforschung, Bd. 2.

Spahn, Paul Bernd und Wolfgang Föttinger (1997b), „Germany“, in: Fiscal Federalism, hrsgg. von Teresa Ter-Minassian u.a., International Monetary Fund, Washington.

Spahn, Paul Bernd, Wolfgang Föttinger und Imke Steinmetz (1996), Tax assignment and tax administration in the German model of co-operative federalism, Frankfurter Volkswirtschaftliche Diskussionsbeiträge, Nr. 70.

Stabile, Donald R. und Jeffrey A. Cantor (1991), The public debt of the United States: An historical perspective, 1775-1990, New York.

Stahlhacke, Marcus und Thomas Herbert (1995), Prognose des deutschen Kapitalmarktzinses - Eine empirische Studie zur prognostischen Güte von ARIMA-, Fehlerkorrektur- und vektorautoregressiven Modellen, Frankfurter Volkswirtschaftliche Diskussionsbeiträge, Nr. 66.

Standard & Poor's Corp. (1996a), „International ratings“, Standard & Poor's CreditWeek International, April, S. 139-140.

Standard & Poor's Corp. (1996b), Standard & Poor's Ratings Handbook.

Standard & Poor's Corp. (1996c), „Sovereign defaults decline again in 1995“, Standard & Poor's CreditWeek, June, S. 9-16.

Standard & Poor's Corp. (o. J.), „Rating process“, in: Standard & Poor's Corporate Ratings Criteria, S. 14-15.

Statistisches Bundesamt (1992), Statistisches Jahrbuch 1992 für die Bundesrepublik Deutschland, Wiesbaden.

Steger, Ulrich, Hrsg. (1994), Lean Administration. Die Krise der öffentlichen Verwaltung als Chance, Frankfurt.

Stiglitz, J. und A. Weiss (1981), „Credit rationing in markets with imperfect information“, American Economic Review, Vol. 71, S. 393-410.

Stobbe, Alfred (1984), Volkswirtschaftslehre I. Volkswirtschaftliches Rechnungswesen, 6. Aufl., Berlin u. a.

Stockman, David (1986), Der Triumph der Politik, aus dem Amerikanischen übersetzt von H.-J. Baron von Koskull, U. Rödel und W. Meißner, München.

Stockner, Werner (1984), Die Bewertung des Länderrisikos als Entscheidungshilfe bei der Vergabe internationaler Bankkredite, Frankfurt.

Streit, Manfred E. und Werner Mussler (1995), „Wettbewerb der Systeme und das Binnenmarktprogramm der Europäischen Union", in: Europa zwischen Ordnungspolitik und Harmonisierung. Europäische Ordnungspolitik im Zeichen der Subsidiarität, hrsgg. von Lüder Gerken, Berlin, Heidelberg und New York, S. 75-107.

Stucken, Rudolf (1964), Deutsche Geld- und Kreditpolitik 1914-1963, 3. Aufl., Tübingen.

Sturm, Roland (1988), Der Haushaltsausschuß des Deutschen Bundestages, Opladen.

Sturm, Roland (1989), Haushaltspolitik in westlichen Demokratien: ein Vergleich des haushaltspolitischen Entscheidungsprozesses in der Bundesrepublik Deutschland, Frankreich, Großbritannien, Kanada und den USA, Baden-Baden.

Sturrock, John (1995), Who pays and when? An assessment of generational accounting, Congressional Budget Office, Washington.

Sutherland, A. (1995), Fiscal crises and aggregate demand: Can high public debt reverse the effects of fiscal policy?, Centre for Economic Policy Research Discussion Paper, No. 1246, London.

Tabellini, Guido (1990), „Domestic politics and the international coordination of fiscal policies", Journal of International Economics, Vol. 28, S. 245-265.

Tabellini, Guido (1994), „The politics of intergenerational redistribution", in: Monetary and fiscal policy. Volume 2: Politics, hrsgg. von Torsten Persson und Guido Tabellini, Cambridge, Mass., S. 263-287, zuerst erschienen im Journal of Political Economy, Vol. 99, S. 335-357.

Tabellini, Guido und Alberto Alesina (1990), „Voting on the budget deficit", American Economic Review, Vol. 80, S. 37-49.

Tanzi, Vito (1985), „Fiscal deficits and interest rates in the United States", IMF Staff Papers, Vol. 32, S. 551-576.

Tanzi, Vito (1994), „The political economy of fiscal deficit reduction", in: Public sector deficits and macroeconomic performance, hrsgg. im Auftrag der Weltbank von William Easterly, Carlos Alfredo Rodríguez und Klaus Schmidt-Hebbel, Washington, S. 513-524.

Tanzi, Vito (1996), „Fiscal federalism and decentralization: A review of some efficiency and macroeconomic aspects", in Annual World Bank Conference on Development Economics 1995, The World Bank, S. 295-316.

Tanzi, Vito und Mark S. Lutz (1993), „Interest rates and government debt: Are the linkages global rather than national?“, in: The political economy of government debt, hrsgg. von H.A.A. Verbon und F.A.A.M. van Winden, Amsterdam, S. 233-254.

Tarschys, D. (1975), „The growth of public expenditure: Nine modes of explanations“, Scandinavian Political Studies, Vol. 10, S. 9-31.

Thain, Colin und Maurice Wright (1995), The Treasury and Whitehall. The planning and control of public expenditure 1976-1993, Oxford.

Thalmann, Philippe, Lawrence H. Goulder und François Delorme (1996), „Assessing the international spillover effects of capital income taxation“, International Tax and Public Finance, Vol. 3, S. 449-478.

Tiebout (1956), „A pure theory of local expenditures“, Journal of Political Economy, Vol. 64, S. 416-424.

Tirole, Jean (1994), „The internal organization of government“, Oxford Economic Papers, Vol. 46, S. 1-29.

Todaro, Michael P. (1989), Economic development in the Third World, 4. Aufl., New York und London.

Toronto Dominion Bank (1995), Report on provincial government finances, http://www.tdbank.ca/tdbank/library/provincial.htm, 7.3.1997.

Tresh, Richard W. (1981), Public finance. A normative theory, Plano-Georgetown.

Tufte, E. R. (1978), Political control of the economy, Princeton.

Tullock, Gordon (1965), The politics of bureaucray, Washington.

Tullock, Gordon (1987), „The general irrelevance of the General Theory?“, in: Deficits, hrsgg. von James M. Buchanan, C. K. Rowley und R. D. Tollison, Oxford, S. 173-179.

Van den Noord, Paul und Richard Herd (1993), Pension liabilities in the seven major economies, OECD, Economics Department Working Paper, No. 142, Paris.

Vaubel, Roland (1992), „Die politische Ökonomie der wirtschaftspolitischen Zentralisierung in der Europäischen Gemeinschaft“, Jahrbuch für Neue Politische Ökonomie, Bd. 11, S. 30-65.

Vaubel, Roland (1994), „The political economy of centralization and the European Community“, Public Choice, Vol. 81, S. 151-190.

Vaubel, Roland (1996), Constitutional safeguards against centralization in federal states: An international cross-section analysis, mimeo, Universität Mannheim.

Van Velthoven, Ben J.C (1988), The endogenization of government behavior in macroeconomic models, Amsterdam.

Van Velthoven, Ben J.C. und Frans A.A.M. van Winden (1990), „A behavioural model of government budget deficits", Public Finance, Vol. 45, S. 128-161.

Van Velthoven, Ben J.C, H.A.A. Verbon und F.A.A.M. van Winden (1993), „The political economy of govrnment debt: A survey", in: The political economy of government debt, hrsgg. von H.A.A. Verbon und F.A.A.M. van Winden, Amsterdam, S. 3-36.

Vesper, Dieter (1994), „Zur Struktur des öffentlichen Sektors in den Vereinigten Staaten und Deutschland - einige quantitative Aspekte", Vierteljahreshefte zur Wirtschaftsforschung, Heft 3, S. 189-207.

Wagener, Hans (1995), „Länderrisiken in Bankbilanzen, Anmerkungen aus der Sicht eines Wirtschaftsprüfers", Zeitschrift für das Kreditwesen, Vol. 48, S. 218-221.

Wagner, Richard E. (1977), „Economic manipulation for political profit: macroeconomic consequences and constitutional implications", Kyklos, Vol. 30, Fasc. 3, S. 395-410.

Wagschal, Uwe (1996), Staatsverschuldung. Ursachen im internationalen Vergleich, Opladen, zugl. Diss. Heidelberg 1995.

Wall, Terry (1993), „Accounting, for what? The value of accrual accounting to the public sector", OECD Working Papers, No. 16, Paris.

Wallich, Henry C. (1994), „Institutional cooperation in the world economy", in: The world economic system: performance and prospects, hrsgg. von Jakob Frenkel und Michael Mussa, Dover, S. 85-99.

Waschkuhn, Arno (1995), Was ist Subsidiarität. Ein sozialphilosophisches Ordnungsprinzip: Von Thomas von Aquin bis zur 'Civil Society', Opladen.

Weiher, Kenneth E. (1992), America's search for economic stability: monetary and fiscal policy since 1913, New York.

von Weizsäcker, Robert K. (1992), „Staatsverschuldung und Demokratie", Kyklos, Vol. 45, Fasc. 1, S. 51-67.

Wheat, Andrew (1995), „The fall of the Peso and the Mexican miracle", Multinational Monitor, April, http://essential.org/monitor/hyper/mm0495.html, 10.5.1997.

Whitt, Joseph A. (1996), „The Mexican Peso crisis", Economic Review, Federal Reserve Bank of Atlanta, Vol. 81, S. 1-20.

Wicksell, Knut (1896), Finanztheoretische Untersuchungen, Jena.

Wildavsky, Aaron (1986), „Budgeting: A comparative theory of budgetary processess", second, revised edition, New Brunswick und Oxford.

Wildavsky, Aaron (1988), „A cultural theory of budgeting", International Journal of Public Administration, Vol. 11, S. 651-677.

Wildavsky, Aaron (1993), „Securing budgetary convergence within the European Community without central direction", in National budgeting for Economic and Monetary Union, hrsgg. von Aaron Wildavsky und Eduardo Zapico-Goñi, European Institute of Public Administration, Maastricht, S. 145-156.

Wilensky, H. (1975), The Welfare state and equality, Berkeley.

Wilson, Charles (1989), „Adverse selection", in: The New Palgrave: allocation, information and markets, hrsgg. von J. Eatwell, M. Milgate und P. Newman, London und Basingstoke, S. 31-34.

Winden, F.A.A.M van (1983), On the interaction between state and private sector, Amsterdam u.a.

Wissenschaftlicher Beirat beim Bundesministerium der Finanzen (1994), Zur Bedeutung der Maastricht-Kriterien für die Verschuldungsgrenzen von Bund und Ländern, Bonn.

Witte, Kirsten (1995), Ordnungspolitische Perspektiven der Europäischen Union. Eine Analyse aus Sicht der Neuen Institutionenökonomik, Bergisch Gladbach und Köln, zugl. Diss. Münster 1994.

Wolfson, Dirk J. (1992), „The scope for fiscal policy in the European Community", in: Fiscal policy, taxation and the financial system in an increasingly integrated Europe, hrsgg. von D. E. Fair und C. de Boissieu, Dordrecht, S. 361-382.

Wyckoff, P. (1990), „Bureaucracy, inefficiency and time", Public Choice, Vol. 67, S. 169-179.

Zietz Joachim (1995), „Why did the peso collapse? Implications for American trade", mimeo, Dept. of Economics and Finance, Middle Tennessee State University.

Peter Lang · Europäischer Verlag der Wissenschaften

Dirk Hannowsky / Andreas Renner

Zur präferenzkonformen Ordnung Europas

Ordnungsgestaltung im Spannungsfeld von Einheit und Vielfalt

Frankfurt/M., Berlin, Bern, New York, Paris, Wien, 1998. 170 S.
Europäische Hochschulschriften: Reihe 5, Volks- und Betriebswirtschaft. Bd. 2236
ISBN 3-631-32667-X · br. DM 69.–*

Liberale Ökonomen sehen Wettbewerb als Verfahren zur Aufdeckung und Umsetzung von Präferenzen an. Hannowsky und Renner übertragen diese Sichtweise auf die Frage der europäischen Integration. Ihre Argumentation stützt sich auf die Arbeiten Walter Euckens, Friedrich August von Hayeks und James Buchanans, die sie in einen neuen Zusammenhang stellen: Der Wettbewerb zwischen den Wirtschafts- und Gesellschaftsordnungen der EU-Mitgliedstaaten, so ihre These, legt die Bürgerpräferenzen hinsichtlich der Gestaltung der europäischen Ordnung offen. Ebenso wie der Marktwettbewerb bedarf auch ein solcher „Ordnungswettbewerb" der konstitutionellen Absicherung. Das Spannungsfeld zwischen „Einheit des Wirtschaftsraumes" und „Vielfalt an Wirtschafts- und Gesellschaftsordnungen" steckt die Eckpunkte einer europäischen Verfassung ab.
Die Arbeit wurde im Januar 1997 mit dem *Walter-Eucken-Preis 1996* der Friedrich-Schiller-Universität Jena ausgezeichnet.

Aus dem Inhalt: Reform · Reformfähigkeit der EU · Standortwettbewerb · Ordnungspolitik · Föderalismus

Frankfurt/M · Berlin · Bern · New York · Paris · Wien
Auslieferung: Verlag Peter Lang AG
Jupiterstr. 15, CH-3000 Bern 15
Telefax (004131) 9402131
*inklusive Mehrwertsteuer
Preisänderungen vorbehalten

Kolibri 360 GmbH
Ferdinand-Jühlke-Straße 7
99095 Erfurt, Deutschland
produktsicherheit@kolibri360.de

Druck:
CPI Druckdienstleistungen GmbH
im Auftrag der
Kolibri 360 GmbH
Ferdinand-Jühlke-Str. 7
99095 Erfurt